Saggista per caso

Riflessioni sbagliate su un mondo bislacco

Davide Amerio

Con le interviste a (in ordine alfabetico):

- *Gaetano Alessi*
- *Tiziana Alterio*
- *Chiara Appendino*
- *Tiziana Beghin*
- *Luca Giunti*
- *Sabina Guzzanti*
- *Loretta Napoleoni*
- *Giuseppe Palma*
- *Antonio Maria Rinaldi*
- *Anreja Restek*
- *Marco Scibona*
- *Fabio Versaci*

Codice ISBN: 9798735262411
Casa editrice: Independently published

a *Luca*
perché non smetta mai di dubitare
e di porsi domande

Indice

Prefazione

Scorrevano gli anni '80, ero giovane e, un conoscente, saputo del mio desiderio di diventare giornalista, mi organizzò un incontro con Giancarlo Carcano, presso la sede della Rai di Torino, in via Verdi. Noto giornalista, e capo redattore del Tg3 Piemonte, mi accolse con cortesia e parlammo del mio desiderio. Fu molto sincero e schietto e, di quell'incontro, ricordo il consiglio finale offertomi con un certo affetto: lasciar perdere il mondo del giornalismo, del quale egli stesso non sembrava avesse gran considerazione.

Immagino, con la sua esperienza, già avesse consapevolezza delle trasformazioni in divenire di quel mondo che, da lì in poi, non avrebbe certo brillato per indipendenza e autorevolezza. Lo stesso intuito che avrebbe guidato un altro eccellente giornalista, Giorgio Bocca, che scrisse anni dopo uno dei suoi testi più sagaci: "Il Padrone in Redazione".

Il sogno giovanile fu riposto nel cassetto e proseguii la carriera di informatico. La sorte mi condusse, ironicamente, a frequentare gli ambienti de La Stampa di Torino, in via Marenco, come consulente informatico per un certo periodo. Non venne però mai meno l'interesse per la politica, la filosofia, l'economia, e per le materie umanistiche in generale.

Quando, nel 2013, ebbi l'occasione di conoscere il gruppo di amici che aveva dato vita al blog Tgvallesusa.it, fui entusiasta. Mi fu data la possibilità di scrivere articoli e riflessioni assecondando l'antico desiderio, collaborando con persone che avevano un fascinoso bagaglio culturale e personale.

A loro sarò sempre grato per l'opportunità offertami, e per quanto ho appreso dai loro insegnamenti. Se questioni di vita personali, e differenti opinioni sul modo di condurre quel "nostro" giornale (o che era tale per noi), hanno condotto successivamente alla dissoluzione del gruppo, ciò che resta, per me, è un percorso di crescita e di conoscenza di profondo valore.

Alcuni mi chiamano giornalista (e li ringrazio per l'apprezzamento), ma non lo sono. Non posseggo l'iscrizione all'Ordine, e non ci tengo neppure ad averla. Primo perché siamo l'unico paese occidentale a mantenere un Ordine dei Giornalisti come retaggio dell'era Fascista; secondo per la scarsa considerazione che ho della maggioranza dei sedicenti tali. Dei pochi, di cui conservo grande stima, non oso paragonarmi e usare lo stesso titolo da loro ampiamente meritato.

Sono quello che si definisce un blogger, un freee-lance, un libero osservatore che analizza e riflette. Un amante del dubbio, nemico del lassismo italico, delle sopraffazioni del potere, delle ingiustizie economiche e sociali, della irresponsabilità morale e politica diffusa nel paese. In sintesi: laico, libertario, scettico, eretico.

Rileggendo la produzione di quanto ho scritto dal 2013 sino ad oggi (marzo 2021) ho notato come una parte di essa contenga riflessioni e valutazioni ancora valide, che forse potranno interessare a qualche lettore. Alcune di esse sono comparse su altri siti, tra cui Scenarieconomici.it, dell'amico prof. A.M. Rinaldi che le ha ospitate, e sulla rivista Sovranità Popolare.

Chi vorrà avventurarsi tra questa pagine vi troverà osservazioni su fatti politici, sociali (vizi e virtù italiche, corruzione, grandi opere, laicità, droga, omosessualità, per citare alcune voci), sulla storia della mia adesione (vissuta e sofferta) al M5S (poi abbandonato), su questa Europa e sulla sciagura della moneta unica, sul disastro della cessione della nostra sovranità monetaria.

Il lettore potrà farsi un'idea del perché esiste una lotta NO Tav, delle falsistà raccontate dai media e dai politici in merito.

Una sezione è dedicata alle interviste, nel modo in cui le intendo: esplorazioni del pensiero e delle ragioni di economisti, giornalisti, politici, che dedicano il loro lavoro per migliorare il paese.

Nessuna pretesa di elargire verità assolute. Lo scopo dello scrivere è da me inteso come strumento per suggerire riflessioni, per stimolare il lettore a porsi delle domande, necessarie per capire il mondo nel quale viviamo, oltre le ortodossie, le frontiere, e le narrazioni di regime.

Fedele alla massima cartesiana *"Dubito ergo cogito, cogito ergo sum"*, mi auguro di essere riuscito almeno un po' in questo intento, supportato dal conforto di quanti, in questi anni, hanno apprezzato e condiviso questi scritti.

Buona lettura.

Davide Amerio
aprile 2021

Perché essere No Tav (dopo 30 anni)

Potete chiamarli ostinati, ottusi montagnini, caparbi, e pure retrogradi o anti moderni. Li hanno definiti anche terroristi. Loro non mollano: con l'ostinazione tipica di quelli che son consapevoli di aver ragione, di essere dalla parte del giusto. La loro vera colpa? Aver dignità, amore per il territorio, rispetto per l'ambiente e per il bene comune. Passioni oramai sconosciute ai politicanti che dominano la scena politica del paese.

Dis-informazione sul Tav la storia insegna

Nel 2005 il professor Antonio Calafati, docente di Economia Urbana e di Analisi delle Politiche Pubbliche presso la facoltà di Economia dell'Università Politecnica delle Marche (e presso l'Università Friedrich Schiller di Jena) decise di intraprendere un viaggio insolito.

Di fronte al dibattito, e alle contestazioni, sulla realizzazione del Tav in Val di Susa, il professore, insieme ai suoi studenti, istituì una ricerca sulle *"ragioni del Sì"* all'opera tanto osteggiata, con l'obiettivo di dimostrare che la scelta della sua realizzazione era frutto di ragionamenti razionali e tecnici compiuti nell'ambito delle politiche pubbliche.

L'indagine si articolava nella lettura degli articoli apparsi sui tre maggiori quotidiani italiani («Il Corriere della Sera», «La Stampa» e «la Repubblica») immedesimandosi nella figura di un lettore che cercasse di capire i perché della scelta in favore della realizzazione del Tav, attraverso l'informazione offerta dai giornali.

La ricerca produsse un risultato ben diverso da quello atteso e le conclusioni del lavoro svolto vennero raccolte in un libro: *Dove sono le ragioni del sì? – La Tav in Val di Susa nella società della conoscenza*, che venne pubblicato nel 2006[1].

Il presupposto della ricerca era quindi dimostrare che qualsiasi decisione pubblica è (o dovrebbe essere) argomentata a livello politico e tecnico in modo pertinente.

In una democrazia – ricorda il professor Calafati – le decisioni pubbliche vengono delegate agli organi pubblici. Gran parte dei cittadini ha un pre-giudizio di razionalità nei confronti dei decisori pubblici. Essi si aspettano che le decisioni siano assunte (a livello locale e nazionale) in termini di razionalità; che siano state ponderate accuratamente le diverse alternative possibili, e il rapporto costi/benefici tra le diverse opzioni.

Ragionevolmente i cittadini pensano che esista (o debba esistere) un archivio "virtuale" nel quale la conoscenza, che ha condotto ad assumere certe decisioni (rapporti, dati, statistiche, studi), sia depositata e sia accessibile a chiunque ne faccia richiesta per conoscere le ragioni delle scelte intraprese.

Il fatto che una decisione venga delegata non significa che non debbano essere rivelate nei dettagli le ragioni della decisione, qualora sia richiesto. Una contestazione a una politica pubblica così energica, prolungata, condivisa, come quella messa in atto dai cittadini della Val di Susa, equivaleva alla richiesta di dar conto delle ragioni del Sì; di mantenere la promessa di poter esercitare il diritto di comprendere le ragioni di questa scelta ed, eventualmente , ri-discuterle[2].

Gli studenti - e il professore, - si aspettavano di trovare, in articoli scritti da editorialisti importanti e conosciuti, una precisa costruzione logica e razionale nella definizione dei motivi tecnici e politici che giocano a sostegno del Tav. L'attesa è stata vana e la delusione sconfortante.

Ogni articolo, nel quale a un certo punto l'autore si dichiarava a favore dell'opera, era privo di quelle informazioni necessarie a comprendere le ragioni della scelta.

La confusione tra una linea ad alta velocità e una linea di alta capacita (a velocità moderata, come conseguenza) per il trasporto merci, era elemento comune a tutti gli scritti. Testi privi di dati tecnici, analisi dei costi, comparazione tra opzioni alternative.

Se l'oggetto sul quale gli editorialisti si esprimevano sembrava avere contorni indefiniti, le argomentazioni con le quali veniva sostenuto il giudizio favorevole erano ancora più singolari – quando qualche argomentazione veniva proposta. In effetti, spesso gli articoli contenevano opinioni senza argomentazioni. Ancora più spesso, tuttavia, contenevano opinioni senza pensiero, giustificate con paralogismi, nessi causali improbabili, tautologie senza significato[3].

Scorrere le pagine di questo libro è un esercizio quanto mai utile per capire come si muove l'informazione nel nostro Paese. Chi vive in Val di Susa, e si occupa di Tav, ha invece preso coscienza di certi meccanismi sulla propria pelle, nel corso di lunghi anni.

Negli ultimi giorni abbiamo avuto copiosi esempi di come, a 7 anni di distanza dal quel lontano 2005, le cose non siano cambiate, ma bensì peggiorate.

Lunedì 18 novembre 2013 si è svolto a Torino un incontro promosso da Comunione e Liberazione documentato da TG Vallesusa[4]. L'incontro voleva essere un dibattito "aperto" tra le posizioni Sì Tav e quelle No tav, *"oltre le ideologie"* come recitava il comunicato informativo sulla serata. Scorrendo l'elenco dei relatori si scopre che erano rigorosamente tutti "Sì Tav", e in realtà non era previsto nessun dibattito tra differenti posizioni. Solo la tenacia di alcuni NoTav che sono entrati, "convincendo" la barriera della Digos all'ingresso dell'Educatorio di corso Trento, ha consentito che ci fosse almeno qualche voce di controcanto ai soliti noti che se la cantano e se la suonano. Intendiamoci, avere delle posizioni Sì Tav è più che legittimo, ci mancherebbe. Prendere in giro i cittadini organizzando finti dibattiti dove la parte "avversaria" non è stata invitata è invece non accettabile.

Il 19 e il 20 novembre 2013 «La Stampa» di Torino pubblica due pezzi a firma Maurizio Tropeano nel quale si ripetono i meccanismi ampiamente descritti nel libro del professor Calafati. Le parole d'ordine sono sempre le stesse: il Tav si deve fare perché strategico, perché porterà benessere, e crescita.

Nelle parole di Carbonato e Rambaudi (Confindustria Piemonte) riportate dalla «Stampa» si può ri-leggere con chiarezza quella approssimazione, confusione e genericità di cui ci parla la ricerca di Calafati:

Le imprese del Piemonte, e italiane, hanno bisogno di quest'opera, fondamentale acceleratore di crescita, competitività, occupazione e salvaguardia dell'ambiente grazie al trasferimento dei traffici alpini dalla strada alla ferrovia.

Di quale "salvaguardia dell'ambiente" stanno parlando costoro? Forse ignorano lo stato in cui versa l'area della Maddalena e gli scenari che si aprirebbero in valle se venissero aperti tutti i cantieri che la costruzione del Tav comporterebbe.

Di quale trasferimento di traffici stiamo parlando se è previsto anche il raddoppio delle canne del Frejus? Per gli industriali ci sono quattro ragioni per sostenere l'opera. La prima: *«Con la costruzione di un tunnel il costo del trasporto diminuirà del 40% e i tempi di percorrenza saranno notevolmente ridotti, guadagnando competitività».*

Ma come fa la sola costruzione di un tunnel a diminuire i costi del 40% quando ci vuole la ferrovia che ci passa dentro? Com'è possibile quantificare con questa precisione il risparmio se l'opera funzionante (tunnel più ferrovia) non vedrà la luce se non tra 20 anni? Che valore può avere oggi una stima simile a fronte di un periodo di realizzazione così lungo?

Oppure qualcuno sta pensando di costruire comunque un tunnel da usare poi in altro modo?

La seconda: *«I grandi cantieri europei sono lo strumento principale per il rilancio economico. Quello del tunnel di base sarà un vero e proprio choc per la crescita».* La terza: *«La nuova linea faciliterà il trasporto delle merci ma anche la mobilità dei passeggeri. Il maggiore afflusso di visitatori francesi ed europei rafforzerà lo sviluppo della nostra offerta turistica».* La quarta: *«La Torino-Lione fornirà un'alternativa più veloce, sicura ed ecologica al viaggio su strada. Per il solo trasporto merci, la linea trasferirà dalla strada alla ferrovia 600 mila camion all'anno».*

Ecco qui il perpetrarsi della confusione (voluta?) tra trasporto merci e trasporto passeggeri.

Non esiste già oggi forse una linea "storica" (Torino-Modane) attraverso la quale il TGV francese trasporta i passeggeri sino a Torino e Milano con fermate in alta Valle nei luoghi turistici?

Essendo la linea storica sottoutilizzata (come da dati tecnici) non sarebbe più utile (e meno costoso) incrementare i mezzi su tale linea per far arrivare (da subito) più turisti nella nostra valle e nel nostro Paese? E non sarebbe già incrementabile, da subito, il numero dei camion trasportati sulla linea storica senza costruire un nuovo tunnel?

Quanto allo "choc sulla crescita", è una definizione bizzarra considerando la mole di debito che produce un'opera come questa, le scarse finanze a disposizione dell'Italia e i tempi ventennali di realizzazione.

Domande, domande e domande... (senza risposta!) Peccato che ai giornalisti della "Stampa" non ne sia venuta in mente nessuna.

(20.11.2013)

[1]   Dove sono le ragioni del sì? Antonio Calafati – edizioni Seb27 – 2006
[2]   Idem pag. 14
[3]   Idem pag. 17
[4]   F. Salmoni: "Tav oltre l'ideologia". Cronaca alternativa di una serata – Tgvalleusa.it

In ricordo di due grandi uomini amici della Val Susa:

Ing. ***Ivan Cicconi*** (1947 -2017)

Presidente ***Ferdinando Imposimato*** (1936-2018)

Ferdinando Imposimato la Val Susa potrebbe diventare la prossima Terra dei Fuochi

Venerdì 28 novembre si è tenuto il convegno su *"Il processo decisionale delle grandi opere"* promosso dal Movimento 5 Stelle, presieduto dalla Consigliera Regionale Francesca Frediani e che ha visto la partecipazione dell'Ing. Ivan Cicconi, dell'Avv. Massimo Bongiovanni, del vice presidente dell'Associazione Idra Pier Lugi Tossani e, ospite d'onore, il Presidente Onorario della Suprema Corte di Cassazione Ferdinando Imposimato.

Tav, ma non solo, sopratutto analisi dei meccanismi perversi che intrecciano la criminalità organizzata con la politica e attuano, attraverso le grandi opere, affari ingenti che ricadono sulle spalle della collettività. Le relazioni sono state molto precise nel definire il quadro e i meccanismi con i quali gli affari illeciti vengono messi in atto. L'intreccio è favorito dai governi, come spiega Ivan Cicconi.

I problemi iniziano con la Legge Obiettivo che definisce le grandi opere in maniera indiretta. Una legge che crea una deroga rispetto alle norme europee previste per la gestione degli appalti e la tutela ambientale.

Il motivo è quello di accelerare la realizzazione, ma delle opere previste nel Dpf del 2005, a oggi non c'è ombra di realizzazione o completamento. Sulla Torino-Lione siamo a tutti gli effetti ancora in fase di progettazione. Ci sono stranezze che si configurano come possibili reati, spiega Cicconi.

La galleria di Chiomonte è stata avviata depositando il progetto come "variante della galleria di Venaus" . Avrebbe dovuto esserci una nuova gara di appalto europea per questa "variante" ma non c'è mai stata. Il cambio di definizione serviva a chiedere i contributi alla Comunità Europea e l'appalto è stato riaffidato al vecchio appaltatore, lo stesso consorzio del 2005.

I governi italiani hanno giocato con l'UE facendo figurare la linea Torino-Lione come stralciata dalla Legge Obiettivo. Ma non è stato così e lo dimostrano le sentenze che hanno rigettato le contestazioni della Comunità Montana in merito accertando che l'opera non è mai stata stralciata.

La chiave del sistema è in questa legge che consente deroghe importanti rispetto al quadro normativo che era stato creato con la legge Merloni (legge quadro sui lavori pubblici) dopo gli eventi di Tangentopoli.

Le norme europee prevedono due tipi di appalto. Uno convenzionale, nel quale l'ente committente paga un prezzo pattuito per la realizzazione di un'opera commissionata ad un appaltatore. L'altro è un contratto di concessione nel quale il committente ha due facoltà: lasciare che il costo sia a totale carico dell'appaltatore, il quale però acquisisce un diritto di gestione per un determinato periodo (ex 30 anni), che gli consentirà di rientrare dell'investimento e di acquisire un profitto; oppure, oltre al diritto (di gestione) corrispondere una quota qualora il tipo di realizzazione commissionata abbia dei costi che non possono essere assorbiti nell'arco ragionevole del periodo della gestione.

In questo caso la Legge Merloni stabiliva che questo "prezzo" non dovesse essere superiore al 50% del costo complessivo dell'opera. Questa struttura della legge era funzionale a consentire una netta ripartizione tra le figure del committente e dell'appaltatore nonché a tenere separati i rispettivi interessi. Nel caso dell'appalto tradizionale il direttore dei lavori è nominato dal committente che in questo modo sorveglia e vigila sulla corretta esecuzione del cantiere. Nel caso del concessionario il direttore sarà nominato da quest'ultimo in quanto è suo interesse fare in modo che l'opera sia ben realizzata, nei tempi stabiliti e con i preventivi concordati poiché dovrà farsi carico della gestione successivamente.

Con la Legge Obiettivo italiana è stata creata invece la figura del Contraente Generale che viene definito come concessionario ma che in realtà non gestirà l'opera mentre può assumere completamente la direzione dei lavori! Quindi il diaframma che separava gli interessi tra i due ruoli viene a cadere e il controllato diventa controllore di sé stesso!

Nel contratto di appalto tradizionale il controllo spetta di dovere – e di diritto – al committente, nella nuova configurazione i diritti sono tutti del "concessionario" e l'ente che ha commissionato i lavori può solo pagare. Nel 2001 accade di peggio. Il vincolo del 50% da riconoscere al concessionario da parte dell'ente committente viene eliminato e da allora il project financing diventa lo strumento con il quale i costi delle grandi opere possono crescere a dismisura e senza più alcun controllo.

La Tav ne è un esempio ma la Sanità è l'altro settore sul quale il gioco dei costi senza limiti diventa evidente con aumenti di 800/900 volte sui costi dei servizi. Questo meccanismo genera debito pubblico occulto che viene inserito come debito nelle società concessionarie ma è tutti gli effetti debito dello Stato in quanto sono gli enti (dello Stato) committenti ad essere garanti al 100% dei costi. Il potere assoluto così demandato alle concessionarie crea i fenomeni dei sub-appalti al ribasso che schiacciano la piccole e media impresa.

L'avvocato Bongiovanni rincara la dose, e illustra i numerosi esempi di condizionamento che sono stati attuati sull'opinione pubblica per giustificare il progetto della Torino-Lione. Le pressioni si sono basate, già molto tempo prima della presentazione del progetto, con articoli apparsi sui quotidiani che dichiaravano la linea tradizionale Torino-Bardonecchia come satura e inadatta a supportare il crescente traffico merci e di persone verso la Francia.

Tutti gli studi eseguiti da società terze hanno dimostrato esattamente il contrario. Già nel 2000 una commissione Italia-Francia per valutare la necessità dell'opera aveva concluso i lavori considerando l'alto rischio dei costi e dell'inutilità dell'opera. Ma questo non ha fermato quanti hanno avuto interesse a fare pressioni per spingere il progetto.

Quando nel 2010 il governo italiano si rende conto che i cittadini della Val Susa continuano ad opporsi alla realizzazione della linea, con un atto inaudito espelle dall'Osservatorio tutti i sindaci contrari all'opera e i rappresentanti della Comunità Montana della Val di Susa e Sangone.

L'intervento conclusivo del giudice Imposimato traccia la storia dell'Alta Velocità in Italia. A lui fu affidato nel 1994, quale membro della commissione antimafia, il compito di verificare l'attività criminale nel sud d'Italia.

Incaricate le forze dell'ordine per indagini a tutto campo, a partire dalle numerose bombe che esplodevano lungo il percorso della nuova linea AV Roma-Napoli, ne emerse un quadro sconcertante. I costi della linea erano, in certi casi, saliti del 1000% mentre erano in corso scioperi degli operai che non venivano pagati.

La motivazione fu subito chiara: i soldi finivano nelle tasche della Camorra e dei politici mentre i costi li pagavano i cittadini. Ma lo sconcerto fu l'intreccio creato tra l'AV e i rifiuti tossici riciclati attraverso le terre di scavo. In quel momento, ricorda con dispiacere Imposimato, il fenomeno fu ampiamente sottovalutato ma le successive azioni della magistratura dimostrarono i fatti allora accertati dalla commissione antimafia.

Le confessioni dei pentiti di mafia hanno confermato che sotto la linea AV e la terza corsia dell'autostrada del Sole sono state seppellite tonnellate di rifiuti tossici nocivi che hanno provocato migliaia di morti. L'aver sottovalutato cosa succedeva in Campania ha portato al fenomeno della terra dei Fuochi.

A Firenze la situazione si è ripetuta, afferma il giudice. Basandosi sulle dichiarazioni dei rinvii a giudizio, il sistema di complicità tra pezzi delle istituzioni e criminalità è palese. Sono coinvolti alti funzionari dei ministeri dell'Ambiente e delle Infrastrutture, politici e funzionari delle Ferrovie dello Stato.

Traffico dei rifiuti tossici e nocivi, contestazione di gravi frodi, corruzione e violazione alle norme sull'ambiente sono i numerosi capi di imputazione contestati per l'AV in Toscana. Ora ci saranno i processi e le sentenze ma queste arriveranno più avanti e non si può aspettare, bisogna agire adesso.

Il Piemonte è la prossima frontiera, una possibile nuova terra dei fuochi. Qui agisce la 'drangheta e Imposimato ricorda le custodie cautelari a seguito delle indagini nelle cave di S.Ambrogio e Chiusa S.Michele. Anche qui le terre di scavo sono lo strumento con il quale si nascondevano i rifiuti tossici.

La gravità della situazione, conclude Imposimato, è data dal comportamento del governo che continua a produrre leggi volutamente confuse che, con la scusa della semplificazione, mirano a derubricare questi reati, contrariamente a quanto previsto dalle normative europee.

Bisogna agire e l'invito appassionato del magistrato è a tutti i No Tav e i cittadini della Val Susa di non mollare mai!

(30.11.2013)

Tav i lavoratori del cantiere scrivono e contestano gli intellettuali.

Cari Lavoratori (del cantiere Tav della Maddalena)

a ridosso del 1° maggio il settimanale La Valsusa pubblica stralcio del vostro appello agli intellettuali che inneggiano al "sabotaggio" del cantiere chiedendo di essere "lasciati in pace" a fare il vostro lavoro. La frase centrale che viene riportata dal giornale è "Noi siamo uomini e donne che si guadagnano il pane sudando e non siamo raffinati intellettuali: per noi il verbo nobile è lavorare e quello ignobile è sabotare". In vostro "aiuto" chiamate anche il vescovo della Val Susa mons. Alfonso Badini Confalonieri il quale chiede che "gli animi tornino sereni" e le contestazioni vengano fatte in altre sedi più opportune.

La vostra lettera merita una risposta e un chiarimento su alcune questioni, che valgono anche per il monsignore Vescovo di Susa. Non ci sono intellettuali che inneggiano al sabotaggio come passatempo ma che affermano le ragioni che inducono un "popolo" al sabotaggio quando tutte le altre strade sono state percorse ma l'esito è vanificato dall'arroganza e dalla prepotenza di chi esercita il potere. Senza il "sabotaggio – non violento" il Mahatma Gandhi non avrebbe liberato l'India dall'oppressione degli Inglesi. Gandhi era un avvocato, un padre di famiglia, un fervente religioso indù, e un intellettuale. Una sua frase celebre tra le tantissime: *La terra ha risorse sufficienti per i bisogni di tutti, ma non per l'avidità di tutti*.

Siete lavoratori che si guadagando il pane sudando. Padri e madri di famiglia che devono affrontare ogni giorno le spese, i problemi, i drammi della vita: allevare i figli, pagare le bollette, pagare affitto o mutuo, prestiti e abbonamenti per qualche legittimo "sfizio". Il vostro lavoro, come quello di tutti i genitori, è rivolto a creare un futuro per i vostri figli sperando sempre in qualcosa di migliore per loro. Qualcuno direbbe che state pensando al vostro esclusivo interesse, altri che siete dei "crumiri". Credo invece voi stiate confondendo la vostra "necessità", con il vostro reale "interesse".

Nessuna persona dotata di un minimo di buon senso potrebbe pretendere o chiedervi di non lavorare in quel cantiere; come detto prima, il vostro lavoro è una "necessità" come hanno milioni di famiglie e milioni di genitori. Ma siete davvero sicuri che questo lavoro rispetti i vostri reali "interessi"?

Facciamo un esempio storico reale. Nel 1990, un anno prima della caduta del comunismo, ci furono violente manifestazioni in Bucarest (Romania). Erano dimostrazioni a favore della democrazia ed erano sostenute da eminenti intellettuali. Le manifestazioni furono disperse non dalle forze dell'ordine ma dai lavoratoti e dai minatori che invasero il centro di Bucarest al canto dello slogan *"Noi muncim/ Nu gandim!"*, tradotto in Italiano *"Noi siamo lavoratori, Noi non pensiamo!"*.

Avevano in odio e disprezzo gli intellettuali e gli studenti. Ma nel 2009 le cose cambiarono e furono le manifestazioni studentesche a contribuire alla rinascita del paese a partire dalle contestazioni contro il Ministero per l'Educazione. I figli di quei lavoratori del 1990 in Bucarest hanno manifestato e lottato per cambiare il paese, con l'aiuto degli intellettuali e dei lavoratori medesimi. E sono riusciti a avviare il paese verso una fase di benessere.
Carl Marx era un borghese ed era un intellettuale. Come tale si indignò per la condizione di sfruttamento cui era soggiogata la classe operaia nella prima era industriale. Se oggi non siete costretti a lavorare 14 ore al giorno e i vostri figli di 8 anni vanno a scuola anziché in fabbrica a lavorare 10 ore al giorno è grazie a un intellettuale di nome Carl Marx e dei lavoratori che hanno combattuto per ottenere dignità e diritti imparando dalla sua filosofia.

Voi vi appellate al vostro diritto di "lavorare in pace".

Credo anche i lavoratori dell'Ilva di Taranto, morti per cancro, avessero diritto di "lavorare in pace" (e la pace l'hanno ottenuta: quella eterna però). Lo stesso vale per quelli dell'Eternit uccisi dall'amianto; per quelli che hanno lavorato nelle aziende mafiose che smaltiscono illegalmente rifiuti tossici; per quelli che hanno lavorato per costruire la base della linea Tav Roma-Napoli fatta impastando terra e veleni; per quelli che muoiono perché mancano le minime precauzioni di sicurezza e non tornano più a casa dalle loro famiglie. Etc etc.

Siete sicuri che la necessità di un lavoro, e di essere costretti ad accettare un qualsiasi lavoro, corrisponda ai vostri reali interessi? Se domani mattina (e Dio non voglia, ma è già successo) sui vostri figli cadesse il soffitto della loro scuola perché questo Stato, quello che vuole la Tav a tutti i costi, usa i soldi non per la sicurezza delle strutture ma per cantieri e grandi opere che si rivelano, ogni giorno, una grande truffa, pensereste davvero di lavorare più sereni?

E se (Dio non voglia) vostra moglie dovesse partorire urgentemente e dovesse essere trasportata sino a Rivoli, rischiando la vita sua e del nascituro, perché all'ospedale di Susa gli stessi politici che vogliono il Tav, smantellano il reparto maternità perché i soldi li destiano alle "grandi opere" anzichè alla salute dei cittadini, vi sentireste ancora di "lavorare in pace?".

E non ci sarebbe forse possibilità di lavoro, anche e sopratutto per voi, se si ristrutturassero le scuole, gli edifici pubblici che disperdono calore? E se ci si preoccupasse di più di far fruttare una valle come questa con il turismo aumentando i servizi, migliorando i trasporti, arricchendo la capacità ricettiva, non ci sarebbero altre opportunità di lavoro?

E tutto questo non corrisponde meglio al vostro "reale" interesse per voi e per la vostra famiglia e per l'intera collettività? Non è forse più importante questo tipo di interesse che la semplice "necessità" cui siete costretti da politici corrotti di accettare qualsiasi lavoro a rischio vostro, dei vostri figli, delle vostre famiglie, dell'ambiente in cui vivete, del patrimonio del territorio e della salute di tutti? (anche di quelle forze dell'ordine inviate a "proteggervi" e che vengono sollecitate a infierire con i manganelli su quanti contestano)

Gli intellettuali, quelli non al servizio del potere, sono coloro che pensano, studiano, esaminano, elaborano. Cercando di capire il passato e il presente per guardare al futuro, per costruire un futuro migliore. Senza gli intellettuali saremmo *"Noi muncim/ Nu gandim!"* tutti schiavi. Oggi viviamo ancora troppo da sudditi perché certa politica ci fa credere che "non dobbiamo pensare" ma solo "credere" – e obbedire – a quello che ci vendono in televisione (una volta era credere, obbedire, combattere e furono 20 anni di dittatura). La conoscenza, quella intellettuale, è quella che ci rende liberi e dobbiamo essere grati se esistono intellettuali che si ribellano contro chi ci vorrebbe schiavi, supini e servi.

Allora, cari Lavoratori, nessuno può pretendere che facciate gli eroi perché avete le vostre giuste necessità, ma voi non siate nemmeno quelli che gridano *"Noi siamo lavoratori, Noi non pensiamo!"*, perché siete persone prima di tutto e la libertà è una scelta e una conquista e la democrazia è un bene prezioso duro da difendere. La differenza tra un servo e una persona libera è che il primo della libertà non sa che farsene. Siate persone, innanzitutto. Buon 1° Maggio.

(01.05.15)

Mercedes Bresso e la domanda economica del Tav

Dall'Europa giungono notizie sulla linea Tav tra la Spagna e la Francia documentando, ce ne fosse ancora bisogno, che i grandi progetti Tav sono destinati al fallimento. L'ostinazione della nostra classe politica è invece stupefacente nella fantasiosa capacità di proporre tesi verosimili, ma in realtà fallaci, in favore della linea AV Torino-Lione.

Un bel esempio lo offre la mai compianta Mercedes Bresso, ex Presidente della Regione Piemonte, sostenitrice della linea Tav, trombata alle elezioni regionali (ma per colpa di Grillo, hanno sempre sostenuto i piddini) e oggi accomodata nel poltronificio (pardon) Parlamento Europeo. Da Bruxelles la signora illustra in una intervista a un canale francese due punti importanti che vale la pena sottolineare; quando la giornalista le chiede se la linea Torino-Lione sia il "futuro" ella dichiara:

1) [la linea] modernizza una linea esistente che non consente più in modo economico ed ecologico il trasporto in particolare delle merci e delle persone.

2) Nell'ambito dei trasporti è la "domanda che crea l'offerta".

Se qualcuno ogni tanto si domanda perché mai questo paese galleggia e non riesce a decollare avendone invece molte potenzialità, può trovare risposta in queste affermazioni, o meglio, nel fatto che esistano politici che parlano senza cognizione di causa.

Che la linea sia più economica di quella attuale è fatto smentito dalle previsioni dei costi, da quelli già sostenuti e da quelli immaginabili. La nostra signora del Tav pare ignorare del tutto i conti più e più volte dimostrati laddove la nostra Tav costa almeno due volte e mezza quella deglli altri paesi europei. Ciò si collega alle leggi degli ultimi anni dei governi delle "larghe intese" che offrono il fianco a speculazioni da parte dei general contractor privi di controllo, nonchè ampli spazi alla corruzione e alla criminalità organizzata.

Se tutto questo per la signora Bresso rappresenta una "modernizzazione" abbiamo certamente - e non avevamo dubbi - idee ben diverse su ciò che è da considerarsi "moderno". Quanto all'ecologico la questione non cambia. La definizione della linea ha già subito diversi arrangiamenti: TAV, TAC, TAV/TAC, linea Torino-Lione. Ci mettiamo le merci, no ci mettiamo le persone, no ci mettiamo i camion ma contemporaneamente facciamo il raddoppio del Frejus per far passare più camion... Si decidessero una buona volta.

Si può ancora osservare la confusione generata dall'affermazione "ammodernamento della linea esistente". Chiaramente un falso. Ammodernare qualcosa che già esiste implica la modifica - in meglio - di qualcosa pre esistente e che continuerà a esitere nel tempo con una nuova veste. Qui invece si sta parlando - e pare la signora non lo sappia - di una linea nuova di pacca completamente incompatibile per struttura con la "vecchia"; non fosse altro per la differenza del voltaggio necessario per farla funzionare. Anche qui requiem per l'aspetto ecologico: se costruisco qualcosa che consuma dieci volte di più come faccio a dire che è più "ecologico"?

Che la linea esistente "non consenata più il trasporto in modo ecologico ed economico" è anche questa materia ben opinabile e smentita dai conti. Ma questo aspetto si collega al secondo punto laddove la "domanda crea l'offerta".

Questo principio risale alla Say's Law (la Legge di Jean Baptiste Say) e resa popolare da David Ricardo. Questa legge afferma che tutta la domanda aggregata dei beni prodotti eguaglia tutta la produzione aggregata dei beni e dei servizi prodotti a livello macroeconomico. A questa legge sono state poste molte obiezioni nelle quali non entriamo nel merito.

L'applicazione di questa legge ai trasporti mi pare quanto meno bizzarra e smentita dai fatti. L'affermazione non tiene conto di alcuni parametri:

a) Fattore sostitutivo: se l'offerta di un prodotto/servizio non ha un prezzo concorrenziale (conveniente) il consumatore può rivolgersi a un prodotto/servizio sostitutivo che soddisfi le sue esigenze.

b) Fattore culturale: se la propensione del consumatore privilegia l'uso dell'automobile non è sufficente una "offerta" affinché egli cambi abitudini.

Che l'offerta crei la domanda, in questo caso, è ipotizzabile con una sola condizione: il monopolio. Che è esattamente la situazione italiana dei trasporti che vedono le ferrovie italiane in supremazia assoluta, con buona pace del principio della concorrenza.

Per questa non è sufficiente che ci sia un concorrente marginalizzato nella spartizione di alcune tratte. La vera concorrenza deve avvenire a partità di condizioni di presenza sul mercato e poi deciderà il consumatore sulla base del rapporto qualità/prezzo. Esattamente l'opposto di quello che continua accadere in Italia, laddove per sostenere le linee AV si eliminano i treni tradizionali e si spinge il consumatore a una scelta obbligata e costosa. Per non parlare della marginalizzazione del traporto per i pendolari in termini di servizio, efficenza, convenienza. Basta già oggi fare due conti per accorgersi che il costo per fare un viaggio in treno per due persone rende più "conveniente, sotto il profilo economico, l'uso dell'automobile.

Siamo quindi in alto mare ma, sopratutto, continuiamo a essere "governati" da una classe politica inadeguata nel capire e nell'affrontare i problemi reali delle persone e del paese e che si limita a produrre funnambolismi politici sempre molto costosi per i contribuenti.

(27.07.15)

Legge Obiettivo un regalo alla corruzione

Sovente come cittadini ci domandiamo come mai certi servizi elementari non funzionano, perché continuiamo ad avere un debito pubblico sempre così alto e in crescita, perché ci sono cantieri infiniti come la Salerno-Reggio Calabria. Da qualche anno sentiamo parlare insistentemente di "opere strategiche" e di contestazioni, talvolta pesantemente conflittuali. Il cittadino si sente smarrito e, a meno che non sia a conoscenza diretta di cantieri nel suo territorio e di ciò che questi comportano, si disinteressa e non ci fa caso. D'altro canto i mezzi di informazione principali si guardano bene dallo spiegare quali sono i meccanismi che realmente bloccano questo paese.

A porre un po' di luce, e rimedio, su queste zone grigie, e fin anche nere, dell'Italia, sta provando il M5S con un disegno di legge al Senato che ha come primo firmatario il senatore Marco Scibona ed è stato scritto in collaborazione con il WWF Italia. Il tema sono le così dette grandi opere, magnificate dai governi di destra e di sinistra come "strategiche", molto poco realizzate e a costi esorbitanti.

Ieri a Torino, presso la sede regionale del M5S, la consigliera regionale Fancesca Frediani, Marco Scibona e Stefano Lenzi (Responsabile Ufficio relazioni istituzionali del WWF Italia) hanno illustrato questo disegno di Legge che ha come scopo il superamento della "Legge Obiettivo". Questa legge fu promulgata nel 2001 dal secondo governo Berlusconi per semplificare le procedure di realizzazione delle opere pubbliche. Non è mai stata cambiata dai governi di sinistra e recentemente il Presidente dell'Autorità Anticorruzione Raffaele Cantone l'ha definita una legge "criminogena".

Giustificando la necessità di semplificare le norme per la gestione degli appalti pubblici e per le grandi opere, sino al 2001 regolate dalla Legge Merloni scritta dopo gli anni di

Tangentopoli, si è di fatto derogato da tutti quei controlli, e quelle verifiche, che consentivano una valutazione economica, ambientale, del rapporto costi/benefici, delle alternative possibili, per comprendere, in fase di progettazione, se avesse senso o meno costruire l'opera.

Sui nuovi meccanismi già si era espressa negativamente la Corte dei Conti nel 2005 nel rapporto sull'Indagine sullo stato di attuazione della Legge Obiettivo. L'Ing. Ivan Cicconi l'anno scorso, nel convegno sulle Grandi Opere tenutosi a Torino, aveva ben illustrato gli effetti perversi di questa legge che crea la figura giuridica del General Contractor cui vengono delegate tutte le funzioni di progettazione ma sopra tutto di controllo. Il caso classico del controllore che controlla se stesso. Gli effetti di questa impostazione sono evidenti negli sviluppi giudiziari degli anni successivi sino ai più recenti dove le Grandi Opere sono state definite il "bancomat della politica".

Contrariamente a quanto annunciato, l'effetto di questa legge è stato l'aumento dei costi delle opere (dal 400% sino al 800%) con ripercussioni pesanti sul debito pubblico che graveranno sulle generazioni future. Nel dicembre 2001 erano previste 115 opere da realizzare per un costo complessivo di 125,8 miliardi di euro. Il numero attuale è salito a 419 per un valore di 383,9 miliardi con il costo triplicato a dicembre 2004 rispetto a quanto previsto nel 2001. Se il governo Monti non avesse abbandonato il progetto del Ponte sullo Stretto di Messina, il computo si dovrebbe maggiorare per la spesa di altri 8,5 miliardi.

Ciascuna di queste opere è stata definita "strategica". In questo modo sono stati evitati i controlli e i pareri degli stessi ministeri. Tutto deciso dal CIPE a maggioranza dei suoi membri e le valutazioni sono fatte sui progetti preliminari, non su quelli definitivi. Il resto è in mano al General Contractor che a mezzo dello strumento del Project Financing cerca di reperire risorse finanziarie da privati emettendo obbligazioni garantite dallo Stato (quindi se mancano soldi paga Pantalone!) e può gestire anche la totalità dell'opera attraverso sub appalti senza alcuna evidenza pubblica e senza controllo da parte dello Stato sull'esecuzione dei lavori. L'analisi del M5S evidenzia che questo modo di procedere ha comportato una crescita del volume di affari del 70% per alcune grandi aziende, tagliando fuori la maggioranza degli operatori medio piccoli di settore sul territorio.

Stefano Lenzi ha ricordato che l'ingresso dell'Italia nell'euro rischiò di essere compromessa dal fatto che Tremonti tenne fuori dalla contabilità nazionale i conti dell'Alta Velocità che, non a caso, sono la voce maggiore all'interno delle G.O. considerate strategiche. Romano Prodi con il ministro Visco dovettero porre rimedio. Ma ciò indica inevitabilmente che l'incidenza degli eccessivi costi dell'AV in Italia (da 2 a 6 volte i costi in Francia e Spagna) mettono seriamente a rischio il bilancio dello Stato distogliendo risorse importanti per i servizi del Welfare.

Il disegno di Legge del M5S propone un cambio di rotta radicale seguendo le indicazioni del Presidente Cantone e dello stesso ministro Delrio. Il ripristino delle regole antecedenti la Legge Obiettivo è quanto mai necessaria per riportare trasparenza nelle procedure di realizzazione e il rispetto della legalità. Secondo questa proposta le opere da realizzare devono essere decise in base a criteri di sostenibilità ambientale, sociale ed economica. La conferenza dei soggetti interessati deve tornare ad avere voce in capitolo, pur salvaguardando le funzioni del CIPE. Si devono rafforzare le procedure di impatto ambientale e di valutazione ambientale strategica, nonché la tutela dei beni culturali e del paesaggio. Infine viene rimarcata la necessità di un ampliamento del dialogo tra cittadini e istituzioni.

Una sfida importante e difficile per combattere quel "imbarbarimento pianificatorio e progettuale generalizzato", come l'ha definito il WWF Italia, che ha consentito, più che la realizzazione di opere, la corruzione e il malaffare il cui "costo" economico incide per almeno il 40% sui costi complessivi.

(05.09.15)

Terrorismo e No Tav, prosegue la caccia alle streghe

Sbagliare è umano. Perseverare è diabolico. Così ci ammonivano i nostri nonni. In una versione più contemporanea potremmo – andreottianamente – pensare che il perseverare nell'errore è propedeutico a finalità non dichiarate.

L'immagine del No Tav *"brava gente"*, che però ammettono *"frange violente e pericolose"*, è la litania riproposta incessantemente in questi anni. Negli ultimi tempi abbiamo riso, per non piangere, di fronte al caso della studentessa di antropologia che, per compiere una ricerca sul campo del movimento No Tav (ricerca concordata con l'università), si è beccata una condanna per "concorso morale" avendo scritto, nella tesi, il pronome "noi". Inutilmente gli avvocati hanno documentato che è usuale utilizzare il pronome "noi" quando uno studioso di antropologia partecipa, seppur solo come spettatore, a manifestazioni che sta studiando da vicino (e diversi filmati confermavano la presenza della studentessa come spettatrice e non come partecipante agli eventi). Niente da fare. Condannata (come se avesse contribuito attivamente, anche se solo "moralmente"). La giovane si è poi laureata con quella tesi ed è espatriata all'estero, manco a dirlo.

La Corte di Cassazione ha smontato da tempo, con le sue sentenze, la tesi dei No Tav = Terroristi, sulla quale la Procura di Torino ha lavorato incessantemente in questi anni. Ciò che realmente continua a capitare è la manifestazione di una popolazione che è stanca di vivere in un territorio militarizzato. Da due decenni il popolo No Tav documenta l'inutilità di un opera che si collega ai progetti delle "grandi opere" diventate il "bancomat" della politica. Le cronache giudiziarie, che procedono di pari passo nel tempo, dimostrano le ragioni dei No Tav e le complicità tra politica e malavita con lievitazione enormi dei costi che ricadono sulle spalle del debito pubblico.

Costantemente il movimento agisce con azioni di disturbo (e anche di sabotaggio) nei pressi del cantiere di Chiomonte, dove si scava un tunnel geognostico. A queste azioni corrisponde una contro reazione delle Forze dell'Ordine che, non di rado, viene meno al proprio ruolo di difesa del cittadino e opera con violenza ben sproporzionata rispetto alle manifestazioni di chi protesta. Anche tutto questo è ben documentato ma non ne leggerete mai sui giornali e nemmeno ne sentirete parlare in televisione.

Il governo blatera la retorica del *"discutiamo dell'opera ... ma l'opera si farà comunque"*. Dopodiché pretende che i No Tav si facciano prendere in giro sedendosi a tavoli di "lavoro" dove l'opzione "zero" (ovvero la rinuncia all'opera per comprovata dimostrazione della sua inutilità e dei mancati vantaggi economici calcolati con il rapporto costi/benefici) non è assolutamente contemplata né presa in considerazione. Una farsa.

Per nascondere questa, è necessario creare nell'opinione pubblica l'idea di un movimento di persone che protestano per partito preso. Non solo. Si deve insinuare che tra costoro agiscono potenziali terroristi (proprio le azioni di sabotaggio sono state definite "di terrorismo" dalla Procura di Torino, mentre di parere opposto è stata la Cassazione). Da qui a giustificare una oppressione forte e una "persecuzione" dei soggetti presunti pericolosi il passo è breve.

Negli ultimi anni arresti domiciliari e "obblighi firma" sono gli strumenti utilizzati dalla Procura per perseguire questi presunti personaggi pericolosi che serpeggiano tra le fila dei No Tav. Ora a farne le spese è stata Nicoletta Dosio, personaggio noto in Val di Susa, attivista politica da tempo immemore e una delle prime promotrici del movimento No Tav.

Nel giugno 2015 migliaia di persone, di tutte le età, sfilarono per le vie di Chiomonte ed Exilles provando a raggiungere il cantiere del Tav. Soliti tafferugli e soliti fermi. A questa manifestazione parteciparono Nicoletta e molti altri attivisti che sono ancora obbligati a presentarsi per le firme quotidiane in questura o sono agli arresti domiciliari per quei fatti contestati.

Ultimamente, la reazione dei sottoposti a procedimenti restrittivi è stata però di rifiuto nel rispettare queste disposizioni, ritenute ingiustificate e sproporzionate rispetto ai fatti. A riguardo la Dosio ha dichiarato:

"Non voglio spendere gli ultimi anni della mia vita ormai avanzata in ginocchio. Non andrò a firmare". "Anche se la conseguenza è l'arresto in carcere; ho fatto questa scelta di violare gli arresti domiciliari perché la misura è colma. Non abbiamo paura e non ci inginocchiamo davanti a nessuno. Siamo nati liberi e liberi rimaniamo. Liberi, libere ed uguali. L'OBBEDIENZA NON È MAI UNA VIRTÙ!"

La vicenda ha scatenato una catena di solidarietà nei confronti della Dosio e degli altri attivisti soggetti alle misure. Molti cittadini si fanno fotografare con un cartello e postano la foto sui social. Sul cartello si legge:

"IO sto con chi resiste, con chi viola le imposizioni del tribunale di Torino"

La disobbedienza civile non violenta è sempre stata, in realtà, lo strumento utilizzato dal movimento No Tav. La forzatura di farlo apparire come un'accozzaglia di balordi montagnini violenti e pericolosi continua a fallire miseramente.

Ma, come si dice ultimamente da questi parti, *"la misura è colma!"*.

(09.08.16)

Le Madamine SiTav di Torino, il Chiampa furioso, e il gattopardo Salvini

La manifestazione SiTav organizzata a Torino, dalle ormai famose "madamine" della buona società torinese, che ha portato in piazza di tutto un po', ci ha disvelato un po' di cosette interessanti. Le Madamine a Robin Hood gli fanno un baffo. Ghandi? Una pippa! Martin Luther King? Un sovversivo! Loro sarebbero dalla parte dello sceriffo di Notthingam (e del Re), degli Inglesi colonialisti e dell'Apatheid. Perché?

Perché dire NO è una cosa brutta, non sta' bene, non è neanche tanto educato. E così la piccola borghesia torinese è "scesa in campo", per manifestare in favore dello sviluppo, del progresso, del lavoro. Cosa significa? Questo sarebbe pretendere troppo, ovviamente. Come declinare i concetti di "sviluppo", "progresso", "lavoro"? Quali differenze sociologiche esistono tra progresso e sviluppo? Cosa significa lavoro oggi? E cosa significherà tra 10/20/30 anni? Loro non lo sanno, ma si fidano di quello che hanno fatto i governi precedenti. Sulla questione TAV (e Grandi Opere), ignorano tutto (per loro stessa ammissione), ma scendono in piazza per contestare i contestatori che oppongono delle ragioni che loro non hanno nessun interesse ad ascoltare.

Abbiamo pure ricevuto lo sberleffo della madamina convinta che la Decrescita Felice significhi tornare a pascolare le capre e le pecore su per le montagne.

E che tenerezza le due ragazze con il cartello che indica i tempi dei viaggi del Tav per raggiungere Parigi, Madrid, etc. Peccato nessuno abbia detto loro che viaggerebbero in un container, trattandosi di TAC (merci) e non di TAV.

La piazza SITAV è la piazza di chi ha deciso di NON sapere. Decenni di studi di ingegneri, economisti, giornalisti, studiosi, intellettuali, magistrati, avvocati, centinaia pubblicazioni per spiegare, e documentare, l'inutilità di un opera, ultimo parto dei tempi di Tangentopoli. Tutti quelli che sono stati cacciati dall'Osservatorio della Val Susa, che avrebbe dovuto essere un momento di confronto e di analisi. Militarizzazione del territorio e manganellate sui manifestanti; persecuzione della magistratura torinese che ha portato avanti la tesi del terrorismo per i No Tav, smentita dalla Corte di Cassazione. Le indagini e gli arresti a noti imprenditori della Val Susa; le solite aziende che fanno capo alla sinistra (Cooperative Rosse) e quelle del centro destra (che facevano riferimento all'ex ministro Lunardi). Bugie sui lavori ripetute ogni giorno dalla stampa di regime (non un solo centimetro di galleria è stato scavato, ma solo un tunnel geognostico), accordi su accordi con la Francia per cedere pure sovranità di parti del territorio italiano alla legislazione francese (notoriamente poco avvezza a questioni di criminalità organizzata), dimenticando di spiegare perché l'Italia paga la quota maggiore di spesa, mentre la parte più lunga del tunnel è francese. Le leggi come lo "Sblocca Italia" che hanno invertito il rapporto di forza tra committente ed esecutore dei lavori, regalando a quest'ultimo poteri illimitati, mentre il primo paga senza avere più controllo sulla spesa. Eccetera, eccetera.

Se mi avessero chiesto 15 anni fa cosa pensavo del Tav, avrei risposto che non vedevo nessun motivo per non costruirla. Poi, a seguito delle polemiche che ascoltavo, ho iniziato a leggere un libro preso in biblioteca. Poi ho iniziato a leggere altro e casualmente mi sono trasferito in val di Susa. Quella Piazza è il simbolo della retorica che basta a se stessa; delle vittime che si fanno carnefici. Un capolavoro, sotto il profilo sociologico (se mi posso permette, per non dispiacere ai sociologi).

Nei film polizieschi che parlano di stupro, la difesa dello stupratore tenta quasi sempre di dimostrare che la vittima, in fondo, non era stata chiara nel suo messaggio di rifiuto: non aveva detto chiaramente NO, non aveva gridato, scalciato, respinto l'aggressore; e in fondo questo giustifica l'aggressore che non "aveva capito" il rifiuto e pensava a un rapporto consensuale. In quella Piazza si è consumato un capolavoro del liberismo: la vittima è stata addestrata a pensare che dire "NO" è una brutta cosa; che dire "SI" è sempre bello e positivo. Non esiste più nemmeno l'ipotesi del rifiuto: la vittima è sempre consenziente e cede il proprio consenso a prescindere, come firmare una cambiale in bianco.

Forse parrà un paragone un po' azzardato, ma non credo lo sia, se consideriamo come le grandi opere costituiscano uno "stupro" del territorio, un abuso a carico del debito pubblico, un pericolo per la salute dei cittadini. I nostri tempi sono sempre più caratterizzati da forti convincimenti, inversamente proporzionali al livello di conoscenza dell'argomento trattato. Però le madamine (e i loro amici), un bel NO grande grande lo snocciolano anche loro: NOZTL, no alle zone a traffico limitato, NO ai ciclisti. E qui hanno le loro buone ragioni: come fai a girare per il centro delle città con i SUV, per fare la spesa, andare a prendere il bambino a scuola, con tutti questi divieti? Per non parlare di quei trogloditi di ciclisti che avrebbero la pretesa di girare il centro della città in bicicletta, manco fossimo un'Olanda qualunque.

Insomma dire SI è sempre bello, ti solleva da ogni responsabilità, ci pensano gli altri a pensare per te, così puoi vivere la tua favola, ignorando tutte le conseguenze, le ingiustizie, le sopraffazioni. Seguono a ruota le convulsioni politiche del presidente della Regione Piemonte, Sergio Chiampario, che ha mal digerito la posizione ufficiale del Comune di Torino, nei confronti della linea Torino-Lione. Il nostro sarebbe pure disposto a cercare i soldi necessari per conto proprio, dimenticandosi i "grandi" industriali che, a suo tempo, avrebbero dovuto entrare nell'affare Tav, e poi si sono ritirati, quando hanno compreso in quale bagno di sangue finanziario sarebbero finiti.

Ma questo è il tempo dell'economia pret-a-porter, si buttano miliardi nelle grandi opere fallimentari, o inutili, pagando milioni di euro i progetti affidati alle archistar (a Susa si progetta una "stazione internazionale" affidata a un achistar Giapponese), poi si va in televisione a piangere lamento sul debito pubblico, che cresce sempre, perché non si amministra lo Stato come il buon padre di famiglia che non si indebita (sic).

Il tocco finale, in queste ultime ore, ce lo offre il Matteo Salvini nazionale, quello che vorrebbe fare il governo del cambiamento, ma ogni giorno suggerisce, insieme ai suoi, perle che, di cambiamento, hanno ben poco. A furia di imbarcare voti del centrodestra, il Salvini si trova nelle condizioni di non potersi più tanto opporre ai poteri che, un governo del cambiamento vero, dovrebbe combattere.

Dopo i sussulti per la prescrizione, foriera in Italia di tante regalie ai politici di cdx e csx per evitare la galera, il tentativo di condonare i grandi evasori (evitandogli accuratamente la galera), le balbettazioni sul conflitto di interessi, ora ci regala la soluzione per la terra dei fuochi: più inceneritori per tutti!

Mica la lotta alla criminalità organizzata che lucra impunemente da decenni, con la complicità dei politici collusi, e incapaci, no! Il Matteo nazionale la guerra la fa solo ai migranti (seppur con alcune ragioni di partenza), e poco importa se in Italia si costruiscono inceneritori che danneggiano la salute. L'Ilva non ha insegnato nulla, ovviamente; nemmeno la tragedia del ponte Morandi. Fenomeni entrambi, guarda caso, che hanno visto i proprietari pagare indistintamente cdx e csx, per poter proseguire nei loro affari. Ma quando il disastro accadde, e la gente muore, si può sempre confidare nella prescrizione, quella tanto cara alla Lega.

Così il nostro sembra ogni giorno sempre più vicino a cercare una scusa per rompere il patto di governo, per tornare a dar vita al gattopardesco sistema italiano: tutto cambia affinché nulla cambi, e, obiettivamente, hanno il conforto di elettori (di dx e sx) di bocca buona, che in questi decenni si son digeriti le panzane di Berlusconi e di Renzi; quegli elettori che scendono in piazza a manifestare oggi (leghisti compresi) contro un possibile cambiamento che non riescono a comprendere. Come dargli torto: mica siamo francesi che le rivoluzioni le conoscono bene.

(18.11.18)

Tav va ora in onda Balle Spaziali

Sul TAV raccontare balle, bufale, storielle, tutto quel campionario di fandonie che viene oggi classificato come "fake news", è diventato, praticamente, uno sport nazionale. Il podio è conteso tra giornalisti main stream, politici, e alcuni imprenditori di quella cerchia molto sensibile ai fiumi di denaro che piovono a seguito di certi appalti. Non esistono medaglie d'oro o di argento; solamente quelle di bronzo: lo stesso materiale di cui è lastricata la faccia dei narratori di queste storie.

Nell'ultimo mese, a Torino si sono confrontate, a distanza, due piazze. Una promossa dalle note "madamine" dei circoli della borghesia torinese, l'altra dal variegato popolo No Tav, che da quasi trent'anni di oppone alla realizzazione delle linea Alta Velocità Torino-Lione. Le presenze in piazza, l'8 dicembre scorso, del mondo No Tav, hanno sovrastato in termini numerici quella delle madamine; ma questo, in fondo, importa relativamente. La materia è giustamente opinabile, ciascuno può avere una propria convinzione. L'uso di queste però, ha senso, e significato, se sono suffragate da qualche dato reale. Ho già illustrato, in altri articoli, alcune delle argomentazioni principali che giustificano la richiesta dello stop ai "lavori" in corso. Non mi ripeterò dunque.

Vale la pena invece sottolineare alcune chicche offerte in questi ultimi mesi, dai sostenitori della linea, allor quando sono diventati consapevoli che l'ipotesi di blocco, da parte del governo, non è mai stata così concreta. Recentemente ho partecipato a una trasmissione via web, nella quale si è parlato di Tav e di risvolti economici, e ho avuto modo di valutare da vicino quanta poca conoscenza ci sia sulla questione. Ancora ieri mi è capitato per caso di ascoltare un mega spot di rainews24 pro Tav, con dovizia di interviste a Telt (azienda francese appaltante dei lavori), nonché a qualche imprenditore locale.

La più gustosa – di queste perle,- racconta che la sospensione dei lavori provocherebbe penali comminate da parte dell'Europa, che perderemmo i finanziamenti per costruire la linea, che tutta la parte della linea e del tunnel già costruito andrebbero persi... In merito voglio darvi una notizia bomba. Ma prima è meglio vi accomodiate su una sedia, un divano, per stare più comodi. Accompagnate la lettura con un cordiale, un gin, qualcosa di forte. Se siete astemi, meglio acqua e bicarbonato. Se siete cardiopatici, assicuratevi di avere la bombola dell'ossigeno a portata di mano. Declino ogni eventuale responsabilità per il vostro stato di salute successivo.

La notizia è questa: *per quanto concerne il Tav/Tac Torino-Lione ad Alta Velocità, NON è stato costruito un solo centimetro della linea... BOOOM!*

Ecco, ve l'ho detto. Vi chiederete come sia possibile, come mai in televisione mostrano con orgoglio la mega talpa che sta scavando il buco nella montagna e tutte le altre belle notizie sulla velocità di realizzazione del tunnel, il tripudio delle classi operaie, etc etc. Funziona così: vi fanno vedere la talpa che scava ma non vi raccontano che, sino ad oggi, i buchi scavati (in Italia e in Framcia) sono semplicemente dei tunnel geognostici di esplorazione. Per dirla tutta, quello francese è piuttosto in linea con il tracciato della ipotetica linea, quello italiano è invece in discesa e perpendicolare alla stessa, quindi non potrebbe mai diventare parte della linea futura.   Questi tunnel hanno solamente lo scopo di effettuare esplorazioni geologiche, idrogeologiche e geomeccaniche. Sono tunnel di studio, e sono finanziati in quanto tali dall'UE, per una quota del 50% (art. 10 regolamento UE n. 1316/2013), e per una quota del 40% nella parte transfrontaliera. Non esiste da nessuna parte la costruzione della linea definitiva. Se così fosse, saremmo di fronte ad una truffa ai danni dell'UE.

Ma l'ingordigia di certi politici e di certi imprenditori, non si ferma di fronte a nulla, quindi anche gli "spiccioli" fanno comodo. Ecco perché negli ultimi mesi abbiamo assistito a questo fuoco di batteria nei confronti dei No Tav. Per alcuni è di vitale importanza mantenere in vita dei cantieri per far arrivare finanziamenti dall'unione europea.

L'elenco delle primizie potrebbe continuare per pagine e pagine; sulla questione Tav sono stati scritti centinaia di libri documentando la sua inutilità. In realtà se facessimo un reale esame dei costi della AV in tutta Italia, considerando anche i danni ambientali, i maggiori costi, la corruzione e le malversazioni, il quadro sarebbe già sconfortante di per sè.

Ci sono in ballo miliardi di euro a debito che graverebbero sulle nostre già malconce finanze. Perché quando vi raccontano, come fa Chiamparino (attuale presidente della Regione Piemonte), che ci sarebbero "investori" pronti a metterci dei soldi... provate a chiedergli l'elenco (nomi e cognomi) di tutti questi "privati" disposti a finanziare il Tav Torino-Lione, e le cifre che sono disposti a mettere sul tavolo. E vediamo quanti altri "capitani coraggiosi" ci sono in circolazione!

Si dimenticano di dirvi che la Francia ha già deciso che della Torino-Lione se ne occuperà dopo il 2030, avendo in agenda altre priorità sui trasporti; che il tunnel di base transfrontaliero è per il 60% in territorio francese, ma, i nostri governanti – che dovrebbero tutelare l'interesse degli italiani,- hanno sottoscritto accordi che prevedono il maggior costo ricada sull'Italia.

Quando sentite imprenditori affermare che abbiamo urgenza di aggiornare la nostra rete di trasporti per aiutare le imprese, provate a chiedergli come è possibile farlo con un'opera che vedrà la luce tra 20 anni e che inciderà, come il resto della AV italiana, sul debito pubblico per decenni a venire (proprio quel debito di cui raccontano, sempre gli stessi, che dovremmo diminuire). E domandatevi se, stante l'attuale livello di avanzamento della tecnologia e della scienza in genere, ha senso realizzare un'opera pensata venti anni fa e che ne richiede, da oggi, altrettanti per essere realizzata.

Per concludere: davvero non avremmo lavori, opere medio piccole, urgenti, necessarie, da qui ai prossimi 10/15 anni, con i quali ristrutturare questo disastrato paese venendo incontro alle necessità delle persone (nella vita di tutti i giorni, come accade per i milioni di pendolari) e financo alle imprese (sotto il profilo logistico e di servizi)? Non abbiamo forse sott'occhio disastri che si susseguono ogni volta che piove? Non abbiamo forse ancora delle persone che abitano nei container dopo i terremoti di anni or sono? Non ci sarebbero lavori di manutenzione ordinaria e straordinaria da fare nelle scuole, i cui pezzi cadono sulle teste dei nostri figli? Non abbiamo forse linee ferroviarie locali in condizioni fatiscenti che meriterebbero di essere rivaluate? Etc Etc

Crescita e sviluppo sono parole vuote, se non sono declinate in aspetti concreti e davvero utili. Uno sguardo alla situazione e ai costi del MOSE veneziano (l'altra grande opera a lungo decantata), consiglierebbero maggior cautela e minor frenesia nella destinazione dei soldi pubblici. Meno propensione al gigantismo, ma umile attenzione alle necessità quotidiane.

Un discorso a parte merita la questione del Terzo Valico; su questo mi limito a ricordare quanto scrissi a suo tempo:

> *In questi giorni la dichiarazione dell'ex direttore del Cociv[1] (manager del cantiere ligure del terzo valico) dovrebbe farci riflettere. Ettore Pagani, nell'ambito di una inchiesta della Guardia di Finanza sui lavori del Tav[2] sul terzo valico, inchiesta che si occupa di verificare la presenza di amianto nel materiale scavato nei cantieri, è stato intercettato mentre dichiarava che non c'era di che preoccuparsi (per le indagini in corso), in quanto la malattia, provocata da chi respira amianto (mesotelioma pleurico), non si sarebbe manifestata prima dei trent'anni.*

Stiano ben attenti i Cinque Stelle che le ragioni di opportunismo politico non facciano loro dimenticare i fondamenti per cui hanno ottenuto così tanta fiducia: potrebbe presentarsi loro un prezzo molto alto da pagare, e molto prima di quanto possano immaginare.

(20.12.18)

[1] https://www.tgvallesusa.it/tag/cociv/

[2] https://www.tgvallesusa.it/tag/tav/

Lettera a un amico sulla Val Susa e i cattivi No Tav

Lettera aperta a un amico che mi ha posto domande sul Tav e sulla Val Susa.

Caro Ezio,

da dove cominciare? Grazie della domanda, prima di tutto. Non per piaceria ma perché per capire di cosa stiamo parlando bisogna intanto uscire dalla tana del Bianconiglio, – pillola rossa o pillola blu se preferisci,- cioè da quel paese delle meraviglie che ci dipinge la TV e la stampa asservita e ci costringe a stare dentro una campana di vetro, ciascuno con le proprie piccole convinzioni.

La Val Susa è laboratorio per chi comanda. Di fatto è occupata militarmente. Trame politiche affaristiche si giocano tra le stanze segrete romane ma le radici sono qui.

E' una valle che ha una larghezza massima di un chilometro e mezzo circa, nel punto più largo. Attraversata da due statali, una ferrovia, un'autostrada e un fiume (La Dora).

Una valle bellissima, armoniosa, ricca di angoli suggestivi; canale di collegamento con la Francia attraverso il Moncenisio e il Monginevro; ricca di storia (grandi battaglie sono accadute proprio su queste montagne). E da qui nasce il detto dei Piemontesi chiamati 'Bogianen' a indicare gente caparbia, ferma, che affronta le situazioni in modo tenace. Contrariamente alla vulgata popolare è un termine positivo; originato dalle gesta dell'esercito Sabaudo durante la battaglia dell'Assietta, nel 1747, un episodio della guerra di secessione Austriaca. L'esercito Piemontese (4.770 soldati) non arretrò di fronte all'imponente esercito francese di oltre 40.000 uomini e li fermarono sui monti. Celebre diventò l'affermazione "da qui noi non ci muoviamo! (da sì nojàutri bogioma nen)" del comandante piemontese e 'bogianen' divenne il soprannome dei Piemontesi.

Questo sentimento di fermezza caratterizza questa valle e poco si sposa con gli intrighi dei palazzi romani. Gente semplice, mani grosse che lavorano la terra, e cervello fino. Qui la terra è un lavoro duro perché ogni volta che pianti una zappa sei quasi sicuro di imbatterti in una pietra.

Il progetto Tav è stato concepito sulla testa dei valligiani che già accettarono e subirono la costruzione dell'autostrada più cara d'Italia. Cantieri che dovevano essere "la terra promessa" per il lavoro e il rilancio della valle ma che ben presto rivelarono la poca efficacia in merito. I cantieri erano autosufficienti e l'impatto economico sulla valle fu ben scarso.

Poi ci sono le montagne, ricche di amianto, lo sanno bene tutti, qui. Non lo sa chi fa i progetti a Roma; o fa finta di non saperlo. Ricordi nel 2006 l'altra "grande occasione" delle olimpiadi svoltesi a Torino? Qui furono costruite molte strutture che, come quelle del capoluogo finirono nell'abbandono totale. Le società di gestione dell'evento sono tutte fallite. Rimangono le macerie e pezzi di montagna irremidiabilmente offesi da colate di cemento.

Nella zona di Cesana fu costruita una galleria che avrebbe dovuto migliorare l'accesso agli impianti dell'alta valle. E' ancora lì, non finita, mai usata. Perché? Perché dopo aver bucato la montagna si sono ritrovati le polveri di amianto; i lavori sono stati bloccati per anni e poi ripresi con le protezioni necessarie. Puoi immaginare la lievitazione dei costi.

Con la Tav invece hanno deciso di fare le cose in grande. Una galleria di 60 chilometri dentro le montagne (amiantifere). Ma ciò che scatena l'ira e il risentimento dei valligiani, tranni quelli ovviamente interessati direttamente alla costruzione del Tav, oppure quelli che per un posto di lavoro accetterebbero di morire con tutta la famiglia, sono le menzogne e le ipocrisie.

Ingegneri, economisti, ricercatori, ambientalisti, documentano da decenni sia l'inutilità dell'opera, sia i danni ambientali a questa connessi. Per non parlare delle implicazioni delle infiltrazioni mafiose. Bardonecchia (in alta valle) è stato uno dei primi comuni in Italia a essere sciolto per mafia.

Per lo "Stato" la linea Tav è un'opera imprescindibile e hanno mosso mediaticamente tutte le forze possibili per farla apparire assolutamente necessaria. La storia è in realtà lunga e complessa; è una battaglia che va avanti da oltre 20 anni, a colpi di dichiarazioni, carte bollate, convegni, tribunali.

Dapprima fu costituito un "osservatorio" che doveva essere strumento di confronto tra la Valle e il governo. Ti sembrerà incredibile, ma è documentato (ti lascio qui un link[1] di un convegno dell'anno scorso) come tutti i contrari all'opera furono invitati ad andarsene e l'osservatorio, da ente indipendente, è diventato da tempo pro Tav senza alcuna eccezzione al suo interno.

Il progetto è stato denominato più volte cambiando i termini per confondere chi, distante dalla Val Susa, non riesce a capacitarsi del perché qui ci siano questi rompicoglioni di No Tav.

Prima era una lina TAV (Treno Alta Velocità), poi si rivelò una TAC (Treno Alta Capacità con destinazione commerciale) sostenendo che la linea "storica" aveva raggiunto la sua massima capacità di transito. Balle sesquipedali. La linea Torino-Bardonecchia non è satura, dal punto di vista del transito dei treni commerciali e passeggeri; lo dimostrano i grafici del traffico negli ultimi venti anni che indicano anzi una diminuzione del traffico merci. Inoltre su quella linea già transita tranquillamente il TGV (Tav Francese); certo a velocità ridotta, ma ci passa.

Negli ultimi anni la linea Tav è diventata solamente più una linea tra Torino e Lione. L'ultima grande pensata è stata quella di costruire una stazione "internazionale" a Susa dal costo di circa 40 milioni di euro, come se Susa fosse una metropoli tipo Milano o Roma. Comunque hanno fatto un bando internazionale del progetto vinto da un archistar (mi pare giapponese); non so dalle tue parti ma qui in Piemonte non esistono più architetti "normali"; se non sono "star" che costano milioni di euro ci permettiamo il lusso di non prenderli neanche in considerazione. Se venisse attuata questa idea la valle si trasformerebbe in un gigantesco cantiere, con stravolgimento dell'intero territorio e distruzione del turismo.

Al momento l'ultima strategia, mancando i soldi, è la costruzione del tunnel trans-frontaliero in modo da infinocchiare l'Europa e fari dare un po' di soldi. Della linea Torino-Lione si parla da molto tempo. L'idea e il progetto risalgono ai tempi di tangentopoli… e questo già dovrebbe significare qualche cosa.

Nel tempo lo "Stato" ha dovuto in qualche modo cercare di salvare la faccia con questi "bogianen" valligiani che nel frattempo, con la loro lotta per difendere il territorio, hanno fatto scuola al resto dell'Italia. Si sono aggregate sempre più persone, tra cui molti giovani, di diverse aree politiche, anche alcune diciamo un po' più calde e insofferenti. A oggi il mondo No Tav è un popolo vasto e vario che non lotta per impedire la costruzione di una linea ferroviaria ma per affermare il principio che in questo paese non si possono continuare a gettare nel cesso i soldi dei contribuenti grazie alla corruzione, alle complicità, ai faccendieri e a politici inqualificabili. Le grandi opere sono un bluff, anzi sono "il bluff"; il bancomat della politica come oramai viene definito. E non sono i No Tav a dirlo ma la magistratura con le indagini e le sentenze. Il recente caso di Incalza ha visto i magistrati dichiarare quello che è noto da tempo: la Legge Obiettivo creata per gestire le Grandi Opere consente, in spregio alle norme europee, poteri illimitati a un direttore dei lavori che è nominato da chi fa i lavori, non da chi dovrebbe controllarli. Potere illimitato, costi illimitati, controlli da parte del committente inesitenti e la criminalità ringrazia.

Ecco allora che "questo Stato" è stato costretto a correre ai ripari contro questo popolo No Tav e contro questa Valle ribelle che non si arrende. Occupazione militare del cantiere – tra l'altro costruito sopra una zona di rilievo archeologico, tanto per dire – e occupazione militare del territorio. Le documentazioni delle cariche della polizia con manganelli su vecchi e ragazzi durante manifestazioni pacifiche e numerose sono ampiamente documentate in rete e nei siti dedicati all'argomento. Poi controlli,

fogli di via, perquisizioni e sequestri di materiale che poteva documentare il comportamento delle FfdOo,etc etc. non ti nego che sovente la tensione è alta e ci vuole poco perché le guerriglie si scatenino ma mai mi sarei aspettato di assistere a situazioni in cui le cariche della polizia avvengono su gente inerme. Il G8 di Genova ha fatto scuola e l'impunità dà i suoi amari frutti.
Perché la libertà in questo paese, e la conseguente manifestazione del pensiero, è concessa se la contestazione è fatta così... piano piano, in silenzio, come piace a loro, senza disturbare il manovratore.
Sono stati scatenati i mastini dell'informazione di regime, e qui ci sono delle vere e proprie chicche: puoi trovare esaurienti chiarimenti nel libro del professor Antonio Calafati che anni or sono documentò lo studio fatto con i propri studenti alla ricerca delle ragioni dei "Si Tav". Una lettura molto interessante (su Tgvallesusa trovi una mia recensione). Più recentemente è nato il Controsservatorio della Val Susa che ha commissionato uno studio su come è trattata la lotta No Tav sulle maggiori testate giornalistiche italiane. Trovi la documentazione sul loro sito. Ma i libri sull'inutilità del Tav non mancano in qualsiasi biblioteca.
Ad un certo punto, stanchi di essere presi in giro e bistrattati, i No Tav hanno alzato la posta e sono passati dalla carta bollata, dalle semplici manifestazioni, sistematicamente ignorate, al boicottaggio fisico del cantiere. Lo "Stato" ha rilanciato scatenando la Procura di Torino e il sabotaggio di un generatore di corrente è costato ad alcuni giovani l'accusa di terrorismo. Accusa infondata, smentita dalla Corte di Cassazione. L'intento era il boicottaggio nonviolento e nessuno qui si è mai fatto male (turisti compresi) a causa di una manifestazione o "azione" di disturbo dei No Tav. Certo ci sono stati molti momenti di tensione. Quando tu accusi dei contestatori di terrorismo e manganelli a destra e a manca la gente, anche quella più pacifica, dopo un po' inizia ad incazzarsi e le reazioni diventano sproporzionate.
In mezzo ci sono una quantità di cause intentate dallo "Stato" e da LTF che gestisce i lavori contro i No Tav che subiscono e pagano

di tasca loro con grandi momenti di solidarietà collettiva. Invece le indagini sulle violenze commesse, e documentate, da parte delle forze dell'ordine sui manifestanti si sono perse nei meandri della Procura.

Mi chiedi a che punto è il cantiere? E' lì, bucano, scavano, producono polveri, devastano. E lo stanno facendo solamente per un tunnel esplorativo, intanto incamerano soldi dall'UE. La faranno? E chi lo sa! La questione in realtà la posta bene il giudice Ferdinando Imposimato che si è occupato delle prime indagini sull'Alta Velocità tra Roma e Napoli. Laggiù le organizzazioni criminali sono andate a nozze con i movimenti terra mischiati al riciclo dei rifiuti tossici. Costi elevatissimi in termini di denaro e di salute. Se ti sposti più in su a Firenze trovi numerose imputazioni per disastri ambientali sulla testa delle aziende che hanno realizzato i cantieri.

Imposimato ha ammonito i No Tav a non mollare perché la Torino-Lione è destinata a diventare la nuova Salerno-Reggio Calabria o una nuova terra dei fuochi. L'Europa non ha più soldi per finanziare quest'opera. La Francia è sempre meno interessata perché ha già delle linee interne AV da terminare (e costano 1/3 rispetto all'Italia) e problemi con la manutenzione delle linee tradizionali (su Tgvallesusa.it abbiamo documentato tutto questo). Il tentativo che il governo italiano e francese stanno tentando è farsi finanziare il tunnel transfrontaliero pur in assenza della linea. Un gigantesco lavoro inutile considerando che stanno proseguendo i lavori per la seconda canna del Frejus.

Il vero problema è se riusciamo, se riusciremo, a fermare questa devastazione del paese, dell'Italia intendo; questi sprechi, queste complicità, questa corruzione che sta erodendo il paese. La Val di Susa è solamente la punta dell'Iceberg, come suol dirsi. Qui si gioca però la credibilità di "questo" stato che non può permettere che gli Italiani comprendano cosa realmente accade qui. E riguarda la destra come la sinistra (con la sua bella cooperativa CMC che vince tutti gli appalti).

L'intervista che tu hai visto è uno dei tanti esempi di sopraffazione che i Valsusini, quelli che manifestano, devono subire continuamente con accuse sempre più infamanti che poi si rivelano per quello che sono: un tentativo di piegare la volontà popolare. Emilio[2] è una persona semplice, come tante qui, ma che sente dentro il rifiuto di uno stato oppressore che perpetra violenza psicologica e fisica. Lui ha un banco al mercato, vende pesce, buon pesce; se gli impedisci di usciere da casa sua per andare a lavorare lo rovini. Cosa ha fatto? Nulla, era presente, ha contestato come molti altri e, come è successo tante altre volte è stato identificato e poi accusato di qualche cosa. Pensa che ci sono stati giovani, duranti duri scontri con la polizia, che sono stati accusati di "resistenza a pubblico ufficiale" perché mentre venivano inondati dai getti d'acqua degli idranti invece di disperdersi continuavano a ballare... questo è la condizione della Val Susa, questo è lo stato italiano che non ti raccontano ai telegiornali.

L'ultimo passo dei No Tav è stato quello di rivolgersi al "tribunale dei popoli" in Europa per veder tutelati i loro diritti e riconosciute le loro ragioni. Vedremo la sentenza.

Scusa se mi sono dilungato così tanto ma come avrai capito c'è molto da dire rispetto a ciò che si sa della Val di Susa. E io sono "solo" un valsusino di adozione ma ho facilmente compreso la situazione documentandomi e parlando con la gente. Quindi... passaparola! Un abbraccio

(28.04.15)

[1] http://www.tgvallesusa.it/2014/12/imposimato-la-val-di-susa-sara-la-prossima-terra-dei-fuochi/

[2] Emilio: noto attivista No Tav accusato e arrestato su mandato della Procura di Torino per aver partecipato a della manifestazioni

La morte (del governo) corre sul Tav

Tav. Confesso di essere sobbalzato più e più volte sulla sedia, durante la lettura dell'articolo a firma P. Becchi e G. Palma, pubblicato su Scenarieconomici.it (tratto dal quotidiano Libero).

Non saprei dire se mi ha colpito maggiormente la sfrontatezza di un ragionamento alla "Mario Monti" (prima li minacciamo con misure inaccettabili, poi, passata la buriana, facciamo entrare in gioco le riforme che erano il nostro reale obiettivo), oppure l'offesa palese all'intelligenza dei lettori, e sopratutto dei Valsusini, trattati come un popolo di mandriani "patella vacche" (come si dice da queste parti), cui basterebbe lasciar sbollire la tensione, per poi minchionarli con l'ennesima trufferia all'italiana (chi ha avuto, avuto, chi ha dato, ha dato...). Lo stesso pensiero delle "madamine" piemontesi.

La situazione è grave. E i nostri autori non sembrano esserne coscienti. Vieppiù la questione viene ridotta a una mera vicenda di escamotage contabili, su cui giochicchiare, per poi far proseguire i lavori, come se nulla fosse. L'Italia è il paese dei disastri annunciati. Siano essi economici (soldi buttati nel cesso), sociali (tensioni e inasprimento dei rapporti umani, come nel caso dell'immigrazione), o strutturali (ponti che crollano, scuole che cadono sulla testa degli allievi, malasanità, fiumi che tracimano, montagne che si sbriciolano, treni che deragliano o vanno a fuoco, strade che sprofondano).

Ogni volta si sapeva; ogni volta c'era chi denunciava; c'era chi segnalava il pericolo, si opponeva e diceva "NO!", questa roba non si può fare, non si deve fare; è pericolosa, è uno spreco, è un pericolo, è una truffa. Provate a ripercorrere (qualunque sia la vostra età), nella vostra mente, la storia di questo paese dai tempi del Vajont, attraverso le cronache degli avvenimenti delle tragedie accadute, e ritroverete facilmente un modello che si ripete, almeno dagli anni '60. Ogni volta c'è un progetto presentato come una necessità ineluttabile, come una spinta di progresso, un momento di crescita, di sviluppo, per il paese. Qualcosa di cui non si può fare assolutamente a meno.

Ogni volta c'è qualcuno che mette in guardia; una minoranza talvolta silenziosa, il più delle volte silenziata dalle urla di "esperti" che inveiscono contro i retrogradi, i nemici dello sviluppo e del progresso, con la complicità dei media di regime, al servizio dei padroni dei potentati economici (sempre con i soldi pubblici). Poco importa se della minoranza fanno parte persone preparate, accreditate, più che credibili; siano essi esperti, o semplici cittadini che subiranno le conseguenze dirette. Un po' come accaduto per la vicenda dell'Euro, per capirci meglio.

Ogni volta si contano, poi, i disastri. Se siamo stati fortunati, sono solo di carattere finanziario (e abbiamo segnata un'altra tacca di debito pubblico), se lo siamo un po' meno, dobbiamo anche ricostruire qualche disastro materiale che si è verificato, oppure, non di rado, ci ritroviamo a piangere dei morti. E qui si sviscera tutta l'ipocrisia nazionale: lacrime di coccodrillo, fasulle e di circostanza, profuse su quegli stessia media che hanno ignorato gli allarmi. Corredate dalle promesse che la prossima volta non succederà più.

Poi arriva la magistratura (sia quella contabile che quella ordinaria), a certificare i disastri, le complicità dei politici con le organizzazione criminali, e con certi imprenditori. Ma oramai i danni sono fatti. E i politici in genere la scampano, perché la magistratura è cattiva, è comunista, è fatta di matti che perseguono i poveri politici; e allora questi -porelli,- sono costretti a promulgare Leggi per accorciare i tempi della prescrizione, per farla franca.

Le aziende che hanno partecipato ai lavori falliscono, o vengono anch'esse indagate per diversi capi di imputazione (turbative d'asta, corruzione, associazione a delinquere), non di rado per mafia (ma la prescrizione li aiuta sempre). E, non a caso, risalendo ai vertici che le comandano scopri altri politici, proprietari oppure soci, reali od occulti.

Per fare un esempio recente, potremmo parlare del MOSE. Le gigantesche paratie che dovrebbero difendere Venezia dall'acqua alta. Non ne troverete molta traccia sui media. In Europa certi "stolti", privi di inventiva, hanno costruito gli ingranaggi, di impianti analoghi, sulla terraferma, e le paratie entrano nell'acqua solo al momento della necessità. Il nostro MOSE, diversamente, è costruito totalmente dentro l'acqua. Così, dopo anni e anni di lavoro, e palancate di soldi spesi, non solo non è ancora completato, ma non lo sarà mai. Perché le strutture messe dentro l'acqua sono soggette alla corruzione del sale. Morale: ciò che è stato costruito necessita non solo di una manutenzione permanente, ma di interventi strutturali di rifacimento.

Provate a chiedere ai cattivoni del movimento "No Mose" se non era prevedibile questa conclusione. Chi paga? Chi pagherà i danni? Indovinate un po'.

Qui in Val Susa, quando progettarono le strutture per le Olimpiadi del 2006 (e già su questo ci sarebbe un intero capitolo da raccontare), tra le opere c'era una galleria in alta valle che avrebbe dovuto costituire uno svincolo per la circolazione. Come da prassi, ci fu chi diceva che non era opportuno fare questo "buco", a causa dell'amianto presente nelle montagne. Come pensate sia andata a finire? Buco iniziato, amianto trovato, lavori bloccati, aggiunta di costi (per evitare la fuoriuscita delle polveri cancerogene), galleria finita nel 2016 anziché nel 2006! Chi paga? Di chi è la responsabilità?

Potremmo continuare per giorni, e scrivere una nuova enciclopedia Treccani della stupidità italica, e sul malgoverno delle opere pubbliche. Sul Tav, e sui rapporti di governo, credo siano sufficienti le dichiarazioni di Di Maio, rilasciate ieri in conferenza stampa. Per molti di noi, sono persino tardive. L'arroganza di Salvini avrebbe dovuto essere arginata già da un bel po' di tempo a questa parte.

Come andrà a finire non lo so. Quello che so, per certo, è che chi ha contribuito a dar vita, e a sostenere il M5S, non sono i leoni da tastiera dei social, sono persone in carne e ossa, stanche di essere prese in giro dai politici, dai giornalisti, e da certi intellettuali. Persone che conoscono le opere strutturali di cui il paese ha davvero necessità. Tanti piccoli/medi lavori sparsi su tutto il territorio, e ristrutturazioni di interi comparti di settore. Questi porterebbero davvero crescita, e sopratutto, sviluppo. E, per dirla tutta, i sapientoni che ciarlano nei salotti ignorano la differenza tra i concetti di crescita, sviluppo, e progresso. Difatti ne parlano ogni giorno, a vanvera.

Gli altri, sono persone, come i Valsusini, che combattono da 30 anni contro un sistema politico marcio e corrotto; contro l'ignoranza e la spregiudicatezza di chi parla e vota senza sapere di cosa si tratta, senza informarsi, oppure bevendosi le chiacchiere dei finti dibattiti televisivi. E, oggi, nono disposti ad accettare altre fandonie sulla propria pelle.

L'obiettivo del governo del cambiamento poteva anche essere quello di offrire la possibilità a Salvini, e ai suoi sodali, di riscattarsi dopo aver fatto parte del sistema, per decenni, all'ombra di Berlusconi. Ma, evidentemente, non c'è volontà in questo senso. Ci sono i soliti giochetti di palazzo, e le solite complicità, le solite furbizie per proprio tornaconto: insomma, il solito, vecchio, caro sistema partitocratico, panglossiano e gattopardesco. Fatto di gente con la coscienza sporca, con mucchi di scheletri nell'armadio; nella sostanza, ricattabili. Il prezzo lo paga sempre il paese. Ma in nome del progresso, della crescita, e dello sviluppo (che non arrivano mai...).

Sono un democratico autentico: se il paese vuole farsi nuovamente fregare da un'altra bella ammucchiata di politicanti che continuano a depredare i soldi pubblici, le risorse, e le potenzialità del paese, accada quello che deve accadere. Ho già messo in conto di cercare altri luoghi civili – e politicamente più maturi,- quando, e se, mi sarà possibile.

Ma, per cortesia, non cercate di prenderci per il naso con giochetti che ben conosciamo, perché sappiamo leggere, scrivere, e far di conto; e la storia politica (e giuridica) del paese, la conosciamo a sufficienza.

(09.03.19)

Politica, Costume e Società: spaghetti, mafia e mandolino

Vizi e virtù, molti i primi, pochi i secondi, della società italiana. Dalle rivoluzioni mancate a quelle impossibili. Un paese che sogna di cambiare ma non riesce a credere in sé stesso. Arrendevole con il potere, si rivale sui più deboli, che di certo non mancano.

I Forconi in strada, ma è una rivoluzione seria?

Potrebbe essere il titolo di un romanzo, e in fondo un po' lo è: per le strade d'Italia, da alcuni giorni, va in scena la rappresentazione del deserto politico e culturale cui è approdato il paese. Con il trascorrere delle giornate la partecipazione alle manifestazioni da parte di molte persone - che forse sino ad oggi non erano mai scese in piazza- ci obbliga a chiavi di lettura più complesse che la semplice attribuzione di un unico colore per la sua genesi.

E' indubbio che dietro le organizzazioni siano presenti gruppi di destra – anche di matrice fascista- e che gravitino personaggi poco raccomandabili. La rete ha provveduto, in questo senso, a far conoscere i curricula di questi capetti.

Ridurre le manifestazioni e la partecipazione popolare (commercianti, agricoltori, studenti, impiegati,etc etc) ad una adunata destrorsa e/o violenta è quanto mai una interpretazione superficiale nonostante le perplessità doverose.

La prima impressione, che se ne può ricavare leggendo anche i minuziosi resconti del nostro giornale, riporta alla mente quella famosa battuta da cabaret: tre Italiani... quattro partiti.

Nel contesto generale di stanchezza, arrabbiatura, disagio e frustrazione che emergono dai gruppi eterogenei presenti nelle piazze e nelle strade, vuoi raccolti in comitati o radunatisi spontaneamente di fronte ad un palazzo istituzionale, oppure baluardi di improvvisate occupazioni stradali, si percepisce un rifiuto generico della situazione politica quotidiana, e la contemporanea, e totale, assenza di un progetto politico.

Gli unici progetti di cui si è avuta notizia appartengono a filosofie neofasciste che vorrebbero sostituire la disastrosa compagine della casta politica con quella militare. Di esperienze storiche in tal senso ce ne sono a sufficienza nei libri di storia tali da far dubitare e temere seriamente di simili risvolti.

Ma il punto nodale della situazione è, per l'appunto, una questione di cultura politica.

Quello sceso in piazza è il figlio naturale dell'ultimo trentennio italiano: persone che hanno vissuto di quel poco o tanto che avevano e bastava loro per condurre una vita agiata o dignitosa. Adesso la situazione del sistema paese, dentro una opaca cornice europea, fa venir meno quella situazione di benessere di cui hanno goduto e allora costoro si "ribellano" contro un potere che fino a ieri hanno sostenuto senza mai porsi domande sulle azioni dello stesso e sulle conseguenze che ne sarebbero derivate sul lungo periodo (e trenta anni sono un periodo in cui gli effetti di determinate scelte politiche si sentono).

Il nostro continua ad essere un paese dove la politica ha una chiara impronta machiavellica: il fine giustifica i mezzi. Nell'ambito di questa filosofia si muovono i fili per condurre (nella società mediatica teledipendente) il gioco del potere che si fonda sulla squalifica dell'avversario in qualsiasi modo. Allora la "dissociazione dalla violenza" diventa strumento per distribuire, a priori, la patente di buoni e cattivi: non importano i contenuti è sufficiente che una minima parte dello schieramento scivoli in atti qualificabili come "violenti" che tutta la compagine viene dichiarata tale e non più degna di partecipare alla competizione politica.

I richiami a grandi personaggi della storia dell'umanità come Mandela e come Gandhi, assegnano a costoro un ruolo da pacifista cui ispirarsi ignorando che le battaglie di liberazione da loro sostenute non sono state indenni da momenti di violenza subita o anche provocata.

I media agiscono pesantemente nella distribuzione delle pagelle tra i buoni e i cattivi e la società stessa si è adattata a questa impostazione: ci tocca quindi ascoltare, da parte dell'ultimo arrivato in piazza, una frase del tipo: "*noi non siamo violenti come i No Tav*".

Ed eccolo qui, il nostro bravo cittadino medio, incazzato nero, che sventola la bandiera bianca come simbolo di una scelta non violenta a prescindere e che prende le distanze da un fenomeno che non conosce (e che non si è preso la briga di conoscere) ma che giudica sulla base delle informazioni fornitegli dal potere; quello stesso che lui vorrebbe abbattere pacificamente ma che si è già impossessato "violentemente" della sua capacità di giudizio imponendogli una conoscenza del mondo propedeutica al rafforzamento dello status esistente.

Qualcuno dovrebbe ricordare a costoro che, in battaglia, il bianco è anche, e soprattutto, il colore della resa.

Non si tratta di fare apologia delle violenza, per carità, o di sostenere che essa sia necessaria ma domandiamoci: un potere consapevole di governare dei cittadini pacifisti ad oltranza, qualunque porcata esso compia, sarà davvero disposto a dimettersi? Può, sul lungo periodo, la sola manifestazione pacifica determinare la caduta di un potere? Di sicuro ciò è possibile laddove esista una dignità istituzionale molto forte, come accade in altri paesi di democrazia europea, quando un minimo intoppo o una piccola devianza dalle regole comporta dimissioni da parte di qualsiasi figura istituzionale. Non è il caso dell'Italia.

Se la violenza è deprecabile e ripudiabile, allora è necessario percorrere un altro sentiero per cambiare le cose. Proprio Mandela ha indicato la via maestra per affrancare i popoli dalla sudditanza a qualsiasi regime non democratico o fintemente democratico: l'istruzione e la cultura.

Solo con la conoscenza si può progredire verso una democrazia compiuta e reale.

È positiva la presenza di tante persone in piazza, ma quali sono le reali motivazioni che li spingono a contestare? L'incapacità di formulare dialettica politica è il loro punto di debolezza; la maggioranza è figlia di quella televisione (questa sì, cattiva maestra) che ha fornito loro verità pre-confezionate per decenni.

Il rischio è che rimangano abbagliati da qualche facile profeta del nulla o che tornino nelle proprie dimore appensatiti ulteriormente dalla convinzione che nulla serva a mutare lo stato delle cose. La mancanza di un progetto e di un indirizzo li rende deboli e in balia di forze spregiudicate.

Occorre quindi che i movimenti popolari di maggior esperienza travasino su costoro le informazioni e la conoscenza che il "potere" non desidera essi abbiano; che li rendano edotti e partecipi delle innumerevoli iniziative di lotta sparse per tutto il paese e che vengono relegate nei telegiornali a mere questioni di ordine pubblico. Non è un percorso facile. L' Ocse ci informa che sette persone su dieci hanno difficoltà, nel nostro paese, a comprendere un discorso complesso. Questo dato si accoppia con un altro dell'Istat di qualche tempo fa: solo il 12,5% delle persone legge più di due libri all'anno. Capita di parlare con persone che non hanno toccato più un libro dal termine del periodo scolastico obbligatorio.

La complessità è insita nella vita stessa e in ogni sistema che ci circonda o di cui facciamo parte. Rinunciare a conoscere la realtà per ciò che essa è significa rinunciare, nella sostanza, a noi stessi e alla nostra esistenza: in questo caso diventiamo prede di facili e irreali semplificazioni che ci rendono merce di interessi altrui.

(12.12.13)

Rivoluzione senza rivoluzionari

Anche questa volta ci siamo persi la "rivoluzione" cammin facendo. Senza volersi sostituire agli storici e ai sociologi, per indagare a fondo il come e il perché delle rivoluzioni mancate in questo paese, da semplici cittadini sarà utile fare qualche riflessione in merito.

Da tempo la rivoluzione viene invocata ed evocata: da alcuni come unica via per modificare in modo drastico e definitivo un paese che galleggia alla deriva morale ed economica; da altri come spettro delle più becere e populiste passioni assetate di vendetta sociale.

Lo scorso dicembre la discesa nelle piazze da parte di molte persone neofite alle manifestazioni pubbliche faceva quasi sperare in un sussulto di orgoglio nazionale, in un inizio propiziatore di cambiamento, una epifania di rinnovata coscienza sociale.

La debacle di oggi è, a ben vedere, la naturale conseguenza dei difetti e dei limiti di quella manifestazione iniziale: assenza di un progetto politico; dubbi leciti sulla credibilità di buona parte degli organizzatori; confusione sugli scopi finali.

Ciascuno aderì riversando il personale disagio e le proprie frustrazioni: il giovane disoccupato sfinito dalla ricerca di un lavoro che non esiste più; il commerciante o professionista in lotta perenne per non farsi sottrarre, da uno stato ingordo, il 70% di ciò che fattura; i cinquantenni espulsi dal sistema produttivo diventati fantasmi che possono solo più concedersi lavori saltuari in nero in attesa di una pensione che non vedranno mai; gli immancabili pensionati destinati alla pura sopravvivenza in attesa di riposare per grazia della pace eterna.

Un errore è continuare a pensare, da parte di molti sostenitori della rivolta dura, che l'Italia sia ormai solo più questa: non è così. Un conto è la povertà assoluta, dove davvero la miseria attanaglia persone e famiglie cui manca il "pane quotidiano". Un altro è la povertà relativa di chi sente diminuire ogni giorno la propria libertà di fare, scegliere, consumare ciò che gli aggrada ma può ancora illudersi di non diventare come quegli altri. Poi ci sono coloro cui va abbastanza bene perché hanno un lavoro di nicchia che regge alla crisi e consente loro di continuare a vivere decorosamente. Infine ci sono i ricchi che diventano ancora più ricchi grazie alle speculazioni finanziarie e alle amicizie politiche.

In questo mondo eterogeneo dove sono i rivoluzionari? Perché per fare una rivoluzione ci vorranno ben costoro... o no? Ma, soprattutto, è la rivoluzione barricadiera l'unica soluzione percorribile? Può questa unire soggetti così diversi per situazione, cultura, aspirazioni?

L'Italiano non ama le rivoluzioni. Venti anni di fascismo, quarant'anni di egemonia democristiana, una decina di triumvirato CAF (Craxi, Andreotti, Fanfani), venti anni di berlusconismo (ancora ben vivente), non appartengono ad un popolo che abbia vocazione rivoluzionaria.

Nemmeno i secoli bui imposti dalla Santa Inquisizione, la Controriforma, la scuola dell'obbedienza (come scriveva Ermanno Rea) per azzerare i lumi del Rinascimento, fanno degli Italiani un popolo preposto a gesti forti di rivolta sociale.

Eppure una "rivoluzione" sarà necessaria per cambiare lo stato delle cose. Perché ciò avvenga è quanto mai imprescindibile una presa di coscienza dei vizi italiani in ambito politico. Non mi riferisco alle malefatte, ruberie e simili, non si può certo attendere un cambiamento da una classe politica avvezza al malaffare e che si ritiene al di sopra della legge e della Costituzione democratica.

Penso al modo con il quale l'italiano medio approccia oggi i temi della politica (con una visione da tifoseria curva sud) e a come operano quanti si dedicano con passione per imprimere un cambiamento. Troppo spesso si assiste, soprattutto a sinistra, ad una vera e propria lotta di prevaricazione che ha come obiettivo la supremazia sugli altri invece che la condivisione di idee e sentimenti per costruire un progetto comune soddisfacente per le parti.

Quante iniziative interessanti abbiamo visto naufragare in questi anni piegate dal peso di personalismi e vanificate da malattia di protagonismo? Quanta incoerenza tra i proclami e le azioni ha indotto un intero popolo a diffidare sino al punto da riconoscere a stento le azioni semplici e oneste?

Lo scontro politico oggi vive di ipocrisie su due livelli: uno tutto interno al sistema e l'altro verso il popolo considerato e trattato come suddito. Ogni manifestazione di dissenso che si caratterizzi per determinazione e fermezza viene connotata come ottusa e ideologica. Eventuali gesti o azioni provocatorie che abbiano una qualche veemenza e si caratterizzino per una minima connotazione fisica vengono trasfigurati in atti di violenza fine a se stessa.

Il dissenso è tollerato se la sua manifestazione è platonica e innocua. Il confronto politico è ridotto a linguaggio di tifoseria, nelle sue manifestazioni migliori sminuisce il dibattito ad un pura concessione di parola: è esclusa l'analisi e la confutazione delle opinioni e dei fatti.

Vero atto rivoluzionario sarebbe il riappropriarsi di una identità politica personale e di un confronto non ideologico avendo come obiettivo la costruzione di un progetto comune che sorga ristabilendo le regole fondamentali.

Molte persone non partecipano più alla vita politica e non votano perché ritengono che non serva a nulla (e il fallimento di manifestazioni come quella di oggi confortano questa opinione). Ritengo che questo sia un assunto falso: fintantoché esisteranno "politici" che avranno necessità di mentire pubblicamente sul loro reale operato significa che la verità conta qualche cosa: che le nostre opinioni contano, che il nostro voto è importante per la loro carriera.

Il "sistema" parassitario della politica italiana prospera e sopravvive alimentandosi di questi limiti individuali e collettivi. Alza costantemente il tiro della condanna ad ogni forma di dissenso che non sia parodia di se stessa e inefficace. Lo spostamento concettuale delle contestazioni sul terreno del terrorismo è un chiaro disegno sovversivo, questo si, nei confronti della dialettica democratica.

Il motto "non sono d'accordo con quanto dici ma difenderò fino alla morte il tuo diritto di esprimere la tua opinione" è diventato "non me ne frega nulla di quello che tu dici basta che lo dici senza disturbare".

Urge un cambio di strategia. Rinuncia alla coltivazioni di piccoli orticelli. Condivisione invece di obiettivi, idee e sentimenti. Imparare a votare scegliendo l'opzione migliore che si ha di fronte per raggiungere lo scopo e smetterla di cercare la perfezione che non esiste.

Qualcuno in questo paese ci sta provando, ma siamo in grado di accorgercene?

(11.01.14)

Italia: il vuoto pneumatico dell'etica

Domenica scorsa una mamma ha partorito un bambino in auto, in una piazzola dell'autostrada A32, mentre il marito cercava di trasportarla all'ospedale cui era stata indirizzata (a 40 km da casa) dall'altro ospedale che invece presidia la città in cui la donna abita.

Il fatto è noto e non ha bisogno di altri dettagli. Ho voluto qui riportarlo in modo impersonale per catturare l'attenzione sull'immagine che l'accaduto può offrire a un qualunque osservatore. Egli si domanderà: ma non poteva partorire nell'ospedale cittadino? Perché è stata mandata a 40 km di distanza? Perché, se il travaglio era iniziato, non è stata trasportata con un'ambulanza e con l'assistenza di un medico?

Queste sono domande che hanno tutte una caratteristica fondamentale: sono logiche! Sono quelle che una qualsiasi mente razionale dotata di un poco di senso critico si porrebbe pur senza entrare nel merito delle questioni mediche e sanitarie.

L'evento, che per fortuna si è concluso senza conseguenze per mamma e bambino, era annunciato da qualsiasi ragionamento puramente statistico. Se costringo un numero sempre più grande di partorienti a viaggiare per 40 km (e potrebbero essere anche di più se la madre abita in alta valle) prima o poi, statisticamente, una "scodellata" lungo il tragitto succede.

L'accadere di eventi previsti o prevedibili, a rigore di logica, di buon senso, della statistica, è diventata da troppi decenni normale prassi nel nostro paese. Si tratti di partorienti, fiumi che esondano, montagne che franano, dighe che trasbordano, treni che deragliano, edifici che crollano, funivie abbattute (da aerei che volano troppo bassi), fabbriche che inquinano (e uccidono le persone), l'Italia è il paese dei disastri annunciati.

L'annuncio è l'elemento comune a tutti questi eventi disastrosi e drammatici che provocano distruzione, danni, morti.

Coloro che informano (e protestano), segnalano, prevedono, grazie a studi, ricerche o esperienza professionale diretta, gli eventi inevitabili o evitabili, qualora si ponessero i rimedi opportuni, sono messi ritualmente alla berlina: tacciati di allarmismo, incompetenza, esagerazione. Poi, a disastro accaduto, assistiamo alla processione di atti di costernazione, solidarietà, stupore. Dopo un certo numero di anni è in genere la magistratura a decretare le (previste e prevedibili) responsabilità penali e politiche. Intanto però il fattaccio si è verificato e i danni (umani e finanziari) li pagano sempre i cittadini.

Dai tempi del Vajont la storia d'Italia è immensamente (e tragicamente) ricca di questi eventi. Ma si può vivere così ? Davvero non pensiamo di meritarci qualcosa di meglio? Veramente siamo condannati a sperare di essere fortunati a non dover rientrare un giorno nell'asettico elenco dei deceduti o dei feriti a seguito di un qualche disastro?

A questo punto buttarla in politica è come "sparare sulla Croce Rossa" (come suol dirsi). E' ovvio che esistono precise responsabilità della classe politica, dei politici, di singoli o di gruppi: interessi privati, clientele, collusioni, corruzione e via dicendo. Ovviamente questo campionario di malaffare ha bisogno del sostegno dell'incompetenza: non posso certo mettere un personaggio capace a gestire le cose, se voglio corrompere il sistema: ho bisogno di un burattino o di una testa di legno.

Le cronache quotidiane, almeno quelle che un po' di giornalismo indipendente riesce ancora a raccontarci, ci offrono un panorama desolante, a paragone del quale, il deserto arabo, è un prato fiorito. Ribaltare tutte le responsabilità sulla "politica" è però troppo comodo. Ci dobbiamo domandare quale ruolo hanno svolto, e svolgono, i cittadini in questo processo. E' l'insana convinzione che sia possibile accettare la corruzione come un principio tollerabile (anche se non desiderato) la fonte del vuoto etico che si è creato in Italia. Troppo spesso "siamo" stati accondiscendenti con un sistema corrotto e corruttore considerandolo un male inevitabile.

E' un vuoto provocato che innesca un meccanismo perverso: sbigottimento e smarrimento prima, rassegnazione dopo. Un popolo convinto che non esistano alternative al sistema esistente al punto da essere tollerante ad ogni sfacciata malversazione garantisce una complice acquiescenza. E questa genera maggiore frustrazione, cui segue innalzamento del senso di rassegnazione, e poi infine disinteresse: così i ladri, i furbi, i disonesti di ogni grado e specie, possono agire con impietosa disinvoltura e senza vergogna.

L'Etica delle responsabilità, ci raccontava (e ci raccomandava) il buon filosofo torinese Norberto Bobbio. Come si può farne a meno? Come si può vivere civilmente in una comunità priva di senso morale sulle conseguenze dei propri comportamenti? Com'è possibile che lo Stato funzioni se permettiamo che la corruzione depredi risorse finanziarie, ma anche energie e volontà delle persone?

Stiamo continuando a precipitare in questo buco nero e, calandoci nel buio, guardiamo attoniti gli eventi "disastrosi" che si susseguono attorno a noi: "crediamo" (o cerchiamo di convincere la nostra coscienza) essi siano inevitabili e imposti dal destino.

È davvero così? È una domanda che ciascuno dovrebbe incominciare a porsi seriamente sopratutto in vista della prossima tornata elettorale, ricordando ciò che diceva il formidabile Paolo Borsellino: *«Quella matita, più forte di qualsiasi arma, più pericolosa di una lupara, e più affilata di un coltello».*

(2014)

Aldrovandi: l'ennesima vergogna di Stato

Quando pensi di averne viste abbastanza di cose indegne, di vergogne impunite, di sfacciataggine, di ipocrisia, questo triste paese riesce sempre a stupire in senso negativo. Quegli applausi a scena aperta durante il congresso del Sap (Sindacato Autonomo di Polizia) che accolgono e acclamano i poliziotti condannati per l'omicidio del giovane Federico Aldovrandi sono l'ennesima ferita alla decenza, alla morale, alla dignità.

A poco valgono i distinguo, le prese di distanza o di solidarietà da parte di una classe politica che è stata per lo più a guardare gli eventi inammissibili accaduti in questi anni dove regie e personaggi più o meno occulti hanno agito contro le più elementari norme del diritto e della civiltà democratica. Dai fatti inverosimili del G8 di Genova, alla militarizzazione della Val Susa, passando per pestaggi e omicidi di persone fermate, è stato un susseguirsi di eventi drammatici che non possono più ascriversi alla casualità.

I retori del moralismo a buon mercato sulla violenza, sono sempre pronti a puntare il dito contro quella che nasce dalle rivolte e dalle contestazioni popolari; ignorano, o fanno finta di ignorare, che la violenza nelle manifestazioni troppo sovente è provocata da infiltrazioni spesso riconducibili a chi dovrebbe, viceversa, preoccuparsi di mantenere calmi gli animi. Sopra tutto si continua a ignorare come essa trovi terreno fertile sulla menzogna, sull'ipocrisia, sulla disonestà morale di chi agisce dentro lo Stato ma contro lo Stato e quindi contro i cittadini.

Si risparmino questi atti di solidarietà patetici e ipocriti: si agisca per distinguere gli onesti dai corrotti, per allontanare i malvagi, per bloccare i fascisti che si annidano ancora tra le pieghe dello Stato e vogliono forze dell'ordine non schierate in difesa dei cittadini bensì piegate agli interessi di poteri antidemocratici.

Assistiamo sbigottiti all'ennesima palese manifestazione di "casta": la scuola berlusconiana ha insegnato a questo paese che si deve difendere l'indifendibile oltre il limite della decenza, con tenace sfrontatezza in nome di una ipocrita libertà che nulla condivide con i principi illuministici. Una libertà di fare e agire impudica, scevra di qualsivoglia principio morale che non sia quello beceramente utilitaristico di chi l'esercita.

Si ribellino infine i poliziotti, i carabinieri, i finanzieri, tutti coloro che hanno indossato la divisa per servire lo Stato, la democrazia e i cittadini. Si oppongano a questo scempio della loro immagine, del loro duro lavoro; cessino di essere strumento antidemocratico nelle mani di pochi e ritrovino la dignità e il ruolo che compete loro. Spezzino i legami con sindacati che infamano la divisa e riconquistino la fiducia dei cittadini che stanno perdendo ogni giorno di più.

Mio nonno era un carabiniere, cavaliere di Vittorio Veneto, convinto antifascista e non credo avrebbe mai accettato di compiere azioni indegne per l'uniforme che indossava.

L'insopportabile ottusità dell'integralismo cattolico

A quanto pare questa domenica 5 ottobre vedrà a Torino lo svolgersi di un manifestazione di cui avremmo fatto volentieri a meno. Le *"Sentinelle in Piedi"* tornano a manifestare con la preghiera in piazza Carignano e sul loro sito scrivono:

Il 5 Ottobre Le Sentinelle di tutta Italia scenderanno in piazza a vegliare in 100 piazze diverse, per la libertà di espressione, per poter essere liberi di affermare che il matrimonio è soltanto tra un uomo e una donna, che un bambino ha il diritto ad avere la sua mamma e il suo papà e che loro hanno il diritto di educare liberamente i loro figli.

Ovviamente la libertà di pensiero è quanto ci è di più caro e queste persone hanno il pieno diritto di manifestare ed esprimere il loro dissenso verso ciò che ritengono essere il male:

Sentinelle in Piedi è una resistenza di cittadini che vigila su quanto accade nella società e sulle azioni di chi legifera denunciando ogni occasione in cui si cerca di distruggere l'uomo e la civiltà.

Parimenti rivendichiamo il nostro diritto a criticare nei contenuti politici e filosofici questo tipo di manifestazione, non certo nella forma, essendo la preghiera, comunque la si pensi, una delle forme più nobili di intimità della persona per mezzo della quale si raccoglie in se stessa cercando un dialogo con la divinità, qualunque essa sia o comunque venga intesa.

Ciò che non è condivisibile è la sostanza politica che alberga dietro a questa "innocente" manifestazione. E' l'integralismo dell'interpretazione di scritture che appartengono alla notte dei tempi il cui messaggio, invece di rinnovarsi, viene mantenuto e interpretato nella sua grezza forma originaria; come se duemila anni di storia non ci avessero insegnato nulla.

L'amore, e la famiglia, interpretate, vissute e accettate, o accettabili, secondo un unico formato predefinito, è assolutamente antistorica. Se poi facessimo un'analisi di quanto sono 'sane' le famiglie tradizionali ci sarebbe proprio da ridere (amaramente). Questo continuare a indicare l'omosessualità come fonte e cagione della dissoluzione del sistema sociale denota due fattori:

1) un integralismo di fondo paragonabile a quello di altri fondamentalismi religiosi che diffondono morte e sofferenza nel mondo. Le culture che usano oggi l'assolutismo come strumento di oppressione e coercizione dei popoli ubbidiscono alla stessa rigida logica della fedeltà – presunta, – all'interpretazione dei testi considerati sacri. L'unica differenza è che queste culture vivono in società pre moderne e si permettono azioni che appartengono a una storia per noi lontana ma di fatto simile. Le Crociate e le Sante Inquisizioni sono state inventate da noi. Chiaro che nessuno delle 'sentinelle' si sognerebbe di ammettere che accetterebbe la lapidazione di un omosessuale, ma questo perché vive qui, in una società moderna, dove la secolarizzazione e la laicità (da loro sempre deprecati) hanno diviso il potere religioso da quello dello Stato di diritto. La presupponenza con la quale si pensa di difendere "l'uomo e la sua civiltà" non è diversa, nella sostanza, da quella che proclama la guerra santa dell'Islam contro il resto del mondo.
Allo Stato è demandato il compito di proteggere la comunità dai pericoli e dalle minacce anche ricorrendo all'uso della forza. Se l'omosessualità viene definita come una "minaccia" che cosa impedisce l'uso della violenza contro di essa? Nelle società pre moderne (dove vige l'integralismo religioso dove Stato e Religione sono un tutt'uno) nulla. In quelle moderne è la laicità che impone la tolleranza e l'accettazione di chi pensa e agisce diversamente da noi.

2) una ipocrisia o quantomeno una incapacità di individuare delle priorità nella "difesa della famiglia". Se fossi una 'sentinella' prima di occuparmi della presunta (e quanto mai assurda) minaccia dell'omosessualità alla famiglia tradizionale, mi

preoccuperei di ciò che minaccia realmente la nostra società: la politica corrotta e corruttrice a opera di quanti si fregiano proprio degli alamari della cristianità per inossidabili carriere vissute all'ombra della croce del Cristo.

Sono decenni che assistiamo a politici corrotti che distruggono le risorse del paese e vengono 'perdonati' e tollerati solo perché si ergono a paladini del cattolicesimo. Li conosciamo per nome e cognome. Se oggi c'è un rischio per le famiglie ha proprio origine dalle azioni di costoro, con le loro ruberie, le loro complicità con sistemi mafiosi che distruggono il patrimonio economico, finanziario, ambientale. Lo stato di malessere sociale prodotto da scellerate politiche è la vera minaccia: laddove non c'è più lavoro per i giovani o per i genitori e gli stipendi, quando ci sono, abbassano continuamente la soglia del benessere in favore di una povertà crescente. Se fossi una 'sentinella' mi preoccuperei dei danni commessi da costoro perché due uomini o donne che desiderano formare una famiglia basata sull'amore e sul rispetto reciproco e che volessero pure allevare un figlio dentro questo modello, non sono un pericolo per la società e per la 'famiglia' in se stessa. Un nucleo di mafiosi in combutta con politici corrotti, con la copertura di una informazione compiacente e di un popolo troppo indulgente, costituiscono il vero pericolo per la famiglia, per la dignità dell'uomo, per la società e per la civiltà.

E' una questione di priorità o forse solo di ottusità.

(04.10.14)

118 o la Professionalità o la Vita !!!

Sono le 9 di mattina del 4 dicembre, giovedì. Mi sento un po' stanco, è un periodo un po' difficile, tra le altre cose la mia compagna non si è ancora ripresa da una pessima tracheite che ha prodotto focolai di polmonite. Abbiamo deciso di andare dal suo medico per approfondimenti. Stiamo per uscire di casa ma mi prende un forte dolore allo stomaco.

Sembra una congestione; ho bevuto del succo a colazione, forse era freddo – penso – e cerco di rimediare scaldando lo stomaco. Ma il dolore non passa, sembra diminuire e poi riprende più forte di prima. Passano i minuti e quando, dopo mezz'ora, il dolore è sempre forte chiedo alla mia compagna di chiamare il 118; in fondo soffro di aritmia da alcuni anni e non mi fido; se è un falso allarme mi scuserò con gli operatori e offrirò loro un caffè – penso.

Quindici minuti dopo sono sdraiato sul divano, i medici hanno già eseguito l'ECG e mi stanno intubando, installano flebo e fanno iniezioni. Non è un falso allarme. Mi hanno agganciato all'ossigeno e il medico parla con la mia compagna per illustrarle la situazione, mentre l'infermiera mi segue da vicino e cerca di tranquillizzarmi.

Mi spiegano che a breve mi porteranno in ospedale per stabilizzare la situazione, bisogna però fare presto. Mentre guardo tutte queste persone che si agitano intorno a me e vedo dipinta sul volto di Isa la preoccupazione, la mia convinzione di vivere fino a 90/95 anni mi rincuora. Non morirò: ho ancora troppe cose da fare. E ho la positiva percezione di essere in buone mani.
Improvvisamente il buio. Perdo i sensi e … sogno. Sono da qualche parte e sto discutendo con qualcuno. Non ricordo chi fosse, nè per quanto tempo sono stato a discutere e in merito a cosa, solamente ogni tanto qualche immagine della mia vita mi appariva davanti. Ricordo che dicevo di dover andare. D'un tratto il sogno prende velocità, un numero indefinito di immagini mi

scorrono davanti a ritmo impressionante. Sono immagini famigliari, della mia vita, ma non saprei descriverle; mi rimane solo la sensazione di aver viaggiato a forte velocità all'indietro come su un treno stando seduti volgendo le spalle al senso di marcia.

Vedo il lampadario di casa e guardandolo mi domando cosa centri con il sogno che stavo facendo. Lentamente realizzo di essere sdraiato a terra; ora ricordo. Qualcuno mi chiama, e torno cosciente. Immagino di aver perso i sensi.

Non è stato proprio così, come ho scoperto poi, il cuore è andato in arresto cardiaco, mi hanno rianimato manualmente e poi defibrillato. I medici hanno agito in fretta e bene, mi hanno riportato sulla linea temporale di questo universo cui appartengo; preso per i capelli, come suol dirsi.

A quel punto mi spiegano i passaggi successivi. E' già tutto predisposto: mi porteranno sino all'ospedale di Susa per stabilizzarmi e poi via verso quello di Rivoli in elicottero. Il fattore tempo è fondamentale. Così è avvenuto. Tranne per il volo in elicottero, causa nebbia, per cui è toccato alll'ambulanza il compito di "volare". A Rivoli ingresso immediato in sala operatoria e poi in reparto di Unità Coronarica Intensiva. Non racconto tutto questo per piaceria o perché qualcuno possa coccolarmi bensì per un altro motivo, questo si, davvero importante. Durante tutta la vicenda, avendo mantenuto lucidità, ho potuto osservare il lavoro di tutti gli operatori che si sono prodigati per salvarmi la pelle. Medici, infermieri, autisti, volontari della Croce Rossa. Tutti molto professionali, di una cortesia estrema e di un'umanità rincuorante. Sono stati tutti meravigliosi e sento il dovere di doverli ringraziare pubblicamente. Il 118, il Pronto Soccorso dell'Ospedale di Susa, la Divisione di Cardiologia dell'Ospedale di Rivoli. Nelle 48 successive all'intervento, tra una aritmia e l'altra, ho avuto modo di riflettere su questo esempio di paese "funzionate" ed "efficiente". Sulle reali condizioni e potenzialità del nostro Sistema Sanitario Nazionale convincendomi del fatto che la "malasanità", laddove sussiste, è un fatto voluto per incompetenza politica, non perché ci manchino bravi e professionali operatori.

Insomma ho visto all'opera quel pezzo d'Italia migliore della sua classe "dirigente" che opera ogni giorno con passione e competenza e crede in quello che fa. Nella successive 72 ore, in fase di ripresa, già riuscivo a sostenere qualche chiaccherata "politica" con altri pazienti e qualche infermiera.

Ho ascoltato, come sempre, lo sconforto, la delusione, il disgusto delle persone nei confronti della politica che purtroppo si accompagna troppo spesso alla rassegnazione. Mi rendo sempre più conto che la nostra debolezza come popolo è quella di essere convinti che non ci meritiamo qualcosa di meglio di questi cialtroni, ladri e farabutti che quotidianamente occupano le pagine stanche dei quotidiani, dove fiumi di inchiostro vengono consumati per raccontare le loro azioni intrise di miseria morale, intellettuale e servilismo strisciante.

Una classe politica che non taglia i propri sporchi e immeritati privilegi ma i servizi al cittadino e sulla pelle dei cittadini. Ecco, se la mia "nuova" vita, il mio "ritorno" ha un significato, lo attribuisco a un prossimo impegno. Non basta dire "la vita è bella e va vissuta" ma, come va vissuta. Dal mio canto credo mi prodigherò per far riflettere tutte le persone con le quali riuscirò a venire in contatto sul loro diritto a vivere in un paese dove l'onestà sia una condizione normale, e nel quale il diritto nell'esigere che chi opera in politica lo faccia per il bene comune, sia la condizione minima e non un'eccezione.

Un diritto che presuppone la condizione del convincimento che è giusto pretendere di meglio, che siamo migliori di come troppo spesso noi stessi ci dipingiamo. Ridiamo dei nostri "vizi" grazie ai comici, ma il ridere esorcizza la paura di affrontare il cambiamento e ci lascia al palo senza procedere oltre.

È tempo di convincersi che meritiamo di meglio. Perché il "meglio" è già tra di noi, dentro di noi e non lo vediamo più

offuscati dalle porcherie e dai tradimenti di persone cui abbiamo
dato troppa fiducia, firmando cambiali in bianco, votando per
consuetudine più che per convinzione.
I'm back!

Il ringraziamento più sincero agli splendidi operatori del
118 di Susa, all'Ospedale di Susa e a quello di Rivoli, all'ottimo
reparto di Cardiologia diretto dal Dott. Ferdinando Varbella e ai
medici, infermieri e operatori tutti.
Grazie a tutti gli amici che mi hanno fatto raggiungere da attestati
di stima e affetto; ai miei parenti e conoscenti e a quanti ci sono
stati vicino.
Grazie ai compagni della redazione di Tgvallesusa che mi hanno
offerto il loro sostegno.

(2015)

L'antiproibizionismo sulle droghe può funzionare

Dare a Cesare quel che è di Cesare! E il "Cesare" in questione si chiama Marco Pannella che insieme ai radicali, troppo spesso in solitudine e in anticipo sulla sensibilità del popolo, sostenne già 30 anni or sono una "battaglia" isolata contro il proibizionismo in generale, e quello delle droghe in particolare. Materia complessa e delicata sempre affrontata con atteggiamento paternalistico dai benpensanti e in modo ipocrita dai politici fino alla produzione di leggi variamente incostituzionali.

Ieri un articolo del Fatto Quotidiano ci offre lo spunto per una ulteriore riflessione sugli effetti positivi riscontrati nei paesi in cui si sono applicate iniziative antiproibizioniste. La teoria proibizionista si è basata su un semplice assioma: la droga fa male (qualunque sostanza) quindi per tutelare la salute delle persone è necessario proibirne il consumo e comminare sanzioni non solo a chi la produce e la diffonde ma anche a chi la consuma perché deve essere evidente la riprovazione sociale. Fine dell'argomentazione.

Questi principi sono stati applicati per un cinquantennio, si potrebbe dire, con progressivo inasprimento delle norme e della persecuzione del "drogato". La tesi anti-proibizionista ha cercato di contrastare questa fiducia illimitata con considerazioni logiche desunte dalla realtà e dagli studi scientifici. La questione droghe è complessa e per essere affrontata in modo efficace occorre prendere in considerazione alcuni dati di fatto:

- il proibizionismo "sociale" come impostazione è storicamente fallimentare

- il tossicodipendente è un malato che è costretto a delinquere per procurarsi le sostanze di cui necessita in quanto queste sono lasciate nelle mani del mercato nero (criminale)

- le sostanze stupefacenti non possono essere messe tutte sullo stesso piano così come i "consumatori" delle stesse vanno considerati in modo coerente (un fumatore di spinelli non può essere trattato allo stesso modo di un cocainomane o eroinomane)

- la "prevenzione" non passa attraverso la proibizione ma deve essere affrontata attraverso una corretta informazione sull'uso e sull'abuso delle sostanze

- la proibizione "regala" alla criminalità organizzata (a livello mondiale) un mercato illegale che produce ingenti capitali finanziari riciclati in corruzione e armi

- di fatto la proibizione rende la diffusione della droga "libera" in quanto gestita dal mercato nero

- la proibizione nega introiti fiscali allo Stato di cui potrebbe beneficiare qualora il mercato fosse gestito in modo regolamentato

- la proibizione delle sostanze aumenta il prezzo delle stesse sul mercato nero. Questo aumento non è compensato dalla diminuzione del consumo in quanto la domanda di sostanze stupefacenti è di tipo "fortemente inelastico" (ovvero all'aumento del prezzo la diminuzione della quantità richiesta dal mercato è minima o trascurabile)

La perseveranza con la quale è stata seguita la linea proibizionista negli ultimi 30 anni ha ignorato questi principi e ci ha regalato una criminalità sempre più forte, carceri piene di tossicodipendenti, aumento della micro criminalità, intasamento della giustizia, occupazione eccessiva delle Forze dell'Ordine verso fenomeni di micro criminalità. Oggi il mercato delle droghe è certamente cambiato (e in peggio) sopra tutto perché la criminalità, a differenza dei benpensanti, è attenta ai propri interessi. Così oggigiorno non abbiamo solo più le sostanze tradizionali bensì pericolosissime sostanze sintetiche che si diffondono tra i giovani sotto forma di semplici pastiglie da sciogliere nell'acqua.

Senza entrare troppo nel merito, che sull'argomento sono stati scritti molti libri, i segnali che ci giungono da molti paesi, a partire dall'America, fanno ben sperare in una svolta che consideri il fenomeno dell'uso e consumo delle sostanze stupefacenti in modo razionale e articolato nei diversi aspetti. Ovviamente in Italia il pensiero "giovanardiano" continua invece a dominare nelle scelte politiche in fatto di tossicodipendenze.

La preoccupazione della difesa dei "giovani" dalla droga dovrebbe rivolgersi a migliorare i modelli di riferimento cui i nostri ragazzi dovrebbero ispirarsi. La scuola per esempio, sempre più oggetto di tagli austeri e rivolta a creare la figura del lavoratore non della persona in quanto tale; la televisione, fondata da almeno 20 anni su modelli culturali sempre più scadenti e banali per creare consumatori inebetiti privi di spirito critico; il lavoro, sempre più oggetto di precarietà invece che di progettazione individuale; il sostegno (non assistenzialismo) per i deboli, anziché l'emarginazione ai confini della società; non da ultimo la "politica" che invece dimostra loro quotidianamente come la corruzione, l'ipocrisia e il furto siano i modelli necessari per fare carriera.

Ecco se ci si volesse davvero occupare e preoccupare della sorte dei giovani e di allontanarli dalla "droga" ci sono ben altre strade su cui agire in sostituzione di principi proibizionisti fallimentari.

La giornata della Memoria e della Shoah solo se politically correct

A cosa serve ricordare gli orrori della Shoah? Perché parliamo di giorno della Memoria?

Domande cui dovrebbe essere semplice rispondere. Ricordiamo gli orrori del passato, della guerra, dei campi di concentramento nei quali furono trucidati milioni di Ebrei perché quegli avvenimenti orribili non si ripetano più. Perché ciò accada è necessario avere coscienza, e memoria appunto, di come il pensiero umano possa degenerare in perversa violenza oppure abbandonarsi a una tragica indifferenza verso ciò che accade. Hanna Arendt documentò il processo contro Adolf Eichmann in un libro lucido e tragico: *'La banalità del male. Eichmann a Gerusalemme'*. In esso l'aspetto più inquietante che viene messo in evidenza del gerarca nazista, che si occupava della gestione logistica della deportazione degli Ebrei verso i campi di concentramento e verso i forni crematori, è la sua convinzione di svolgere un "lavoro ordinario" che gli era stato affidato. E lui si vantava di averlo svolto con zelo e cura, da buon "impiegato". Non aveva nulla di "personale" contro gli Ebrei, anzi, con alcuni vantava persino amicizia.

E' questa "banalità del male" commesso senza coscienza e consapevolezza che impressionò non solo l'autrice ma il mondo intero. L'accettazione di uno sterminio come ordinario compito da eseguire perché autorizzato e richiesto dall'autorità, dal potere costituito, senza mai domandarsi se fosse o meno doveroso eseguire un comando che viola i più elementari diritti umani. Se non fosse più "doveroso" rifiutare non solo l'ordine, ma un intero sistema governativo.

Se la giornata della memoria ha un significato è anche questo: ricordare la banalità del male e l'indifferenza, l'acquiescenza, che lo alimentano.

Lo sterminio degli Ebrei è quello che più impressiona o, per meglio dire, quello che ci viene maggiorente ricordato. Allora la giornata della Memoria dovrebbe rammentare, oltre alla Shoah, tutti gli stermini; sia quelli venuti prima (come per esempio lo sterminio dei nativi Americani), sia quelli venuti dopo in giro per il mondo e più o meno nell'indifferenza della popolazione occidentale (Kosovo, Rwanda, Cecenia, Syria per citarne alcuni) e quelli tuttora in corso nelle zone "calde" del Medio Oriente e dell'Africa.

Con questo spirito a Magenta, in provincia di Milano, era stata organizzata la mostra "Shoah di ieri e shoah di oggi" organizzata dall'associazione "Il filo della memoria". L'esposizione prevedeva anche la presenza di alcuni disegni di bambini Palestinesi del campo profughi di Jenin per ricordare, come sostenuto dagli organizzatori, che i bambini sono tali ovunque e in qualunque epoca coltivano gli stessi sogni e soffrono le stesse pene provocate dagli adulti.

Ancora una volta la politica nostrana e, purtroppo, anche le organizzazioni ebraiche, e pare con il beneplacito della sezione locale dell'Anpi, hanno dimostrato tutta la loro imprevidenza culturale e politica costringendo al rinvio della mostra, a data da destinarsi, ritenendo inopportuna la presenza dei disegni dei bambini palestinesi vicino ai documenti sulla Shoah; e sugli organizzatori sono fioccate accuse di antisemitismo.

L'unica accusa che merita qui di essere menzionata è quella di miopia perché se il ricordo delle sofferenze (passate, presenti e future) ha bisogno del copyright per essere "political correct" significa che siamo davvero non meno capaci di essere "banali" tanto quanto lo fu Eichmann.

(23.01.15)

La faccia da "Vincenzo" di Massimo Gramellini

In Piemonte c'è un detto popolare, un'appellativo, dedicato alle persone che, in una determinata situazione, fanno una faccia stupita e dimostrano di aver preso coscienza di qualcosa della quale prima ignoravano l'esistenza o l'avevano negata pur di fronte alle evidenze inequivocabili del contrario.

"Faccia da Vincenzo" , in piemontese "Facia da Vincens", è la definizione dedicata a quella sorta di stupore un po' ebete, un po' innocente dipinta all'improvviso sul volto di qualcuno; tipicamente: 'non fare quella faccia da Vincenzo'.

Ecco quando ho letto l'articolo di Massimo Gramellini dal titolo *Funzionari oscuri e politici imbelli* pubblicata nella sua rubrica "Buongiorno" di ieri, mi sono proprio immaginato questa "faccia da Vincenzo" dipinta sul volto del noto giornalista. Gramellini è stato per molto tempo persona da me stimata; leggevo con interesse i suoi elzeviri e, anche se non sempre concordavo con il contenuto, li apprezzavo per la capacità di sintesi e di lucidità. Poi venne il Movimento 5 Stelle e la "lucidità" di Gramellini andò in vacanza; si accodò allo stuolo dei giornalisti allineati contro il M5S a prescindere e smisi di leggere i suoi testi sempre più banali.

Nell'articolo citato eccolo invece costretto ad ammettere che il M5S fu l'unico a "chiedere la testa" dell'attuale pluri indagato Ettore Incalza sul quale finalmente, ma inevitabilmente, la magistratura ha qualcosa da dire. Incalza "burattinaio delle grandi opere" sottolinea Gramellini; uno che proviene dalla "Cassa del Mezzogiorno" e cavalca l'onda da trent'anni qualunque siano le maggioranze politiche. Una volta si definivano "faccendieri"; personaggi di cui non si sa nulla o poco, pubblicamente, che godono di importanti appoggi politici fino a quando qualche magistrato non ne chiarisce i veri ruoli.

Il nostro Massimo-Vincenzo Gramellini si stupisce quindi

di tutto questo strapotere concesso a simili soggetti e delle difese d'ufficio della politica che li protegge. Noi ci stupiamo di cotanto "stupore" (da Vincenzo... appunto). Proprio l'arrivo del M5S ha rappresentato la voce di quella parte di paese (ancora minoritaria al momento) stanca di essere presa in giro da simili personaggi e dai loro accoliti politici. Il rifiuto del M5S nel fare "alleanze" è sempre stato determinato dalla consapevolezza precisa di quanto la corruzione, il sistema corruttivo, le complicità fossero interne al sistema dei partiti al punto tale che qualsiasi "accordo" avrebbe implicato l'accettazione di questo sistema anche se indirettamente.

Sull'evidenza del malaffare sarebbe stato sufficiente indagare sui fatti e misfatti dell'alta velocità, delle grandi opere e delle leggi promulgate proprio per favorire il malaffare. Lo sanno bene i No Tav che da anni lottano contro questo sistema mentre le grandi testate giornalistiche preferiscono le veline delle procure e lasciano a briglie sciolte giornalisti liberi di screditare e scrivere menzogne. Lo sanno i No Muos, per lo stesso motivo e tanti altri movimenti e gruppi dislocati sul territorio dell'Italia martoriata e depredata che ogni giorno combattono e subiscono le bugie disinformanti del giornalismo italiano.

La soluzione posta dal nostro "Vincenzo" Gramellini è tipica del "Vincenzo": 'Limitare drasticamente la durata degli incarichi pubblici e considerare il ministro in carica responsabile degli atti firmati dai suoi burocrati'. No, non è questa la soluzione. Sono anni che vediamo come il sistema si protegge dall'assunzione di responsabilità: indulti, sconti di pena, derubricazioni e modifica dei reati, allungamento dei tempi dei processi, riduzione dei tempi di prescrizione. Sono sotto gli occhi di tutti queste strategie, tranne di chi non vuole vedere. Tranne dei giornalisti che guardano altrove e non aiutano la gente a conoscere.

Occorre un preciso cambio di paradigma; un cambio della classe politica nel suo insieme; l'inserimento di forze politiche nuove; un ricambio generazionale. Occorre votare diversamente per cambiare. Avere il coraggio di provare qualcosa di nuovo e non abbandonarsi al vecchiume putrido e fetido continuando semplicemente a lamentarsi che le cose non cambiano o non possono cambiare. Occorre avere dignità morale, onestà intellettuale e indulgenza con chi la merita e commette errori in buona fede invece di buonismo pret a porter.

Questo serve caro il mio Vincenzo.

(19.03.15)

Ricordo della Thyssen: omicidi in nome del libero mercato

Ci sono davvero tanti argomenti nelle cronache di questi giorni. Dalla recente affermazione della Le Pen in Francia e la continua caccia all'uomo di Jhadisti in giro per l'europa (dopo i terribili fatti degli attacchi terroristici), all'ennesima fregatura per i risparmiatori con il "nuovo" decreto salvabanche e il cosidetto Bail out. Per tacere di tutto il resto.

Ma otto anni fa, le mattina del 6 dicembre, lessi le notizie che giungevano via via dalle agenzie sul terribile incendio alla fabbrica Thyssen; quella posta in corso Regina a Torino, di fronte al parco della Pellerina. Sette operai morti in modo atroce. I responsabili oggi ancora a piede libero, processi infiniti e i soliti anni di calvario per le famiglie. L'ennesima tragedia annunciata. Allora mi colpì profondamente quanto accadde; rimasi incredulo per giorni pensando a come fosse possibile lasciar accadere una tragedia di quelle proporzioni. In questi giorni quelle morti vengono giustamente ricordate.

Sono anni che sentiamo dire – da certi politici, – che è ora di finirla con le morti sul lavoro. In realtà dovremmo più propriamente parlare di morti sul lavoro e "a causa del" lavoro; riflettendo, ad esempio, sul caso dell'Ilva di Taranto. Forse dobbiamo riflettere oltre ancora su questo argomento domandandoci che cosa è diventato il lavoro e che cosa rappresenta oggi il capitalismo per la nostra società.

Una delle difese classiche dei Liberal in merito al capitalismo è che esso, comunque, con tutti i suoi difetti , ci ha condotto al livello di "benessere" di cui oggi la maggior parte di noi può godere. L'altro argomento è che c'è, per questo benessere, un prezzo da pagare.

Il primo argomento distoglie lo sguardo dalla fallacia del secondo. Vero che abbiamo raggiunto un buon grado di benessere ma a quale prezzo? E ancora: a chi stiamo facendo pagare il livello di benessere che vogliamo mantenere?

Rispondere a queste domande genera un filo conduttore che lega lo sfruttamento del lavoro, la perdita dei diritti, le morti – sul e per – lavoro, le morti generate da guerre lontane da casa nostra per sfruttare risorse necessarie alle nostre economia – e quindi al nostro benessere, – che appartengo ad altri mantenuti sotto il giogo della tirannia o della religione per poter essere sfruttati.

Mohamed Yunius, premio Nobel per la pace, economista, che ha applicato il microcredito in una delle aree più povere del pianeta (Bangladesh), ha iniziato la sua "opera" di finanza alternativa ponendosi un semplice quesito. Alla vista della dilagante povertà si è domandato, come economista, che senso ha insegnare delle teorie che non riescono a risolvere i reali problemi delle persone affrancandole dalla miseria, dall'indigenza e dalla povertà.

La domanda conserva la sua attualità: che senso hanno teorie economiche (o filosofiche) che non mettono al centro la persona umana, il suo benessere e la sua felicità? Qualcuno sosterrà che è proprio ciò che fa – o intende fare, – il capitalismo. Non condordo. Perché questo agisce consentendo il benessere di alcuni a discapito di quello di altri; quando non della stessa vita. Il "prezzo" da pagare è sempre riversato sulla testa di altre persone trattate come "beni".

Stiamo vivendo un momento storico in cui la filosofia dell'economia è dissociata dal valore della vita umana, direttamente o indirettamente. La finanza selvaggia, l'austerity, i trattati, lo strapotere delle banche, l'annullamento del walfere, la libertà di fare impresa sullo sfruttamento dei lavoratori e sul ricatto con contratti che giocano al ribasso e mirano alla precarietà per infondere paura e ottenere rassegnazione.

E' questo il senso della "libertà economica"? Davvero secoli di ricerca e studio della filosofia e dell'economia ci conducono a esistere in un perenne mare in tempesta dove nulla è più controllabile e nessuno conta più niente?

Ecco, credo che i morti della Thyssen ci ricordino questa follia che appartiene alla nostra quotidianità. Se non torniamo a lottare per rimettere sul piedistallo l'essere umano e ai piedi di esso il profitto e non vice versa; se non torniamo a volere e sentirci parte di una comunità sociale, la nostra sopravvivenza come persone, ma fors'anche come specie umana, sarà legata meramente al valore utilitaristico assegnatagli da pochi individui che nulla hanno a che fare con il liberalismo.

(2015)

Tutta "colpa" degli omosessuali e delle lesbiche

Arriva in discussione al Senato la Legge per "amministrare" le unioni civili fuori del matrimonio tradizionale e quelle con persone dello stesso sesso. Queste sono le occasioni nelle quali lo scenario politico mostra impietoso il basso livello intellettuale con cui si dibatte la materia. Non è questione di schieramenti gialli, rossi, verdi o a pallini rosa; sovrastano, sempre, mal celata, omofobia e sessofobia.

L'omosessualità continua a essere considerata, nell'ambito del politico, una "perversione" dalla quale difendere la collettività. A sostenere l'inviolabilità, o immodificabilità, dell'istituto del matrimonio tra eterosessuali sono sovente, la storia ce lo dimostra, politici tanto affezionati all'idea della famiglia da averne almeno due, con relativa prole, e magari qualche amante.

Stefano Rodotà, con un appassionato articolo su Micromega, ci ricorda i risvolti giuridici della questione, ribadendo quanto affermato dalla giurisprudenza della Corte Costituzionale e della Corte di Cassazione che "hanno riconosciuto che le unioni tra persone dello stesso sesso sono una delle "formazioni sociali" di cui parla l'articolo 2 della Costituzione". Concetto rafforzato dalla Corte europea dei diritti dell'uomo che *'ha condannato l'Italia proprio per la mancanza di una adeguata disciplina delle unioni civili, che non può essere limitata ai soli aspetti patrimoniali'*.

Materia spinosa quindi, in un paese nel quale si vuol far prevalere una "morale" cattolica rigida e antistorica per questi argomenti, mentre per altri si ignorano i precetti fondamentali del Cristianesimo (per esempio "non rubare").

Il diritto del riconoscimento della coppia, nella sua essenza, ovvero di due persone che si amano, oltre la questione meramente sessuale, e desiderano condividere la propria vita consacrando la loro unione quanto vale? Cosa contano i diritti delle persone se non sono rivolti a costituire i fondamenti di una società libera – e laica, - nella quale le persone cercano di perseguire la propria felicità?

All'origine di tutti i diritti non esiste forse quello "naturale" che vede nel raggiungimento di una condizione di libertà (di essere, di fare, di difendere) e di perseguimento della felicità individuale la ragione stessa del diritto?

Tutta la questione delle unioni civili, ruota intorno al sesso e alla fobia di questo. In una società che mercifica il corpo delle persone, che istiga adolescenti a comportarsi come adulti per vendere loro prodotti di consumo, davvero il problema sono le coppie omosessuali?   Nel nostro "modello" politico della famiglia del "Mulino Bianco" che ha sempre meno riscontro nella realtà oggettiva dove frustrazioni, tradimenti, violenze dentro le mura domestiche la fanno da padrone in molti casi, con quale pretesa si può considerare una "minaccia" all'istituzione del matrimonio il desiderio di viverlo da parte di persone dello stesso stesso? Siamo così sicuri che a un figlio nato e cresciuto da una coppia gay o lesbica sia negato il diritto a essere amato e rispettato in quanto i genitori non sono etero? Oppure è la collettività, che ruota intorno a loro, a negare questo diritto sulla base di un pre-giudizio ideologico?

Una vera e propria campagna di disinformazione si è abbattuta sugli studi "gender", afferma Michela Marzano, filosofa, scrittrice, deputata del PD, e autrice del libro "Papà, mamma e gender", in un'altra intervista apparsa su Micromega . Si è creato un nemico immaginario, afferma la studiosa, in realtà:

Dagli anni '60 ci sono i gender studies, al plurale perché le posizioni al proprio interno sono molteplici ed eterogene. Ma hanno un denominatore comune: lo scopo di combattere le discriminazioni e le violenze subite da chi viene considerato inferiore solo in ragione del proprio sesso, orientamento sessuale ed identità. Uno studio sul rapporto uomo/donna, omosessualità/eterosessualità e un tentativo di focalizzarsi sul principio dell'uguaglianza, nonostante le differenze.

Tutti questi argomenti ruotano, ossessivamente, intorno al sesso e alle preferenze sessuali. Una vera e propria compulsione al punto di pensare, e qui veramente si tocca il ridicolo, che una legislazione che ammettesse le unioni civili e riconoscesse il matrimonio a persone dello stesso sesso, mina i fondamenti della nostra società. Cosa significa? Che se accettiamo le unioni gay diventiamo tutti quanti omosessuali per osmosi?

Le restrizioni in questo ambito soddisfano le esigenze di quanti pongono la religione sopra lo Stato di diritto, ma questo è inaccettabile in una società che si dice "laica", e non per caso. Riconoscere le unioni in qualsiasi forma è, per quanto mi riguarda, un dovere dello Stato che deve difendere il diritto ad amare chi si vuole amare, ed essere amati di conseguenza. Non siamo "nati per soffrire" come vogliono farci credere certe tradizioni. Soffriamo comunque per imparare a vivere ma ciò non toglie che il nostro scopo è perseguire la felicità. Se esiste l'omosessualità in natura significa che la natura non è perfetta, oppure, che essa è perfetta nella sua imperfezione. Gli integralisti di ogni razza, specie, religione, sesso, se ne facciano una ragione, una volta per tutte.

(08.01.15)

Gay matrimoni uteri e figli un pessimo dibattito

Quando si parla di omosessualità, matrimonio, figli, della "famiglia" insomma, sia quella "tradizionale" o quella delle unioni civili, si apre un finto "dibattito", al limite dell'isteria collettiva. Si mescolano convinzioni, pregiudizi, anatemi, interessi politici, precetti religiosi, timori, paure, processi alle intenzioni e tradizionalismi. Insomma, proprio non ce la facciamo a discutere con un po' di distacco, di obbiettività; non riusciamo a esaminare con serenità un problema complesso sul quale esercitare il "dubbio" della ragione anziché la partigianeria delle proprie convinzioni.

Che ciascuno abbia una "propria" opinione è fuor di dubbio. Analiticamente però, formare un'opinione dovrebbe essere un "processo" con il quale si esaminano i diversi aspetti del problema e si argomenta. Essere "convinti" delle proprie ragioni non significa "aver ragione".

Perché in altri paesi, più a nord, si è da tempo trovata una soluzione (magari non la migliore possibile) per stabilizzare i diritti delle coppie omosessuali? Inutile nascondersi dietro un filo d'erba come farebbe un elefante stupido. Il Vaticano, il cattolicesimo con la sua dottrina – da sempre integralista,- e la sua ingerenza nelle sfere della politica impediscono la piena distinzione tra ciò che è laico e ciò che appartiene alla religione. I confini vengono continuamente spostati a seconda della convenienze e delle opportunità politiche, nonchè delle pressioni.

In uno Stato "laico" problemi come divorzio, aborto, matrimonio, figli, vengono esaminati alla luce dei "diritti e dei doveri" del cittadino senza distinzione di razza, sesso, preferenza sessuale o appartenenza politica. In uno Stato "confessionale" i diritti vengono subordinati alla dottrina della religione, alle convinzioni popolari, ai miti, ai pregiudizi e vengono sempre ignorate le minoranze.

Un'altra sostanziale differenza tra i due modelli di Stato

concerne la "proibizione": quello confessionale "proibisce" pratiche e pensieri fuori dalla dottrina; quello laico "regolamenta" gli stessi affinché tutti possano esercitare liberamente le proprie scelte di vita senza arrecare danno o pregiudizio a quelle degli altri.

La "proibizione" è sempre perdente nella storia dell'umanità; anche quando imposta con le migliori intenzioni (di cui sono lastricate le vie dell'inferno...). Tutti gli interventi atti a proibire scelte che attengono la sfera personale conducono a degenerazioni o complicazioni ben peggiori dei mali che si volevano curare.

Si tratti di droga, alcol, fumo, uteri in affitto, adozioni, procreazione eterologa, il discorso non cambia (per quanto possa sembrare strano e azzardato). La proibizione favorisce sempre i "ricchi" o i benestanti, che possono permettersi (anche con sacrifici) di recarsi altrove per esercitare i propri diritti. Viceversa chi ha limitazioni di disponibilità viene condannato alla rinuncia. E certi politici vedono in questo una "vittoria".

La contrapposizione tra la "famiglia tradizionale" e quella omosessuale è un dibattito sterile se non si distingue la dottrina della "fede" dalla laicità. La prima può essere scelta e esercitata liberamente ma, in uno Stato laico, non può impedire la costruzione della seconda che "deve" essere opportunamente regolamentata per non impedire il diritto all'amore e alla felicità di una parte della popolazione.

Che l'esistenza o la "parificazione" della seconda rispetto alla prima, comprometta questa nelle sue peculiarità, è un falso: si confonde in questo caso la dottrina (cui lo Stato riconosce libertà di esercizio) con la regolamentazione dei diritti di tutti.

Lo stralcio della possibilità dell'adozione da parte di genitori omo di un figlio precedente, è stata vincolata a un vero e proprio "processo alle intenzioni"; ovvero impedire preventivamente l'adozione di figli da parte di coppie gay tout court; compreso l'utero in affitto.

Qui torniamo all'ipocrisia della posizione proibizionista

che si illude di impedire l'esercizio dei diritti e dei desideri e li subordina alla dottrina. Il desiderio di maternità o paternità appartiene alla persona a prescindere dalle preferenze sessuali. Si rimanda al bel servizio delle 'Iene'[1] trasmesso nelle settimane scorse; dimostra la fallacia delle argomentazioni che attribuiscono ai bambini "traumi" in quanto figli di coppie gay.

Il nostro paese vanta eventi drammatici, come numero e come efferratezza, all'interno della famiglia "tradizionale": violenze, stupri, omicidi, di adulti e di minori. La prostituzione dilaga nelle strade e negli ambienti chic. Manteniamo una buona posizione nelle classifiche internazionali per il turismo sessuale su minori. Lo scandalo dei preti pedofili si è abbattuto come un tornado sul Vaticano; motivo per il quale oggi abbiamo due Papi (non lo sapete vero?) in quanto il precedente se perdesse il suo status di Papa dovrebbe affrontare un bel po' di processi negli Stati Uniti per aver coperto i casi di pedofilia sui minori.

Non mi pare che ci siano tutti questi presupposti per condannare ferocemente la "morale" degli altri. Ci sono certo problemi da affrontare e che richiedono tempo. Ma non confondiamo questa necessità con l'imposizione delle convinzioni discese dalla dottrina del Vaticano.

Abbiamo davvero paura che siano i bambini quelli che vengono traumatizzati da eventuali genitori gay o lo sono piuttosto gli adulti infarciti di pregiudizi? I bambini cresciuti con amore e equilibrio (da qualunque parte provenga) diventano adulti tolleranti e amorevoli. I bambini non fanno le guerre, nè di religione, nè di razza, nè di sesso; agiscono per empatia e privi di pregiudizio verso il prossimo. Sono gli adulti che si illudono di essere sempre dalla parte della ragione.

(01.03.16)

[1] https://www.mediasetplay.mediaset.it/video/leiene/nina-ti-presento-la-mia-famiglia_FD00000000228594

Lo scandalo dei due padri cui la Corte D'appello di Trento affida una bambina

Leggo, con un certo stupore, il post a firma di Francesco Carraro pubblicato su Scenarieconomici dal titolo "Nel nome dei Padri". Carraro esprime considerazioni sulla recente pronuncia favorevole, della Corte d'Appello di Trento, in merito all'adozione, da parte di due padri, di una bambina.

Si comprende subito lo sconcerto dell'autore che pare ritrovarsi orfano di principi culturali, filosofici, e sopratutto religiosi, che hanno guidato per secoli le nostre società, agendo con discriminazione, non raramente usando la violenza, nei confronti dei così detti "diversi". Un po' meno comprensibile, e accettabile, lo svolgimento del tema con la chiamata enfatica alla difesa della ragionevolezza. Il richiamo a un concetto di famiglia "naturale", nella quale la procreazione è compiuta dall'uomo e dalla donna, che verrebbe minacciato dalla decisione della Corte, pare rispondere piuttosto a quell'esigenza di ricercare un principio superiore supremo, cui appellarsi, per sopperire alla carenza della comprensione del mondo reale nel suo divenire (scomodando persino un pensatore filosofico del 1700).

Il mondo, e le società in esso, mutano. Magari non sempre per il meglio, o come vorremmo, ma è la storia che ci insegna come il "credo" e le "convinzioni" siano relative al tempo in cui sono espresse e concepite. Alcune di queste, vissute come principi sovrani e imprescindibili in determinate epoche (per esempio la schiavitù), sono da noi aborrite e ripudiate; e ci pare inconcepibile che esse abbiano trovato ragione di esistenza. Questo non esclude che, in taluni, certe convinzioni permangono, ed essi vivano, fuori dal tempo, un disagio personale non trovando più corrispondenza nella realtà per quei convincimenti.

Alcuni pre-giudizi risultano radicati e difficili da estirpare. Talvolta convinzioni scientifiche farlocche, sovente precetti e dogmi religiosi, strutturano il pensiero sociale e creano la felice convinzione di essere nel giusto, non ostante quelle forme di pensiero creino palesemente discriminazione e sofferenza. Quando non procurino l'imprigionamento, la tortura o la morte dei dissidenti (o dei "diversi").

L'autore vede nella decisione della Corte una "privazione". Nello specifico una condanna per il bambino a vivere senza una madre (naturale). Dalla privazione genitoriale, il discorso viene allargato a privazioni di altro genere, quelle economiche nel nostro caso, miscelando l'acqua (diritti individuali) con l'olio (diritti economici) creando, com'è tipico delle emulsioni, una argomentazione fragile, non potendosi confondere i diritti fondamentali degli esseri umani con quelli economici derivanti dal modello economico-sociale in uso. Ciò non esclude che, nella nostra società, i meccanismi economici violino, e ledano sovente, i diritti fondamentali. Ma questo è un altro discorso.

Tornando al punto, diversamente da quanto affermato nel post, la sentenza non ha carattere di "esclusione" bensì di "inclusione" nel riconoscimento, speriamo definitivo, che allevare figli è un atto d'amore e che questa propensione non è esclusiva di una coppia etero. L'esclusione di un genitore può essere imposta, prima che dalla Cassazione, dalla vita stessa, privando talvolta il figlio di uno dei genitori. Oppure il rapporto difficile con un genitore può segnare l'intera esistenza di un figlio, talvolta in modo drammatico. In questi casi è il figlio stesso che avrebbe preferito essere "orfano".

Che la presenza di due genitori omo non sia, per qualità e importanza, inferiore a quella etero, è ampiamente documentato da studi e ricerche. Interessante, a riguardo, il servizio che fecero le Iene sui bambini figli di coppie gay, invitando i telespettatori a individuare, dalle interviste raccolte, quali fossero i figli dei differenti tipi di coppie genitoriali. Conclusione? Figli di coppie omo assolutamente "normali", educati, intelligenti e adorabili.

Se esiste un "problema" per i bambini, a riguardo, questo è creato proprio dagli adulti, in genere razzisti e omofobi. Sono loro a creare la visione del "male" nei bambini. Tutti i figli riconoscono l'amore genitoriale in modo, questo si, assolutamente naturale. Solo la devianza dei discorsi degli "adulti" infonde loro il tarlo del "peccato" e della riprovazione sociale, o della discriminazione.

Quanto poi alla presunta superiorità della famiglia "naturale" è sufficiente esaminare esempi tratti dalla realtà quotidiana; magari attraverso il comportamento di quei figli che a scuola sono la dannazione di insegnanti frustrati dall'accondiscendenza di certi genitori. Oppure potremmo considerare la percentuale delle violenze consumate dietro le mura domestiche nelle famiglie "tradizionali". O la percentuale dei divorzi nella quale a rimetterci sono sopratutto i figli, tra coniugi litiganti.

Questo non significa che le famiglie siano tutte così. Ci mancherebbe, saremmo al caos totale. Indica piuttosto che il modello tradizionale non è poi così senza "peccato" come si vuol far credere. La scelta del matrimonio, o dell'adozione di figli, da parte di coppie omosessuali non toglie nulla alla società, bensì aggiunge amore e tolleranza. Valori di cui la nostra società ha molto bisogno. Ammettere che l'amore esiste oltre una coppia etero, quindi non per via esclusiva, è una necessità della vita sociale, prima che giuridica.

Prendere coscienza dell'esistenza di questo stato delle cose non fa venir meno il valore del concepimento o della famiglia, come qualcuno vuol far credere – all'interno di paradigmi ideologici o di fede-, bensì riconosce l'universalità dell'amore come bene supremo della vita, in tutte le sue manifestazioni. Il desiderio di essere genitore è un desiderio naturale. Perché questo deve essere soffocato da convinzioni ideologiche? Il dogma è ideologico. Una produzione della mente, una costruzione concettuale interpretativa, non uno stato della natura. La quale, per altro, mostra moltissime manifestazioni di omosessualità tra gli animali. Saranno queste creature figlie di un dio minore?   (2016)

Scuola: elogio del 7 in condotta

Recentemente i nuovi parametri della "Buona Scuola", prevedono la modifica del voto in condotta con un giudizio sintetico[1]. La settimana appena terminata si è chiusa con l'ennesima notizia di violenze commesse su minori, da parte di docenti di una scuola materna. I casi sono molti, come illustra un articolo del FQ[2]. Ieri si è tenuta la giornata contro la violenza sulle donne. Che cosa lega queste tre notizie?

I "diversamente giovani" ricordano certamente cosa significasse - negli anni 60'-70',- un voto di condotta a scuola che fosse inferiore all'otto. Bocciatura assicurata! Il comportamento in classe, qualunque fosse il rendimento scolastico dell'allievo, aveva peso nella valutazione finale del discente.

Certo un numero secco può essere ingeneroso e incompleto per definire un comportamento. Il rischio del "7" pendeva anche su bravi studenti di temperamento troppo vivace. Oppure potevano farne le spese ragazzi turbolenti il cui comportamento aveva origine in problematiche dinamiche famigliari.

È certamente un bene che, nel tempo, i parametri di valutazione siano diventati più articolati e completi, cercando di valutare gli allievi tenendo conto di eventuali deficit individuali e dei problemi ambientali nei quali essi vivono, e che influiscono sulla loro capacità di rapportarsi con la scuola, nonché sul rendimento scolastico.

I nostri genitori erano figli della II Guerra Mondiale: cresciuti tra i bombardamenti e sotto il Fascimo. Quasi a tutti loro toccò l'esperienza dei "Giovani Balilla". Per essi la scuola era un proseguimento dell'attività educativa svolta dalla famiglia. I docenti (di ogni ordine e grado) erano persone cui si doveva rispetto: sia da parte dell'allievo che da parte del genitore. La "disciplina" era un fondamento: nessuno aveva da ridire se volteggiava uno scappellotto sulla testa di qualche discente, oppure, in casi tutt'altro che rari - quando i richiami "all'ordine" non erano sufficienti, - qualche verga si abbatteva sui palmi delle mani, o sulle punte delle dita, dei più temerari indisciplinati.

È importante che i metodi si siano evoluti nel tempo. Non è necessaria la violenza fisica per esigere il rispetto. Lo sviluppo delle scienze che studiano l'essere umano ha consentito nuovi approcci educativi e di insegnamento.

Questa svolta però non è stata del tutto felice. Le trasformazioni sociali degli anni '80 e '90, hanno prodotto un atteggiamento, nei confronti della scuola, tutt'altro che positivo. Le ragioni sono certamente molteplici. Non da ultimo la scarsa considerazione che la politica ha avuto nel corso del tempo nei confronti dell'istruzione e della sua importanza.

Abbiamo assistito in quel periodo, nel quale la televisione diventò "padrona" delle nostre vite, ad un ribaltamento dei rapporti tra la scuola, le famiglie, e l'educazione. Il benessere, il consumismo, quel senso di onnipotenza di poter fare qualsiasi cosa (cattiva maestra fu già la politica), hanno fatto perdere, nel nostro paese, il senso dei limiti, del rispetto e dei ruoli.

La scuola diventata sostituto della famiglia, con il compito - impossibile,- di sopperire alla manchevolezze di questa. Genitori impietosamente accondiscendenti nei confronti dei figli, disposti ad aggredire e insultare un docente perché ha dato una "nota" di biasimo al loro pargoletto, oppure un voto che essi ritengono immeritato. Studenti, dalle scuole elementari in poi, che si comportano in modo aggressivo, irrispettoso, e talvolta violento, nei confronti degli insegnanti; i quali sono stati lasciati privi di strumenti adeguati per ostacolare e contenere il fenomeno.

Docenti inadeguati che si comportano in modo oltraggioso nei confronti dei propri allievi e, come i tristi casi di cronaca ci dimostrano, reagiscono in modo irragionevole e inaccettabile per un "educatore".

Ovviamente, non tutta la scuola è in queste condizioni. Il punto è che queste derive alimentano, in molti ragazzi, un senso di impunità e di spregiudicatezza (e anche qui la politica ha fatto da maestra).

La scuola, sopratutto quella dell'obbligo, non può essere "alternativa" alla famiglia; e non può sopperire alle carenze di questa. È urgente un ripristino dei ruoli, dei diritti e dei doveri nell'ambito scolastico.

Poco serve fare "giornate" e manifestazioni contro la violenza (di ogni tipo, dal bullismo al femminicidio), se non è più la scuola a porre dei limiti ai comportamenti dei giovani. Se non ha più strumenti per definire il confine tra ciò che è civile e accettabile, e ciò che non lo è.

Cosa serve manifestare contro la violenza quando le prime vere "nemiche" delle donne sono quelle madri cedevoli nei confronti dei figli maschi, ai quali non sanno impartire il rispetto della dignità umana, oltre che dell'educazione civile? Come può sopperire la scuola a queste carenze se ai genitori viene dato il "potere" illimitato di contestare il docente nell'esercizio delle sue funzioni? Come si può pretendere che la scuola sia credibile se essa non viene dotata di strumenti di valutazione per identificare eventuali squilibri educativi, o personali, del corpo docente, che possono inficiare l'equilibrio dei ragazzi? Continuiamo a parlare di bullismo, di violenza, di volgarità, e di aggressività; nella vita quotidiana, e nei social. Sono parole a vuoto se non c'è una base educativa che definisce, con chiarezza, i confini tra ciò che è giusto e ciò che è sbagliato.

Non si può insegnare tutto. Non lo è mai stato, e non lo sarà mai. Si devono insegnare i criteri per saper distinguere, nei momenti della vita, quello che è giusto fare al meglio delle proprie capacità da ciò che non deve essere fatto. Fondamentale, e imprescindibile, l'insegnamento del rispetto delle persone, senza distinzione di razza, sesso, o credenze politiche e religiose.

Se sui Social si manifesta troppo sovente tanta stupida arroganza, lo si deve alla rinuncia di molte famiglie di svolgere il proprio ruolo educativo, e a una classe politica maestra di impunità e irresponsabilità individuale. Il frutto avvelenato di tutto questo è una condizione di a-moralità che pervade il nostro sistema sociale e le nostre vite.

(26.11.17)

[1]   http://www.ilsole24ore.com/art/notizie/2017-10-11/cambia-scuola-media-addio-voto-condotta-sara-giudizio-sintetico-161554.shtml?uuid=AE92oBkC&refresh_ce=1

[2]   https://www.ilfattoquotidiano.it/2017/11/26/maltrattamenti-in-asilo-non-solo-vercelli-associazione-genitori-seguiamo-80-processi-e-difendiamo-400-parti-offese/4001663/

La sinistra affonda, e non c'è niente da ridere...

Parliamo della sinistra. Nel luglio scorso, in occasione della giornata delle "magliette rosse", il prof. *Angelo d'Orsi* scriveva, per la rivista Micromega, una riflessione, o potremmo dire, un mesto sfogo, su ciò che è diventata la sinistra oggi nella sua politica, e nelle sue rappresentazioni. Alcuni commentatori (su Micromega) non l'hanno presa molto bene, e vale la pena riportare alcuni passaggi del testo del professore:

[...] Mi sono stufato, per esprimere la nostra opposizione (politica, sociale, culturale, etica) a magliette, scarpe, bandiere; mi sono stufato di assistere – inizialmente perplesso, poi attonito, infine sgomento –, alla trasformazione della lotta politica in mera simbologia, che sembra rinviare più alla moda che alla critica, frutto di passività e inerzia, più che segno di volontà di riscossa.

Mi sono stufato di imbattermi nella parola "populismo", chiave di volta universale che ormai non apre più nessuna porta, concetto che non spiega nulla, così come viene declinato. Renzi era (è) meno populista di Salvini e Di Maio? Per non parlare di Berlusconi...

Mi sono stufato di sentirmi dire che i leghisti sono fascisti, ma senza mai che nessuno mi spieghi perché non soltanto il vituperato sottoproletariato e l'odiosa "vecchia piccola borghesia", ma la stessa classe operaia li votino.

Mi sono stufato della ripetizione del grido "Razzisti!" rivolto agli stessi, ma poi nessuno mi fa capire perché al Sud ricoperto di ingiurie e minacce dagli stessi leghisti nel corso degli anni, proprio gli uomini e le donne di quel partito, vengano votati.[...]

Mi sono stufato di vedere rivendicare come repertorio politico la serie di parole consunte quali accoglienza, solidarietà, umanità eccetera: nella nostra bocca non suonano meno scontate e stonate che sulla bocca degli avversari; e soprattutto non ci fanno fare un passo avanti nella costruzione dell'alternativa radicale alla linea che ci ha condotto all'attuale Caporetto. [...]

Non ne posso più di coloro che a sinistra spiegano la sconfitta con la cattiveria altrui, non ne posso più della rinuncia programmatica all'autocritica, non ne posso più di sentir dire che è colpa degli altri quando perdiamo.[...]

Mi sono stufato della faciloneria con cui vengono liquidati i vincitori di oggi (leghisti e cinquestelle), rinunciando persino a guardare da vicino i due movimenti, per la paura di sporcarsi le mani, rifiutandosi di distinguere, ma accontentandosi di condannare, in modo semplicistico, e alla fin fine, cretino.

Mi sono stufato di leggere (e, ahimè, temo anche scrivere) testi nei quali si percepisce rabbia, sdegno, ribrezzo, persino, invece che analisi concrete e proposte realistiche; mi sono stufato delle ripetizioni pappagallesche e autoconsolatorie che nulla ci dicono del successo M5S e Lega, e della sconfitta di PaP, e di come uscire dal pelago in cui siamo finiti, e con noi l'Italia. [...]

Certamente qualcuno gioirà di queste parole, scritte ancora prima di assistere allo scivolone della sinistra sul lancio delle uova a Moncalieri, alle posizioni preconcette in difesa dei poteri "forti", dopo il crollo del viadotto di Genova, e le dichiarazioni volgari e violente di certi esponenti del PD nei confronti di Lega e Cinque Stelle.

Qualche tempo fa l'ex segretario Bersani ha spiegato la situazione della sinistra (intesa come PD), con una delle sue pittoresche immagini: la mucca nel corridoio. L'immagine prende spunto da un detto delle sue parti, che intende significare: sei stato incapace di vedere e valutare gli avvenimenti macroscopici, come fossi stato incapace di vedere una "mucca nel corridoio". Bersani ha aggiunto un altro elemento importante affermando che coloro che oggi tifano per una caduta del governo giallo-verde, non hanno capito il livello del rischio politico: quello di ritrovarsi un toro anziché una mucca nel corridoio.

Immagini bucoliche a parte, chissà se lo stesso ex segretario valuta come anch'egli non vide la mucca nel corridoio, a suo tempo. Durante il periodo in cui il M5S cresceva nei consensi e nel paese, la sua posizione si limitò a considerare il fenomeno con il termine "antipolitica" (ve lo ricordate quanto ci hanno smarronato con questa storia?). Non solo, il suo compare di partito, tale Letta, in prossimità delle elezioni dichiarava che era meglio votare Berlusconi piuttosto che M5S.

La questione è seria, e lo è perché il crollo di un partito, ma anche di una intera area di pensiero che non riesce più ad esprimere una politica comprensibile a misura di elettore, non è un buon auspicio per il funzionamento della democrazia.

Sappiamo bene che l'unione M5S-Lega non è un fenomeno che potrà durare a lungo nel tempo. Inutile negarselo. Non sappiamo quando avverrà, ma accadrà sicuramente, perché alcune posizioni di politica sociale sono incompatibili. Il lasso di tempo in cui questo distacco avrà luogo, potrebbe essere determinato da alcuni fattori:

● Quando Salvini riterrà di potersi giocare la carta di leader

unico del centro destra
- Se, lo potrà fare, avendo sulla testa 49 milioni di motivi che potrebbero spingerlo a non rifiutare, troppo a lungo, il richiamo del "torna a casa Lessie" che ogni tanto lancia Berlusconi; a meno che quest'ultimo non si suicidi politicamente con l'abbraccio mortale di Renzi
- Le previsioni sul livello del divario che si sta creando nel M5S tra il vertice e una parte storica -significativa,- del movimento, che mal digerisce certe posizioni leghiste su questioni sociali, immigrazione, e grandi opere. Questo divario potrebbe avere conseguenze molto spiacevoli nelle prossime tornate elettorali per il movimento.

La questione che pone il professor d'Orsi è molto seria se si mette attenzione alla natura dei problemi politici in gioco, oltre le schermaglie e le battute. Per esempio, la questione dell'immigrazione è stata il propulsore che ha consentito alla Lega di fare un balzo enorme nei sondaggi elettorali; molto limitato, invece, l'effetto sul M5S. Indubbiamente, di entrambi, è stata apprezzata la fine della sudditanza all'Europa, cui siamo stati condannati dai precedenti governi. Ma la questione "migranti" non termina, o si risolve, con la sola questione dell'equa distribuzione delle persone sul territorio europeo. C'è in ballo molto di più. E' come se in casa avessi una perdita di acqua ingente e mi limitassi a risolvere il problema chiedendo aiuto ai vicini di casa per avere secchielli in più, per drenare l'acqua. Se non risolvo il problema della perdita, avrò sempre un fiume di acqua indesiderato dentro casa, che non saprò come gestire e dove farlo confluire.

Questo implica saper guardare con una visione globale del fenomeno, ovvero un'analisi politica sulla situazione in cui versa un intero continente, tra guerre di clan (o etnie), carestie, povertà, dittature, guerre per procura. A questa situazione non è estranea una grande responsabilità dell'occidente: dai tempi della schiavitù colonialista, allo sfruttamento delle risorse di questi paesi per uso esclusivo occidentale (con il supporto della corruzione locale), alle ingerenze politiche per lo stesso motivo con veri e propri ribaltamenti di potere imposti dall'esterno.

Il detto "aiutiamoli a casa loro", non può che suonare come una beffa, nelle orecchie di un migrante: se l'occidente si fosse tenuto lontano dal continente africano, li avremmo aiutati molto di più evitando colpevoli ingerenze.

Le responsabilità dell'occidente europeo sono chiare (basta un po' di storia). Il punto politico che ci interessa qui è l'errore commesso a sinistra: creare un progetto politico basato sul "senso di colpa" che l'occidente dovrebbe avere nei confronti dell'Africa. Poteva funzionare? Assolutamente no, se la soluzione consiste in una immigrazione indiscriminata. Perché i problemi che ne sono nati, e che hanno comportato implicazioni nella vita di molte persone qui, sono stati considerati "effetti collaterali" accettabili. Tranne alcune isole di integrazione felice, il risultato della politica sull'immigrazione è un disastro senza precedenti: problemi di ordine pubblico, tempi di identificazione assurdi, rimpatri falliti, caporalato con sfruttamento, criminalità organizzata che utilizza immigrati come manovalanza, affari milionari sui viaggi dei migranti, etc etc.

Un altro punto che dovrebbe far riflettere è che l'immigrazione indiscriminata (porti aperti a oltranza, abbattimento di tutte le frontiere) è lo stesso progetto che ha il pensiero iper-liberista sul modello di quello illustrato dall'Economist tempo addietro. A nessuno sorge il dubbio di quanto sia strano se la sinistra, sul terreno dell'immigrazione, si incontra con il pensiero liberista globalista più sfrenato?

Certo l'immigrazione è un problema umanitario, e non si può evitare la questione, o pulirsi la coscienza, limitandosi ai respingimenti e rientri in finti centri di accoglienza libici (occhio non vede, cuore non duole). Anche se suona un po' ipocrita tutta questa umanità espressa in favore di chi cerca di allontanarsi dall'Africa, ma nessuna parola viene spesa per i milioni di persone che restano, impossibilitati a partire e costrette a morire di fame, a subire torture e violenze.

Analoghi ragionamenti, nel senso di non aver colto la questione centrale, possono essere fatti sull'euro e sull'Europa, laddove la sinistra ha accettato acriticamente le imposizioni europee (sino all'oscenità dei vincoli di bilancio in costituzione), con vincoli privi di solidità scientifica. Proprio in questi giorni alcuni soggetti del PD, con sommo sprezzo del ridicolo, offrono lezioni di economia equiparando il debito nazionale ai debiti famigliari, e pretendono di illuminarci su quanto sia bella la rinuncia alla propria sovranità, e su quanto è diventata bella la Grecia dopo essere stata spolpata dalla Troika.

Il M5S si trova, di conseguenza, persino suo malgrado, a dover essere, così giovane, l'erede di quel pensiero che si preoccupa della concreta situazione che vivono le persone, oltre gli stretti confini delle ideologie politiche; pensiero che una volta apparteneva alla sinistra, anche a quella democristiana. Un compito analogo lo svolge la Lega, con altri parametri politici però, e questa attività politica di entrambi, viene oggi ancora definita, spregiativamente, come populista.

I problemi menzionati richiedono, e richiederanno, elaborazioni di pensiero che vadano bel oltre la semplice visione di breve periodo (nella quale si può certo beneficiare di un alto consenso). Per concretizzare soluzioni efficaci, e di reale cambiamento, è necessaria una progettazione di medio lungo periodo e, sopratutto, mani libere da ricatti politico-affaristici; pena un ulteriore grado di sfiducia dei cittadini, e allora non sappiamo davvero cosa potrebbe capitare.

Concludiamo quindi questa riflessione (certo incompleta) tornando a piè pari dentro l'invocazione del professore Angelo d'Orsi: una sinistra chiusa nel simbolismo e nei confini delle categorie destra sinistra, fascista antifascista, rivoluzionario reazionario, razzista antirazzista, ossessionata dal populismo, indisposta ad accettare serenamente il M5S come interlocutore politico, non possiede gli strumenti per mettere in discussione se stessa e per progettare il futuro.

Questo è un problema che riguarda, nel complesso, il buon

funzionamento della democrazia e mina la possibilità di avere alternanza politica.

(21.08.18)

Con Greta siamo un po' tutti "gretini"

#Greta e #FridayforFuture, portano con sé una buona notizia: molti giovani sono scesi in piazza per parlare di ambiente e di futuro (che li riguarda), e ciò non può che essere accolto con favore. L'appunto che si può fare è nella scelta del giorno: perché "scioperare" per l'ambiente? (sopratutto da parte di studenti). Si offre facilmente il fianco all'impressione di aver colto l'occasione per marinare la scuola per un giorno (un po' come gli scioperi sindacali del venerdì e del lunedì). Sarebbe stato meglio prendere esempio dai Francesi, e dai loro Gilet Gialli: da mesi sacrificano il sabato per scendere in piazza a manifestare le loro ragioni, dedicando un po' del loro tempo più alla politica, anziché ai centri commerciali.

Ma la cattiva notizia sono le compagnie, politiche e mediatiche, che hanno accompagnato questo festoso giubileo, infettandolo con le loro ipocrisie. Certi riti accompagnano da alcuni anni celebrazioni ricorrenti (e relative manifestazioni), rendendole oggetti (e soggetti) di consumo. Siano esse giornate della memoria, della donna, contro la droga, contro la violenza, il razzismo, in favore delle coppie e dell'amore Lgbt, o per gli immigrati.

Così capita di assistere al tripudio in favore dell'ambiente da parte di politici che fino a ieri difendevano a spada tratta la cementificazione del territorio, l'elogio sperticato delle grandi opere inutili e costose, le trivelle nei nostri mari, la privatizzazione dell'acqua, etc etc. I media (Tv e giornali) che fino a ieri ci decantavano l'elogio della crescita, dello sviluppo, e del progresso, per dare lavoro e benessere (a tutti?), con vivace disonestà intellettuale (e ignoranza) sulle differenze che intercorrono tra questi termini, oggi esaltano questi giovani che richiedono (giustamente) attenzione per il pianeta.

Dietro quei microfoni posti davanti alle bocche di bambine/i inconsapevoli, per dar voce alla loro protesta, si cela la strategia del contenimento del dissenso (Fusaro docet!), per offrire l'impressione che qualcosa stia cambiando, mentre l'obiettivo è non mutare nulla. Ciascun argomento (di quelli sopra menzionati), porta con sé il bagaglio pesante di questioni ora sociali e culturali (immigrazione, Lgbt, razzismo, violenza sulle donne), ora economiche, giuridiche, e di relazioni internazionali (ambiente, grandi opere). Per ciascuna di esse, da decenni, studiosi, ricercatori e scienziati, economisti e filosofi, pur con punti di vista differenti, studiano e affrontano questi problemi, suggerendo soluzioni, e sollecitando interventi. Il più delle volte inascoltati.

Ma, all'interno della logica neoliberista, l'obiettivo non è la soluzione dei problemi; è la massimizzazione dei profitti (per pochi) quella che conta veramente. In questa dimensione vengono gestiti due spazi sociali, utili al contenimento del dissenso: il primo quello della celebrazione del problema (la giornata del...), il secondo quello di creare contrapposizione tra opinioni differenti (alimentando il contrasto). In questo modo, come spiega Fusaro, il dibattito rimane a livello orizzontale, dando vita a posizioni partigiane (anziché un serio confronto), senza influire sul livello verticale, che metterebbe in discussione l'attuale sistema economico, e chi lo gestisce.

La libertà si manifesta forse sopratutto nella
operazione del 'capire', e tale operazione non ha
limiti

Così scriveva P.P. Pasolini, molti anni or sono. Per 'capire', e quindi diventare soggetti liberi, occorre diventare consapevoli dell'importanza della cultura e della conoscenza. Ci vuole studio, oltreché passione politica. Ci vogliono letture di libri, anziché bighellonate nei centri commerciali. Bisogna alimentare i dubbi, anziché rivelare certezze.

Se i giovani, e i giovanissimi, sapranno cogliere queste differenze (e noi 'diversamente giovani', ci prodigheremo nell'illustrarle), allora potranno essere davvero gli artefici del cambiamento. Diversamente essi saranno comparse, anziché protagonisti, in uno scacchiere dove altri manovrano le pedine, per proprio uso e consumo.

Manteniamo viva questa speranza.

(13.03.19)

Greta contro la glaciale ottusità dei tempi attuali

Greta è ovunque. La ragazzina che sembra smuovere le masse ci viene proposta in tutte le salse, e in ogni luogo. Anima pura? Giovane manovrata da potentati oscuri? Da ascoltare? da rigettare? Come un sasso gettato nello stagno, la sua sola presenza, o parola, genera onde di voci che si accavallano: il solito fragore assordante di una comunicazione politica che avoca a sé il merito della verità, accusando il campo avverso di menzogne e falsità.

È il tratto di questi tempi offuscati. Siamo immersi in una nebbia di notizie che si accavallano, in cui più che il desiderio di trovare la strada giusta, conta l'illusione di unirsi alle voci che ci giungono più forti, pur di uscire dalla foschia; ma anche questa è un'illusione.

Greta è davvero manipolata? Può darsi. Anzi è probabile. Perché la continua manipolazione delle masse è un dato oggettivo: non la ricerca della "verità" (per quanto relativa), bensì è il consenso quello che conta. L'illusione di essere dalla parte del vero, e del giusto. Il linguaggio politico rimarca costantemente questa illusione: "siamo sulla strada giusta", "la vostra presenza ci da ragione", "noi siamo il bene del paese", e roba simile.

Eppure Greta, la sua figura, ha portato migliaia di giovani in piazza, per un tema che riguarda tutti: l'ambiente e il futuro. Eppure c'è chi grida allo "scandalo", perché qualcuno ha bigiato la scuola.

Verrebbe da ridere, non fosse che anche alle idiozie viene data cittadinanza politica. Chi non ha mai bigiato scuola, approfittando di una manifestazione, alzi la mano! Oppure dobbiamo pensare che tutti questi politici, che non hanno mai fatto un cazzo nella loro vita, fuorché la politica, siano stati tutti studenti modello?

C'è chi punta il dito contro le contraddizioni di questi

giovani: scendono in piazza in favore dell'ambiente, ma godono dei privilegi della società industriale; quindi non sarebbero genuini nella loro battaglia. E cosa dovrebbero fare, di grazia? spogliarsi di ogni bene tecnologico e commerciale, vestirsi con un saio e sandali, e andare in giro con una lanterna ad annunciare la fine del mondo? Sono giovani figli di questa epoca di benessere e di consumo, cresciuti con una televisione che ha avuto come unico scopo quello di far di loro dei consumatori impenitenti, intellettualmente atrofizzati.

Oppure il vero timore è la presa di coscienza di questi giovani, oltre i recinti angusti della politica, e che decidano di fari carico, di prendere coscienza, autonomamente, di un problema molto grave e serio? Allora contro costoro si gioca l'arma della scienza. Cinquecento scienziati, di tutto il mondo, dicono che il problema non esiste, che c'è una esagerazione, che in fondo la CO_2 è una cosa buona. La notizia viene data con l'enfasi di chi ambisce a mettere una pietra tombale sulla questione. Ma costoro sono in buona fede? Quanti sono gli scienziati nel modo? e quanto peso hanno questi 500? Stiamo parlando di scienziati indipendenti o di consulenti di qualche multinazionale?

Torniamo al centro della questione. Troppe informazioni... poche domande... nessuna risposta. Il pubblico viene bombardato da queste notizie: problemi complessi cui non vengono date risposte chiare, bensì proposte di posizioni da assumere acriticamente. Tu da che parte stai? Sei con l'ambiente, e quindi con Greta, oppure stai con le multinazionali del petrolio? con i produttori di CO_2? con gli inquinatori e distruttori del pianeta?

Greta non è soluzione. E va bene. Ma non lo è nemmeno dire che il problema non esiste. Il punto critico è il modello di sviluppo, è il capitalismo finanziario, è la struttura di una società che crede ancora in una crescita illimitata. Sono i paradigmi che sempre più avvantaggiano pochi a discapito di molti. Se il "capitalismo" ha avuto un suo ruolo indubbio nel "progresso", è ragionevole, e necessario, interrogarsi se esso svolge ancora questo ruolo. I fatti pongono molti dubbi su questo.

La crescita della disparità, quella della povertà, quella della distruzione sistematica di Beni Comuni, pongono questioni non più eludibili. Necessitano però, in primo luogo, di una consapevolezza. Per questo la discesa in piazza dei giovani è comunque positiva e importante. La riposta non può essere semplicemente un "capitalismo green", una verniciata di facciata, con la quale illudersi di aver risolto i problemi. Questo è il compito che spetta ai giovani di oggi: andare oltre le cortine fumogene, le sirene della politica, che vuole imbrigliarli negli schieramenti, con l'illusione di stare dalla parte "giusta".

Dobbiamo proteggere questi giovani, facendo in modo che la loro "protesta" sia feconda di curiosità, e di desiderio. Non possono che portarci una ventata di aria fresca, in un mondo imputridito di privilegi, ottusità, ed egoismo.

(30.09.19)

Il Razzismo non è odio ma disprezzo

Negare che in Italia esistano forme di razzismo significa nascondere la testa dentro la sabbia. La sensazione dell'aggravarsi del fenomeno, e delle sue manifestazioni - spesso spudorate,- non può che allarmare.

Vieppiù se queste sono rivolte verso i soggetti più deboli, o i disperati di turno. Le discriminazioni sono sempre presenti nei gruppi sociali, di qualunque tipo. C'è sempre una linea di demarcazione che definisce il perimetro del "noi" verso "gli altri", che stanno fuori.

Il confine tra il "noi" e "loro" contribuisce alla definizione di una identità, di una appartenenza sociale, di una comunità. Niente di male, in fondo; ciascuno di noi partecipa a più gruppi sociali che si intersecano nella realtà, quindi i confini diventano più sfumati.

Possiamo avere antipatia per il nostro vicino di casa, perché vive in modo diverso da noi, e possiede un'altra cultura, o una visione del mondo differente. Poi un bel giorno scopriamo che è tifoso della nostra stessa squadra di calcio, e allora la linea di demarcazione diventa più sfumata. Se poi scopriamo qualche altro interesse comune, rischiamo di non ricordarci più perché ci stava così antipatico.

Diversa è la questione quando il presupposto del confine non è più definito da un'appartenza motivata da interessi specifici, oppure usi o costumi, bensì dal disprezzo verso l'altro. Non esiste un volto che esprima "odio", spiegava Paul Ekman, lo studioso che ha trascorso anni a studiare le micro espressioni facciali degli esseri umani, bensì esiste quella che esprime "disprezzo".

L'odio che genera violenza, verbale e/o fisica è un sentimento che esiste in virtù del disprezzo verso qualcuno, al quale non viene riconosciuta la stessa legittimità di esistenza, che invece "noi" pensiamo di meritare. Ugualmente per i diritti di qualunque tipo (si pensi alle questioni poste dal mondo LGBT).

Non può esserci una "Legge" che ferma l'odio, semmai posso esserci Leggi che agiscono sulle conseguenze, e sulle responsabilità individuali, nel commettere azioni, o nell'esprimere parole, non accettabili per il vivere civile.

La storia del Colonialismo è farcita di questo disprezzo. La considerazione dell'altro come non-persona, come selvaggio, come essere primitivo: individui allo stato brado, da "salvare" e convertire alla "civiltà" occidentale. In nome di questa "necessaria" conversione, sono stati commessi crimini orrendi, stragi, soprusi, schiavitù. La storiografia più recente ipotizza che il Colonialismo abbia portato allo sterminio (anche per malattie importate dagli occidentali verso i nativi locali) di circa 60 milioni di individui nel mondo.

Una strage che non è certo finita con le guerre per procura contemporanee.

Le peggiori violenze sono sempre state consumate su chi non si ritiene simile a "noi"; sul "diverso", perché ad esso non si riconosce l'attributo fondamentale: l'essere umano come noi. All'origine di questa violenza, e quindi del "disprezzo", ci sono i pre-giudizi. Quelle idee, non innate, ma formate attraverso la cultura e l'informazione (o la disinformazione).

Sono questi pensieri acquisiti, queste credenze, queste visioni forzate, magari indotte per scopi politici, o religiosi (sempre in ottica di "dominio" politico") che creano e alimentano il disprezzo verso l'altro, che elevano i muri tra "noi" e "loro". Così nella storia i maggiori crimini si sono consumati verso "gli altri", sulla base di discriminazioni di razza, di cultura, di lingua. Nessuno è mai riuscito a dimostrare, scientificamente, la presunta "superiorità" biologica di qualcuno. Questa è solo un'idea, formata nella mente, non una realtà scientifica. Tutti abbiamo gli stessi organi, lo stessa composizione del cervello, la stessa struttura scheletrica, gli stessi fluidi corporei. Il sistema biologico che concede la vita, è sempre uguale, per tutti. Se guardassimo a questo sistema con rispetto e "maraviglia", non avremmo bisogno di religioni che ci dicono cosa fare o pensare.

Sono le idee, che sono costruzioni mentali, a dover essere modificate. Ciò può avvenire solamente attraverso processi culturali, di conoscenza, e di dialogo. Bisogna capire le ragioni delle differenze, e comunque averne rispetto, perché per ciascuno quelle "differenze" costituiscono una identità, e modificarle non è semplice.

Odiare non è "naturale"; studiare i bambini piccoli, liberi ancora da condizionamenti sociali, aiuta a comprendere i processi di empatia, tipici dell'essere umano. Non ha importanza il linguaggio (che è ancora semplice), non hanno importanza il colore della pelle, il sesso, le abitudini, il credo religioso, e tutte quelle cose su cui si formano normalmente i pre-giudizi, semplicemente perché questi non esistono ancora. Sono le parti più intime, "antiche" del cervello, quelle più interne, che rispondono a stimoli semplici, e sono preposte a riconoscere l'umanità nell'altro, ad agire in modo "empatico".

Non sarà un caso che il Cristo, cui tanti Cristiani fanno riferimento per sentirsi migliori degli altri, indicasse proprio nei bambini l'esempio migliore da seguire. Oggi gli scienziati che ogni anno si incontrano con il Dalai Lama, scrivono pagine di scienza, e di morale, di particolare intensità e ricchezza. Dovrebbero essere lette nelle scuole dell'obbligo.

Baciare meno santini, rosari, crocefissi, e ampolle, dedicando del tempo a letture sane, alle riflessioni, alla ricerca del senso dell'umanità, alla scienza, alla cultura, sarebbe esercizio molto più utile, per rendere il mondo meno ingiusto, e più umano.

(06.11.19)

Dalla ex Ilva a Venezia viaggio nella politica inutile

Come andrà a finire la vicenda dell'ex Ilva? Chi ha ragione e chi torto? Ma, sopratutto, chi continua a rimetterci? Sul tavolo politico ci sono tre questioni differenti, di identica importanza: Salute e Ambiente, Lavoro, Sistema Industriale. Qual'è la priorità? La domanda è sbagliata. Quella giusta sarebbe un'altra: come mai in Italia i problemi incancreniscono e ci si accorge di essi solamente quando si è con le spalle al muro e, inevitabilmente, è tardi per qualsiasi soluzione ragionevole?

A 20 anni dall'ingresso nel nuovo millennio, ci troviamo ancora a dover scegliere tra Lavoro e Salute, tra salvaguardia dell'Ambiente e produzione industriale, tra sfamare e morire. Sembra di non essere mai usciti dai sistemi di produzione dell'inizio dell'era industriale. L'era post ideologica del '900, dopo la caduta del Muro, ha visto dissolversi quelle immagini politiche portatrici di una visione della società. Giuste o sbagliate che fossero, la politica aveva il pregio di indicare una strada, un progetto, un percorso, verso un modello sociale ed economico.

Dopo il '92, con l'avvento di Tangentopoli, è accaduto ancora di peggio. La corruzione endemica che flagellava (e continua ancora oggi) il paese, si è palesata senza veli, e in tutta la sua atroce miseria morale. Ci siamo illusi, sperando in una rigenerazione del sistema politico, di fronte a tale disfatta. Invece no. La finta "rivoluzione" del sistema ci ha condotto alla desertificazione dell'immaginario politico collettivo, alla trasformazione dei partiti in "comitati d'affari" che gestiscono appalti, prebende, poltrone. La stessa classe politica che ha poi consegnato l'Italia alle burocrazie europeiste, senza immaginare le conseguenze economiche dei vincoli europei, che avrebbero presto incatenato la forza industriale del paese.

Il "post" è diventato assenza di progetti, di visioni, di immaginazione. La maggior parte delle questioni è stata trattata in funzione dei vantaggi (elettorali) di breve periodo. Ogni problema è stato smembrato in singole parti per permettere, ai singoli partiti, di appropriasi di un tema e farne una bandiera su cui vivere di rendita. Ogni giorno ascoltiamo la litania del "bene degli Italiani", del "progresso", e dello "sviluppo". Alcuni sgomitano per auto celebrarsi protettori del Libero Mercato, altri come indefessi difensori del Lavoro, altri ancora paladini dell'Ambiente.

Allora come mai i problemi sono sempre gli stessi? Perché la storia dell'Italia è costellata di disastri annunciati (dai tempi del Vajont)? Di quanta protezione politica ha beneficiato l'Ilva in questi decenni mentre inquinava e uccideva i Tarantini? Quanta miopia è stata praticata a Venezia distruggendo la laguna e le sue barriere naturali? Perché i costi del MOSE sono raddoppiati e non è ancora in funzione?

Non sono domande senza risposte. Queste si possono facilmente trovare in quei comitati del "NO!", tanto vituperati e disprezzati, dai politici e dal sistema dell'informazione che li sostiene. Da decenni ci raccontano che chi si oppone con il "NO!" è contro lo sviluppo, il progresso; è malato della sindrome di NIMBY. La storia dei fatti reali racconta un'altra verità. Se apparigliate le motivazioni dei tanti comitati del "NO!" della penisola con le vicende giudiziarie, le tragedie manifeste, i lavori incompiuti, il denaro pubblico sprecato, scoprirete che quasi tutto era già stato scritto o previsto.

Mentre troppi politici amoreggiano con la criminalità organizzata, con imprenditori-predatori di risorse pubbliche, quei "NO!", così osteggiati e sbeffeggiati, rappresentano la nuova forma di resistenza dei cittadini nei propri territori, che amano e rispettano i luoghi che abitano, e di cui conservano la memoria storica. Difendono se stessi, la propria terra, ma anche il paese intero. Le trasformazioni richiedono tempo, ma se questo viene sprecato per gestire interessi particolari e non quelli delle comunità, ecco che poi i problemi piovono addosso come macigni. Il futuro scorre veloce, e pone sfide per il dopodomani.

Se vera l'ipotesi secondo la quale lo sviluppo della intelligenza artificiale metterà "a riposo" l'uomo, significa che il mondo del Lavoro vedrà sempre più ridursi i posti nella loro dimensione classica ottocentesca, minando lo stesso concetto di "piena occupazione".

Lo stravolgimento ambientale è palese; gli squilibri economici rendono sempre più precarie le democrazie, che vengono occupate da forme di populismo utili a pochi demagoghi. Il neoliberismo finanziario preme sulle Costituzioni democratiche per disfarsene, come fossero inutili orpelli. Non ci rimane molto tempo per iniziare seriamente a pensare la politica in chiave di Etica e Responsabilità, e porre un indirizzo diverso all'agire, per risolvere i problemi che ci affliggono. Necessitiamo di fantasia, di visioni per il futuro, di guardare con curiosità a ciò che è stato implementato negli altri paesi. Se i vincoli europei costituiscono una zavorra di cui, in un modo o nell'altro, bisogna liberarsi, non di meno la corruzione politica è un cancro che distrugge risorse preziose, e ci impoverisce.

(14.12.19)

Cannabis la sublime ignoranza della politica

Torna il grugno duro del "potere" sulla "droga". Una ipocrisia che perdura da oltre trent'anni. Slogan decotti in salsa salviniana, perbenismi di facciata di politici che impongono regole contro le ragionevoli certezze della conoscenza.

Furono i Radicali di Marco Pannella a lottare contro il proibizionismo sulle droghe. Lo stesso Marco si immortalò, per farsi arrestare con bustine di marijuana, fedele all'idea della lotta non violenta. I Radicali di allora, non erano certo le Sardine di oggi. tanto inoffensive contro il potere, in misura di quanto, il potere stesso, le adula.

Un minimo di cognizione storica dimostra come il Proibizionismo sia perdente su tutti i fronti. Concetto ribadito da decenni, ma mai assimilato da quelle parti politiche che fanno degli slogan un progetto politico privo di sostanza. Gli economisti sanno che la "droga", nelle sue varie forme, è un prodotto a domanda fortemente inelastica, ovvero, il cambiare del prezzo sul mercato (il suo aumento), influisce in maniera minima (insignificante) sulla quantità venduta.

Questo perché il "drogato" è un "malato" che ha bisogno di aiuto, e che non può smettere di assumere sostanze come e quando vuole. La proibizione, non fa altro che rendere più alto il prezzo della droga sul mercato; arricchisce le attività criminali; conduce verso il crimine il tossicodipendente, che avrà sempre più bisogno di denaro per soddisfare la propria esigenza immediata.

L'antiproibizionismo non ha mai significato "droga libera", bensì un differente approccio al problema, che non può essere affrontato nei modi beceri, e inefficaci, di questi decenni. Sopratutto continuando a rifiutare la necessaria distinzione tra droghe "leggere" e quelle "pesanti", che comportano livelli diversi di assuefazione e conseguenze sulla salute.

Vieppiù quando lo Stato stesso, e quindi i politici che lo

governano, si comportano da perfetti ipocriti. Alcol, fumo, gioco d'azzardo, lotterie, possono costituire "dipendenza", al pari degli stupefacenti. Ma nessuno si sogna di dire che vanno proibiti, o che lo Stato non deve essere "spacciatore".

Se solleviamo un lembo di queste ipocrisie, siamo asfissiati dalla puzza di marciume. Fu il radicale Capezzone a dichiarare che *'se porti un cane antidroga a Montecitorio... è il cane che si arrende!'*.

In anni non molto lontani fu bloccato un corriere che entrava liberamente dentro i palazzi del potere a Roma. Sono sufficienti le cronache giudiziarie, anche recentissime, per trovare politici (sopratutto dell'area politica irremovibile), con strette connessioni con i clan della malavita criminale, che sul traffico della droga hanno fondato le loro ricchezze, e sono diventati "spacciatori" di consenso elettorale per i loro protetti.

Per non dimenticare i livelli di Cocaina riscontrati nell'aria e nei fiumi della "Milano da bere". E come non ricordare i festini del Bunga Bunga che han fatto il giro del mondo? Eppure le logiche proibizioniste, giungono, per la maggior parte, da quell'area politica che ha difeso, a spada tratta, il suo maggior protagonista.

Il grande circo dell'ipocrisia continua il suo patetico, e anacronistico, spettacolo. Oggi mettendo anche in crisi aziende che sulla canapa hanno fondato delle attività legittime. Gli utilizzi di questa sono pressoché infiniti, con costi contenutissimi, e benefici per l'ambiente, e per la salute umana (terapie del dolore). Il problema della dipendenza da sostanze è troppo serio per lasciarsi abbindolare da questa banda di ipocriti senza pudore.

Quindi, quando sentite un politico applaudire al proibizionismo, ricordate che ne esistono solamente di due specie: o sono ignoranti della materia, o sono in malafede. Perché di "fumo" non è mai morto nessuno. Muoiono i tossici abbandonati a se stessi, e quelli ridotti a servi della criminalità.

Invece, a causa delle inadempienze, al proprio dovere di certi politici è morta parecchia gente.   (18.12.19)

Coronavirus per tutti i gusti!

Pandemia di Covid-19 e l'Italia (ma forse il mondo intero) si sbizzarrisce in interpretazioni, più o meno credibili, o più o meno verosimili, sul perché e il percome di questa situazione. Nella tragedia, umana, sociale, economica, c'è questa componente tragico-comica rinforzata dal desiderio di essere social (sempre e comunque), e dalla irrefrenabile pretesa di raccontare la propria verità.

Un catalogo non esaustivo dell'origine della pandemia, della sua diffusione, e dei giudizi in merito alla sua gestione, potrebbe comprendere:

- la Cina ha gettato il virus su Whuan la città ribelle nei confronti del potere cinese, ma poi è rimasta fregata

- il virus lo hanno gettato glia americani sulla Cina per punirli del loro atteggiamento

- il virus lo hanno gettato gli americani sull'Europa per piegarla, difatti nel frattempo hanno inviato l'esercito per occupare l'Europa

- Virus e esercito americano: non è un'esercitazione Nato ma un piano globale nel quale la parte "sana" degli States di prepara a capovolgere la politica del pianeta per sconfiggere il "male". Un piano segretissimo.

- Il virus è stato prodotto da un laboratorio segreto di armi chimiche e poi è sfuggito

- come sopra, ma è stato divulgato di proposito per misurare l'effetto di una pandemia globale e piegare le popolazioni di tutto il mondo

- come sopra, ma con l'aggravante della complicità delle aziende farmaceutiche per fare alti profitti

- come sopra, ma con la complicità della Bill Gate

foundation che già da anni parla di Covid

- il virus è stato diffuso in Italia da chi vuole piegare il nostro paese alle politiche di austerità europee per depredarlo come la Grecia, costringendolo a firmare il MES (Patto di Stabilità)

- La Cina ha fatto la furba e ha tardato nel comunicare l'epidemia

- Avevano ragione quelli che dicevano di chiudere tutto subito

- Avevano ragione quelli che... è un influenza quasi come le altre

- I morti sono di più nelle influenze stagionali

- Non ci dicono e non ci diranno mai la verità sui morti e sui pericoli reali

- Il governo non ha fatto abbastanza

- Il governo ci ha salvato

- La sanità lombarda è la migliore del mondo

- E' bene andare in giro con la mascherina... è meglio non andare in giro con la mascherina

- Siamo un popolo di pecoroni, di irresponsabili, di gentaglia

- etc etc

Potete scegliere quale voce preferite dal catalogo, quella che sentite più "giusta" o più "vostra": il prezzo è lo stesso. Tutte queste considerazioni hanno un elemento in comune: la verosimiglianza. Tutte possono essere considerate vere, o parzialmente vere. Il punto è proprio questo.

La globalizzazione, la rete, i social, ci sommergono di

notizie in ogni istante e, mi permetto di azzardare una interpretazione "sociologica", non siamo più in grado di gestire una tale quantità di informazioni.

Facile dire 'sono fake news'; ma quali lo sono veramente? e in che misura? la quotidianità del main stream ci dimostra che 'fake' è sovente attribuito a qualcosa che non è gradito al potere, che gli altri (il pubblico) non devono sapere. La storia recente di decisioni politiche importanti, che hanno influenzato in modo indelebile, e troppo spesso drammatico, le nostre vite, sono state prese sulle nostre teste, imposte, senza possibilità da parte nostra di esprimere un parere.

Anche perché il "parere" deve essere "competente". Ma non tutti possiamo essere competenti su tutto. Se dovessimo esprimere, con qualificata competenza, un parere accettabile su quello che ci circonda, dovremmo essere istruiti su: economia, medicina, biologia, fisica, ingegneria, diritto (Costituzionale, Civile, Penale), storia, geografia, etc etc

Ovvero essere tutti in possesso di una laurea con materie multidisciplinari. Quindi sei sempre in bilico tra il beccarti dell'"asino incompetente" (dal primo che passa, che magari ne sa poco più di te) e il naturale desiderio di capire come stanno le cose, che incidono sulla tua vita, e ti piacerebbe davvero capire cosa succede. Uno stress. E allora finisce che ti disinteressi, oppure sostieni ciò che appartiene alla tua sfera di interpretazione del mondo.

Con l'Euro e l'Europa è accaduto proprio questo. Tutto in nome del nostro bene, ci hanno raccontato, ma a distanza di tempo i nodi vengono al pettine. Oggi la "crisi" sanitaria, mentre medici, infermieri, addetti, si spendono oltre ogni ragionevole misura, è figlia di quell'austerity che ci è stata imposta.

Non di meno lo è di quei "governatori" che ci raccontano da anni quanto è bello privatizzare, quanto è magnifico spendere soldi pubblici in Grandi Opere (inutili e costose), ma sempre per il "nostro" bene. Ora la storia ci presenta il conto.

Sarà bene ricordarcelo quando, e non sappiamo come, riusciremo a gettarci tutto questo alle spalle. La prossima volta che ci troveremo di fronte politici a proporci la privatizzazione (della sanità, della scuola, delle banche, di qualsiasi cosa) come la migliore delle soluzioni possibili, abbiamo due opzioni:

- Come fece il grande Totò: tenergli le spalle ferme con le mani, prendere bene la mira, e puntare all'occhio (destro o sinistro a vostra scelta), e poi simulare un grande sputacchio

- Oppure, guardando con tenerezza l'interlocutore, ripetetegli la frase di Totò: "lei è un Cretino... si informi!".

Non a caso cito il grande Totò, perché la maggior parte di costoro sono dei guitti che ripetono a pappagallo tesi preconfezionate, e si credono dei Winston Churchill: quindi è ora di trattarli come tali.

Ciò non significa che le privatizzazioni siano "il male assoluto", ma ciò che è stato imposto ha ridotto il paese in queste condizioni. Più di un decennio di austerità e di avanzo primario non hanno ridotto il problema del debito. Ma continuiamo ad avere soloni che indicano nel debito pubblico italiano l'unica fonte dei problemi.

La precarizzazione prodotta con la globalizzazione, le fregature regalateci dalle banche, i debiti che ci opprimono (anche se il sistema neoliberista ci solletica sempre a farne di nuovi), ci mettono in una condizione di pressione perenne. Altro che benessere.

Naturale che di fronte a una questione così improvvisa che stravolge le nostre vite, ci sentiamo smarriti, ma lo siamo sopratutto per il fatto che non sappiamo davvero di chi possiamo ancora fidarci, di chi è credibile, di chi è realmente interessato a fare il nostro interesse di cittadini. Il piegare la vita dei molti agli interessi dei pochi, riduce lo spazio della verità, la soffoca, sino al punto di farla morire di solitudine.

Questa idiosincrasia ci conduce ad aggrapparci alle verità che più ci confortano, che in fondo ci danno ragione, perché con essa acquisiamo quel po' di sicurezza che ci manca come l'aria. Non abbiamo visione del nostro futuro, di quello dei nostri cari. La politica è un guazzabuglio di dichiarazioni che si smentiscono, e la nostra diffidenza è il pane per improvvisati demagoghi.

Se da questa tragedia possiamo trarre un senso, potrebbe essere quello di prendere fiato, abbandonando l'idea di giudicare e pretendere di sapere tutto, e di tutti. Applicandosi con un lavoro certosino nel capire le voci affidabili, cercando di avere memoria di chi ci dice e che cosa.

Non dobbiamo dimenticare questa sofferenze, per poter meglio diffidare di chi reclamizza futuri gaudenti in nome del neoliberismo, della globalizzazione, e del progresso a tutti i costi. Dobbiamo tornare a ragionare, con la nostra testa, con umiltà e con curiosità. L'unica arma che abbiamo per sconfiggere i populismi di turno (quelli veri), cercando di recuperare il senso della comunità e dell'essere una nazione che ha molte potenzialità.

Solo in questa consapevolezza, guardando oggi con ammirazione ai tanti che rispettano le regole (il 95%), a coloro che si prodigano senza risparmio di energie (sanitari, protezione civile, volontari), possiamo tornare a credere che tutto si risolverà, che piangeremo i nostri morti, ma ritroveremo la nostra dignità di paese più maturo.

(22.03.20)

La sana ossessione libertaria verso il 25 Aprile

Domani sarà il 25 Aprile e, ancora una volta, ascolteremo, vedremo, assisteremo, alle sceneggiate di chi questa festa proprio non la digerisce; perché il ricordo della Liberazione, dal giogo fascista e nazifascista, è un groppo amaro da digerire. Mentre i nostalgici si agitano, per noi tutti sarà sempre importante riflettere su questa ricorrenza e sul suo significato.

Le comunità sono un'entità "immaginata", ci spiegano alcuni sociologi. E c'è molto di vero in questa affermazione. La storia, le tradizioni, la cultura, la lingua, tutto ciò che accomuna una comunità, creando il senso dell'identità, è una costruzione sociale, piuttosto che un fatto "naturale". Sono la politica, il gioco del potere, le élite al comando, quelle che sfruttano questa creazione sociale attribuendo a essa un valore universale, un destino cui naturalmente tendere, da difendere, anche con il sacrificio della vita.

Dio, Patria, Famiglia, è la triade con la quale far convergere il "popolo", trattato come massa amorfa, attorno a ideali fondati sulla paura e sul timore di ritrovarci soli, senza alcun riferimento, in balia di una vita che è dura, ostile, densa di pericoli. Bisogna combattere su ogni fronte per sopravvivere. Abbandonarsi al Dio nel quale riporre la fede del soprannaturale (e fidarci ciecamente dei suoi profeti/sacerdoti); proteggere la Patria dai nemici (tutti quelli diversi da noi, oltre i confini disegnati); avere cura della famiglia come caposaldo della società. In nome di questa triade, si sono consumate le peggiori azioni nei confronti di un altro principio, che a essa viene sacrificato: la Libertà.

Questa è la "filosofia" tipica del pensiero conservatore; che serve sempre un padrone: sia esso un dittatore, una classe sociale, un simbolo, o un credo assoluto. La via degli assolutismi incomincia sempre da questo cammino, per il semplice motivo che aborre la libera scelta degli essere umani. Essi sono "bambini" che vanno guidati, condotti, inevitabilmente sacrificati (al Dio, alla Patria); mai lasciati liberi di scegliere.

Invece la libertà è proprio questo. L'essere liberi di scegliere il proprio Dio (o di non averne alcuno), liberi di amare la propria "Patria" ma di criticarla (modificandola) quando non rispetta i propri fondamenti (per esempio la Costituzione), liberi di formarsi una famiglia per atto d'amore (qualunque tipo di famiglia, sia etero che omo). Il dibattito sul 25 aprile si atrofizza sulla conclusione della II guerra mondiale, nel secolo scorso, e ripropone lo schema fascismo/antifascismo, delle ideologie, delle omologazioni.

Poco ci si interroga sull'oggi; su quale significato abbia la definizione di Libertà: quella che ci è stata concessa, e consegnata in affidamento, dal sacrificio, dal sangue, di donne e uomini che ci hanno preceduto. Quanto siamo Liberi, oggi? O meglio: quanto pensiamo, crediamo, ci illudiamo di essere liberi? I vessilli dell'ideologia ci fanno guardare indietro nel tempo ma, se è giusto commemorare e non perdere la memoria, non di meno bisogna onorare quella memoria con le battaglie dell'oggi; quelle che non stiamo conducendo.

Ci hanno liberato dal giogo della dittatura perché diventassimo consumatori compulsivi in un sistema economico privo di morale e di giustizia sociale? Perché dimenticassimo la solidarietà nei confronti dei più deboli (consapevoli che questa "debolezza" può toccare anche noi in qualunque momento)? Siamo davvero liberi in un mondo dove ciò che possediamo è intriso del sangue e del sacrificio di esseri umani che vivono sfruttati (e colonizzati) e in povertà, affinché noi possiamo godere dei nostri telefonini, delle TV da 50 pollici, dei PC con cui scrivere scemenze sui social ? Liberi per trucidare l'ambiente e la vita biologica sul pianeta? Inconsapevoli (e ignoranti) del fatto che la morte della vita non comporta quella del pianeta (che sopravviverà comunque) ma della vita vegetale e animale? di noi stessi? delle future generazioni?

Siamo liberi all'interno di un' Europa matrigna che soggioga quasi 600 milioni di persone dentro regole neoliberiste, inadeguate e sbagliate; dove i ricchi diventano sempre più ricchi e la povertà aumenta. Dove la visione dei politici raggiunge al massimo il traguardo delle prossime elezioni. Dove i giovani sono sfruttati, e tutti gli altri sempre emarginati come un ingombrante fardello inutile, e improduttivo? Ci possiamo sentire "liberati" da una informazione occupata dai partiti, e dai "padroni", che ci racconta come dobbiamo fidarci ciecamente di loro, anche quando mentono spudoratamente?

Allora da cosa, per cosa, vogliamo essere liberi? davvero lo vogliamo? ne sentiamo la necessità? siamo in grado di sopportare il "peso" di questo compito? La lotta per la Libertà non finisce mai! In molti se lo sono dimenticato. Non è necessario essere "anticonformisti", essere contro, o fare i "bastian contrari", per definirsi "liberi". Piuttosto è riprendere quel percorso personale, ma anche collettivo, di coscienza, di onestà intellettuale (oltre che materiale), di condivisione, di senso della comunità, di rispetto, di fiducia, di operosità.

Liberi non certo di adagiarsi sulla rassegnazione del mondo così com'è; come appare, o come vogliono che ci appaia. Perché si governa meglio un popolo smarrito, sfiduciato, privo di speranza, e di fede nelle proprie capacità; privato della morale, della differenza tra il giusto e lo sbagliato (siamo tutti colpevoli, quindi nessuno è colpevole), impaurito, e debole di fronte alla corruzione. Mentre alziamo i vessilli che inneggiano alla Libertà conquistata nel 1945, proviamo a meditare su cosa dobbiamo fare per mantenerla viva, ed effettiva; perché non sia solo un nome, una bandiera, un ricordo, privo di contenuti reali.

(24.04.20)

Covid e l'infermiera fu trattata a pesci in faccia

In questi tempi di Covid e Pandemia il dato certo è una schizofrenia psico-sociale che coinvolge tutti i settori. Medici e infermieri vengono esaltati (giustamente) per il loro lavoro, sino a promuovere un premio Nobel (che sarebbe pure meritato). La politica boccheggia e farfuglia, e non ci stupiamo più (purtroppo) dato il livello delle "competenze" dei soliti noti. Il sistema informativo dei media ha offerto il peggio di sé in questi mesi, cavalcando l'onda del sensazionalismo e ricorrendo virologi che hanno raccontato tutto e l'esatto contrario.

La paura serpeggia dentro le nostre case, instillata da un senso di insicurezza determinato da notizie contrastanti e dalla poca credibilità della politica, eccetto per coloro che ancora "tifano" destra sinistra centro: il balletto delle fazioni contrapposte continua i suoi riti arroganti. Gli ortodossi, sempre fedeli alle linee filo governative in modo acritico; gli antagonisti, oppositori a prescindere, piuttosto che fautori di soluzioni concretamente alternative.

Per gli "eretici", quelli del dubbio, e delle possibili soluzioni alternative alla narrazione di regime, siano esse sanitarie o economiche, sono sempre tempi duri. Dopo aver subito livore, sputi e insulti, la realtà, lentamente, prende come sempre il sopravvento. Le soluzioni bollate come assurde, incompetenti, folli, stanno trovando il loro spazio; tardivamente rispetto alla misura in cui sarebbero state efficaci per evitare morti e disastri economici.

In questo contesto giungono racconti paradossali di quotidiana inadempienza delle strutture (grazie alle buone prassi delle spending review e all'ostinata abitudine di assegnare politici incompetenti alla sanità), con risvolti tragico comici.

Luigi (nome di fantasia) mi racconta la sua odissea di malato Covid. Riesce a salvarsi grazie all'aiuto del medico di famiglia e di un virologo, segnalato da amici, che gli consiglia prontamente la cura da seguire a casa entro le prime 48 ore dal sorgere dei sintomi. Dovrà però attendere giorni per avere la risposta ufficiale da parte dell'Asl sul tampone. Nel mentre, avendo avuto contatti con il figlio, si preoccupa di avvisare la scuola. Si ritrova in un vortice di richieste sull'esito del tampone, esito che a lui non è stato ancora comunicato; riceve pure la minaccia di una denuncia, da parte del Preside, perché non fornisce le informazioni che lui non possiede. Sarà il suo medico di famiglia a farsi carico di pretendere risposta dall'Asl di competenza. Nel frattempo, scopre la propria positività con una procedura diversa realizzata con un prelievo di sangue che fornisce contemporaneamente sia notizie sulla positività, sia sul livello di immunologia acquisito, sia sulla situazione attuale. Praticamente svolge tre funzioni con un risparmio notevole per le persone. Ma la procedura non viene più utilizzata dai protocolli. Lui ne ha avuto accesso grazie a conoscenze. In tutta questa burocrazia, mi fa notare, nessuno si è preoccupato di sapere le mie reali condizioni di salute, e se avessi bisogno di aiuto vivendo da solo, vicino a mia madre anziana. Tutti solamente preoccupati di assegnare a qualcun altro la responsabilità di eventuali inadempienze. Solo procedure burocratiche, mentre le mie condizioni di salute sono state davvero difficili, ma ne sono uscito, e non certamente grazie ai burocrati.

Elisa (nome di fantasia) ha una malattia cronica poco conosciuta. Ciclicamente deve recarsi in ospedale per delle operazioni di pulizia dell'organo in questione, sopratutto quando il dolore diventa pressante. Lei è un'infermiera, lavora con i pazienti Covid classificati come fragili. Svolge l'attività di assistenza presso le abitazioni degli stessi. Ha fatto il vaccino e, come previsto dai protocolli, ogni 72 le viene fatto il tampone; inoltre ha fatto il sierologico. Circa una settimana or sono, una sua collega, che la segue nel suo percorso per la malattia cronica, le prenota una visita medica in un noto ospedale di Torino, specializzato nelle cure di cui lei ha necessità. Si presenta al Triage e alla domanda se fosse venuta a contatto con persone positive, risponde affermativamente in quanto la figlia, purtroppo, risultava positiva pur non avendo alcun sintomo. Ma lei non risultava positiva ai controlli di routine. Apriti cielo! La nostra amica si ritrova coperta di invettive e di una aggressione verbale, naturalmente nel bel mezzo della sala dove ci sono altre persone. Viene fatta accomodare in una saletta contigua, praticamente messa in isolamento. Nessuno le presta ascolto, mentre lei tenta di spiegare di essere infermiera e di essere sottoposta ciclicamente a controlli. Giungono due giovani medici, un uomo e una donna. Si fanno spiegare la situazione. Lei riferisce quanto accaduto e il motivo per cui è lì: deve fare una visita urgente per la sua malattia. Elisa si sente rispondere dal medico: "lei dovrebbe sapere che i tamponi rapidi non sono attendibili, e il vaccino non copre necessariamente le varianti"; quindi non possono lasciarla entrare perché lì ci sono persone "fragili" che rischiano di morire per Covid. Lo stupore di Elisa sbotta in una risposta inequivocabile: dottore, ma si rende conto di cosa mi sta dicendo? del lavoro che svolgo a contatto con le persone fragili e, per questo, sono sottoposta a continui controlli? lei praticamente mi sta dicendo che avendo fatto il vaccino potrei andare in vacanza ovunque ma non posso fare una visita medica di cui ho urgente bisogno?!? Nulla da fare, la visita salta, Elisa si trova davanti un muro di gomma. Dovrà attendere la settimana successiva per fare una nuova prenotazione della visita.

Due storie differenti, ma certamente ce ne sono molte altre da raccontare. Nessuno nega le difficoltà della situazione ma, ci permettiamo di osservare con convinzione, tutto questo accade perché, in questo paese, si continua a sottovalutare la pericolosità del binomio incompetenza + furbizia che continua a caratterizzare il nostro sistema politico. Mentre altrove per i politici furbetti, o incapaci, o collusi, arriva sempre l'ora nella quale devono rendere conto del proprio operato, qui continuiamo a giocare con le schermaglie popolari per difendere ad oltranza i propri beniamini, abdicando alle analisi critiche e razionali. Di questo disastro culturale ora iniziamo a pagarne il prezzo, ed è solamente un anticipo del futuro che ci pioverà addosso.

(23.03.21)

Riformismo all'italiana in salsa europeista

Cambiare tutto affinché non cambi nulla. Un paese gattopardesco malato di ansia da riformismo. Il mantra ossessivo delle riforme diffuso in ogni angolo dalla voce dei media allineati. Riformare cosa? E, sopratutto, riformare come? Una stagione compulsiva di decisioni sbagliate.
I gufi (che una volta eran sinonimo di saggezza) opposti al giovanilismo rampante (sinonimo di improvvisazione, manipolazione, e menzogne).

La Zumba di Renzi: tutti a ballare

Cielo azzurro e limpido, sole leonino; su e giù per queste colline trovi girasoli ritti e orgogliosi come soldatini ubbidienti alle direttive del sole; altrove filari di uva; poi una popolazione smisurata di ulivi e frutteti d'ogni bontà. I soli pendii brulli sono quelli già accarezzati dalla trebbiatrice che ha lasciato dietro di sé enormi covoni di fieno. Si presenta così questa ricca e fertile terra d'Abruzzo. Quando scendi giù in fondo alle colline finisci in riva al mare e ci trovi la spiaggia e l'acqua aspra di sale ma limpida e trasparente. Fiumi di olio e cremi solari attraversano i filari di ombrelloni; qui, tra una spalmata e l'altra, ci trovi gli Italiani, e la Zumba.

Così si chiama l'ultima moda estiva, il solito tormentone di musiche afro-brasileo-metal-elettronico che invita trasbordanti pancette figlie del benessere a ondeggiare, sobbalzare, oscillare, nella vana promessa di qualche etto in meno, ma di un sicuro divertimento. Tutti in fila a seguire l'animatore: appetibile "figaccione" per signore più o meno attempate cui la Zumba regala la prima fila e lo spettacolo di muscoli tonici che dominano la scena. L'insegnante ha più o meno l'età del loro figlio, ma sono dettagli insignificanti; l'immagine del'animatore sarà da ricordare quando, alla sera, esse si troveranno nel letto il meritato consorte, cui la tartaruga addominale è ribaltata e giace morta da un pezzo.

Le file non sono piene di gente (sarà la crisi?), tranne il fine settimana: l'epoca in cui giungono le orde dei vacanzieri barbari, quelli che devono divertirsi a tutti i costi, sopra tutto se giovani (o se si credono ancora tali). Quindi via alle baldorie, e la spiaggia diventa il loro territorio di conquista. Gare a chi urla più forte, a chi perde il pargoletto per primo, a quello che si fa male, a quello che rompe di più le scatole ai vicini alzando bufere di sabbia con la paletta; a chi si ubriaca prima; a chi riesce tatticamente ad occupare più ombrelloni oltre a quello che ha regolarmente pagato; a chi riesce meglio disturbare quelli che si ostinano a credere che la spiaggia dovrebbe anche essere un luogo di riposo per stare serenamente seduti ad ammirare il mare, il cielo, le nuvole.

Ascoltare in silenzio il rumoreggiare delle onde è ipotesi non contemplata da costoro. Prevarica la Zumba o, in sua assenza, una musica gracidante trasmessa dallo stesso altoparlante degli annunci di servizio, sicché il risultato è un disturbo sonoro nemmeno degno di un mangiadischi degli anni '60.

Tutto mi richiama alla mente Matteo Renzi (e forse sono malato!?) e le sue "opere", delle quali leggo tristemente notizia sfogliando qualche giornale. Nessuna sostanza, ma molto rumore. Mi domando quanto le persone che saltellano tra le sdraio, sulla sabbia bollente, si rendano conto del mondo che li circonda; del sistema paese che scellerati e improvvisati riformisti quarantenni, in combutta con oligarchi ottuogenari e pregiudicati vari, stanno preparando.

Svendono gli asset nazionali; creano disoccupazione; costringono giovani e imprese a fuggire all'estero, e quelli che rimangono sono costrette ad accettare ogni sopruso possibile. Mantengono inalterati vergognosi privilegi mentre anziani sopravvivono con la pensione minima e cinquantenni ancora rigogliosi fanno acrobazie per sbarcare qualche soldo.

Smontano una tra le più belle e nobili costituzioni democratiche del mondo; creano mostri istituzionali e giuridici anticostituzionali che non saranno più tali nel momento in cui saranno riusciti nell'intento di demolire i paletti di controllo e di contrappeso della Carta Costituzionale.

Però si balla. Tutti a ballare la Zumba (di Renzi) – giornalisti compiacenti in testa, – che è tanto caruccio e a modino, in fondo. Basta che ci si muova, che ci sia qualcuno che "fa e agisce" (la cultura – o illusione,- del "fare" affascina l'Italiano medio). Non importa come, e per cosa, e con quali conseguenze.

Ci si accontenta dell'illusione. Il finto leader come il trainer della spiaggia: regala l'illusione quotidiana che la nostra trippa scomparirà e diventeremo tutti belli, fusti, aggraziati e magri. Nel frattempo continueremo a mangiare male (e le schifezze quotidiane che ci uccidono) ma nell'incanto ci addormenteremo tranquilli, prima di risvegliarci dentro un incubo.

(12.07.14)

Renzi al comando della corazzata Kotiomkin

«Per me... La corazzata Kotiomkin... è una cagata pazzesca! » e furono 92 minuti di applausi, dopo un boato da stadio, per il ragioniere Ugo Fantozzi.

Ci vorrebbe un ragioniere così, che dalle luccicanti scrivanie dei telegiornali della Rai invece di leggere le veline celebrative del neo riformismo renziano scioccasse gli ascoltatori con una dichiarazione del tipo:" La riforma del Senato e della Legge elettorale di Matteo Renzi sono una boiata pazzesca!".

Dopo lo smarrimento, la perplessità, la chiusura delle bocche rimaste spalancate con la forchettata colma di spaghetti a mezz'aria, e l'aver compreso che non si tratta di uno spettacolo comico ma proprio del TG nazionale, avremmo finalmente l'attenzione che meritano le pericolosissime riforme che occupano in queste giorni il dibattito parlamentare.

Matteo Renzi incarna, ancora una volta, quel mito dell'uomo del "fare" che tanto piace a molti Italiani. La parola "riforme" assume sempre un valore positivo a priori; colpisce e suscita ammirazione e, con la complicità di una informazione servile, nessuno sembra avvertire la necessità di comprendere quale sia il reale contenuto, – e le effettive conseguenze,- del riformismo in atto.

Dalle città Metropolitane, alla trasformazione del Senato passando per la riforma elettorale (Italicum) e la modifica del titolo V della Costituzione (già mal modificato in precedenza), è in atto la creazione di un percorso che viene oramai denominato "Democrazia autoritaria" e che, se attuato, si risolverà nella totale distruzione degli equilibri democratici creati nella nostra Carta costituzionale.

Dell'allergia di Renzi (ma non solo sua) per i contrappesi, che fungono da controllo in una democrazia liberale, ne parlano da tempo noti costituzionalisti.

Il fulcro degli interventi ruota attorno alla modifica del

Senato. Dalla promessa della sua abolizione si è giunti a una formulazione di una seconda Camera dei "nominati": sarà composto da 95 componenti eletti dai Consigli Regionali, più cinque nominati dal Capo dello Stato e che resteranno in carica per 7 anni.

Come sottolineano i critici, questo modello ha delle conseguenze ben precise:

1. Gli elettori vengono esautorati del loro potere democratico di eleggere dei rappresentanti

2. Di fatto i costi che si sarebbero voluti risparmiare con l'abolizione restano in piedi in quanto tutta la struttura del Senato continua a esistere

3. L'elezione da parte dei Consigli Regionali è soggetta alle maggioranze presenti nello stesso ed essendo queste elezioni distribuite in modo disomogeneo nel tempo (non tutte le Regioni vanno al voto nello stesso momento) si avrà un rimpasto continuo di Senatori con creazione di continue nuove "maggioranze" all'interno del Senato; sempre senza la consultazione popolare!

4. Attualmente chi opera seriamente all'interno di un Consiglio Regionale sa bene quanto tempo richieda un impiego di questo tipo. Non diversamente accade se si opera come Senatore della Repubblica. Con quale livello di efficienza un Consigliere regionale possa fare entrambi i mestieri in modo part time, resta sconosciuto e al soldo della fantasia dei novelli riformisti.

Lo scopo di mettere mano in questi termini alla seconda camera del Parlamento si cela dietro l'ipocrita dichiarazione di superare il bicameralismo perfetto, cui vengono attribuite le lentezze della politica.

Come osservato da molti commentatori, ciò risulta chiaramente falso: quando si tratta di approvare leggi che favoriscono la difesa degli interessi della casta (prescrizioni, immunità, eccetera) il lavoro delle due Camere è rapido ed efficiente (20 giorni per l'approvazione delle legge Alfano);

quando l'iter riguarda leggi che non si vogliono approvare (per esempio sul conflitto di interessi) i tempi si allungano e superano i 1000 giorni.

La modifica del Senato in questi termini consente alla maggioranza di agire indisturbata sull'elezione del Presidente della Repubblica, su quella della Corte Costituzionale, e del Consiglio Superiore della Magistratura.

In termini legislativi le funzioni della seconda Camera diventano puramente formali, e non avranno nessuna influenza sul controllo di quanto approvato dal Parlamento. Se oggi è possibile correggere alcuni leggi con il contributo della seconda lettura parlamentare, domani ciò che stabilirà il governo della maggioranza, – il quale godrà presumibilmente di una maggioranza "bulgara" grazie alla legge elettorale "Italicum", – sarà insindacabile.

Spiega Aldo Giannuli:

«la norma, per cui il parere del Senato sarà sostanzialmente ininfluente sulla legislazione ordinaria, lo definisce come un ente inutile che la Camera ignorerà sistematicamente: anche la maggioranza assoluta richiesta per respingere le richieste di revisione su leggi di interesse del rapporto Stato-regioni non è un limite reale alla volontà della Camera, perché è piuttosto difficile che una legge sia passata senza una precedente maggioranza assoluta e, comunque, la composizione maggioritaria dell'organo (con 354 seggi in mano alla maggioranza di governo) mette al sicuro da ripensamenti di sorta.

Quello che, invece, definisce come dannoso questo nuovo Senato è la piena potestà legislativa sulle riforme costituzionali e le leggi costituzionali. In concreto, se la maggioranza del Senato (cioè dei consigli regionali) sarà dello stesso colore di quella della Camera, farà passare tutto senza fiatare, se, al contrario, prevarrà il colore opposto, realisticamente assisteremo ad un braccio di ferro ostruzionistico fra un contendente con legittimazione di primo grado e l'altro di secondo.

In questo quadro, un peso notevole lo avranno i 5 senatori di nomina presidenziale che, sin qui rappresentavano l'1,5% dell'assemblea, mentre nel nuovo Senato peseranno per il 5,2%, che non è poco. Non ci vuole la zingara per indovinare che le nomine presidenziali dei senatori saranno sempre più "politicizzate" e monocolori, determinando la nascita di un piccolo "partito del Presidente" istituzionalmente tale».

L'intervento e la partecipazione dei cittadini alle funzioni democratiche vengono ulteriormente impediti e complicati:

«Cambia anche la norma sui Referendum per i quali si richiedono 800.000 firme, con un parere preventivo di ammissibilità, pronunciato dalla Corte Costituzionale dopo le prime 400.000 firme. Poco chiara la norma per la quale i quesiti pur potendo riguardare intere leggi o loro singole parti, dovranno avere "un valore normativo autonomo».

Per le proposte di legge di iniziativa popolare le firme necessarie salgono da 50.000 a 250.000, ma i regolamenti della Camera dovranno indicare tempi precisi di esame.

In modo subdolo il riformismo renziano crea i presupposti per modificare gli assetti di potere nel caso dell'elezione del Presidente della Repubblica. Qui l'analisi si fa molto 'tecnica' e non certo alla portata immediata dei cittadini cui viene negata ogni spiegazione utile sulle conseguenze delle riforme.

Ancora Giannuli:

«Nel nuovo Parlamento in seduta comune, che in totale conterebbe 725 membri (non ci sarebbero più i 58 rappresentanti delle regioni ed i senatori sarebbero fortemente ridotti) la maggioranza sarebbe di 363 voti; considerando che con l'Italicum la coalizione di maggioranza disporrebbe già di 354 seggi alla Camera, questo significa che, con il voto di 9 senatori su 95, potrebbe eleggersi il Presidente da sola (e con questo acquisirebbe ulteriori 5 voti nel Senato). Ovviamente, a condizione che il gruppo parlamentare di maggioranza resti

compatto e non si decomponga come è successo al Pd nel 2013. Dunque, l'elezione del Presidente sarebbe decisa sostanzialmente da una maggioranza che, con ogni probabilità, rappresenterebbe solo una minoranza degli elettori. Ancora peggio per quel che riguarda i giudici costituzionali, dove, sulla carta, ad una maggioranza di governo d'accordo con il Presidente, basterebbero solo 4 senatori per prendersi tutti i 5 giudici, che andrebbero ad affiancarsi ai 5 di nomina presidenziale. E con 10 giudici bloccati su 15, facciamo dire alla Costituzione tutto quello che ci piace».

C'è di che preoccuparsi ...

(2016)

Art. 18 Statuto Lavoratori: davvero è la fonte dei nostri mali?

Trattare questo argomento è come muoversi sopra un campo minato. Qualsiasi considerazione rischia di scontentare qualcuno.

L'art. 18 è figlio delle lotte operaie per la conquista dei diritti, tra questi il diritto al lavoro. Ma che significato ha oggi il diritto al lavoro? Possiamo continuare a ragionare negli stessi termini di 30 o 50 anni fa? Davvero è l'articolo 18 'il' problema della mancanza di lavoro?

Secondo chi ne promuove l'abolizione sembra di sì. Ma è lecito avere dei dubbi dal momento che ogni qual volta il 'potere' in Italia punta il dito su qualcosa o qualcuno ci dimostra la chiara intenzione di distrarci dai veri problemi.

La questione assume, come sempre, i toni di opposte tifoserie. O sei dalla parte dei lavoratori o sei dalla parte delle imprese. Su questo terreno sei costretto a giocare in una delle due squadre e non importa se in questo modo i veri nodi non vengono risolti correndo dietro il pallone dei falsi problemi e tutto il sistema – quindi tutti noi – ci perdiamo. La fede ideologica è salva, le bandiere sventolano, tutti urlano ma il campo di gioco affonda e nessuno ci fa caso. Nella mia vita – lavorativa- ho conosciuto 'lavoratori' ottimi, dediti con passione e senso di responsabilità alla loro mansione. Parimenti mi sono imbattuto, direttamente o meno, in imprenditori che credono in ciò che fanno; nell'azienda, nel rischio che si assumono, nel duro lavoro e nel riconoscimento e rispetto di quello di chi lo svolge nella loro impresa.

Poi ho conosciuto 'non lavoratori', grandi 'fancazzisti', ciarlatani ma di buona dialettica, al punto che ad ascoltarli parrebbe l'azienda si regga tutta sulle loro spalle. Infine 'non-imprenditori', ma beceri opportunisti, arraffoni, corruttori, faccendieri, e imbroglioni. Oppure brave persone ma pasticcione che finiscono per distruggere ciò che hanno creato. Esperienze comuni a quanti hanno vissuto nel mondo del lavoro reale.

Errore è considerare il lavoro come una categoria a parte e non come il risultato di un processo di politica economica. Sono le scelte di questa che determinano il livello di occupazione: ciò che voglio produrre, come lo produco, quanto investo in ricerca e tecnologia, quanto posso esportare etc etc.

E' ormai noto che il progetto di liberalizzazione del mercato del lavoro altro non persegue che la strada di compressione dei salari e degli stipendi così come piace ai tecnocrati dell'Europa. La teoria economica ci spiega come in assenza di sovranità monetaria, che consenta di svalutare la moneta quando è "troppo forte", per diventare – o restare, – competitivi, si deve incidere sulle retribuzioni per diminuire i costi.

In un contesto economico di recessione conclamata questa scelta rappresenta un vero e proprio suicidio.

Ridurre ulteriormente le retribuzioni attraverso un processo di precarizzazione per il quale le persone possono essere indotte ad accettare qualsiasi lavoro, a qualsiasi condizione economica pur di sopravvivere, oppure son costrette a subire demansionamenti, pur di mantenere il posto di lavoro, conduce direttamente sulla strada di un clima di sfiducia sia dei consumatori (che tenderanno a spendere sempre meno vista l'incertezza del loro futuro) sia degli imprenditori (che investiranno sempre meno di fronte a un mercato dei consumi in agonia). Follia quindi, in tutto e per tutto.

Sappiamo bene che il freno agli investimenti in italia non è determinato dal costo del lavoro quanto da altri fattori: corruzione, giustizia, costi infrastrutturali.

Se vi siete presi il disturbo di leggere la seconda parte della nostra intervista all'economista Loretta Napoleoni, e quella completa a Gaestano Alessi, che parla di mafia e di intreccio tra la politica e l'economia del paese, potete avere bene in chiaro il quadro in cui questa classe politica ci ha confinato: un paese "medio orientale" dominato da oligarchie (in combutta con le mafie) nel quale non si usano le armi ma le male parole per delegittimare le opposizioni.

La corruzione è il cancro che corrode dall'interno questo paese e anche le pietre sanno che se fai l'imprenditore devi scendere a patti con una gestione mafiosa del potere. Poi ci sono proprio le aziende che fanno capo direttamente a mafiosi conclamati che operano indisturbati. La giustizia è lenta per cui qualsiasi controversia con un lavoratore o per esigere crediti da un debitore diventa un pellegrinaggio di avvocati, tribunali e cause.

D'altro canto un paese che promuove i corrotti e gli evasori fiscali a 'padri costituenti' delle riforme costituzionali non può certo avere a cuore l'efficienza di un sistema giudiziario. Sempre la corruzione agisce sui costi reali delle infrastrutture; ciò che potrebbe costare 100 a prezzo di mercato, lo Stato (e quindi i cittadini) lo pagano da due a cinque volte tanto. E i prezzi dei servizi sono maggiorati di conseguenza e si riversano sulle spalle dei cittadini (che rivendicano poi stipendi maggiori) e sulle imprese (che vedono lievitare i costi aziendali a discapito della competitività).

L'abolizione dell'art. 18 è quindi un falso problema. Nel senso che la sua cancellazione non comporterebbe alcun vantaggio economico bensì inciderebbe solamente sulla lesione dei diritti delle persone che sarebbero alla mercé di imprenditori senza scrupoli (e non ci mancano nemmeno questi).

Sarebbe comunque opportuno che i sindacati smettessero di proteggere i 'fannulloni' pretendendo strumenti legislativi che consentano di valorizzare, e proteggere, chi lavora seriamente da chi non lo fa. Ci sono gravi loro responsabilità (più che altro della triplice) troppo avvezzi a giocare ruoli personali in politica o a far da sponda invece che tutelare i lavoratori o tutelandone solo una parte.

Un vero atto 'rivoluzionario' degno del nuovo millennio sarebbe concepire e progettare nuovi 'modelli di impresa'. Nella nostra storia ci sono esempi rivoluzionari come quello di Adriano Olivetti. Se dobbiamo modificare qualcosa lo dobbiamo fare non nella direzione di rivendicare o combattere dei 'diritti' ma in quella di costruire una visione diversa dell'impresa e del lavoro.

Dotare il sistema economico di leggi e strumenti che favoriscano processi di collaborazione all'interno di una azienda e non più di competizione. Dove il 'guadagno' sia ripartito, in modo più equo, tra l'imprenditore e i lavoratori, riconoscendo sia il rischio di impresa sia il valore e il contributo del lavoro ai risultati. Questo consentirebbe di ripartire il senso di responsabilità tra imprenditori e dipendenti con la chiara prospettiva per questi di veder effettivamente riconosciuta la propria collaborazione alla prosperità dell'azienda.

Costruire un sistema nel quale i 'migliori' imprenditori incontrano i 'migliori' lavoratori e, fatto salvi alcuni diritti fondamentali, sia la coesione e il senso di compartecipazione all'interno dell'azienda a renderla 'competitiva' sul mercato.

Fantascienza? Può darsi! Ma non credo. Di sicuro l'alternativa che le filosofie economiche europee ci stanno imponendo, per mano di burattini messi a capo dei governi ci condurranno alla povertà progressiva e a conflitti sociali probabilmente violenti.

L'immaginazione e la visione di un progetto nuovo è ciò che realmente ci manca. Senza di queste non c'è futuro.

(26.09.14)

Festa della Liberazione: ha 70 anni ma ne mostra molti di più

Domani cade la ricorrenza della festa della Liberazione italiana. Sono trascorsi 70 anni da quel lontano 1945. Il millennio scorso. Settant'anni sono pochi, davvero pochi nel computo della storia di una regione, di un paese, di un popolo, di una civiltà.

Erano i nostri nonni e i nostri bis-nonni che molti di noi hanno avuto la fortuna di conoscere. Per altri erano i padri e le madri nati a ridosso della fine del conflitto o qualche anno appresso. Me le ricordo ancora, seppur vagamente nei dettagli, le storie che ascoltavo raccontare in casa. Sulla guerra, sul Fascismo, sulla Resistenza. Racconti di lotte per la sopravvivenza, per l'ideale supremo della libertà. Gli aiuti che i miei nonni davano di nascosto ai partigiani passando loro parte delle vivande che avevano nel piccolo negozio. Il rifiuto di mio nonno materno, già carabiniere combattente nella battaglia di Vittorio Veneto della Grande Guerra, di prendere la tessera del partito Fascista.

Sapori di sofferenza, di ribellione, di coscienza civile e sociale. I miei genitori erano bambini (1921 e 1930) ma gli orrori, i bombardamenti, le fughe nel più vicino rifugio al risuonare della sirena li ricordavano bene. Le privazioni, la fame, la paura. A loro fu concesso di crescere negli anni '50 e poi negli anni del boom economico; poterono sognare il futuro, viverlo, desiderando per i propri figli la felicità e la serenità. Il lavoro, la casa, i risparmi e poi i nipotini. Una vita di dignità, lontana dalla paura e sopratutto libera di essere vissuta.

Guardo le loro foto e mi prende un nodo qui, alla bocca dello stomaco. Mi sembra la seconda guerra mondiale sia accaduta centinaia di anni fa; come le guerre Puniche, quelle dei Greci e tante altre di quelle che studi a scuola e poi ti dimentichi.

Ricordi lontani, sfumati.   Settant'anni sono ieri eppure ne dimostra molti di più la nostra Liberazione. Dopo tutti questi anni invece di invecchiare e diventare "saggi" come dovrebbe chi invecchia, ci ritroviamo una società bambina, puerile nel pensiero e volgare nell'atteggiamento. Qualche anno dopo la Liberazione fu stilata una delle migliori Costituzioni del mondo figlia delle più alte aspirazioni tra forze diverse che avevano a cuore il futuro delle generazioni che sarebbero venute. Una Carta sistematicamente offesa e delegittimata da almeno 20 anni. Una nuova forma di dittatura strisciante e subdola ha preso il posto del Fascismo e questo i padri costituenti non erano riusciti a immaginarlo. Nemmeno si sognarono di considerare possibile l'ignavia di un popolo complice dei propri carnefici dopo tante sofferenze vissute.

Se potessero guardarci oggi coloro che hanno sacrificato la propria vita per donarci la libertà è facile pensare quanto resterebbero delusi. Quanto poca considerazione, se non retorica, abbiamo del loro sacrificio. La nostra "libertà" è soffocata da un presente senza prospettive di futuro. Abbiamo perso, e stiamo perdendo, la stessa fede nella libertà consegnando le nostre vite in mano a faccendieri e politicanti da quattro soldi spacciati per statisti. Ladri di denaro, di libertà, di futuro.

Di certo la libertà di parola non era destinata a diventare servitù strisciante del potente. La cultura e la conoscenza a un orpello desueto. La salute un baratto per un posto di lavoro. La pensione a una chimera irraggiungibile. La casa succube di mutui soffocanti per arricchire le banche. La scuola una pericolante struttura sulle teste dei figli. Le forze dell'ordine ridotte al servizio dei potenti.

Sembra che gli Italiani non sappiano che farsene della libertà regalata loro nel 1945. Sempre pronti a chinarsi di fronte al potente; pigri nel conoscere; fideisti nel credere. La "resistenza" è sempre affidata a una minoranza che lotta sino allo stremo per tutti, anche per coloro che si lamentano ma non muovono il deretano dalla poltrona.

Che avesse alla fine ragione Mussolini?

(24.04.15)

Non voto - smettiamolo di chiamarlo "partito"

Sono consapevole che mi attirerò i malumori di qualcuno, ma non scrivo per far piacere a qualcuno, bensì per riflettere anche su fatti difficili e poco "popolari".

Recenti sondaggi sembrano rimescolare le carte delle preferenze politiche degli Italiani. Gli scandali, continui e infiniti, provocano disgusto, sopratutto negli elettori di sinistra, e la torre d'avorio dove pareva essersi collocato il PD con le ultime elezioni del Parlamento Europeo si sta sgretolando. A Roma i sondaggi fanno volare il M5S. I recenti avvenimenti su Roma Capitale hanno ferito i cittadini profondamente. E meno male, ci teniamo a sottolineare. Uno degli atteggiamenti che consente a una classe politica di ladri e mafiosi dedica agli affarismi della propria cerchia di appartenenza, di perdurare impunemente nel tempo, è quell'esiguo senso di sdegno e indignazione degli Italiani che, come qualcuno ha scritto, ha generalmente la *'durata di un orgasmo'*.

In Piemonte si vocifera sempre di più sulle dimissioni di Chiamparino che vede anche qui il PD coinvolto negli scandali delle firme false, già motivo di caduta delle precedente amministrazione regionale.

Nei sondaggi c'è un elemento sempre presente e che è costantemente in crescita: l'astensione dal voto. Ne avevamo già avuto un fortissimo sentore con le elezioni in Emilia Romagna e Calabria. La soglia di coloro che decidono di non votare raggiunge, secondo le proiezioni, il 50% e in alcuni casi lo supera. Il fenomeno è ovviamente trascurato dai politici, e il motivo è ben preciso. L'anno scorso Matteo Renzi è giunto a dire che il "non voto" non è importante e, tra le numerose baggianate pronunciate dal personaggio, questa è invece di un certo rilievo.

All'astensione viene da tempo mediaticamente assegnato la definizione di "partito". Ritengo questa definizione fuorviante nel cercare di capire la natura del fenomeno e come porvi rimedio.

Premesso che "astenersi" è comunque una scelta legittima e democratica, bisogna domandarsi se essa è davvero efficace quanto ritengono lo sia coloro che la praticano. La definizione di "partito" è quanto mai inopportuna, ma è mediticamente efficace anche per offrire sottilmente agli astenuti l'illusione di contare qualche cosa.

Su questo è ora di essere chiari. Se è comprensibile la disaffezione verso la politica, il disgusto, il sentirsi a disagio e il non percepire consonanza ideale con nessun gruppo politico, bisogna avere il coraggio intellettuale di dire, una volta per tutte, che il non voto è assolutamente inefficace, inutile, sopratutto verso quella classe politica che si vorrebbe cacciare e che allegramente se ne frega di chi si astiene.

Il non-voto non è un partito. È una sorta di "Aventino" perpetuo che delega le decisioni agli altri nella illusione capricciosa che la propria assenza influisca sugli eventi. Un po' come nei film di Nanni Moretti: mi si nota di più se ci vado... o se non ci vado? L'unica nota è la menzione statistica. Un numero: 45, 50, 60% che inorgoglisce i partecipanti e accontenta i politici che si ritrovano con meno persone da convincere e a cui rispondere del proprio operato.   Per completezza di analisi è necessario tenere conto del fattore psicologico. Ci sono molte persone che credono con questo gesto di protestare e far sentire la propria voce alla classe politica cui magari per decenni hanno fatto riferimento. Ma il meccanismo non funziona. Le leggi elettorali sono fatte (e malfatte in Italia) proprio per creare le condizioni di favorire chi è "affiliato" a una appartenenza politica.

Gli astenuti posso essere un "serbatoio" di consensi per altre formazioni politiche. Qui gioca però un altro fattore psicologico. Chi si sente "tradito" dalla propria parte politica non sempre è pronto a "concedersi" ad un altro. C'è un tempo di "sofferenza" che occorre rispettare. L'esempio del M5S (e dell'andamento dei risultati elettorali) è lampante sotto questo profilo. Chi ha smesso di votare a sinistra, perché non si riconosce più nel partito di sinistra, non necessariamente si butta nelle braccia di una formazione politica che non si qualifica più come sinistra o come destra. Oppure decide di votare altro per far dispetto alla propria parte, ma non è convinto di quello che sta facendo. Oppure, la soluzione più adottata, decide di stare in disparte.

Sovente l'astensione viene giustificata in vari modi, prendendo anche esempi famosi; i social media sono una fonte inesauribile di "perle":

"Se votare servisse non ce lo farebbero fare"
"Votare non serve a nulla tanto sono tutti uguali"
"Votare non serve perché tanto quando arrivano lì rubano tutti"
etc etc

Paolo Borsellino diceva:

La "Rivoluzione" si fa nelle piazze con il popolo, ma il cambiamento si fa dentro la cabina elettorale con la matita in mano. Quella matita, più forte di qualsiasi arma, più pericolosa di una lupara è più affilata di un coltello.

Quindi o Borsellino non aveva capito nulla e si è fatto ammazzare per niente, oppure quelli che non capiscono stanno da un'altra parte.

Se votare non serve... per quale motivo certi politici si spendono molto per accreditarsi come persone oneste e perbene quando non lo sono affatto?

Se votare non serve... per quale motivo in molte zone del paese si fa mercimonio di consensi attraverso il voto di scambio oppure ci sono politici che pagano - letteralmente - gli elettori (50, 100, sino a 200 euro) per avere un singolo voto

Se il voto non serve... perché promettere lavoro, assistenza, favori, raccomandazioni per ottenere un singolo voto?

Se il voto non serve... perché ricattare, minacciare,

impaurire qualcuno per ottenerlo?   Se il voto non serve... perché manipolare l'informazione, appropriarsi dei mezzi di comunicazione per gestirli direttamente?

Qualcosa non quadra allora. Questo qualcosa è l'illusione che mantenere viva la democrazia sia a costo zero. Davvero qualcuno pensa che transitare da una condizione di "sudditi" a quella di "cittadini" sia senza fatica? La storia del nostro paese è lastricata del sangue di patrioti resistenti che hanno lottato per decenni per non essere più sudditi di una monarchia o di una dittatura, ma per essere cittadini in una democrazia.

Davvero pensiamo che questo sia gratis per tutto il resto della vita? No, non lo è. E se vi guardate intorno sollevando lo sguardo dal vostro ombelico e vi fate carico dei "doveri" di un cittadino invece che sempre e solo rivendicare i diritti, potete trovare qualche alternativa, magari non perfetta, magari non proprio collimante al 100% con quello che pensate e magari farete delle scelte sbagliate ancora e dovrete riprovare ancora e ancora... perché essere cittadini è un impegno, morale e materiale. Altrimenti rimarrete sudditi e le vostre lamentele saranno flebili voci inascoltate che scompaiono nel vuoto.

(03.07.15)

Sistema Italia: una dittatura "trasparente"?

Storicamente ci siamo abituati a considerare "dittatura" quell'insieme di atti e gesta "fisiche" le quali danno inequivocabilmente l'idea di oppressione, di limitazione fisica della libertà individuale. La violenza tangibile la contraddistingue e la rende visibile. La modifica del sistema legislativo che tollera e compiace gli oppressori non può essere mascherata.

Quando parliamo di Fascismo o di Nazismo, per la maggior parte delle persone è chiaro il perimetro sociale, istituzionale e governativo di cui si parla. La violenza fisica è chiara e interpretabile. Quella psicologica lo è meno nell'immediato ma, essendo propedeutica a quell'altra, si svela rapidamente. Per il "regime" se non sei conforme il tuo destino è segnato da precise soluzioni: limitazioni della libertà di agire e/o di parola, confino, botte, morte.

La brutalità, la fisicità, rivelano, prima o poi, le reali intenzioni del regime. Sappiamo anche che le dittature nascono e si rafforzano all'interno di sistemi che dittatoriali non sono ma presentano alcune caratteristiche: la fragilità istituzionale, la "corruzione" – materiale e morale, - insita nel sistema vigente e la sottovalutazione del fenomeno che cresce e si sviluppa al suo interno indisturbato.

Ogni regime necessita di una "facciata" che mascheri le sue reali intenzioni. Il "Minculpop" (Ministero della Cultura Popolare) è sempre presente in qualche forma; indispensabile supporto per mascherare le reali intenzioni di chi vuole il predominio esclusivo del potere.

Dopo l'epoca drammatica, di morte e distruzione della II guerra mondiale il nostro paese si è avviato sulla strada della democrazia – anche se per un soffio non prevaleva, di nuovo, la monarchia. Eppure da molti anni "siamo" tornati a parlare di regime. Non solo il "sistema Italia" ci convince sempre meno, nelle sue inarrestabili fiumane di corruzione e complicità che trasuda da qualsiasi poro istituzionale; anche l'Europa è percepita come entità non più preposta all'originaria intenzione di prevenzione dei conflitti sviluppando una comunità politica e sociale. La UE manifesta sempre più intenti di limitazione della libertà economica e di sviluppo dei paesi più deboli conducendo, inevitabilmente, a una riduzione del benessere sociale e civile.

Presupponendo che parlare di "regime" non è follia, resta la questione di identificare e interpretare quale "tipo" di regime ci troviamo di fronte. Se ne identifichiamo i contorni riusciamo meglio a comprendere le reali intenzioni di chi lo promuove e abbiamo conforto della nostra sanità mentale.

I meno giovani (o diversamente giovani) avranno memoria del "Labirinto degli Specchi" che tradizionalmente faceva (e fa ancora) parte dei Luna Park. Nel labirinto il cammino verso l'uscita è mascherato da vetri e specchi disposti secondo un certo criterio. Si procede a tentoni, cercando di non sbattere il naso da qualche parte. Si vedono i nostri amici intrappolati in qualche angolo del percorso e si chiedono loro dei suggerimenti.

Ma cosa accadrebbe se le pareti fossero spostate di continuo mentre siamo dentro? Se gli specchi e i vetri cambiassero posizione facendo venire meno qualsiasi punto di riferimento che abbiamo memorizzato per individuare la strada verso l'uscita? Semplice. Non usciremmo più e rimarremmo intrappolati nella casa di vetro, distanti gli uni dagli altri e l'unica "soluzione finale" sarebbe distruggere il labirinto per poterne uscire vivi e liberi; forse.

Quando cerco di interpretare questo "regime" mi viene in mente proprio questa immagine del labirinto degli specchi. Il percorso muta in continuazione e non conosciamo chi sia realmente il "manovratore". Quando vediamo qualcosa che non dobbiamo vedere il vetro diventa uno specchio e ci troviamo soli con la nostra immagine riflessa senza cognizione di ciò che realmente accade. Se proprio insistiamo sotto i nostri piedi si apre una botola nella quale precipitiamo e di noi resterà solo un ricordo.

Il volto del regime si percepisce sfumatamente, una dittatura... trasparente. Molte "leggi" e convenzioni sono come quei vetri, sembrano disegnare un percorso ma in realtà prefigurano il blocco del nostro libero cammino e la limitazione delle notre scelte. Che si chiamino "Sblocca Italia", TTIP, MES, Trattato di Lisbona poco importa. Il nome è tipico del Minculpop: una truffa semantica.

La struttura e l'agire della UE e le Riforme Italiane seguono questa linea. Il "riformismo" che cancella progressivamente gli spazi della libertà e la riduzione delle conquiste sociali seguono ipocritamente la strada di uno "stato minimo", uno stato "leggero", realizzando di fatto un stravolgimento dei diritti delle persone. La scelta democratica attraverso il voto viene in continuazione limitata o cancellata con la compiacenza del Minculpop affidato all'informazione di regime dei media.

Nessuno si ricorda più che l'ultima riforma "istituzionale" con la "cancellazione" delle Provincie si sta rilevando, giorno per giorno, la buffonata quel'era prevedibile. Le provincie non sono scomparse ma sono state sotituite da una "Città Metropolitana" dai confini non ben definiti nella quale siedono personaggi "nominati" e i cittadini esautorati stanno a guardare. Stessa sorte si appresta a diventare il Senato della Repubblica. Un manipolo di non-eletti ma nominati dalla stessa politica che verrà eletta a sua volta con una legge elettorale dove il potere non è dell'elettore ma del partito che prepara il listone dei candidati.

Che queste riforme avvengano per mano di maggioranze trasversali in un Parlamento eletto con una Legge elettorale di fatto incostituzionale pone il sigillo sullo stato delle cose. Gli accordi internazionali (TTIP), spacciati come strumento per favorire il "libero mercato" estorcono dalle mani del consumatore la sua libertà di scelta; la libertà di rifiutare qualche cosa concedendo alle multinazionali – entità indefinite per eccellenza, - il potere di influire pesantemente sulla vita dei cittadini piegando – legalmente, - il potere dei singoli stati ai propri interessi.

Potremmo parlare di grandi opere, di corruzione, di mala giustizia creata ad hoc per non funzionare.

La sostanza non cambia. L'esclusione progressiva del popolo dalle scelte che influiscono sulla sua vita, sulla condizione della sua salute, è palese (non per tutti purtroppo). Lo sperpero della ricchezza finanziaria (l'iperfinanza come la chiama il prof. Galloni) e la distruzione delle risorse naturali con la cementificazione e quant'altro è ordinaria amministrazione. Così come mugnifiche "cattedrali nel deserto".

Non sono incline alla logica del complotto. Ma è evidente che i vetri del labirinto sembrano trasparenti ma sono opachi o sono disegnati. Gli specchi sono deformi e le immagini che ci restituiscono non corrispondono alla realtà. La "dittatura trasparente" è intorno a noi. Non sappiamo bene chi la manovra. Forse sono in molti accomunati semplicemente dall'interesse avido dell'accumulazione di denaro.

La certezza è la progressiva limitazione del "nostro" peso politico nelle decisioni. Non è questione di "stato minimo" contrapposto allo "stato del welfare". E' contrapposizione tra libertà di azione e pensiero verso una tecnocrazia che maschera i reali interessi perseguiti. La totale libertà di sopraffazione di pochi contro le moltitudini considerate come semplici merci/ consumatori/ manovalanza/ esecutori. Se il comunismo è morto, il liberalismo è agonizzante. Forse è il caso di domandarsi di quale futuro vogliamo fare parte, oltre le interpretazioni ideologiche.

(11.10.15)

Dai 16-enni al voto degli "anziani" banalità della politica

Nel giro di poche settimane un argomento "caldo" della politica si è imposto, e promette di tornare al centro del dibattito, nel perdurante stato di campagna elettorale permanente in Italia. Perché proprio del voto si tratta, seppur in due questioni opposte (apparentemente): dare il voto ai giovani 16-enni, e togliere il voto agli anziani. Patrono di questa idea (sopratutto della seconda), Beppe Grillo; tema da lui trattato già in passato, e oggi oggetto di un post nel quale l'idea viene giustificata da "moderne" teorie politiche dei sostenitori del Reddito Universale, come P. Van Parijs. La questione merita una certa attenzione. Non ho ancora letto le argomentazioni dell'economista filosofo Van Parijs. Mi riprometto di farlo, ma alcune considerazioni sorgono spontanee, leggendo la sintesi della tesi di Grillo.

Il Suffragio Universale (una testa, un voto) è una conquista piuttosto recente, dal punto di vista storico, conquistata a caro prezzo. Esso è stato ottenuto parecchio tempo dopo la formalizzazione delle idee liberali, repubblicane, e democratiche. Il voto, a lungo, è stato appannaggio di ristrette cerchie di elettori, selezionati per sesso, censo, cultura, classe sociale, razza. La discriminazione trovava la propria giustificazione morale sia in problemi reali (alto livello di analfabetismo della popolazione), sia in pregiudizi (le donne non erano considerate esseri razionali), sia in interessi di classe (aristocrazia fondiaria, alta nobiltà, borghesia, difendevano interessi diversi contro contadini, artigiani, piccola nobiltà). Lunghe e dolorose battaglie sono state condotte per giungere alla definizione di repubbliche democratiche liberali, nella quale il diritto di voto fosse esteso a tutti, senza discriminazioni di sorta. Perché il diritto di esprimere un giudizio sulla politica spetta a ciascuno; perché tutti sono coinvolti dalle scelte politiche assunte dai Governi e dai Parlamenti. L'unico vincolo rimasto è quello dell'età. Posso votare i maggiorenni, laddove si ritengono tali le persone che hanno raggiunto una capacità razionale, e intellettuale, idonea ad esprimere una scelta cosciente e consapevole.

Qui siamo di fronte alla prima questione: concedere il voto ai 16-enni. Quale ratio c'è dietro questa ipotesi? Davvero il panorama della gioventù mostra segni inequivocabili di maturità tale per poter esprimere un voto? Oppure siamo di fronte al tentativo di allargare la base elettorale per avere nuovi soggetti da manipolare più facilmente abusando della giovane ingenuità cui siamo tutti umanamente, e biologicamente, soggetti?

Intendiamoci. Ai giovani occorre sempre dare spazio, e incentivi; affinché essi possano superare i limiti delle generazioni precedenti. Ma non è uno smartphone a renderti, di fatto, più intelligente; non lo è nemmeno un computer, o la rete. Semmai ne è l'utilizzo che ne fai. Questa voglia di giovanilismo quanto risponde al reale desiderio di potenziare la voce dei giovani, e quanto a quello di incanalarli precocemente, e meglio, dentro le anguste mura di qualche ideologia (magari green), per farli diventare "another brick in the wall"?

Il giovanilismo contrapposto alla vecchiezza, suona stonato come il paternalismo utilizzato per giustificare secoli di colonialismo. La sopraffazione, le ingiustizie, le violenze, gli stermini di massa, erano "mali necessari" verso popolazioni considerate inferiori per definizione. Di esse venivano negate storia, cultura, abitudini. Sempre in nome di una benevola occasione di progresso, per elevarsi dal loro stato "barbarico" verso la civiltà (occidentale). L'esautorazione degli "anziani" segue lo stesso percorso intellettuale: sono inutili, contrari al "progresso", restii ai mutamenti. Un pensiero profondamente razzista, discriminatorio, che nega l'essenza stessa dell'umanità: quel percorso che fa degli individui delle persone reali, con la loro storia, esperienza, virtù, ed errori. La modernità, a qualunque costo, contro la stessa natura delle cose. La negazione dell'opportunità di comprendere il valore della cautela (che matura con l'età), e l'esaltazione di una modernità travolgente, assunta come idolo sacro, cui tutto deve essere sacrificato. Questa idea fissa nel tempo l'assolutismo di una vecchiaia sempre uguale a se stessa, immutabile. Come non fosse vero che l'anziano di oggi è diverso da quello di 40 anni fa, oppure negare quanto potrà essere diverso quello che sarà tra 30 anni.

Il passo successivo potrà essere l'eutanasia dei nonni per Legge: nel contesto di siffatta modernità, non c'è spazio per ciò che è improduttivo, o si oppone ai cambiamenti voluti dalla maggioranza (giovane). Se davvero si volessero più elettori consapevoli, ci sono ben altri problemi da affrontare. Per esempio la manipolazione delle masse attraverso i media e l'informazione. A partire da quel Gustav Le Bon, per proseguire con Edward Bernasy, che con i loro libri sulla "Psicologia delle folle", hanno influito sul modo in cui la "Politica" ha manipolato il consenso da fine ottocento a tutt'oggi. Non è un caso che il testo di Le Bon fosse apprezzato, e studiato, da personaggi come Hitler, F.D. Roosevelt, Lenin, Mussolini.

Le democrazie, e la società, non perdono terreno perché ci sono i "vecchi" e/o non ci sono abbastanza giovani. Si indeboliscono piuttosto a seguito della rinuncia, da parte della Politica, di fare degli individui degli esseri coscienti e consapevoli, e tendenzialmente felici. L'attuale prospettiva della modernità contemporanea predilige la manipolazione, piuttosto che l'istruzione. La fede, piuttosto che la capacità critica. In nome del consumismo, del neoliberalismo finanziario, dobbiamo essere tutti manipolabili, acritici, infelici, e stressati: bulimici dell'inutile, refrattari alla solidarietà, antagonisti di "nemici" costruiti in laboratorio. Questo è ciò che sta distruggendo il nostro tessuto sociale, conducendo sempre più persone a chiudersi nel proprio particulare, a disinteressarsi della politica. E le responsabilità sono ben distribuite. Sopratutto manca la visione progettuale del futuro, laddove i politici prediligono l'oggi: il tutto e subito delle loro comode, e ricche, poltrone. Dov'è finita quella "rivoluzione culturale del popolo", quel desiderio di una cittadinanza attiva, consapevole, cosciente, che era uno dei pensieri fondanti del fu

M5S? E come si concilia la discriminazione degli anziani con "l'uno vale uno"? Quante cose si perdono nei meandri della Realpolitick del partito Dimaioleggio.

(21.10.19)

Il Partito Sovranista che vorrei
e ancora non c'è!

Sovranista! È diventato un termine più o meno dispregiativo: grosso modo come ai tempi del nascente M5S essere 'grillino', o comunque sostenitore, significava essere ignoranti, secondo una certa narrazione. Da cui la negativa accezione di "grullini". Inutile negare come gli avvenimenti successivi, dal successo elettorale, alle alleanze, alla costituzione del Dimaioleggio, abbiano certificato la mortificazione delle troppe speranze riposte in un movimento oramai integratosi dentro il sistema. Il progetto "rivoluzionario" per modificare il paese, è stato sostituito da una Realpolitick di sopravvivenza, non ostante esistano ancora alcuni tentativi, da parte di singoli deputati (per lo più isolati) di tenere fede all'originale patto con gli elettori.

Così come il mondo grillino, quello sovranista si presenta variegato di diverse esperienze politiche originali, e di diverse culture. La narrazione 'da sinistra', gli attribuisce una unica identità di 'destra', associandola a un profondo desiderio di 'nazionalismo'. Ciò corrisponde al vero, ma solo parzialmente. La realtà è ben più complessa delle facili propagande; sopratutto conferma l'incapacità della così detta 'sinistra' di saper leggere la realtà fuori dai giochi di palazzo. Esistono desideri di recupero della sovranità anche nelle aree di centro e di sinistra. Il pericolo è piuttosto il desiderio di unificare in un unico corpus tutte queste identità, semplificando il processo politico, o limitandolo a un essenzialismo che costruirebbe una testa d'ariete priva di un tronco di sostegno per "sfondare" i muri costruiti tra il popolo italiano e la sua autodeterminazione.

In altri termini: vogliamo, ri-vogliamo, la nostra sovranità (economica, monetaria) per fare che cosa? Quale modello di società desideriamo costruire? Quali sono le 'fonti' filosofico-politiche che ispirano questo modello? Provocatoriamente:

vogliamo continuare a essere il paese delle nipoti di Mubarak? Quello in cui le mafie dispongono e i politici obbediscono? Quello dei disastri ambientali e strutturali annunciati, dove la gente muore, i cittadini pagano i danni, e i politici, che hanno preso soldi dai 'padroni' e per finanziare le proprie campagne elettorali, e i voti delle mafie, fanno la passerella auto celebrativa "dell'Italia che rinasce"? Quello delle "Grandi Opere" inutili, costose, e dannose, necessarie per appagare gli appetiti di criminalità, politici, prenditori? Immaginiamo un paese con il cappello in mano nei confronti del resto del mondo, oppure quello che ha una orgogliosa identità turistica, industriale, culturale, gastronomica, agricola, mediterranea? Una storia di talenti e persone operose, non di rado geniali, che il mondo ci invidiava, e che ora ci "ruba" perché siamo diventati incapaci di valorizzarle?

Gli avvenimenti storici degli ultimi 30/40 anni ci suggeriscono alcune questioni irrisolte:

1. è indiscutibile l'affermazione di un modello sociale globalista, neoliberista, iper finanziario, ultra competitivo. Fondato su concezioni economiche che rafforzano la disuguaglianza sociale, mortificano l'esistenza e la dignità delle persone, nell'illusione che il consumismo sia l'unica ragione di vita. All'interno del modello tu esisti solamente sintantoché sei utile a tenere in vita il sistema stesso

2. speravamo che Tangentopoli creasse uno spartiacque e ridesse valore alla moralità in ambito politico. E' accaduto esattamente il contrario. Non pare esserci più uno spazio in cui la corruzione non sia presente come un fenomeno "normale". Essa mortifica il lavoro delle persone che sognano una normalità opposta, e invece ne pagano gli alti costi economici e sociali.

3. l'incapacità progettuale e di visione ha, nel tempo, aggravato problemi contingenti e globali come le migrazioni, lo sfruttamento, il lavoro nero, l'evasione fiscale. Risultato di uno Stato che perseguita i più deboli, gli ultimi, i lavoratori, le piccole imprese (colonna vertebrale del sistema economico),

commercianti e professionisti, essendosi piegato alle logiche neoliberiste delle burocrazie europee

4. la caduta del muro di Berlino ha generato, la narrazione "panglossiana" dell'assenza di qualsiasi alternativa a questo sistema. Fine della Storia. Qui le "sinistre" si sono avvitate progressivamente in un colpevole ritiro di immaginazione politica, che le ha condotte oggi ad essere indistinguibili dalle destre, in un crescendo di smantellamento dei diritti sociali acquisiti

5. pochi timidi passi sono stati compiuti in ordine ai nuovi diritti di cittadinanza, di famiglia, di gestione della propria vita (o fine vita), di pari opportunità lavorativa (uomini vs donne), e di protezione dalle esclusioni (per esempio per età). Troppo labili i distinguo con quel mondo ortodosso, integralista, che ambisce ad un salto in avanti nel "passato", ingabbiando la realtà, e le persone, nella triade Dio, Patria, e Famiglia, che tanti guai hanno causato nella storia

6. I cambiamenti climatici pongono l'allarme su uno "sviluppo" che deteriora le risorse del pianeta. Una visione "globale" è quanto mai urgente e necessaria, quanto quella di promuovere le iniziative utili ad invertire la rotta (e, forse, anche scoprire le soluzioni possibili che vengono tenute nascoste)

7. I mutamenti dei rapporti di forza (economici, politici) a livello internazionale ci vedono ancora come soggetti passivi, senza aver capacità di costruire un ruolo geopolitico importante, oltre le urgenze che egoisticamente ci interessano

8. L'informazione (ufficiale, quella degli editori "seri") è diventata quasi esclusivo monopolio dei "padroni"; sfacciatamente servile, e per nulla indipendente: né dai "poteri forti", né da quelli politici.

Ecco allora il sogno, non così irrealizzabile, se consideriamo il desiderio di cambiamento nato con il successo elettorale del M5S, prima della sua metamorfosi. La fonte di ispirazione non può che essere un ritorno alla Costituzione

Italiana, invisa dai mercanti globalisti, e ai servi politici di casa nostra, che in questi anni han tentato di stravolgerne la logica e la vocazione. Essa rappresenta il felice parto di un'epoca di sofferenze, di un travaglio volto a configurare un progetto utopico di un modello sociale a misura di esseri umani; tenendo in conto le loro fragilità, ma sopratutto esaltandone le virtù. Quella miscela dei migliori sentimenti liberali, socialisti, cattolici, rappresenta, con i suoi limiti, il navigatore che indirizza lo Stato, la Politica, le Istituzioni, il Mercato, l'Economia, la Finanza, al servizio del cittadino e non vice versa.

Il ritorno alla sovranità è un diritto inalienabile, in un contesto falsamente europeista, costruito nel peggior modo possibile, ponendo il "Dio" Mercato (e la Finanza) al di sopra dei cittadini, e questi come sudditi di quelli. Il progetto della Felicità degli individui, della loro personale realizzazione, che contribuisce al miglioramento della società tutta, è estraneo a questo consesso europeo fondato su principi economici rivelatisi errati, dannosi, ingiusti, e prevaricatori, a beneficio di pochi. Dentro questa Sovranità non ci devono essere però i "muri". Essere cittadini di uno Stato, non è incompatibile con l'essere cittadini del Mondo. Gli Stati nazione sono figli della storia, ma sono comunità "immaginate", comunque costruite, non sono prodotti "naturali", bensì culturali e, in quanto tali, politici. Amare il proprio paese non può essere compatibile con il disprezzo verso gli altri; perché se la cultura (lingua, credo religioso, usi e costumi) unisce un popolo entro un determinato territorio, non di meno l'Umanità (questa sì, fenomeno naturale) accomuna tutti gli essere viventi, in quella speciale 'razza umana' che è unica, e non scomponibile.

Non si tratta più di definire i confini tra Destra e Sinistra facendo una scelta di campo. Per lo più quei confini sono stati cancellati da forze politiche trasformatesi in "comitati d'affari" auto referenziati, che più nulla hanno da spartire con le ideologie originarie, e sono immagini speculari le une delle altre. Permane un solo confine: quello tra la Libertà degli individui e la Tirannia, quello antifascista per intenderci, contro qualsivoglia forma di autoritarismo in qualsiasi forma esso si manifesti e operi.

Il tema che separa le "acque" tra gli uni e gli altri è quello allora tra Conservatori (dell'esistente) e Non-Conservatori. Uso questo termine evitando quelli di "Progressisti" e "Riformatori", purtroppo violentemente abusati dalle forze politiche sino a svuotarne di significato. Un partito "utopico" insomma, il partito che non c'è ancora, ma potrebbe esserci dietro l'angolo, se abbiamo sufficiente fortuna: rigorosamente laico, liberale, socialista, comunitario, cooperativo, dove le fedi religiose non siano necessariamente "di Stato", o tollerate, ma strumenti spirituali personali per perseguire il desiderio di ben-essere come cittadini del pianeta.

(2020)

Il Movimento Cinque Stelle

Fase 1: L'unica novità nel panorama stantio della politica italiana. Quanto mai imperfetto, cresciuto grazie alla notorietà di un comico, pulsa di ansia di cambiamento. Osteggiato senza pudore da chi ritiene la politica una questione privata tra pochi tenutari, cresce, inciampa, ma si rialza. Tra le sue fila giovani con passione e voglia di crescere in un paese migliore. Considerando il livello dell'offerta, una boccata d'ossigeno.

Fase 2: la novità si è spenta, smarrita dentro l'arroganza e l'incapacità di chi ha voluto porsi al vertice di un movimento che avrebbe avuto bisogno di leader veri, di crescita culturale e politica, ma si è ritrovato affollato di "elevati" capi e capetti senza arte né parte. Il risultato è il Dimaioleggio, un soggetto rimasto impaludato nel populismo, arroccato su una Realpolitik di sopravvivenza che rinnega i valori originali.

Movimento 5 Stelle: espulsioni & epurazioni

Sono trascorsi anni... a dire il vero no! sono stati mesi... o forse solo settimane da quando il M5S è stato messo sotto accusa -mediatica- per la rubrica dedicata ai giornalisti apparsa sul blog di Beppe Grillo. Fascisti, squadristi, anti democratici, illiberali; un nutrito gruppo di intellettuali metteva sotto accusa la "gogna", il "bavaglio", con i quali Grillo voleva bloccare la "libera" informazione (quella già al 70° posto - per proprio merito - nelle classifiche internazionali sulla libertà di informazione, tanto per intenderci). Liste di proscrizione, messa all'indice dei giornalisti considerati scomodi al guru. Ve lo ricordate?

Trascorso un po' di tempo la rubrica "giornalista del giorno" è sempre lì, sul blog. Ci trovi pubblicate le frasi "nobili" dei giornalisti che hanno come principale attività non quella di documentare e informare ma quella di gettare un po' di fango sul movimento, su Grillo, sul lavoro dei parlamentari, sempre con l'antica tecnica dell'attacco personale, dell'accusa eclatante, del discorsetto verosimile sbugiardabile in un battere di sinapsi funzionanti ma che impressiona la gente sfruttando l'immeritata autorevolezza delle testate che pubblicano queste micro menzogne quotidiane a ciclo continuo.

Nessuna squadraccia fascio-grillina ha dato la caccia a questi giornalisti. Nessun editto bulgaro di qualsivoglia efficacia è caduto sulle loro teste, nessuna caccia alle streghe ha prodotto roghi con crocefissi infuocati davanti alle abitazioni degli additati. Magari qualche insano insulto da Bar dello Sport, qualche commento fuori luogo, insomma un nulla di fatto: nessuna conseguenza fisica, morale o di carriera per i giornalisti che proseguono integerrimi nel fare il lavoro sporco per conto dei padroni di sempre. Tanto rumore per nulla.

Ora è la volta delle espulsioni dei quattro senatori. Il disco, la scenografia, il copione ripartono. Fascisti, assolutisti, anti democratici, succubi del guru. Monotoni come una telenovela di quart'ordine, una fiction televisiva sull'upupa, una commedia da oratorio. Sul Fatto Quotidiano Peter Gomez arriva a scomodare Toqueville con la "dittatura della maggioranza" e Bruno Tinti elogia l'assolutismo del capo Grillo ma vede con favore la rottura e la fuoriscita dei "dissidenti" che guadagnano, ai suoi occhi, indipendenza ed autonomia di pensiero rispetto al capo branco.

L'area del PD non perde l'occasione per sperticarsi in dichiarazioni ipocrite sulla democrazia altrui e predicano dallo stesso pulpito di cartone dal quale sono partite tante "epurazioni" di dissidenti interni (vecchio vizietto già dai tempi lontani del PCI) da perdere il conto. Qui in Val di Susa tutti si ricordano la cacciata dei militanti PD di Avigliana rei di aver osato dichiararsi No Tav (e che hanno comunque vinto le elezioni in barba al regime "democratico" del loro ex-partito).

Ormai lo sappiamo: ciò che conta nella politica italiana di oggi è il verosimile, non il vero. Venti anni di scuola berlusconiana hanno infettato il sistema comunicativo e intellettuale. Non conta la ricerca della verità ma ciò che può essere apparire come verità da vendere al pubblico perconseguire uno scopo non dichiarato.

In questa babele di dichiarazioni e accuse non conta se davvero i quattro senatori abbiano agito contro gli interessi del gruppo e della attività duramente svolta dallo stesso. La qualifica di dissidenti attribuisce loro, come pre-giudizio, un valore aggiunto atto a definire un profilo da martire per accusare Grillo e il movimento di essere non democratici. La storia ci insegna che i "dissidenti" (quelli veri) sono persone (sovente fini intelletuali) che rischiano in prima persona per affermare principi e valori all'interno di un sistema tirannico o dittatoriale. Quelli sovietici finivano in Siberia e molti non facevano ritorno.

I nostri nuovi "eroi" vengono fregiati delle mostrine e delle croci al merito senza aver compiuto nessun gesto eroico: la rivista Micromega non manca occasione di intervistare ex-grillini di cui ha ignorato l'esistenza sino al momento in cui sono diventati ex. Con questa nuova qualifica essi assurgono automaticamente a uno status di benemerenza a prescindere da qualsiasi scopo perseguano e da qualsiasi azione abbiano compiuto.

Cosa rischiano questi dissidenti? Di fatto nulla. O, per dirla tutta: rischiano di tenersi tutti i soldi e di non rinunciare alla maggior parte di essi come hanno fatto i grillini "succubi" del guru Grillo (rispettando il patto con gli elettori). Rischiano di dare appoggio a personaggi, liste, gruppi, che non sono quelli per i quali gli elettori hanno scelto il M5S. Rischiano di vendersi al miglior offerente. Di proprio non rischiano nulla.

Qualsiasi organizzazione, sia essa una semplice associazione, un movimento, un partito o un'azienda, si dota di una serie di regole organizzative che è necessario rispettare per il buon funzionamento del sistema. Ma non solo. Fanno parte integrante di questo sistema una serie di obiettivi, dichiarati in uno statuto o anche solamente condivisi a voce, che le persone intendono perseguire mediante l'organizzazione datasi.

La possibilità di dibattere internamente le idee, il confronto tra opinioni differenti, è la forza che permette all'organizzazione di definire delle strategie per cercare di raggiungere gli obiettiviposti.

La scelta delle strategie da porre in atto può seguire diversi criteri a seconda del tipo di organizzazione. Nel caso di organismi politici accettiamo e auspichiamo che i meccanismi seguano regole democratiche e che le scelte siano il più possibile condivise tra i membri. Chiunque non sia soddisfatto delle scelte intraprese dall'organizzazione di cui fa parte, in termini di obiettivi e di strategie, ha due possibilità: esprimere democraticamente la propria contrarietà, accettando le scelte democraticamente assunte, oppure decidere di abbandonare l'organizzazione.

Nel caso del M5S c'è una – voluta – confusione nei giudizi espressi sul movimento tra gli obiettivi predefiniti (con il non Statuto e con il patto elettorale proposto agli elettori) e le strategie decise per conseguire quegli obiettivi.

Piaccia o meno, giusto o sbagliato che sia, uno degli obiettivi del movimento è cacciare dalla politica chi ha devastato l'economia, l'etica, le finanze del nostro paese. Per conseguire questo obiettivo la strategia definita da subito è stata quella di evitare alleanze con chi ha compiuto sistematicamente questo disastro (e se ne conosco nomi e cognomi). E poichè l'obiettivo primario è il bene pubblico e l'interesse dei cittadini (esautorati da tempo dalle decisioni che li riguardano) il M5S si è sempre dato disponibile per votare e sostenere progetti utili al paese da qualunque parte politica fossero stati promossi.

Se qualcuno non condivide questi obiettivi e queste strategie non può nascondersi dietro il filo d'erba delle storiella delle decisioni calate dall'alto o delle sfuriate di Beppe Grillo.

Come ha illustrato Di Battista in un post su FB, la questione non è assenza di dibattito interno, che c'è, eccome, difficile, a volte, appassionante e faticoso nel cercare il più possibile di trovare una linea comune. Ma nel momento in cui una decisione è presa non è accettabile che i giornalisti, che attendono al varco le prede per pubblicare non i contenuti ma creare il gossip, siano i referenti immediati di coloro che non accettano le decisioni democraticamente prese in assemblea.

Questo è il motivo per il quale i quattro senatori sono stati messi in stato di accusa. Per non avere accettato le scelte democraticamente espresse dalle assemblee e aver offerto il movimento in pasto a una pubblicistica che non manca occasione per infangare il movimento. E' vero che le espulsioni non sono mai una piacevole scelta e dovrebbero essere l'ultima ratio di un processo articolato nel verificare le responsabilità individuali ma è altrettanto vero che un movimento oggetto di continui e reiterati attacchi menzogneri da parte della stampa e delle televisioni si trova perennemente in una condizione di tensione e non può permettersi di avere persone che colpiscono alle spalle mettendo in pericolo la credibilità del gruppo.

Qualcuno ritiene che la credibilità del M5S venga proprio minata da questa iniziativa delle espulsioni. Non lo credo. Chi vuole continuare a vedere il movimento come un ammasso di "grulli" o "grullini" dediti alla venerazione del capo e senza capacità di discernimento continua e continuerà a farlo cullandosi nelle mezze verità o verosimiglianze dei discorsi di chi ha tutto l'interesse a screditare il movimento e il suo operato.

In questo ore è eclatante l'esempio del contestato decreto Imu_BankItalia: i deputati del M5S sono stati zittiti con il sistema della cosidetta ghigliottina (da parte della Presidente della Camera Boldrin) e successivamente sanzionati per aver contestato duramente le scelte del governo e della Presidente della Camera; il decreto è stato approvato e ieri l'UE chiede spiegazioni all'Italia in quanto sospetta che quel decreto violi le regole della Comunità Europea. Ovvero, i "grullini" avevano ragioni da vendere, abbiamo fatto l'ennesima figuraccia con l'Europa ma le Tv e i giornali hanno trascorso settimane nel raccontare la storiella dei "violenti" grillini che impedivano al Parlamento di lavorare.

Chi invece ha voluto, vuole e vorrà concedere un po' di curiosità a se stesso potrà facilmente sperimentare e comprendere chi sono davvero questi ragazzi che si prodigano ogni giorno instancabilmente alternando le aule dei palazzi romani con le strade delle città e dei paesi per incontrare la gente e spiegare loro le cose della politica che influenzano la vita dei cittadini e come questi possono, e devono, riappropriarsi della Res-Pubblica.

A tal proposito vale la pena menzionare l'interessante articolo (sul Fatto Quotidiano) di Massimo Pillera che ricorda come il modello di democrazia del M5S sia tutt'altro che campato in aria ma fonda le sue radici nel modello svizzero nel quale i cittadini vengono normalmente consultati per esprimere pareri e decidere su questioni politiche che li riguardano.

Questo sistema e il modello non sono esenti da pecche e necessitano aggiustamenti ma se la politica italiana (intendendo i partiti politici) negli ultimi quindici anni avesse compiuto il salto di qualità (e avesse avuto lo stesso tasso di crescita intellettuale e professionale) realizzato dal Movimento 5 Stelle (nella figura dei suoi eletti) durante questi nove mesi… di certo saremmo uno dei paesi che potrebbe dare del "tu" alla Cancelliera Merkel anziché essere il fanalino di coda (spento) dell'Europa.

(02.03.14)

Il futuro del M5S lettera aperta al Movimento

Tommaso Currò è un nome risuonato parecchio nei social network nelle ultime settimane, sovente accompagnato da complimenti non proprio lusinghieri. Folgorato sulla via del PD il nostro ha compiuto il salto della quaglia dalle file del M5S a quelle della maggioranza. Ovazione da parte del PD all'annuncio, e non potremmo aspettarci altro da un partito che vive sui tradimenti, correnti, sulle ipocrisie tra il "dire" (in televisione) e il "fare" (in Parlamento) con minoranze interne che annunciano un giorno si e l'altro pure la fuoriuscita che non si concretizza mai ma si perde in chiacchere e minacce a vuoto.

Per il M5S si tratta invece di un trauma, di una sofferenza per gli eletti e sopratutto per i simpatizzanti/attivisti. L'atto di Currò si configura come il tradimento dei tradimenti, quello verso gli elettori e verso gli impegni presi; azione odiosa che è proprio all'origine della nascita del movimento stesso, nel tentativo di ristabilire un collegamento, morale e materiale, tra l'elettorato e il rappresentante eletto negli organi istituzionali. Se è legittimo non riconoscersi più in un progetto politico è doveroso dimettersi dagli incarichi ricevuti grazie al beneficio di quella fiducia accordata dall'elettorato di riferimento e ripresentarsi, se lo si ritiene opportuno, sotto altra veste agli elettori che valuteranno. Ovviamente nel paese in cui l'elettorato non conta più nulla se non come soggetto firmatario di cambiali in bianco, questo principio è disatteso, da cui l'ovazione per il "traditore" dimenticando che un "traditore" spesso lo è per sempre… quindi buon pro gli faccia!

Per il M5S rimane la consapevolezza che talvolta, quando si hanno dolori addominali e disordini interni, è necessario passare attraverso una diarrea liberatoria per ristabilire la buona salute dell'organismo.

Ma negli ultimi mesi tutta una serie di questioni hanno investito i cinque stelle: il movimento è apparso un po' in crisi, alla deriva, smarrito tra risultati elettorali, espulsioni, e una contestata assenza dalla TV. Confesso di aver avuto qualche timore. Mi è tornato alla mente un episodio accaduto in un'altra vita nella quale giovane (di età che lo spirito lo conservo tutt'ora in spregio all'anagrafe) appassionato del Partito Radicale, domandai a una persona ben addentro al partito perché Pannella avesse deciso di candidare Ilona Staller (in arte Cicciolina) alcuni anni prima. La risposta fu lapidare. Il PR viveva in quegli anni un consenso molto forte e in crescita, gli Italiani parevano aver capito che era possibile votare per un partito "diverso" ma Pannella ebbe timore dell'assalto alla diligenza del "vincitore", come d'uso in terra italica, paventando il rischio di veder trasformato il PR da "movimento", qual in fondo era, in un partito come tutti gli altri. Candidò dunque Cicciolina, il PR perse una barcata di voti e nel tempo, tranne qualche eccezione, è rimasto la cenerentola della politica sino a diventare un ricordo per quanti in quegli anni credettero nella costituzione di un forte partito liberale, libertario e democratico.

Beppe Grillo non è Pannella, nel bene e nel male; di sicuro è persona estremamente intelligente cui non smetterò mai di rinnovare la mia stima e il mio affetto per il mal di pancia di cui si è fatto carico nel cercare di creare un'alternativa al putridume in cui si è impaludata la politica italiana. La mossa della nomina di cinque "vice" – o chiamateli come vi pare – è quanto mai opportuna per gettare le fondamenta di una rinascita e di uno sviluppo "adulto" del movimento.

Perché di questo si tratta, di una "crisi" di crescita di un movimento che dallo stato "adolescenziale" si appresta a diventare "adulto". In queste ore un altro passo è stato compiuto: l'elezione di un "comitato" che valuti le espulsioni nel merito e dia il giusto spazio alle posizioni difensive di chi è accusato di aver violato i regolamenti. Il problema non sono le espulsioni nel momento in cui si certifica che c'è una violazione delle regole, la questione è come si procede. Lo sostengo da tempo.

Da mesi è in corso un dibattito che trova spazio nei social

circa l'opportunità/necessità del M5S di essere presente in televisione. Gli eletti sono quasi "perseguitati" da attivisti e simpatizzanti che chiedono perché il movimento non manda in TV i suoi rappresentanti. La questione invero è molto delicata. Le argomentazioni pro e contro hanno ragioni parimenti valide. Da una parte abbiamo un lavoro immane che parlamentari, senatori, consiglieri, sindaci realizzano ogni giorno e sembra che il 90% di questa attività sia svolta in Australia. Dall'altra abbiamo un sistema di informazione indecente e assolutamente parziale e manovrato per scopi politici. Resta la questione che la maggior parte delle persone (purtroppo) assume la televisione come referente principale dell'informazione politica, economica e sociale. Un bel dilemma di cui occorre essere consapevoli e che richiede una riflessione almeno sul dove partecipare, come partecipare e chi deve partecipare ai programmi. Perché è chiaro che il messaggio assume un valore positivo o negativo anche in funzione del veicolo (persona) che lo comunica nel contesto in cui la comunicazione avviene.

Il 2014 ha visto il M5S segnare il passo sul risultato elettorale delle elezioni Europee. Una sconfitta? Direi di no, quanto piuttosto lo scontro con delle dinamiche elettorali cui l'adolescente movimento non era preparato. In molti si chiedono come sia possibile che molti elettori, a parole delusi dai propri partiti di riferimento, non votino per il M5S e non lo riconoscano come referente. Gli scandali, le menzogne, le politiche economiche e i privilegi mantenuti contro i cittadini sono di una evidenza lacerante. Il M5S ha scoperto sulla propria pelle che essere "onesti" e l'agire per conto dei cittadini e non per i giochi di potere dei palazzi collusi con la criminalità organizzata non è così pagante nell'immediato e la risposta di molti elettori si rivolge piuttosto all'astensione che a un cambio di indirizzo politico. Un modo di agire che non è razionale!

Ed è proprio questo il punto della questione! Le scienze neurologiche ci dimostrano, da oltre dieci anni, che le persone compiono delle scelte in modo molto meno razionale di quanto credono. Su questo filone si sono aperti campi scientifici nuovi che vanno sotto il nome di Neuro-Economia, Neuro-Marketing e credo prima o poi si dovrà affrontare un discorso di Neuro-Politica.

Senza entrare per ora nel merito complesso, la questione basilare è il dato scientifico di come vengono prese le scelte da ciascun individuo esaminando i meccanismi neurologici del cervello. L'irrazionalità, o meglio, l'emotività gioca un ruolo non solo non secondario bensì principale.

L'esempio più classico è l'esperimento tra la Coca Cola e la Pepsi Cola. L'esperimento consiste in due fasi: si prendono degli individui e si fanno assaggiare loro le bevande. Prima senza alcun riferimento al marchio, in una secondo momento rendendo invece il marchio evidente. Nella prima fase il risultato è che i soggetti affermano che le bevande sono identiche, nella seconda fase (a marchio visibile) la stragrande maggioranza afferma che la Coca Cola è migliore.

Questo significa che il "brand" non ostante la nostra valutazione "razionale" gioca un ruolo fondamentale. A mio parere tradotto in analogia "politica" significa che il "marchio-simbolo-partito" gioca un ruolo radicale nella mente delle persone non ostante quel "marchio" abbia deluso e tradito le aspettative. Il comportamento di una persona "tradita" non è mai un comportamento razionale nell'immediato. Prendiamo i casi di tradimento all'interno di una "coppia". Quali comportamenti assume il "tradito"? Negazione di fronte all'evidenza. Diffidenza verso qualsiasi nuovo rapporto oppure il "buttarsi" in relazioni occasionali senza alcuna convinzione.

La consapevolezza di un tradimento è dolore, delusione, è il mondo che ti crolla addosso e ciascuno tende naturalmente a negare l'odiosa verità e molte volte continua a subire il tradimento sino a quando non decide, da sola, di "meritare" qualcosa di meglio.

Qui c'è un altro elemento cardine della psicologia politica. L'elettore medio, l'attivista, il simpatizzante del M5S è persona che ha già elaborato un "lutto" per la politica tradizionale. Ha già superato il dolore del tradimento e si è aperto a nuove esperienze. Ma non tutti hanno gli stessi tempi. Questo è molto importante perché significa che è possibile rendere il M5S più forte e più radicato nella realtà del paese ma occorre elaborare chiavi di lettura e di comportamento che creino emozioni "positive" nell'elettorato. Pensare che quelli che non votano M5S sono incapaci di intendere o stupidi è un grossolano errore dettato dall'emotività in risposta a un altro stato emotivo. Due stati emotivi sommati insieme non producono un pensiero razionale ma solo stagnazione mentale.

Il M5S è nato come soggetto "fluido" non agganciato a teoremi ideologici ottocenteschi. Questa identità "debole" ha consentito che un numero considerevole di persone, proveniente da diverse aree politiche, si sia identificata e riconosciuta sul rifiuto del marciume e dell'ipocrisia della politica tradizionale cercando un nuovo progetto politico. Il M5S ha incarnato questo progetto e Beppe Grillo è stato l'elemento catalizzatore e propulsivo per lanciare questa diversa visione della politica. Nel movimento ciascuno ha visto l'immagine di sé, del progetto, e ha aderito con favore identificandosi con le "regole" che il movimento si è dato. Ma queste regole sono state sovente composte di "slogan" la cui applicazione pratica non è così immediata ma richiede una elaborazione più complessa e articolata.

Questo è un altro elemento che contraddistingue la "crescita" da una fase adolescenziale a quella adulta e certamente alcuni ne sono spaventati avendo il timore che si vada verso una strutturazione simile a quella dei partiti tradizionali.

È una delle sfide più grandi che si troverà ad affrontare il M5S nei prossimi mesi. Tradurre slogan come "uno vale uno", "democrazia partecipativa", in un pensiero organico e razionale che raccolga il più ampio consenso possibile, oltre a quello che è già stato meritevolmente fatto con il Sistema Operativo.

Facciamo un esempio di comunicazione "politica". Se

affermo che "noi siamo oltre (la destra e la sinistra)" offro una chiave di lettura che funziona per aprire delle porte già aperte. Destra e sinistra hanno una connotazione ben precisa dal punto di vista storico e politico e per la maggioranza delle persone hanno un significato determinato. Nella realtà quotidiana l'azione del movimento è indirizzata a compiere atti politici tipici della "sinistra" (solidarietà, giustizia sociale, equità) e della "destra" (libero mercato concorrenziale, aiuti alla piccola media impresa, difesa del made in Italy) come non si vedeva da anni! Se però il messaggio è "noi siamo oltre.." mi colloco fuori da queste aree in una dimensione che, se va davvero "oltre" gli steccati ideologici, risulta anche fuori della portata "mentale" di chi ragiona in termini storici di destra-sinistra.

La sfida è sia sul versante della comunicazione (convincere sempre più cittadini che è giusto "meritare di meglio" che questa attuale classe politica) e che le iniziative politiche del movimento raccolgono il meglio del pensiero riformista della destra e sinistra storica, sia sul versante della ristrutturazione e consolidamento di un progetto (e di una visione) che crei una struttura leggera che non rinneghi i fondamenti del movimento e faccia chiarezza sui meccanismi decisionali. Altresì deve essere chiaro che nessuno all'interno del movimento può più pretendere che questo sia fatto a propria immagine e somiglianza ma occorre uno sforzo comune per riconoscere il nuovo soggetto e contribuire alla sua formazione.

Il ruolo di Grillo rimane un ruolo centrale in questa fase di passaggio e se le procedure non sono ancora quelle che vorremmo… occorre avere pazienza e un po' di indulgenza e meno ossessioni di complottismo. Gli assalti che subisce il M5S quotidianamente da una pubblicistica serva e connivente sono poca cosa rispetto ai danni che possono essere prodotti se i meccanismi di gestione del movimento offrono il fianco a infiltrazioni interessate alla sua demolizione dall'interno.

Bene, se avete avuto la pazienza di giungere sino al fondo di questa mia lettera natalizia – personale – al movimento vi ringrazio di cuore e spero il tempo impiegato alla lettura sia utile a qualche riflessione.

(25.12.14)

Torino: la nuova giunta comunale 5 Stelle scivola sui No Tav

Il Consiglio comunale di Torino (con probabile consenso della Giunta) esordisce con un comunicato stampa , letto in Consiglio dal presidente Fabio Versaci, con il quale è stata espressa una condanna alle "violenze" dei giorni scorsi presso il cantiere di Chiomonte; comunicato ripreso e commentato dal sito NoTav.info.

Un comunicato di circostanza, probabilmente estorto alla neo sindaca Chiara Appendino dalle opposizioni che hanno voluto "vendicare" la dichiarata posizione No Tav delle nuova giunta torinese cercando di mettere da subito in difficoltà i Cinque Stelle che hanno spodestato il PD di Fassino.

La circostanza non costituisce però un attenuante. Quanto accaduto alcune sere or sono al cantiere è "normale" amministrazione da parecchio tempo, per chi conosce la Valle di Susa. Occupazione militare del territorio, difesa armata di un cantiere definito a termine di legge "strategico". Conflitti "simbolici", azioni di disturbo, tra manifestanti e forze dell'ordine: fuochi artificiali notturni contro manganelli, gas lacrimogeni sparati contro le persone, pompe d'acqua, arresti, accuse di terrorismo.

Non ostante la Cassazione abbia smontato la teoria del terrorismo, tanto cara alla Procura di Torino, ogni sussulto No Tav è passabile attraverso il codice penale. Nelle Università di Antropologia del mondo stanno ancora ridendo per la barzelletta che si racconta: una studentessa scrive una tesi sui No Tav dopo aver frequentato la Valle e alcune manifestazioni come osservatrice; nella stesura della tesi utilizza il "noi" per indicare l'insieme dei partecipanti (lei compresa, come osservatrice) alle proteste e viene così condannata per concorso "morale". Solo che non è una barzelletta.

Siamo circondati dalla violenza su molti fronti all'interno

di una società sempre più complessa e sempre più lontana dai reali bisogni delle persone. L'atteggiamento tipico del politico nostrano, di fronte a questi fenomeni, è la "condanna". Condannare la violenza fa "figo e impegna poco", come si diceva una volta. Per capire realmente ciò che accade bisognerebbe entrare nel merito delle questioni e comprendere le origini della "violenza" - se di vera violenza si tratta. Proprio perché è molto semplicistico e banale, ed è una tecnica cui i nostri politici di professione sono molto affezionati, il comunicato stampa emesso dalla Giunta di Torino ha il sapore amaro della superficialità. La "violenza" germoglia favorevolmente sul terreno della menzogna. E in Italia di menzogna c'è né tanta; con le bugie sul Tav si possono scrivere enciclopedie sulla falsità.

L'ideale del manifestante, per i nostri politici, è quello che sfila per le strade con la sua bella bandierina, gli striscioni, gli slogan, con calma ed educazione, senza disturbare. Poi deve tornare a casetta sua e fare il bravo e non rompere più le scatole. Ha manifestato le sue opinioni – nel rispetto della Legge-, e di queste sue opinioni i politici se ne fregheranno. Ma guai se, ad un certo punto, il popolo si stanca di essere preso in giro: dopo anni trascorsi a spiegare, illustrare, dimostrare, confutare le tesi dei proponenti, non è concesso a nessuno di spazientirsi.   Di quale violenza stiamo parlando? O piuttosto, di quale dovremmo parlare? La solidarietà alle Forze dell'Ordine senza riconoscere i pericolosi torti delle stesse e le violenze perpetrate in questi anni su inermi cittadini e le offese fisiche, permanenti, su alcuni manifestanti (una realtà che la politica, e la Procura, hanno continuato a ignorare) crea un pessimo precedente. Quel comunicato stampa avvalora questo stato di cose e impedisce di discernere davvero chi compie il proprio dovere e chi abusa del potere concessogli per Legge. Le tesi sulla violenza No Tav sono argomentazioni "circolari" chiuse: perché sono violenti? Perché praticano la violenza... ma perché praticano la violenza? Perché sono violenti. Una classica fallacia argomentativa. E l'argomento si basa su una falsità di fondo: il movimento No Tav non è "violento"! nasce e cresce come movimento pacifico; solamente negli ultimi anni è stato dichiarato il cambio di strategia nella protesta con il passaggio ad azioni di "disturbo" o "sabotaggio" che volutamente vengo spacciate, impropriamente e strumentalmente, per violenze.

Se la nuova giunta voleva intervenire sull'argomento avrebbe dovuto entrare nel merito dei fatti ma, sopra tutto, della storia della Val Susa e dei No Tav Si è persa l'occasione di impedire la banalizzazione del tema della "violenza" - presunta- e delle contestazioni; di parlare finalmente della esasperazione che vive la Valle e, questo si, anche le stesse Forze dell'Ordine inviate a fronteggiare un popolo che non le vuole e che le subisce come truppe di occupazione militare; perché questo rappresentano. Forze in divisa cui viene raccontata la balla di un territorio abitato da forsennati e pericolosi terroristi per motivarne l'aggressività.

Si sarebbe dovuto puntare il dito sull'origine della "violenza e dell'esasperazione" e sui veri responsabili: quei politici prepotenti e arroganti che sperperano miliardi di denaro pubblico in combutta con la malavita organizzata. Ogni giorno abbiamo dimostrazione delle connivenze criminali sulle spalle dei cittadini. Ogni santo giorno. La storia del Tav in Val Susa è costellato da atti illegali e criminali.

Quanto deve essere grande lo spirito di sopportazione di una popolazione? Quanto possono reggere le menzogne? Quanto danno morale, ambientale, fisico, economico producono queste bugie?

Si è persa un'occasione per gettare un faro di luce sulle tenebre degli affarismi e delle strategie politiche che ruotano intorno al "Sistema Tav". Proprio a partire da una città strategica com'è Torino e dalle responsabilità della classe politica che l'ha governata negli ultimi decenni. Ci sarebbe stato molto da dire, evitando la banalità cerimoniosa che ha lasciato molto interdetti e seminato perplessità. Peccato davvero.

(19.07.16)

M5S invotabile! Parola di intellettuale di sinistra

Ma quanto sono delicatini gli intellettuali di sinistra? Per la seconda volta mi tocca leggere su Micromega titoli nei quali si afferma, esplicitamente, che il M5S "non è più votabile!". Dopo una - breve- luna di miele, Micromega (che ruota intorno alla galassia dei possedimenti di De Benedetti), attacca frontalmente il movimento. Lo fece agli esordi dei Cinque Stelle, considerandoli secondo i canoni dell'antipolitica, poi ci ripensò, dopo i continui disastri di Renzi & soci; recentemente la prima bordata la lanciò Flores d'Arcais dopo il caso genovese della Cassamatis, che valse al nostro una colica neurorale e la sconfessione del M5S (anche l'amore è oramai precario). In questi giorni, con un'intervista a Erri De Luca, la rivista ripropone il tema, anche se nell'intervista lo scrittore dice un'altra cosa: ma gli amici de' sinistra son di bocca buona e di fare spicciolo, quando si tratta di abbattere il - presunto -, "nemico". Ovviamente ciascuno è libero di pensare come gli pare, però questa facilità con la quale si etichetta qualcuno è quanto meno curiosa. Anche perché la sinistra, sempre alla ricerca di un'unità, di cantonate, negli ultimi anni, ne ha prese mica pochine. Non ho del rancore verso questa parte politica perché sono di destra, come qualche facilone amerebbe pensare. Per me, allo stato attuale delle cose, destra, sinistra e centro (intesi come schieramenti e agglomerati di partiti), hanno la stessa attrattiva intellettuale di un foruncolo sul buco del culo di un elefante. Tanto per rendere l'idea.

La questione è altra. Dopo le ubriacature per un Letta, per un Renzi e lo Tzipras; dopo aver clamorosamente fallito nel considerare e giudicare la nascita e la crescita di un movimento come i Cinque Stelle (da cui il presunto peccato "originale" del movimento che non si alleò con Bersani-Letta, il famoso duo che aveva trascorso la campagna elettorale a consigliare il voto pro Berlusconi piuttosto che ai pentastellati); dopo aver preso uno schiaffo sonoro con la indecente Riforma della Costituzione (cui per onestà bisogna dire che Micromega ha osteggiato, in solido con i Cinque Stelle), non sarebbe ora di ri-considerare la visione di un "avversario" come il M5S piuttosto che vangargli addosso fango e considerazioni da Bar dello Sport?

Parrebbe di no! A sinistra piace pensare di essere gli unici portatori e difensori del "Verbo" per quanto riguarda la giustizia sociale, il lavoro, l'uguaglianza, la solidarietà. Se esprimi un qualche dubbio (per esempio che c'è qualcuno che potrebbe approfittare della situazione dei migranti), ti caricano di miserie (di cui "fascista" è in genere quella più quotata). Idem se parli di sindacati e di lavoro. Peccato che le porcate come il Jobs Act e le stangate sulle pensioni siano proprio loro a farle, insieme alle alleanze con quelle forze politiche che sui migranti hanno fatto business.

Ora navighiamo verso le rotte delle prossime elezioni politiche. Lo sforzo congiunto della "grande coalizione" si indirizza nel cercare una nuova legge porcata elettorale che possa ridurre il peso dei pentastellati, unica vera forza estranea alla "congiura dei poteri incrociati" che deprimono questo paese. Tramontato Tzipras, quale ultimo "deus ex machina", quale nuovo personaggio scoveranno i nostri eroi cui affidare le sorti della sinistra italiana? Si accettano scommesse.

Quanto alla storiella dell'unità a sinistra, ne sentiamo blaterale da 30 anni, invocando invano da ogni dove la chiamata alla coesione più o meno coatta. Difatti se prendi tre intelletti di sinistra e li chiudi in una stanza per cercare l'unità, ne escono che hanno fondato cinque partiti: oltre ai personalismi, piace loro creare veti incrociati per fottersi a vicenda.

Se c'è un fattore che, in questi anni, mi ha fatto appassionare al Movimento 5S, è stato il tentativo continuo di generare una coscienza diversa nel rapporto del cittadino con la politica. Questo sforzo viene chiamato, da alcuni, populismo (contenti loro). Se non si focalizza l'attenzione sulla genesi del movimento, che si è naturalmente costituito attorno alla figura di

Grillo, e si continua a favoleggiare di manipolazioni delle masse per oscuri e indicibili obiettivi di cui solo una minoranza ristretta di adepti custodirebbe i segreti, non si comprenderà mai perché così tante persone si sono avvicinate e si avvicinano al movimento.

È tutto oro quel che luccica? Assolutamente no. La formazione di una aggregazione così numerosa di persone eterogenee (politicamente), disgustate da un sistema a-morale ed eversivo (in termini di Costituzione Italiana) quale quello partitocratico italiano (difeso da una informazione piegata alla sudditanza più spudorata), presenta una mole di problemi da gestire. Siano essi problemi di carattere funzionale-organizzativo, oppure abbiano attinenza con la definizione degli obiettivi politici e della loro attuazione. La rapidità della crescita del movimento ha imposto ritmi di adattamento mai visti prima sullo scenario politico e sociale. Se non fossero stati compiuti degli errori, delle sbavature, degli inciampi, delle incomprensioni e qualche incongruenza, allora avremmo davvero dovuto preoccuparci. Saremmo stati - in questo caso -, di fronte a un "Leviatano" preconfezionato e di dubbia origine. Credo nemmeno tutti gli iscritti, i simpatizzanti, e gli attivisti, si rendano conto di questa realtà. Talvolta i comportamenti di alcuni ricalcano quelli della politica tradizionale e ciò genera situazioni critiche nelle quali sono le figure dei "garanti" a dover intervenire, per preservare lo "spirito" originale. Ma la ricerca di una identità propria è invece molto sentita nel movimento. Lo sforzo, visto dall'interno, è "mirabile dictu" sostenuto da impegni personali non indifferenti. Se l'intera classe politica italiana, negli ultimi 35 anni, avesse generato la stessa crescita intellettuale e politica operata dal movimento Cinque Stelle (in un lasso di tempo ben minore), vivremmo in una novella Svizzera e il M5S non esisterebbe.

In compenso da 35 anni sentiamo politici blaterale di "rinnovamento della politica" mentre, nella pratica, il livello di corruzione è decuplicato dai tempi di Tangentopoli, e lor signori hanno preservato ogni forma di conflitto di interessi e di condizioni giuridiche per aiutare gli amici, gli amici degli amici e i parenti, più o meno stretti, per farla franca. Non da ultimo, ci hanno regalato una sudditanza becera a una nomenclatura europea dissipando la nostra ricchezza industriale e impoverendo il paese (nel mentre i soliti noti hanno continuato ad arricchirsi), condannando alla povertà fasce sempre più grandi di popolazione e costringendo molti giovani a emigrare per crearsi un futuro.

Il fronte che osteggia il movimento è costretto a inventarsi di continuo nuove motivazioni per delegittimarlo agli occhi dell'elettore. L'ultimo fronte aperto è quello delle "competenze", di cui il M5S sarebbe carente per essere idoneo a governare il paese. Tralasciando gli aspetti quasi comici di questa affermazione, in relazione al livello medio di "competenza" dei ministri nominati negli ultimi 15 anni: Sanità, Istruzione, Ambiente, Lavoro, tanto per citarne alcuni, il discorso è monco. La "competenza" è tanto importante quanto l'"affidabilità" e la "credibilità". Un medico può essere competente (in quanto ha compiuto un determinato percorso di studi) ma può non essere affidabile (non è capace a curare i propri pazienti in modo adeguato), e poco credibile (le medicine che prescrive sono prevalentemente delle ditte farmaceutiche che gli riconosco un contributo).

L'esempio può essere replicato per qualsiasi tipo di mestiere o professionalità. Così come, e il M5S l'ha ampiamente dimostrato, fuor di pregiudizio, che le competenze si possono acquisire anche sul campo con la volontà e la dedizione. Certo questo non esime dalla necessità di avere le competenze tecniche appropriate nei ruoli che le richiedono. Ma allo stato dell'arte, mi pare che i diversi schieramenti politici abbiano ben poco da insegnare ai pentastellati. Vice versa, il M5S ha dimostrato di saper scegliere le competenze fuori dal proprio ambito. Ne sono esempio la scelta di Carlo Freccero per la Rai e i numerosi esperti che partecipano ai convegni, organizzati dal M5S, su specifiche tematiche oggetto di programma di governo. Il futuro potrebbe riservarci interessanti sorprese in merito. Con buona pace dei detrattori a buon mercato.

(26.05.17)

Il paese che sogna la rivoluzione ma non ha i rivoluzionari

La rivoluzione in Italia è un desiderio, un sogno: talvolta bisbigliato, sussurrato tra amici, in segreto, oppure enfatizzato con le dita sulla tastiera di un computer anonimo, nel lago impetuoso dei social.

Il desiderio della rivoluzione è un peccato capitale, che ti marchia con la lettera scarlatta del giacobinismo, del pericolo pubblico, del sovversivo, del potenziale terrorista. Non è un caso; non è senza ragioni per cui questo accade. Le rivoluzioni si coprono troppo spesso di sangue; sovvertono un potere al comando con l'anti-potere che, a sua volta, ne prende il posto. A volte va bene, in altre si peggiora la situazione.

Per questo la democrazia, per quanto imperfetta, è l'unico strumento che consente di "sovvertire" il potere, di "ribaltare" il posto di comando, consentendo l'alternanza, e la libera scelta, tra opzioni diverse, evitando lo spargimento di sangue.

Comunque, per fare la rivoluzione, occorrono i rivoluzionari. Gente risoluta, con le idee chiare sullo stato attuale delle cose e quelle sul futuro che si desidera attuare. Combattenti pronti a sacrificare se stessi per la causa - che ritengono giusta,- abili nelle strategie e capaci di nervi saldi, per non cedere subito di fronte alle prime difficoltà.

Il panorama politico dell'Italia di oggi, e degli ultimi anni, simboleggia bene questo contrasto tra il desiderio di attuare la rivoluzione (culturale, sociale, politica), ma senza i nervi saldi di cui necessitano i rivoluzionari.

Meglio ancora, le cronache post elezioni del 4 marzo segnano la confusione tra il fronte "conservatore" e quello "riformatore", ma non meno quella interna al secondo. A oggi, posso dire, per quel che mi riguarda, che Di Maio si è mosso molto bene nel dimostrare un'evidenza che non teme diversa interpretazione: in Italia è in atto, da anni, un accordo politico per evitare un governo del M5S.

Tre leggi elettorali, pressoché incostituzionali, e che non hanno precedenti nei paesi dell'area occidentale democratica, di cui l'Italia è parte, sono state scritte e promulgate con l'obiettivo di impedire l'affermazione del movimento. Anche a costo di creare una situazione di ingovernabilità. La separazione tra la conservazione del passato (fondato su ricatti, complicità, illegalità, privilegi) e le potenzialità del futuro, affrontando i reali problemi del paese avendo cognizione di causa (con immaginazione), e reale preoccupazione per i cittadini, non può essere più lampante.

È il fronte dei "rivoluzionari", o di chi sogna la rivoluzione, a sentirsi confuso. L'illusione che per far la rivoluzione, e cambiare le cose, ci sia, da qualche parte parte, un interruttore (deviatore) da pigiare per avviare in automatico il cambiamento, si è rivelata in tutta la sua drammaticità. Molti tifano per accordi tra M5S e la parte politica che ritengono più congeniale. Altri temono la disfatta dei consensi. Alcuni sospettano il cedimento dei principi. Pochi riescono ad analizzare la concreta situazione.

La rivoluzione, o la si mette in atto con le armi, o si usano gli strumenti democratici a disposizione; anche quando questi sono logorati dall'uso improprio causa decenni di mala politica. Avviare il cambiamento, in simili condizioni, implica saper destreggiarsi nel rivelare, al mondo, le trame degli avversari; quelle nascoste dietro le false buone parole d'ordine: responsabilità e governabilità (per esempio). Significa percorrere un sentiero che non è un prato fiorito, ma un cammino irto di avversità; ma è l'inizio di un cammino, di una nuova direzione.

Sono alcune domande a essere assenti nel dibattito: chi ha davvero paura del ripristino della legalità? chi teme un intervento sul conflitto di interessi? chi ha il terrore che un reddito di cittadinanza liberi una parte della popolazione dal ricatto della criminalità? chi paventa la liberazione delle banche dal giogo della politica? e quello dell'informazione dai padroni? e la perdita di potere degli speculatori (e organizzazioni criminali) sulla pelle degli immigrati? e il terrore di perdere le granitiche mazzette sulle grandi opere? oppure inorridisce all'idea del recupero dei diritti sul lavoro, sulla sanità, sullo Stato Sociale?

Potremmo continuare un bel po', ma il senso è sempre lo stesso. Il cambiamento è in atto, con buona pace di chi non riesce a vederlo. Possiamo essere migliori di ciò che siamo sempre stati condannati ad essere. Sarebbe un vero peccato perdere l'occasione.

(10.05.18)

M5S: segnali di crisi, quale futuro?

Le chiavi di lettura dei risultati elettorali si prestano sempre a diverse interpretazioni. Che tu voglia vedere il bicchiere mezzo pieno, o mezzo vuoto, una riposta, che ti soddisfi, la trovi comunque. Un elemento discriminante sono però le aspettative e gli obiettivi che ti sei posto. Misurare il risultato rispetto a questi può essere un ragionevole criterio per tradurre una certa quantità di voti e di percentuali in una valutazione politica.

Il risultato abruzzese, pressoché stazionario del M5S, esaminato alla luce delle circostanze politiche (un PD tracollato che ha perso la regione), e in considerazione dello sforzo di governo a livello nazionale (scendendo a compromessi con la Lega), è ben poco rincuorante; anzi, desta parecchia preoccupazione sulla validità della linea politica perseguita sino ad oggi.

Proviamo a individuare alcuni fattori critici, cui guardano con sempre maggiore preoccupazione una fetta crescente di attivisti/simpatizzanti che, del M5S, hanno costituito le fondamenta nel corso degli anni.

Alleanza con la Lega. Che lo si voglia chiamare "contratto di governo" può rincuorare qualcuno, ma se si analizzano gli sviluppi politici degli ultimi mesi, al di là dei contenuti specifici, la criticità è evidente. Un contratto implica un accordo tra soggetti, definito con un documento che certifica diritti e doveri delle parti. Un contratto politico sancisce un'alleanza trasparente, di durata variabile, cui i sottoscrittori si vincolano per soddisfare interessi (politici) comuni. Questa seconda tipologia richiede un margine di fiducia molto ampio, non essendoci un terzo soggetto cui appellarsi, in caso di mancato rispetto degli accordi da parte dei sottoscrittori.

Il punto critico è determinato dalla chiara divergenza degli interessi realmente in gioco, oltre a quelli dichiarati come comuni. Matteo Salvini, dalle ultimi elezioni politiche, non ha mai smesso di fare campagna elettorale - pro domo sua,- e la sua attività di ministro è stata tutta incentrata in questa ottica. Salvini si è comportato come un "free rider" - direbbero gli anglosassoni,- la cui azione è stata per lo più (o quasi esclusivamente) incentrata sulla questione dei migranti.

Se è vero che tale argomento spinoso, lasciato incancrenire dalla sinistra fintamente buonista, ha richiesto interventi urgenti e anche odiosi, è altrettanto vero che il M5S è stato, sino ad oggi, incapace di porre la questione nei termini più ampi, necessari per affrontare questa tipologia di problema. La retorica del "aiutiamoli a casa loro", altro non è che un banale slogan propagandistico: Salvini ha giocato da subito questa carta. Il M5S non ha contrastato, e messo allo scoperto, il bluff di questa impostazione.

Perché se si vuole "aiutarli a casa loro" allora si imposta – subito,- un progetto politico transnazionale, articolato per obiettivi, e per attività, e non ci si limita a depotenziare l'accoglienza, creando ulteriori criticità. Si è giocato, sino a questo momento, una lotta di posizione con le burocrazie europee; queste hanno chiaramente delle responsabilità gravi a riguardo, ma la politica la si realizza pianificando progetti, e non rimpallando responsabilità. Nemmeno, e questo è ben più grave, confinando i disperati nei lager libici dove "occhio non vede... cuore non duole".

Se il braccio di ferro e la linea dura hanno comunque conseguito l'obiettivo di evidenziare l'ipocrisia dell'impostazione europea sull'immigrazione, e comunque conseguito una significativa riduzione degli sbarchi, il vantaggio è andato tutto alla Lega, che ha scavato nel solco profondo dei sentimenti più torbidi della destra italiana, e degli insoddisfatti in generale, che attribuiscono agli immigrati ogni colpa delle proprie pene. Mentre il M5S non ha garantito, al variegato mondo degli elettori delusi di sinistra, la sopravvivenza – e l'affermazione,- di quei sentimenti umanitari (autentici) che la caratterizza (diversamente dal buonismo fallimentare dei dirigenti). Il risultato, di fatto, è la crescita della Lega, che incamera l'elettorato berlusconiano, e l'aumento dell'astensione, che penalizza il movimento.

La storia del TAV. Apparentemente questa questione dovrebbe avere un ruolo marginale, ma le dichiarazioni, gli appelli, e le panzane dei soliti media - sempre più pressanti,- indicano una questione ben più delicata e importante. Questa non consiste nella vicenda della linea Torino-Lione in sé; bensì nell'aver "imposto", a contratto, l'analisi costi-benefici per l'opera. Questa scelta rappresenta una questione "rivoluzionaria" nel panorama politico italiano, e pochi se ne rendono conto.

L'introduzione della C/B torna a porre (finalmente), nel dibattito politico, la questione della "razionalità" delle scelte politiche sulle quali si dovrebbero basare le azioni dei decisori. Negli ultimi 20 anni abbiamo avuto, nel nome di una fittizia governance, un totale sbilanciamento - attraverso leggi insane,- dei poteri di controllo dello Stato (e della tutela degli interessi collettivi) in favore dei privati (amici, e amici degli amici).

Le cronache giudiziarie, i fallimenti delle "grandi opere" faraoniche (di cui il Mose rappresenta l'ultimo fulgido esempio), le inutilità di altre realizzate – di cui non si rientrerà giammai dei costi sostenuti,- valgono a testimoniare quanto accaduto per mano dei governi di csx e di cdx (di cui la Lega ha fatto parte).

La criticità è proprio rappresentata dal fatto di una Lega che, a parole, si professa per il cambiamento, ma, nei fatti – e nelle dichiarazioni,- ripropone il modello economico-politico, nella gestione delle opere, che ha caratterizzato per decenni il nostro paese, e che tanti danni economici ha prodotto.

Le dichiarazioni di Salvini sul Tav non possono che essere lette sotto questa luce; anche in considerazione del fatto che, proprio in Piemonte, egli deve distogliere l'attenzione del pubblico dalla conferma delle condanne in appello subite da uomini della Lega per il famoso (quanto dimenticato) scandalo rimborsopoli. Può quindi essere questa Lega un affidabile partner politico con cui attuare tutti i cambiamenti di cui l'Italia ha bisogno? Penso, per esempio, al conflitto di interessi, che rappresenta una piaga nel nostro sistema economico. Per questo, come per molti altri, è necessario possedere una totale indipendenza, e godere di una posizione di non ricattabilità verso altri poteri (più o meno occulti).

Lega Vs M5S. Non possiamo certo sottovalutare, o negare, le iniziative politiche positive portate avanti da questo governo (con il contributo sostanzioso del M5S). Siamo consapevoli che il Movimento, nato e cresciuto con notevole rapidità, in un tempo piuttosto ridotto, e travolto da troppe aspettative (dovute al crollo del sistema partitocratico tradizionale) avrebbe avuto bisogno del supporto di un "compagno" politico di altra natura, che ne compensasse le evidenti ingenuità, sostenendone invece i valori positivi (e rivoluzionari). Ma nel panorama politico italiano, oramai desertificato, quanto a figure politiche di un reale prestigio, e di statura (morale e intellettuale), si finisce per dover accettare compromessi difficili da digerire.

In questo gioco tende ad essere vincente, nuovamente, la Lega. A suo vantaggio anche il ruolo maldestro di dichiarazioni, ed esternazioni, di alcuni ministri pentastellati, che offrono troppo spesso il fianco alla messa in berlina da parte di quella sinistra agonizzante, ma che ritrova, in queste opportunità (gratuite), brevi sussulti di gloria.

Su questo aspetto molti si domandano quale ruolo giochi la Casaleggio. Se essa deve essere garante della "comunicazione", siamo di fronte a qualche carenza strutturale: possibile che essa non sia ancora riuscita a impartire la lezione, nella testa di alcuni esponenti cinquestelle, che quando si apre bocca – o si scrive,- occorre avere, in primo luogo, riguardo alla figura (al ruolo) istituzionale che si ricopre, evitando così figure barbine?

Ciò che può permettersi Salvini, non significa se lo possano permettere i pentastellati, e che sortisca lo stesso effetto, avendo un elettorato differente.

E' tempo di riflettere, per i Cinque Stelle, in modo più articolato, in prospettiva sul proprio futuro, sulla propria organizzazione interna, sul sistema di assunzione delle decisioni: magari ponendo mente ai principi da cui la storia del movimento ha avuto inizio.

Molti di noi non li hanno ancora dimenticati. A buon intenditor… (12.02.19)

M5S dalla Tav all'immigrazione i rischi di scivoloni politici

Nelle settimane scorse, in casa M5S, c'è stato un po' di fermento per quanto riguarda l'annosa questione della Tav (linea Torino-Lione) in Val Susa. La decisione di sospendere i lavori, principio baluardo del movimento, è stata subordinata, prevalentemente per accontentare la Lega, a una analisi costi-benefici, tutt'ora in corso. Questa attesa, e alcune dichiarazioni non proprio felici da parte di qualche esponente pentastellato, o gli eccessivi silenzi di altri (che sarebbero titolati a parlare), hanno esacerbato gli animi in Val Susa creando non poche delusioni, e molte perplessità tra chi sostiene, da anni, il movimento.

Forse, vista da un osservatore esterno, la questione della Val Susa e della Tav, potrebbe risolversi con un bel "chi se ne frega!", e probabilmente questo pensiero appartiene a qualcuno all'interno del movimento che, approdato in quei di Roma, ha scordato le origini. La lotta valsusina alla Tav, sposata in toto dal movimento, coniugata in abbracci tra Beppe Grillo e Alberto Perino (storico rappresente del movimento No Tav), rappresenta un valore politico che va ben oltre la stretta Val di Susa.

Non posso qui ripercorre la storia della lotta No Tav che perdura da oltre 20 anni. Mi limito a citare il sito *Costituzionalismo.it* che, nel corso del tempo, ha trattato l'argomento, evidenziando quanto la lotta del movimento (No Tav) trovi giustificazione nella Costituzione Italiana, con una coerente azione di esercizio dei diritti democratici. Vale la pena citare uno stralcio (dello stesso sito, autrice Alessandra Algostino - 2014) in merito alla denuncia presentata presso il Tribunale dei Popoli, il quale ha confermato, successivamente, le ragioni del movimento No Tav:

Da ormai oltre vent'anni in Val Susa è sorto un

*movimento plurale e trasversale che chiede che le sue
ragioni, argomentate da esperti e studi scientifici,
siano ascoltate. Centinaia e centinaia sono gli
incontri sul territorio, decine le manifestazioni molto
partecipate (dalle migliaia di persone alle decine di
migliaia), sottoscritte da migliaia di cittadini le
petizioni al Parlamento europeo, molteplici i ricorsi
ai tribunali, ricorrenti le delibere dei consigli
comunali. La risposta è stata un falso tentativo di
dialogo in stile divide et impera, con la creazione di
un Osservatorio nettamente sbilanciato nella
composizione e nei compiti, una massiccia campagna
mediatica denigratoria, una "attenzione particolare"
della magistratura nei confronti dei partecipanti al
movimento, la militarizzazione del territorio. La
democrazia istituzionale contro la partecipazione
delle comunità locali? La democrazia non è
partecipazione effettiva di tutti i cittadini, come
ricorda la Costituzione?*

Sono centinaia la pubblicazioni che argomentano la falsità
del progetto Tav Torino-Lione, la sua inconsistenza economica, e
gli intrecci dei rapporti di favore tra imprese amiche e fazioni
politiche. Come sopra evidenziato, lo stesso tentativo di creare,
nell'immaginario collettivo, l'equivalenza No Tav = Terroristi (a
seguito di azioni non violente che hanno comportato il
danneggiamento di materiali del cantiere di Chiomonte), obiettivo
perseguito per anni dalla Procura di Torino, è fallito miseramente,
decretato da una sentenza della Corte di Cassazione.

Fu il compianto presidente Ferdinando Imposimato
(emerito di Corte di Cassazione), che ben conosceva la questione
Tav – italiana,- avendo egli indagato già ai tempi della prima linea
Roma-Napoli, scoprendo le malversazioni, i danni ambientali, e
gli aumenti sproporzionati dei costi, ad ammonire la Val Susa sui
pericoli di cantieri che avrebbero trasformato la Valle in una

nuova "Terra dei Fuochi".

Così come l'ing. Ivan Cicconi (anch'egli scomparso) per decenni illustrò, con i suoi studi e i suoi libri, non solo l'inconsistenza del progetto Tav in Val di Susa, ma come le leggi (tipo Sblocca Italia) create nel tempo dal Cdx e dal Csx, avessero smantellato quelle procedure che garantivano al committente (chi paga, quindi lo Stato), nell'ambito degli appalti pubblici, il pieno controllo della situazione economica e delle condizioni di avanzamento dei lavori, delegando tutti i poteri discrezionali (e di spesa) ai vincitori delle gare.

Il punto politico, che può rappresentare una crisi per il M5S, è questo aspetto: non la difesa di una parte del proprio elettorato, bensì quella di sani principi di salvaguardia economica, giuridica, ambientale, e sociale, nella gestione degli appalti pubblici. Quindi la lotta a modelli di connivenza politica, e sovente criminale, che gravano sul paese, e possono anche condurre a eventi tragici, di cui il ponte Morandi è l'ultimo doloroso esempio.

Un altro terreno scivoloso per i Cinque Stelle è la questione "immigrazione" o "migranti" che dir si voglia. In una precedente riflessione (sulla sinistra), evidenziavo come il problema non si risolve nella sola questione della distribuzione numerica dei disperati. Se ha avuto una valenza la presa di posizione del governo nei confronti dell'Europa, che ha scaricato il peso dei migranti sull'Italia (grazie a Renzi), l'appiattimento del M5S sulle posizioni della Lega, limitandosi a parlare dello sfruttamento criminale, risulta insufficiente sul piano politico di medio periodo.

Il rimando ad accordi con i paesi del sud del mediterraneo affinché impediscano le partenze, risulta poco convincente: sia per l'alto rischio di creazione di "lager" in quesi paesi, sia perché non intacca i motivi della "migrazione" disperata.

Prendiamo un esempio reale, apparso in questi giorni sul sito AfricaExPress, e riportato anche dal Fatto Quotidiano: in Congo si calcola che quarantamila bambini vengano utilizzati come minatori per estrarre il Coltan, a mani nude, per 12 ore di lavoro al giorno, e uno stipendio da fame.

A chi serve il Coltan? Alle industrie elettroniche. Praticamente nei nostri pc, nei nostri smartphone, e nei nostri televisori full hd 50 pollici dei nostri salotti, ci portiamo appresso un po' di lavoro minorile che ricalca quello della prima rivoluzione industriale dell'800.

Domanda facile facile: Ci rendiamo conto, oppure no, che quei quarantamila bambini, insieme ai loro genitori, e alle altre migliaia di adulti che lavorano nella stessa miniera (prevalentemente tutti giovani), sono potenziali migranti?

Quanti esempi analoghi possiamo fare (ancor prima di parlare di guerre e carestie)? Se ce ne rendiamo conto, si potrà ben comprendere come lo slogan "aiutiamoli a casa loro", sia poco più che una patetica propaganda elettorale da breve, brevissimo, periodo, senza un obbiettivo geopolitico all'altezza della situazione.

Se il M5S non si smarca, strategicamente, dalle posizioni della Lega, potrebbe pagarne un costo alto, in termini di consensi; costo fino ad oggi rinviato, grazie alla presenza di una agonizzante sinistra. Ma in futuro potrebbe non essere più così.

Il movimento ci ha già fatto soffrire con errori di strategia, in passato, verso i quali molti di noi (simpatizzanti, attivisti, elettori), hanno avuto indulgenza, e pazienza, attribuendoli all'inesperienza. Ma la pazienza conosce anche dei confini. Si pensi alla questione Euro. All'inizio il M5S era dichiaratamente favorevole all'abbandono della moneta unica. Successivamente calò un impietoso silenzio sull'argomento, glissato e rinviato a tempo indeterminato. Oggi siamo contenti che il movimento abbia ritrovato lo spirito giusto per affrontare la questione Euro-Unione Europea.

Certo le situazioni sono cambiate, si sono evolute, e sono gli stessi "sovranisti" ad aver modificato alcune posizioni. A costoro va il merito di non aver mai mollato, e di essere stati gli unici a porre la questione europea in un dibattito pubblico che è sempre stato rigorosamente vietato sull'argomento.

Merito loro; demerito dei Cinque Stelle, l'aver lasciato che economisti e giuristi trovassero "casa" tra le fila della Lega, dopo aver atteso invano delle posizioni chiare del Movimento sull'argomento, non pervenute per troppo tempo.

Siamo quindi in trepidante attesa dell'esito dello studio costi/benefici sulla Tav, non senza qualche perplessità: non vorremmo che l'esito si risolvesse in un compromesso al ribasso, sulla pelle dei valsusini, per non rischiare i rapporti con la Lega, i cui parlamentari sembrano non aver compreso la posta in gioco (e forse non potrebbero proprio, avendo sottoscritto nell'era berlusconiana quelle leggi porcate).

Ugualmente ci aspettiamo dal M5S una impostazione di ampie vedute, e strategie, sulla questione migranti; evitando di appiattirsi sulle posizioni di Matteo Salvini, che oggi sbraita con l'Europa, ma, come documentato, non è mai stato presente nel Parlamento Europeo (nelle commissioni) per difendere l'Italia dagli accordi europei formulati in quelle sedi.

(03.10.18)

Diba non c'è... è andato via
(il Di Battista scomparso)

Di Battista non c'è, è partito? È andato via? Farà un corso da falegname, andrà in India, continuerà la collaborazione con il Fatto Quotidiano. Insomma, Diba, non c'è, né a Ivrea, né nella prossima campagna elettorale del M5S per le Europee. Dal giorno in cui ha dichiarato quello che molti attivisti avrebbero voluto fortemente sentire dalla voce di Di Maio, in merito al Tav, la voce del più agguerrito personaggio politico del M5S, si è silenziata (oppure è stata silenziata).

In quell'occasione Alessandro Di Battista, in relazione alla posizione della Lega sul Tav che, per bocca di Matteo Salvini, ha profuso la solita tiritera di sciocchezze e falsità sull'argomento (non ostante la relazione Costi/Benefici), lanciò un messaggio chiaro: se Salvini vuole il Tav a tutti i costi se ne vada con Berlusconi (assumendosene le responsabilità) e la smetta di rompere i coglioni.

A distanza di settimane, ora è Di Maio che mugugna verso l'alleato di governo; sono i parlamentari che masticano parole di disagio a denti stretti e, alla nuova kermesse della Casaleggio & C, molte sono le assenze. Ma, ciò che conta, è l'immagine di un movimento che inizia, tardivamente, a prendere atto (ma sarà proprio così?) del cul de sac nel quale si è infilato.

Da tempo sostengo che il Movimento avrebbe dovuto prendersi del tempo per guardare dentro se stesso, alla propria storia, alle esperienze maturate, a tutti quei regolamenti e principi messi insieme sempre in corsa e che mostrano inadeguatezza nei confronti della realtà politica, e denotano assenza di mature strategie.

E' inutile fare delle manifestazioni, come quelle di Ivrea, a beneficio della Casaleggio, parlando di futuro, se non si è capaci di gestire il presente; se non si ha consapevolezza delle necessarie fasi per transitare dal "qui adesso" al "domani". Intendiamoci.

Molte battaglie sono state portate avanti dal Movimento con ostinata determinazione e sono oggi una realtà che può cambiare almeno parte della storia del paese. Ma il rischio è che quel sistema, di cui la Lega ha sempre fatto parte, prenda il sopravvento, e vanifichi ogni sforzo. In questo aiutata da troppe approssimazioni di certi ministri pentastellati.

La realtà italiana è complessa, ma soprattutto moralmente inadeguata, nel profondo, a cogliere le sfide. La politica è asfittica, minimalistica, gattopardesca. Sostenuta da intrecci di potere; da una rette fitta di relazioni di convenienza tra i portatori di scheletri - in sconfinati armadi; da un'informazione compiacente e/o succube; da un sistema di rapporti con la criminalità organizzata.

Purtroppo non sono pochi gli Italiani che ancora cercano il "Salvatore" politico, che carichi su di sé i peccati altrui, e risolva tutti problemi; mentre loro, il "popolo", sorseggiano birra davanti all'ultima partita di Champions, o si deliziano davanti ai palestrati culetti dell'"Isola dei Famosi".

La nascita del Movimento scaturiva anche da questo bisogno di "rivoluzione culturale", dopo un periodo ventennale berlusconiano, dove hanno trovato cittadinanza i principi piduisti della Loggia Massonica di Licio Gelli, volta ad infossare il "popolo" dentro una pudribonda amalgama di ignoranza, e qualunquismo.

Riportare i cittadini al centro della scena politica, fare della partecipazione il motore pulsante della democrazia; che non è data per sempre, ma deve essere curata e, per svilupparsi, non può esimersi dalla crescita culturale dei suoi membri. Scoprire ora che la Lega è di "destra", o un po' troppo a "destra", un po' razzista, un po' retrograda su certi diritti… denota una ingenuità che un partito di governo, o che ambisce ad essere tale, non si può permettere. Si evidenzia una assenza di strategia di un Movimento che, se da una parte ha fortemente desiderato aprire le porte della politica alla società civile, ai cittadini abbandonati e delusi, ai numerosi esperti apprezzati all'estero, ma non in patria;

dall'altra si è chiusa a riccio, incapace di valutare l'importanza del dissenso, delle critiche, delle osservazioni, interne ed esterne.

Incapace di distinguere i "veri nemici", dagli "amici veri", quelli che ti vogliono bene anche se ti criticano, e lo fanno in ragione proprio di quell'affetto. Così si son perse tante preziose occasioni di mantenere vicino a sé, e valorizzare, persone importanti (e altamente qualificate, nei rispettivi settori di competenza), che avrebbero portato utili consigli. Recentemente mi è giunta una notizia, di cui per correttezza non posso parlare, ma che, se confermata, darebbe la definitiva prova di questa incapacità. E comporterebbe un danno, per il M5S, con conseguenze non indifferenti. Si è data troppa fiducia al contratto in sé, dimenticando che sono le relazioni tra partner a rendere efficace una governance politica. Si corre ai ripari cercando di rattoppare le carenze strutturali e organizzative, delegando l'intera gestione interna alla figura del "capo politico" (un ossimoro rispetto ai principi originari del movimento).

E questo ha comportato la s-valorizzazione di quella "democrazia diretta" che era uno dei presupposti. Quanto alle carenze della piattaforma Rosseau, al modo di porre certi "quesiti", alla selezione dei candidati, stendiamo un velo pietoso. I principi dell'"uno vale uno", dei due mandati, del "torni a fare quello che facevi prima"; della restituzione del denaro, sono importanti ma, la loro attuazione, non ha tenuto conto della realtà, politica e sociale del paese , in cui si operava. Non tutti sono adeguati per ricoprire qualsiasi ruolo; i mandati debbono essere "pieni", e non si può paragonare un mandato parlamentare con quello di un comune di 30.000 abitanti; ci sono lavori che, se gli abbandoni per dedicarti alla politica, non hai alcuna possibilità di riprendere; dimensionare gli stipendi dei parlamentari alla media europea sarebbe stata un'azione più che sufficiente, per dare un segnale di cambiamento.

Sarò noioso, ma torno a ribadire che i regolamenti e le norme sono cosa diversa dai valori. Se una regola diventa un feticcio, senza porsi questioni sulla sua adeguatezza nel rendere pratico un determinato valore, ci si avventura per i sentieri tortuosi (e insidiosi) della retorica, laddove le parole perdono di significato per chi ci ascolta.

Cosa succederà dopo le elezioni europee è facile da prevedere: se la Lega manterrà il livello di crescita di cui i sondaggi parlano, presenterà il conto, in favore dei propri interessi; e allora ci vorrà (come sul dirsi) un "sac de cul" per uscire dal "cul de sac", magari ricordando che i "partiti" fondati, e gestiti, sugli "yes man" (a qualsivoglia livello), hanno intrapreso inesorabili fasi di declino, nel nuovo millennio.

(07.04.19)

M5S al voto ragioni per votarlo o meno

Ma per le prossime elezioni, vale ancora la pena votare M5S? La domanda non riguarda certo tutti, ma credo che, come me, ci siano elettori con forti sentimenti contrastanti, a riguardo. Provo a fare una breve disamina dei pro e dei contro, nulla più che una riflessione personale (certamente non esaustiva), ma che magari aiuterà anche qualcun altro, nella difficile decisione. Iniziamo, brutalmente, da una serie di considerazioni, che inducono a non votare il M5S.

Tav.

La prima questione è quella che ci riguarda più da vicino. La gestione politica del blocco della linea Torino-Lione è stata gestita in modo ampiamente insoddisfacente, e ancora oggi non è stata definita. Errori grossolani sono stati commessi. Si è persa la fiducia di una fetta considerevole di Valsusini che avevano riposto nel M5S la fiducia, per ottenere, finalmente, l'affermazione definitiva della verità sul Tav: non serve, è inutile, costoso, e fuori tempo massimo per la realizzazione. L'argomento non riguarda solo la Val Susa, ha una valenza ben più importante: porre finalmente la parola fine alla gestione corruttiva, e a favore dell'interesse di pochi, delle Grandi Opere. Un'occasione importante per affermare la logica dell'utilità, e dell'impiego consapevole e razionale, del denaro pubblico. Sembra che i vertici, e alcuni parlamentari del movimento, non si rendano conto della posta in gioco, anzi provino un qual certo, malcelato, fastidio nei confronti della Val Susa. Forse, a qualcuno, l'ascesa rapida dalla polvere agli altari ha provocato una sbornia di autostima.

Immigrazione.

L'errore maggiore non è stata la chiusura dei porti, con la - giusta,- pretesa che del problema se ne occupasse l'Europa nel suo complesso (come vuole la narrazione di sinistra), bensì l'aver lasciato carta bianca a Salvini. Come già scritto, alla frase "aiutiamoli a casa loro", sarebbe stato opportuno (politicamente e umanamente), mettere la Lega di fronte alla responsabilità di creare un piano tecnico/politico per affrontare il problema, di concerto con l'Europa (e inchiodando anch'essa alle proprie responsabilità). Ciò avrebbe ridimensionato da subito il ruolo di Salvini come salvatore della patria.

Euro-Europa.

Anche questa è una nota dolente (su cui mi sono già espresso). È sconosciuto il motivo per il quale, dopo aver gridato nelle piazze per anni strali verso l'Euro e l'Europa (ipotizzando addirittura l'uscita da entrambi), l'argomento sia precipitato nel silenzio assoluto. Anche qui un nutrito gruppo di sostenitori/simpatizzanti/esperti è rimasto a bocca asciutta ed è transitato verso la Lega che ha loro offerto appoggio incondizionato. Un bel regalo, con l'omaggio finale (alla Lega) del prof. A.M. Rinaldi che, seppur professa da sempre la sua estraneità a fazioni politiche, è sempre stato vicino al Movimento, ma non ha ricevuto nessun invito per la sua candidatura. Quanto all'Europa, non ostante il lavoro eccellente dei parlamentari a Cinque Stelle, non si può dimenticare la pessima figura realizzata con l'accordo con l'Alde; grazie a un dannoso parlamentare europeo come David Borelli (sostenuto dai vertici del Movimento, e oggi transitato in +Europa), si sono persi due validi parlamentari in Europa e si è guadagnata una magra figura.

Tap, Ilva, Terzo Valico, Muos.

Anche qui profonde delusioni sono state seminate dal Movimento. Se, molto probabilmente, la responsabilità risiede nei contratti sottoscritti da altri governi, l'aver promesso troppo, e con troppa disinvoltura, durante le campagne elettorali condotte stando all'opposizione, hanno generato altre perdite di consenso. Eppure già cinque anni in Parlamento avrebbero dovuto consigliare maggior cautela, prima di instradarsi in facili promesse.

Rai e informazione.

Una breve menzione merita la Rai. Se la scelta di candidare Carlo Freccero è stata sicuramente positiva, non si può dire che altre scelte abbiamo condotto favore nei confronti del M5S. I dati confermano un presenzialismo eccessivo di Salvini. Più che appellarsi ai complotti, occorrerebbe un sano realismo. Tutti fuori dalla Rai (come partiti) è cosa buona e giusta, ma se gli altri non accettano, allora è bene far valere la propria posizione di partito di maggioranza relativa, e ti prendi il canale principale di informazione. La coerenza è importante, ma non è buona prassi politica fare la vergine quando lavori dentro un bordello: gli altri vincono e tu rimani con il cerino in mano.

Democrazia interna.

L'argomento è spinoso. Se sei un fedele grillino (grullino?) tutto ciò che accade nel movimento, e come viene gestito, dalla piattaforma Rosseau, alle nomine dei candidati, alla neo figura del capo politico, all'onnipresenza della Casaleggio, ti sembra normale, e accettabile. Diversamente, con un po' di sano spirito critico, il dubbio che qualcosa non funzioni per il verso giusto, ti dovrebbe venire. In nome di una presunta Realpolitick interna (prima eravamo all'opposizione, ora siamo al governo), si è evitato di affrontare questioni di reale democrazia, della gestione del dissenso, del confronto con gli attivisti sul territorio. Non di meno non è mai esistito un dibattito (reale) sui principi del movimento che, raccolti quasi per caso dalla rete (da Grillo e Casaleggio), non hanno mai costituito un ragionato piano politico integrato (con norme e regole appropriate alla realtà, e mediate dall'esperienza). Si continuano invece a improvvisare correzioni, in corso d'opera, che sono facile oggetto di accuse di incoerenza.

Le possibili ragioni per un voto.

A questo punto vi domanderete se esistono plausibili ragioni per votare il M5S. Proseguiamo nell'analisi.

Il primo merito del Movimento è l'averci regalato (al paese) finalmente(!) un primo ministro degno di questo nome, e non personaggi che ti vien voglia di prenderli a ceffoni appena li guardi faccia (perché sai che ti stanno prendendo per il culo...). Non ostante le solite inutili critiche del pensiero unico mediatico, Conte ha raccolto il favore della maggioranza dei cittadini, di differenti pensieri politici. Non è cosa da poco. Il fatto riveste una certa importanza se ricolleghiamo la figura di Conte a quel cast di professionisti (come lui), che il M5S aveva presentato come compagine di governo, qualora avesse vinto le elezioni, superando quell'idiota soglia del 40%, voluta da cdx e csx, proprio per impedire al Movimento di governare da solo. Il nostro Primo Ministro, non è quindi un caso accidentale, ma fa parte di una strategia politica (voluta da Di Maio) che prevedeva l'ingresso, nel governo, di figure preparate, e di alto livello. Il paese sta scivolando verso una nuova Tangentopoli, per la quale i partiti accusano, come in passato, l'invadenza della magistratura. I magistrati sono, da 30 anni a questa parte, costretti ad intervenire per far pulizia delle "mele marce", mentre i vertiti dei partiti promuovono gli stessi personaggi a posizioni di prestigio con laute prebende.

Il sistema è corrotto, per chi vuole avere gli occhi aperti (e non vive di connivenze o illusioni). Su questo terreno il M5S rappresenta un antidoto importante. Non per nulla l'ostracismo nei suoi confronti ha proprio origine dalla consapevolezza di questa estraneità al "sistema", che ruota intorno alla politica, ma coinvolge imprenditori, mediatori, giornalisti, criminali organizzati. Nessuno può pretendere una patente di onestà formulata sulla base di un esame del sangue, perché non esiste. Diversamente esistono ragioni di opportunità politica (e morale) che consiglierebbero l'immediato allontanamento dalle stanze del "potere", dei personaggi su cui gravitano dubbi ragionevoli, condanne, prescrizioni, o patteggiamenti.

Roma, Torino, Livorno. Sui sindaci pentastellati di queste città, se ne sono dette di tutti i colori. Raggi, Appendino, e

Nogarin, non sono perfetti, per carità. Ma diversamente dalle narrazioni mediatiche, che li qualificano come incapaci, inetti, e prossimi a finire in gattabuia, continuano a lavorare alacremente, amministrando città disastrate, ereditate da gestioni passate. E, incredibile a dirsi, sono ancora a "piede libero", mentre gli "esperti" del cdx e del csx rimpolpano le fila dei galeotti (quasi sempre condonati grazie alle stesse leggi promulgate sempre dagli stessi partiti).

Populismo è la parola magica, buona per tutte le stagioni, con la quale screditare qualsiasi iniziativa positiva a favore dei cittadini, non più trattati come sudditi. Il populismo esiste, e fa certamente parte della cultura politica di alcuni soggetti. Ma, diversamente dalla narrazione, esistono diverse forme di "populismo". Quello dei Cinque Stelle nasce sull'onda lunga dell'indignazione del "popolo" per un sistema malato e corrotto, nonché traditore, che si ricorda delle persone solo quando deve mercanteggiare un voto, per poi dimenticarsene il giorno appresso a quello delle elezioni.

L'aver posto la questione della povertà al centro del dibattito politico, e di iniziative legislative, è un merito non indifferente. Certo le leggi vanno affinate e migliorate, ma il principio dell'universalità del reddito è un tema che solo grazie al Movimento, ha trovato la "cittadinanza" che merita.

Paradossalmente (rispetto alle deficienze), l'aver posto la questione delle Grandi Opere sotto la lente dell'Analisi Costi/Benefici, è un altro merito. Dopo le ubriacature di leggi come lo Sblocca Italia, finalmente si è tornati a porre la questione della scelta razionale degli investimenti da attuare per le infrastrutture (e il Mose dovrebbe insegnare qualche cosa). Per inciso, dubito che la terribile vicenda del Ponte Morandi sarebbe stata gestita con la trasparenza dovuta, se non ci fosse stato il M5S al governo. Il fatto stesso che certi contratti (sulle infrastrutture) siano "segretati", dovrebbe dirla lunga sulla bontà (e moralità) degli accordi che i governi, degli ultimi 30 anni, hanno firmato con soggetti privati.

Parlando di Parlamento Europeo, solo il silenzio mediatico quinquennale che trascorre tra un'elezione e l'altra, ha evitato di mettere in luce l'ampio e proficuo lavoro svolto dal gruppo dei parlamentari pentastellati. E numerose battaglie (come quella contro il TTIP) sono ancora in corso.

Per quello che riguarda il Parlamento Italiano, al di là delle inveterate e delle esibizioni para muscolari di Salvini, ci si dimentica di sottolineare che le positive leggi promulgate da un anno a questa parte portano la firma del M5S, grazie alla sua nutrita pattuglia di eletti, alla Camera e al Senato. In questo ambito non tutto è positivo; l'accordo (contratto) con la Lega costringe a spiacevoli mediazioni.

Non da ultimo, merita considerare il disastrato panorama politico italiano. Quali sono le possibili alternative? Sono sicuri, coloro che propendono per la Lega, che questa costituisca davvero una novità nel panorama politico, e possa "riformare" il paese? E a sinistra? il deserto, per quello che mi riguarda. Qualche pregevole iniziativa esiste, destinata pur sempre allo zero virgola; perché se non ci si affranca dall'ideologismo storico, non si può pretendere di avere seguito. Sulla destra... stendiamo un velo pietoso. La presenza del gerontocratico mister B, trasforma quella parte politica in una farsa, buona per essere sostenuta, e sorretta, dal sistema mediatico che lo stesso possiede.

Conclusioni?

Ciascuno tragga le sua, a questo punto. Se la disamina qui esposta sarà servita a qualcuno per riflettere... avrò raggiunto il mio scopo: qualsiasi sia la decisione che prenderà. Per il M5S la strada è ancora in salita. Dovrà porre mente alle proprie contraddizioni, e ai problemi interni, se vuole crescere ed essere forza realmente riformatrice per il paese. Il contratto con la Lega è una zavorra pericolosa, che rischia di esautorare la ragione dell'esistenza del M5S. Questo dovrà imparare a diventare forza autonoma dalla Casaleggio, e da Grillo, definendo il proprio ruolo ideologico nel quadro politico; strutturandosi adeguatamente, non avendo timore del pensiero non conforme. La peggior cosa sarebbe continuare a restringere il vertice del movimento, in un isolazionismo politico e intellettuale, prodigo di decisionismo astratto. Storie già viste e vissute, di cui non abbiamo alcuna nostalgia.   Ci sono ampi margini di spazio elettorale, ma l'azione ondivaga di questi anni (un po' per piacere alla destra, un po' alla sinistra), e una non appropriata comunicazione, hanno lasciato in secondo piano importanti obiettivi: riportare al voto e alla partecipazione l'elettorato deluso, e la rivoluzione culturale del paese, trafitta a morte da 20 anni di destra berlusconista e di egemonia sinistrorsa. Non di meno, c'è un mondo di "emarginati" dai diritti che attende un interprete fedele, coerente, e coraggioso, che ne colga le istanze e le difficoltà; esso oggi vive sovrastato da sentimenti di emarginazione, razzismo, e integralismo para cattolico, che la Lega cavalca senza pudore, sul destriero retorico della   buona   famiglia   tradizionale.

Destra e Sinistra non hanno perso di significato, ma per andare "oltre" occorre definire una propria fisionomia, un proprio pensiero, una filosofia. Tornare ad abbracciare l'utopia, ed essere "eretici", è quanto mai necessario, senza però mai perdere contatto con la realtà, e sopratutto con le dinamiche sociali.

(18.05.19)

Polvere di Stelle: la Caporetto dei Cinque Stelle

Era nell'aria; molti di noi erano coscienti che la batosta sarebbe arrivata. A dire il vero, l'abbiamo persino auspicata. Anche se abbiamo votato M5S con estrema riluttanza, e dispiaciuti – nonché amareggiati,- per aver provato questo sentimento.

Perché siamo arrivati a sperare che una eventuale debacle elettorale potesse servire a rimettere in discussione quello sfaldamento del Movimento, quelle assenze, quei silenzi, quelle posizioni un po' di qui, un po' di là, un poco a destra, un poco a sinistra. Sapevamo l'ondeggiare si sarebbe rivelato letale; le promesse mancate avrebbero presentato il conto; i silenzi ambigui avrebbero trovato voce; perché hai un bel dichiarare che non sei né di destra, né di sinistra, che sei "oltre".

Ma quando il paese sente ancora una differenza politica tra destra e sinistra, e vive delle differenze storiche, il tuo essere "oltre" ti conduce inevitabilmente in una terra di nessuno, mentre gli altri, sono rimasti altrove, su quel piano politico e sociale che hai, inopportunamente, alienato.   L'altra sera in televisione, un personaggio che aborro, come Sgarbi, ha posto (tra le solite invettive da cafone che fanno parte del suo essere) una osservazione giusta: che cos'è il M5S oggi? Cosa rappresenta?

Bisognerebbe ripartire da qui. Tralasciando i meriti, che per me ci sono, e sono importanti, rimane la mancata considerazione di un movimento che è ancora rimasto, pur avendo avuto accesso al governo, acerbo, e un po' infantile.

Le osservazioni di Nicoletta Forcheri[1], sono un buon punto di partenza per considerare ciò che non funziona, non ha funzionato, non può funzionare. E difatti i risultati sono quelli che conosciamo. Dal mio canto, prima delle votazioni, ho cercato di riassumere i motivi per non votare/votare il M5S alla luce dei sui meriti, ma anche delle criticità che ne minano il consolidamento e la crescita.

Si apre una fase critica, per il movimento, ma anche per il governo, e, comunque la si pensi, non è un bene. Sopratutto perché le prime reazioni dei vertici del movimento non sembrano adeguate alla gravità della situazione.

A Di Maio qualcuno dovrebbe spiegare che le dimissioni si presentano (con umiltà), se si ha consapevolezza di aver fallito un obiettivo, e non si dice "non me le hanno chieste!". Poi ci possono essere ampie ragioni di opportunità politica per respingerle.

A Fico dovrebbero spiegare che le dimissioni non è roba da "vecchia politica", è roba da Democrazia! Nei paesi anglosassoni, di ispirazione liberale, il fallimento del "capo" politico comporta l'immediata messa alla porta dello stesso. Solo in Italia si perpetrano all'infinito le figure politiche, fino allo sfinimento (degli elettori).

Se il "nuovo" consiste nella creazione di un direttorio (un altro?) composta da Grillo/Casaleggio/Di Battista/Fico, allora siamo ancora lontani dalla soluzione, perché manca, in primis, la comprensione del problema.

Il problema è politico, di linea politica condivisa, di un profilo politico ben definito e chiaro per tutti. Non da meno è la questione della democrazia interna, che non si risolve con quattro domandine su Rosseau. Il tallone d'achille del M5S continua a essere la gestione del dissenso e del pensiero non conforme a quanto stabilito dal vertice (sempre più ristretto e lontano dalla base).

Da tempo sostengo che le "regole" del movimento vanno ridiscusse, alla luce dell'esperienza, e delle necessità reali della politica. Regole raccolte a man bassa dalla rete, da quel "web" considerato onnisciente, ma in realtà prive della necessaria analisi politica. I valori sono una cosa, le regole un'altra; e non è detto che una regola stabilita sia il modo migliore per concretizzare un principio.

Se i vertici vogliono continuare a nascondersi dietro Rosseau, facciano pure, ma in democrazia, quando ci sono delle votazioni, si dichiara prima quanti sono gli aventi diritto al voto. Poi si esaminano i risultati, considerando – ed esaminando,- anche le astensioni. Quanti sono gli aventi diritto al voto su Rosseau che non votano più da tempo? Informazione non pervenuta!

Su quali basi contrattuali, ovvero di rapporto tra la Casaleggio e il M5S, i parlamentari sono costretti a versare 300 euro alla Casaleggio per la piattaforma? La cifra cospicua che emerge facendo due conti sollecita un'altra domanda: qual'è il piano industriale che si vuole attuare con questi soldi? Perché una srl comanda dentro un movimento politico?

Parlare di "ristrutturazione" è giusto. Ma se l'obiettivo è il finto ascolto della base locale (per dare un contentino) con la distribuzione di benedizioni ubi et orbi del verbo grillino, o il sostegno (come si è più volte manifestato) ai duri e puri accondiscendenti alla linea ufficiale, siamo ben fuori strada, e siamo sulla via della catastrofe.

Se si considera che una percentuale, non proprio irrilevante, ha continuato a votare (domenica scorsa) stringendo i denti, e digerendo male la situazione, il voto finale andrebbe decurtato di un altro consistente numero di voti (che non ci saranno più la prossima volta). La votazione di oggi sulla "fedeltà" a Di Maio è quanto mai inopportuna, a questo punto, e risuona quasi come un ricatto verso la base (perlomeno quella che vorrà votare, ma state certi che i fedelissimi voteranno; degli altri, gli astenuti, non avremo notizia). Insomma, potremmo continuare per un bel po'. Queste osservazioni faranno inorridire i "fedeli" della linea, ma la cosa non ci riguarda. La storia ci insegna che i partiti degli Yes Man, presto o tardi, falliscono miseramente.

"Noi" facciamo parte di quei cittadini che hanno contribuito alla nascita/crescita del movimento, con la convinzione di dare un'alternativa concreta al paese; di far emergere le forze migliori; di distribuire la ricchezza con maggiore giustizia ed equità; di contrastare la follia dell'"austerità espansiva"; di costruire opere pubbliche con criterio razionale (costi e benefici); di combattere l'illegalità e i privilegi; di ri-acculturale un paese devastato da 20 anni di berlusconismo ed egemonia culturale della sinistra.

Insomma, un'Italia di cui essere orgogliosi, che si occupa dei poveri e delle sofferenze degli emarginati (di qualunque parte del mondo); che si adopera per far cessare le guerre; che si preoccupa dell'ambiente e dello sviluppo sano. Un paese dal quale non fuggire per disperazione; quando l'età anagrafica diventa un atto di discriminazione; e lo sfruttamento sul lavoro una regola ordinaria. Non vogliamo questa italietta dove si continua a confondere la furbizia con l'intelligenza politica.

Se i "vertici" del M5S non molleranno, cedendo il passo a un confronto democratico e costruttivo, noi neppure cederemo... come diceva Grillo ("loro non molleranno, noi neppure").

(2019)

[1] https://scenarieconomici.it/il-mea-culpa-che-dovrebbe-fare-il-m5s/

TAV/M5S: DiMaio & Conte minchionano 11Mln di elettori

In questi giorni andava frullandomi in testa un articolo che avrei proprio voluto scrivere, sul M5S. Dopo aver ascoltato Di Maio a Torino, dopo il susseguirsi delle isteriche manifestazioni politiche italiane, avrei voluto ricordare il senso "sociale" dell'esperienza politica del Movimento (piaccia o meno).

Avrei voluto sottolineare gli errori "fatali" commessi, ripercorrendo argomenti che ho già trattato, per dimostrare che i mal di pancia di oggi sono figli di quegli errori. Ci sarebbe stato da spiegare che forse fu proprio Casaleggio (padre) a commettere quello più grave.   La sua posizione visionaria, per quanto nobile, non ha saputo rispettare i tempi necessari affinché il mondo sociale (reale) comprendesse il mutamento possibile, e lo sostenesse.

Nel campo dell'analisi (dei sistemi informatici), ci sono tre momenti cruciali (egualmente importanti): l'analisi del sistema esistente (componenti, funzioni, relazioni); quella del nuovo sistema che si vuole creare, e il percorso di transito tra il presente, e il futuro (tempi, modi, steps intermedi, crono-programma).

Se sbagli la progettazione anche solo di uno, di questi tre momenti, il tuo progetto, prima o poi, affonda miseramente, dentro un cumulo di macerie di costi aggiuntivi, correzioni continue, e prestazioni carenti del sistema.

Dal canto suo, Beppe Grillo, ha compiuto il miracolo di concedere la propria arte, che non è politica, a questo progetto, a questa "utopia" di cambiamento, con tutta la sua persona. È stato accusato (per i suoi toni, i suoi vaffa) di essere portatore di "violenza" sui social. Un'accusa grottesca.

Scorrere i canali televisivi con un telecomando è l'esperimento scientifico più idoneo per dimostrare la falsità di questa tesi. Non esiste quasi più un programma televisivo (da anni), che tratti intrattenimento o politica o dibattiti in genere, che non sia farcito di aggressioni verbali, insulti, sovrapposizioni verbose, manifesta arroganza; condotti da "giornalisti" il cui unico scopo è quello di "metter su caciara" per alzare gli ascolti.

Da questi "limiti", sono nate quelle rappresentazioni mentali (sociali), di un movimento che ha tentato di trasformare la protesta, al sistema, in alternativa di governo. Ma le troppe semplificazioni utilizzate, in assenza di un soggetto politico interno, e di una elaborazione politica-sociale dell'esistente, di una governance adeguata alla crescita del consenso, ha condotto più ad azioni di "fede", in alcuni slogan, che alla creazione di strategie politiche efficaci.

Davvero in troppi hanno creduto che, con l'arrivo del Movimento, quegli "altri" (i cattivi, i ladri, i furbi, i disonesti), sarebbero scappati con l'elicottero… che il Parlamento sarebbe stato aperto come una "scatola di tonno"… che tutto il problema sia riconducibile alla restituzione dello stipendio… al doppio mandato… etc etc

La fede nell'immaginario delle semplificazioni conduce all'assenza di strategie efficaci. Nega l'evidenza, per mantenere vive le proprie convinzioni, non avendo il coraggio di metterle in discussione, e si arma di pre-giudizi vincolanti e assoluti.

Invece della rivoluzione "culturale" da infondere nel paese (per andare oltre la stagnante politica auto-referenziale), si è sostenuta, e alimentata, la contrapposizione da tifo; l'assolutismo intransigente, e la scomunica dei non allineati al pensiero unico, favorendo invece la scalata degli Yes Man. Negarsi la ricchezza della pluralità delle posizioni è un errore fatale.   Avrei voluto parlare di tutto questo, in modo approfondito, indicando anche le correzioni necessarie, prima che fosse troppo tardi.

In Assemblea plenaria, a Torino, ho avuto solamente il tempo di ricordare a Di Maio poche cose (nei due soli minuti concessi per parlare… ma la democrazia, Giggino, è un'altra cosa):

1. Il Tav non è una questione che riguarda la sola Val Susa. L'argomento riguarda la necessità di rimettere ordine e razionalità

nelle decisioni politiche: chiudendo i rubinetti alle furberie, alle organizzazioni criminali, alle complicità con le "imprese" che vincono gare al ribasso e fanno quintuplicare i costi finali. Se non si porta a casa questo risultato (dopo averne mancati molti altri), il governo del "cambiamento" non ha più alcun senso politico.

2. In Val Susa, alle ultime elezioni, non ha vinto la Lega (che non ha eguagliato in numeri del movimento), o il mondo Si Tav. Ha perso il M5S che non ha saputo (e voluto) mostrarsi (dai comodi scranni romani) agli elettori con una alternativa di lavoro e sviluppo per la Valle. Nessun "capo", "ministro" o altro, ha mosso il deretano per venire a parlare con la Valle. Mentre le passerelle degli altri non sono mancate, vomitando propaganda a buon mercato, e menzogne. In questo modo si è "perso" anche il Piemonte.

3. Ho domandato come mai il M5S mette in riga i propri parlamentari, sino all'espulsione, per mantenere fede al contratto, mentre l'alleato di governo può permettersi di infrangerlo quando e come vuole, dichiarando che se si vuole fermare il Tav, il M5S deve cercarsi una maggioranza in Parlamento. Lo sbilanciamento è evidente; assolutamente ingiustificato da parte di una forza politica che ha (aveva?) la maggioranza relativa (pure questo ho dovuto ricordare a Di Maio).

4. Assurdo il silenzio del M5S sull'immigrazione. L'aver lasciato campo libero a Salvini è stato un errore politico da dilettanti allo sbaraglio. Ho proposto anche una possibile soluzione politica, che Di Maio ha mostrato di apprezzare. Ma a questo punto…

E si arriva all'oggi. A quella dichiarazione di Conte, un'acrobazia degna di un funambolo politico, non certo del Presidente che avremmo voluto. Patetica la posizione del M5S: affidare un argomento così cruciale (come detto più volte) al voto parlamentare, senza alcun impegno da parte del socio di governo, è puro dilettantismo, o sudditanza politica, quanto mai inopportuna, e inaccettabile. Dopo aver già votato, e apprestandosi a votare, ulteriori porcate con il Decreto Sicurezza.

Diversamente dalla narrazione dei media, non esiste un Cinque Stelle di governo, e uno di Movimento. Esiste il parto prematuro di un soggetto politico che ha ignorato tutti i segnali e le critiche, da parte di chi questo progetto l'ha sostenuto, mettendoci faccia, tempo, e dedizione personale. E l'elenco è lungo.

Per quello che mi riguarda, stante queste condizioni, e conseguenti sviluppi, la mia esperienza politica con questo soggetto politico - questo aborto politico, - finisce qui. Non mi resta che fare le mie scuse a quanti, in Val Susa, hanno dato fiducia a questi vertici, magari grazie alle mie riflessioni, e oggi si sentono traditi, e presi in giro.

Chiudo citando una frase di Luigi Firpo sull'utopia:

"Alla radice dell'Utopia sta la volontà di riumanizzare la società, la sete di legalità, di ordinata convivenza, di sicurezza, contrastanti un mondo governato dalla forza e dalla frode".

Ecco, noi – Grillini,- eravamo questo!

(24.07.19)

Conte 2 di cambiamento? (dis)continuità?
in morte del M5S

Conte bis is loading... attendere prego! Mi concedano, quei pochi lettori che pazientemente leggono le mie elucubrazioni, se, di fronte a questa ipotesi di governo grillin-piddino non mi commuovo, né mi esalto con febbricitante entusiasmo, né mi straccio le vesti per la perdita del socio leghista, né scenderò in piazza per invocare il ritorno alle urne.

Dicono che la politica sia l'arte del possibile; altri del compromesso necessario. In questo modo si tende a trovar giustificazioni plausibili per il popolino, quando non si è più nelle condizioni di mantenere gli impegni che si sono presi in campagna elettorale.

La politica è oggi soggetta a molte variabili: endogene (rapporti di forza dentro i partiti, pluralità delle posizioni); esogene (rapporti con l'elettorato, portatori di interessi, relazioni internazionali). Ciascuna variabile preme sul sistema, ma nessuna determina, in modo assoluto, gli eventi. Politica diventa quindi, ciò che tu fai, in base a delle scelte, nell'ambito di un progetto, selezionando principi e priorità che vuoi affermare, o assecondare. Rilevante è il contesto normativo nel quale ci si trova a operare: ovvero le regole scritte, vigenti, che determinano i vincoli dell'azione politica (leggi Costituzione). Possiamo quindi fare alcune osservazioni.

Il M5S non esiste più.

Esiste il Partito della Casaleggio/Casalino/Di Maio, che stabilisce e ordina, direttamente, o indirettamente attraverso una piattaforma web, il cosa, il come, e il quando, dell'azione politica.

Già vedo la bava alla bocca dei fedeli discepoli del verbo, pronti a piantarmi un paletto d'argento in mezzo al petto, per esorcizzare l'infedeltà. Purtroppo, per loro, rimango persona (quindi mai discepolo), libera nel pensiero e nell'azione.

L'ex M5S nacque come elemento estraneo alla politica dei

partiti, orgogliosamente (sic!) populista, fondato su slogan, e regole, fragili. Accuratamente qualsiasi azione di dissenso interno è stata espulsa, o repressa. E il movimento, per mano di un vertice sempre più ristretto, non è stato capace di transitare da una condizione puramente "populista", a quella "popolare", ben più politicamente significativa.

Ha usato, per crescere nei consensi, quasi tutti i "movimenti" di protesta presenti nel paese: quei territori, e quelle genti, mai rassegnatesi alla politica del cemento, delle grandi opere inutili, e difensori di un ecologismo non ideologico, quanto della salute pubblica. Azione facile: le cinque stelle del simbolo, nacquero proprio dall'ascolto di quella parte di popolo che difendeva acqua, territori, ambiente, e immaginava quel futuro diverso, disegnato da Grillo nei suoi suggestivi racconti. Il contesto non ha certo aiutato: né le regole imposte (vedi le leggi elettorali), né il rigetto del mondo politico verso un soggetto considerato un corpo estraneo (anti-politico), rispetto agli ordinari maneggi quotidiani dei partiti.

La voglia di governo, e certamente anche la sollecitazione popolare per un cambiamento, non hanno però condotto il movimento verso una transizione di crescita intellettuale e politica (ad eccezione di alcuni parlamentari). Il risultato finale, a oggi, è l'aver abbandonato i veri movimenti popolari, che avevano riposto nel mondo pentastellato fiducia e aspettative; creando invece una propria Realpolitik verticistica, che non ammette difformità, e concede briciole di democrazia in pasto ai fedeli, che se cibano avidamente, attraverso la piattaforma Rosseau, illudendosi di contare ancora qualcosa.

Conte uno... due... tre... stella! L'uomo, distinto, colto, istituzionale, ha certamente regalato (finalmente!) all'Italia, l'immagine di una persona che sa cogliere il senso, e i doveri, del ruolo che ricopre. Messo a confronto con l'uomo dei Mojito, cui incidentalmente è stato pure assegnato un ministero importante, non c'è paragone.

Resta da capire se, questo triplo salto mortale, con

avvitamento carpiato, che lo ha condotto dall'essere presidente di un governo che pendeva a destra, in un altro che ora pende a sinistra, sarà foriero di una nuova (felice?) avventura, o lo porrà in una condizione di stallo permanente.

Per lui resta una macchia indelebile: essersi prestato alla sceneggiata pentastellata sul Tav. Non ostante una chiara costi/benefici negativa, e i consigli, e le indicazioni, dei tecnici No Tav, è riuscito anche lui a raccontare banalità (e bugie), e a schierarsi dalla parte del partito del cemento e del tondino.

Dubbi sul suo ruolo, e quello del governo, sulla questione Europa ed Euro. È lecito domandarsi se assisteremo a un ruolo più incisivo dell'Italia, nei confronti delle burocrazie europee, oppure a una nuova stagione di genuflessioni, condita però in salsa aurora.   L'Europa è quasi cotta. Sotto il profilo economico, si avverano le profezie di chi denunciava la costruzione errata dell'euro; sul piano internazionale, continua a brillare come assente nel contraddittorio tra attori emergenti autocratici (Cina, Russia), e un improvvido ritorno al "realismo" di Donald Trump. Il desiderio di Conte verso il Multilateralismo, si dovrà misurare con queste questioni.

Non indifferenti le necessità di ridare voce alla nostra Costituzione, abolendo l'obbligatorietà del pareggio in bilancio; piuttosto che lambiccarsi con proposte propagandistiche come la diminuzione secca del numero dei parlamentari: la già fragile stabilità, e rappresentatività, democratica, indebolita da malevoli leggi elettorali, ne subirebbe un grave danno. L'unica nota, quasi comica, è che l'aver prodotto compulsivamente leggi elettorali con mera finalità di bloccare l'ex M5S, ha prodotto invece il suo rafforzamento politico, nell'attuale situazione di stallo venutasi a creare con l'improvvida mossa di Salvini.

Conclusioni: cambiamento o continuità?

Il governo con la Lega è caduto per mano di Salvini. Il mojitaro l'ha fatta fuori dal vasino. Essere furbi è diverso dall'essere intelligenti e, ciò che capita in genere ai furbi, è credersi troppo astuti rispetto a tutti gli altri. Questo governo (se nascerà), è legittimo. Piaccia o meno. La nostra Costituzione assegna al Presidente della Repubblica il compito di sciogliere le Camere, laddove non sia possibile creare una nuova maggioranza parlamentare.

Se ne facciano una ragione quelli che invocano le urne, accusando i casaleggesi di essere attaccati alle poltrone. Considerazione fallace, sopratutto se mossa da chi, su quelle poltrone, è appiccicato con l'Attack da almeno trenta anni, senza aver mai svolto altro lavoro in vita sua. Le poche iniziative "sane" del governo precedente portano la firma dei casaleggesi; questo è da riconoscere. Per le altre saranno necessarie revisioni per spurgarle di quelle pulsioni destrorse, farcite di retorica razzista, e populista, degna dei social.

Parimenti è auspicabile non si ritorni alla logica del buonismo integralista, in cui tutto è permesso, sopratutto a spese della comunità. Sarebbe tempo, e vedremo se Conte ne sarà capace, di imporre una agenda politica che gestisca il fenomeno migratorio senza preconcetti (né quella di sinistra, né quella di destra), ma con consapevolezza della dimensione del problema.

Conte sarà in grado di gestire questo secondo matrimonio tra due forze politiche che fino all'altro giorno si sono guardate in cagnesco? Ma, sopratutto, saprà imporre un'agenda politica di riforme utili per il paese, e quelle - giuridicamente,- necessarie per ristabilire credibilità al sistema politico?

Questa sera consulto la sfera di cristallo... poi vi faccio sapere.

(30.08.19)

Il Marchese del Grillo e il Dimaioleggio (M5S) in caduta libera

(lettera aperta)

Eccolo! Grillo is come back! Con un messaggio accorato al popolo grillino (grullino?) il Marchese è tornato in pista a sostenere il Dimaioleggio, spiegando che siamo "noi", "dissidenti", "obbiettori", "critici" di ogni ordine e grado, a non capire il magico momento politico, che il mondo è cambiato, che dobbiamo smetterla di 'rompere i coglioni', altrimenti sarà peggio.

Insomma, Di Maio è il Capo Politico, lui è lui, e noi "non siamo un cazzo!".

Caro Beppe, hai ragione, il mondo è cambiato, noi tutti siamo cambiati, ma non nel modo in cui pensi tu. Sarebbe ingiusto non riconoscerti quanto hai fatto, e sacrificato, per il movimento; è indubbio che questo non esisterebbe se non ci fosse stata la tua spinta propulsiva.

Ma, in questi dieci anni, chi come noi "rompicoglioni" ci ha messo il cuore, e la faccia, ha anche dovuto digerire e affrontare le tue intemerate e le tue stravaganze comunicative, che poco si conciliavano con una ragionevole azione politica.

Noi (rompi) che alla politica un po' di tempo della nostra vita, precedente, l'avevamo dedicato, eravamo ben coscienti che il cambiamento sarebbe stata impresa ardua e complessa. Non siamo noi ad aver affermato - creando non poche illusioni,- che il Parlamento sarebbe stato *aperto come una scatola di tonno*; oppure che quegli altri si sarebbero *dati alla fuga in elicottero*.

Non abbiamo mai creduto all'essere *oltre la destra e la sinistra*, perché un po' di storia (e anche un po' di filosofia), l'abbiamo accidentalmente masticata, e siamo consapevoli che quell'oltre conduce in una terra di nessuno, perché le identità sono una realtà sociale, e non puoi far finta che non esistano.

Abbiamo difeso il movimento, mentre i molti giovani

inesperti si affacciavano in Parlamento e sulla scena politica, ed erano vulnerabili. Non ci abbiamo pensato due volte a metterci in mezzo per caricarci sulle spalle sputi, invettive, derisioni, degli altri; di chi seguiva la corrente mediatica e additava i cinque stelle come un branco di incapaci, improvvisati, e assolutamente inadeguati al ruolo.

Siamo rimasti in attesa, fiduciosi che l'esperienza (dura) avrebbe portato i suoi frutti, e così è parzialmente stato. Alcuni risultati importanti sono stati conseguiti, anche se, troppo sovente, in modo disorganizzato e contraddittorio.

Eravamo i primi a porre la necessità di una organizzazione, di una struttura riconoscibile. Abbiamo presto sollecitato riflessioni sulla presenza discriminante della Casaleggio, un soggetto privato, e abbiamo assistito alle prime defezioni, nonché alle espulsioni (all'inizio eseguite in modo barbaro e tutt'altro che democratico).

Poi venne il tuo passo di lato. Arrivò il "direttorio", rivelatosi fallimentare a causa dell'immaturità dei nominati. E lì incominciammo a nutrire forti dubbi sulla capacità del movimento di dotarsi di una dirigenza. Seguì la figura del "capo politico", di nomina regia (la tua), e a me vien da ridere a ripensare quando contestavo al movimento l'idea che non dovrebbero esserci leader.

Invano tentavo di spiegare che quella teoria era in palese contrasto con la natura umana e, semmai, il problema da porsi era "il come" controllare la leadership. Così siam giunti al "capo" supremo, ai pluri incarichi, a carriere sfolgoranti di personaggi di indubbia incapacità politica, a nomine di amici, fidanzatine, e parenti, all'interno della struttura. Abbiamo assistito sgomenti al ruolo sovrastante, e ingiustificato, della comunicazione. Alla posizione opprimente dei parlamentari in disaccordo con la linea del "capo".

Mentre noi rompicoglioni ponevamo dubbi sull'alleanza con la Lega, il capo politico ci raccontava che tutta andava per il meglio; che Salvini era un compagno di viaggio fedele e affidabile. Praticamente erano "culo e camicia". Poi è andata come sappiamo: chi era camicia e chi era culo ciascuno l'ha potuto valutare da sè.

Noi rompicoglioni ci siamo interrogati a lungo su come è stato possibile perdere le numerose battaglie sulla quali il M5S si era schierato in difesa dei cittadini. Poi abbiamo assistito, sgomenti, al modo inverecondo (e arrogante) con cui è stata gestita la questione TAV, e abbiamo compreso il livello di impreparazione politica che alberga, purtroppo, dentro il movimento.

Così il capo (e la comunicazione) si sono inventati la scusa del 'non abbiamo il 51%' e non possiamo fare altrimenti. Ragionamento lapalissiano, ma politicamente patetico: in Italia la Legge sul divorzio, e quella sull'aborto, sono state ottenute, e difese, da una pattuglia di una decina di Radicali in Parlamento. Una decina, Beppe, non centocinquanta. Di essere partito di maggioranza relativa i 5S si son ricordati dopo aver ricevuto il calcio nel sedere da Salvini.

Da tempo segnalavo la questione dei due mandati, perché così come strutturata, era, ed è, una "boiata" pazzesca, e te lo segnalai. Risultato: il "mandato zero"; roba che ricorda la Coca Cola Light, non un progetto politico. Delle numerose "anomalie" ho scritto pagine e pagine; come della necessità di ridiscutere tutto il sistema del movimento. Ma oggi noto che questi cambiamenti si indirizzano dentro la cornice della fedeltà, e non della critica, ragionevolmente costruttiva.

Dopo le batoste elettorali, ripetute, e non certo finite, con un consenso dimezzato, ci è pure toccato di ascoltare la litania del 'abbiamo fatto cose importanti, ma non abbiamo saputo comunicarle'. Dopo dieci anni? ci sono ancora problemi nella comunicazione dopo il potere assoluto concesso alla Casaleggio/ Casalino? Nei luoghi di lavoro normali ti licenziano per molto meno.

Non ti credere, caro Beppe, che non sappiamo cosa accade nei meandri romani. Siamo bene a conoscenza dei meccanismi che opprimono il dissenso, e abbiamo visto, sulla nostra pelle, le messe all'indice di chi non è allineato alla linea del capo.

Caro Beppe, nei paesi "democratici", dove ci sono i partiti (sporchi, brutti, e cattivi), con questi risultati elettorali, i "capi" se ne vanno a casa, licenziati in tronco. Solo nelle autocrazie vengono blindati, non ostante gli evidenti insuccessi, la disgregazione interna, la persecuzione del dissenso.

Non siamo noi ad aver smesso di credere nelle Stelle che guidavano la strada del Movimento. Anzi, ne avremmo aggiunte persino delle altre.

Quando vorrai, torna qui in Val di Susa; ma non stupirti se sono in molti a volerti regalare un buono per un "vaffanculo gratis", senza passare dal via. Forse potresti prendere visione del fallimento di chi oggi stai difendendo a spada tratta. Noi rompicoglioni siamo già altrove; continueremo a stare sulle barricate, al fianco di quanti lottano per un mondo migliore; sempre indipendenti e rompicoglioni con chiunque abbia pretese assolutistiche.

Ma, di tanto in tanto, bevendo una birra insieme, ci raccontiamo, con un po' di mesta nostalgia, del tempo in cui eravamo ancora parte del M5S, prima che diventasse il Dimaioleggio, questo aborto politico, con il quale non abbiamo nulla da spartire.

Con l'affetto di sempre.

(24.11.19)

Chiara Appendino il sindaco e la ragioneria politica del M5S

Chiara Appendino l'ho conosciuta, come è capitato con molti altri, in quegli assembramenti, più o meno festosi, che erano i meet up del M5S in origine. La prima volta che la intervistai, confesso, rimasi incantato dai suoi occhi, e dalla sua figura che mostrava intelligenza e fascino. Non entro nel merito della qualità della sua amministrazione su Torino. Lei, come la Raggi, hanno ereditato situazioni di città non solo problematiche, ma disastrate da decenni di mala politica. Il giudizio richiede un approfondimento che non saprei fare, essendomi da tempo trasferito in Val Susa; posso però dire che ho continuato a vedere una Torino in movimento, in questi anni, come cittadino, diversamente da quanti la dipingono, o la vorrebbero, per opportunismo politico, una città morta. Certo non tutto è andato secondo le promesse, e le critiche sono doverose.

L'intervista della sindaca sul Fatto Quotidiano, è l'occasione – per me,- di mettere ulteriormente in chiaro quali sono state le trasformazioni, e quelle che invece non sono avvenute, nel M5S, che mi hanno spinto a prenderne di gran lunga le distanze. Ovvero quella transizione che si è realizzata dall'essere il M5S a questa roba che chiamo 'Dimaioleggio' (come opera di Di Maio, Casalino, Casaleggio, con la compiacenza di Grillo).

Molti rimpiangono una ipotetica "età dell'oro" del M5S, e vorrebbero un ritorno alle "origini", consapevoli che questo Dimaioleggio è ben altra cosa, nei fini, e nei mezzi, dal progetto iniziale. Come conseguenza logica di quanto ho scritto in questi ultimi anni, affermo che non esiste nessuna età dorata a cui tornare – per quanto possa apparire incomprensibile. Provo a spiegarmi. Esistono una serie di coincidenze, politiche e sociali, per le quali una nutrita platea di persone aveva trovato, o pensava di aver trovato, un soggetto politico nuovo, estraneo alle putrefatte logiche di palazzo, alle corti di partiti trasformati in comitati d'affari, a quella casta infestante che primeggia nella politica italiana ormai da decenni. Le origini del pensiero pentastellato nascevano da principi semplici, di cui divenne megafono Beppe Grillo, che trovarono consenso in una parte di paese stanca e nauseata, e che ambiva a qualcosa di meglio. Il punto critico è dovuto all'assenza, in quel contesto, di un'analisi politica appropriata alla situazione, e alla costruzione di un progetto politico articolato e programmatico.

Ero a Milano, quando Beppe presentò la nascita del movimento. Non fu un congresso, non ci fu dibattito. C'era un foglio che Grillo teneva in mano, con una serie di punti di "programma" che avrebbero dato vita al "non Statuto", e a regolamenti successivi, non si sa bene formulati da chi e con quali criteri. I punti erano l'estrapolazione dei sentimenti ricavati da sondaggi prodotti sull'allora sito di Beppe Grillo. Oltre alle famose, e sacrosante, cinque stelle (acqua pubblica, ambiente, mobilità sostenibile, sviluppo e connettività), il progetto (rafforzatosi in tempi successivi) comprendeva delle voci che possiamo grosso modo riassumere così:

- Uno vale Uno
- Max due mandati come "portavoce"
- Democrazia Diretta
- Non ci sono leader
- Taglio secco degli stipendi dei parlamentari
- Taglio numero parlamentari
- Fine dei privilegi della Casta
- Fine dei finanziamenti pubblici ai giornali
- Uscita dall'Euro e dall'Europa
- Blocco del Tav e di tutte le opere inutili
- Reddito di Cittadinanza o Universale perché nessuno deve rimanere indietro
- Movimento. Non Partito
- Condannati fuori dal Parlamento
- Conflitti di interessi nel paese

Tutto bellissimo, a parole. Nei fatti, il nutrito gruppo di fortunati portavoce eletti progressivamente, e assiepati alla corte di Grillo/Casaleggio, non si è mai posto il problema se i regolamenti, la "non struttura" del movimento, la "non analisi politica" della situazione in corso, erano idonei a reggere le attese di un consenso straordinario, maturato nel paese, e della conseguente aspettativa. *'Apriremo il Parlamento come una scatoletta di tonno'*; *'scapperanno con gli elicotteri'*; *'usciamo da questo euro e da questa Europa'*: erano queste le "promesse" dal palco di Grillo, che hanno entusiasmato milioni di elettori, affamati di una politica nuova, almeno un po' pulita, più sincera, e soprattutto vicina ai bisogni reali delle persone.

Scrivo rammentando, da diversi anni, un principio elementare imparato nel corso del tempo come analista di sistemi. Se vuoi cambiare un sistema, qualunque esso sia, non puoi prescindere da tre fasi: l'analisi dell'esistente, la costruzione del progetto nuovo, la gestione della fase di transizione tra il vecchio sistema e quello nuovo. Se ometti uno dei passaggi, o non lo svolgi con la dovuta perizia, il progetto fallisce, o rimarrà, nella migliore delle ipotesi, monco o poco funzionale, e non rispondente agli obiettivi posti.

Di conseguenza ho suggerito, inascoltato, l'urgenza di una nuova fase "costituente" del M5S, che avesse il coraggio di raccogliere i principi originari, metterli a confronto con l'esperienza maturata, per creare un progetto (e un regolamento) che fosse adatto a pianificare una strategia politica non improvvisata. Questa parte non sarebbe stata gradita a tutti, soprattutto ai "duri e puri", ma sarebbe stata un'operazione trasparente, e avrebbe evitato la caduta del movimento in un verticismo dittatoriale, esclusivo per pochi intimi, dove è bandita la possibilità di critica.

Questo ha comportato la trasformazione del M5S dal poter essere protagonista di un radicale rinnovamento del paese, a quella condizione di trovar ancora voti perché, in fondo, è ancora il meno peggio, per alcuni versi, degli altri. Pessimo risultato dopo dieci anni, che ricorda quando Grillo diceva '*in Italia siamo costretti a scegliere tra il peggio e il leggermente meno peggio*': ecco ora è il movimento a essere diventato il "leggermente meno peggio". Cosa c'era di sbagliato nei principi originali? Nulla, in linea di massima; tutto in pratica, se non ti rendi conto che vuoi applicare principi e regole incompatibili con una strategia politica adeguata al momento storico. Facciamo qualche esempio chiarificatore.

Uno vale Uno: bellissimo… ma in che senso? Ci stiamo raccontando che chiunque può essere preso dalla strada e trasformato in un eletto? Il principio è profondamente democratico, e risponde all'esigenza di avvicinare la politica alla società civile. Ma occorre il filtro delle competenze, e un percorso di studio pianificato, se queste mancano. Fare la pesca a strascico è penalizzante: puoi avere la fortuna di pescare ottime persone (e nel M5S ce ne sono non poche), ma anche semplici carrieristi od opportunisti, senza arte né parte (e gli esempi sono purtroppo numerosi). Se non hai un processo di valutazione adeguato, finisci per dover difendere il tuo potere come una roccaforte, prediligendo i 'fedeli' cani da guardia del tuo status quo.

Max 2 Mandati: ottimo principio… se vivessimo nell'anno 2220, nel quale le persone lavorano 3 ore al giorno per vivere, godono dei migliori servizi, posseggono un elevato livello di istruzione medio, e offrono gratuitamente, a turno, parte del proprio tempo alla politica per gestire il bene collettivo: locale e nazionale. Se invece vivi nel 2020 in una vasca politica di squali, la situazione è differente. Non ti puoi imporre delle regole (credendoti migliore di tutti gli altri, e illudendoti che tutti ti seguiranno) che castrano la tua strategia politica. Una regola del genere (per inciso, non chiara per molti: a mia domanda il 50% rispondeva che due mandati erano da intendersi come 10 anni, l'altra metà che corrispondevano al numero delle legislature, indipendentemente dalla durata), quando affronti un tavolo di trattative, ti mette in condizione di inferiorità. Esattamente quello che è accaduto con la Lega (e poi con il PD). Non puoi permetterti di far saltare il tavolo, perché quello che torna di sicuro a casa… sei tu! Per chi dice che va bene così perché puoi insegnare ad altri il "mestiere", si torni a leggere il punto "Uno vale uno"… fino a quando non lo si è compreso, tenendo in considerazione che i tempi della politica non sono quelli che desideriamo noi, ma quelli imposti dagli eventi. Il problema di contrastare coloro che "vivono" di politica in modo immeritevole, è questione seria, ma non è questa la strada giusta.

Non ci sono Leader: soddisfa quel rifiuto della figura del "capo assoluto" che si è andata consolidando nei partiti negli ultimi decenni. Giusta preoccupazione, ma sbagliata la risposta. C'è una sostanziale differenza tra "capo" (colui che comanda autoritariamente), e "leader" (colui che genera consenso e legittimità, valorizzando le persone che collaborano con lui). Alcuni nascono leader, altri imparano, altri ancora si ritrovano nel ruolo accidentalmente spinti dalle circostanze. La questione avrebbe dovuto essere: non il rifiuto dei leader (naturali), bensì della costruzione di una struttura democratica che ne tenesse sotto controllo il potere, e che ne consentisse il ricambio. Negando la questione si è prodotto un coacervo di leader o presunti tali.

Uscita dall'Euro e dall'Europa: problema serio, complesso, che richiede studio e competenza macroeconomica, nonché giuridica. Sull'argomento, dopo anni di propaganda, cadde il silenzio assoluto. Una vera vergogna. In questo modo si è abbandonato una fetta importante di elettorato sensibile al problema della sovranità (come difesa della nostra Costituzione), lasciando il tema nelle mani quasi esclusive dell'opportunismo sovranista (che sconfina facilmente nel becero nazionalismo); che è altra cosa dalla difesa della sovranità. Un errore insanabile, che oggi impedisce un dibattito costruttivo sul tema.

Taglio stipendi e parlamentari: non si possono improvvisare tagli al numero dei parlamentari con un referendum, sfruttando l'incazzatura della gente e il risentimento popolare. Se ottimamente aveva fatto il movimento nello schierarsi contro le modifiche di Renzi, troppa superficialità è stata dedicata alla questione della riduzione dei parlamentari, senza metterla in relazione con una nuova legge elettorale e il ridisegno delle circoscrizioni. Anche il taglio degli stipendi, ha finito per essere propaganda. Problemi organizzativi a non finire, utile per manovre di potere verso i dissidenti. Chi ha fatto il furbo non ha pagato nulla, come era prevedibile, perché anche la propaganda della multa da 100mila euro e il contratto fatto firmare ai parlamentari era una cretinata. Le persone vanno retribuite per il livello di responsabilità che assumono: in Italia c'è un eccesso di stipendi, ma si poteva gestire diversamente, piuttosto che voler apparire come martiri che lavorano gratis per il bene comune. Piuttosto ci sarebbe da aprire il capitolo per il quale gli eletti pentastellati sono costretti a versare alla Casaleggio (una società privata) una quota del loro stipendio per sostenere un sito (Rosseau) per il quale non è mai stato presentato un progetto industriale, valutando la legittimità di questa costrizione.

Reddito di Cittadinanza: ancorché incompleto nella sua attuazione, è stato uno dei baluardi dell'offerta politica del M5S (insieme ad altri importanti ma meno noti). Ottima iniziativa, non proprio ben gestita, perché si è finito per dar più peso alla propaganda che ai problemi della sua realizzazione. Il principio di un Reddito di Sostegno avrebbe dovuto essere difeso, e reso politicamente più incisivo, per creare uno spartiacque tra l'impostazione neoliberista imperante (che colpevolizza e marginalizza chi è in difficoltà economiche e/o non trova lavoro) e una visione socialdemocratica/liberale della società. Questo avrebbe reso più chiaro, nel panorama politico, la distanza con i fintamente di sinistra, che in realtà hanno sposato da tempo posizioni ordoliberiste ed europeiste in modo acritico. Ci si è invece più preoccupati di farne un vessillo, anziché uno strumento di strategia politica aggressiva. Un'occasione persa.

TAV e opere pubbliche: alcuni parlano di tradimento del M5S sulla questione. Non concordo: non si tratta di tradimento (che presuppone la consapevolezza del tipo di impegno precedentemente assunto), quanto la logica conseguenza di una assenza di capacità strategica, e di pensiero politico, che ho delineato sopra. La questione Tav/Grandi Opere, era, ed è, fondamentale per creare una separazione netta tra la gestione allegra, e malavitosa, dei soldi pubblici, indirizzando le energie verso infrastrutture realmente necessarie al paese. Peggiore è stata la risposta (di Di Maio & soci, e anche della sindaca Appendino) a questa sconfitta: "non avevamo il 51% … e non abbiamo potuto fare di più". Oppure quella riferita sempre da Appendino nella risposta al FQ: alcune battaglie le abbiamo vinte, altre perse.

La politica non è una contabilità ragionieristica tra vittorie e sconfitte. Si combattono, sempre e comunque, le battaglie nelle quali ci si identifica, perché si ritiene siano giuste! E non si molla. Se il movimento No Tav, e tutti gli altri movimenti sociali sul territorio (e quelli mondiali), avessero ragionato in questi termini (non abbiamo la maggioranza), nessuna battaglia politica avrebbe senso nella storia delle lotte sociali. Sopratutto nessuno avrebbe mai conseguito delle "vittorie" combattendo strenuamente da posizioni di minoranza assoluta. Peggio ancora è la constatazione di una forza politica che non ha saputo gestire il proprio patrimonio elettorale (maggioranza relativa). Se si potevano perdonare gli errori iniziali per inesperienza, ora questa insana inconsapevolezza del proprio ruolo politico è più ascrivile, per i vertici, a una immorale assenza di umiltà. Siamo stati tutti giovani e inesperti, ma tra la costruzione di una comoda Realpolitik di sopravvivenza e una sana dose di umiltà, ci passa il mare. Su temi come il Tav sono state forniti ampi strumenti per portare a casa il risultato; per imporre quel ribaltamento di prospettiva atteso invano. Il discorso riguardava anche il Mose, il Terzo Valico, il Muos, le trivelle, il Tap, il Tav a Firenze, e un'infinità di lotte territoriali che sono state abbandonate a sé stesse, dopo aver preso i voti, per palese incapacità politica e disimpegno dei vertici del movimento.

Tutto questo non sminuisce il lavoro e l'impegno di molti eletti nel M5S (molti dei quali soffrono in silenzio questa situazione, se non sono stati già espulsi). Ingiustamente l'opposizione al movimento, quella del sistema paese che vive di rendita politica da decenni, attribuisce a esso una incapacità diffusa e assoluta. Ciò non corrisponde al vero, ed è giusto riconoscerlo. Ma la questione complessiva della gestione del movimento è quella che ho delineato, al di là dei meriti dei singoli.

Il M5S è cambiato, non so se, e come, cambierà ancora, come spera la sindaca di Torino, ma le premesse non suggeriscono nulla di buono, al momento. Oltre a risultare antipatico (ancora di più) a qualche fedele grillino, della prima e dell'ultima ora, spero questa riflessione (limitata) possa essere utile per qualcuno nel guardare alla realtà del M5S, a come è cambiato, e sopratutto perché. E a come invece si dovrebbe affrontare la politica, in modo più critico, piuttosto che fideistico.

(2019)

M5S Conte usato come l'Attack per rimettere insieme i cocci del movimento

I "vertici" del M5S esultano: dopo essersi prostrati al novello Salvatore della Patria Draghi (grillino DOC sic!), l'appello all'ex premier Conte ottiene un responso positivo. Sarà lui a "rifondare" (ari sic!) il Movimento Cinque Stelle. L'immagine più coerente è proprio quella di Beppe Grillo che esce dall'Hotel, dove è avvenuta la riunione delle teste pensanti (?!) del M5S per sedurre Conte e convincerlo a farsi carico di rimettere insieme i cocci di quel che resta del Movimento. Quel casco da astronauta risulta appropriato in testa a un non-leader garante (de che?) che vive in una dimensione altra, rispetto a noi comuni mortali che abbiamo regalato un'ampia fiducia, a suo tempo, a quella che si è rivelata un'accozzaglia di capi e capetti senza arte né parte. Non possono sfuggire alcune considerazioni in merito a questa scelta.

Primo. La scelta dell'ex Primo ministro evidenzia un fatto piuttosto inquietante: in oltre dieci anni di attività, come opposizione e come governo, dopo aver conseguito un consenso tale da diventare il partito di maggioranza relativa in Parlamento, il M5S non è riuscito ad esprimere una personalità interna capace, adulta, matura; insomma un leader vero, e una leadership degna di questa definizione.

Secondo. In conseguenza del punto precedente, non si intravede l'ombra di un pensiero politico coerente, di una strategia necessaria, di una consapevolezza dei propri errori, di un'analisi franca e sincera sul percorso intrapreso, quello che ha trasformato un movimento di forte opposizione al "sistema" nell'ennesima stampella del sistema stesso.

Intendiamoci: sarebbe ingiusto e disonesto affermare che il Movimento non abbia prodotto azioni, leggi e iniziative, ad opera di singoli parlamentari, degni di nota e apprezzamento. Ma in assenza di una leadership tutto questo impegno positivo è destinato ad essere vanificato e a scomparire. Perché diversamente da quanto propagandato da Grillo, e dai suoi prescelti (ai veritici e ai seguaci facilitatori locali), nessuno dei "nemici" individuati, dall'inizio della lotta Cinque Stelle, è scappato con l'elicottero. Nessuna "strategia" ha condotto il Movimento a raggiungere il fantomatico 51% dei consensi, con il quale si sarebbe cambiato il paese.

Una leadership consapevole, e studiosa, dei reali processi della politica, avrebbe dovuto diventare cosciente della sostanziale diversità tra i "principi" e le regole applicabili per realizzarli. Della differenza tra uno slogan e la costruzione politica di un progetto concreto. Della impossibilità di far valere il tuo peso politico se ti assegni regole del gioco (i due mandati per capirci) che non appartengono al sistema, ma sono una tua imposizione autocastrante, che non ti consentirà di far valere i tuoi numeri. Capita così di sentire ancora echi di una nostalgia per un passato glorioso, per un ritorno ai "valori" fondanti del Movimento. L'unica cosa di cui sono stati capaci, i diveramente leader dei Cinque Stelle, in questi anni, la loro attività più produttiva, sono state le espulsioni dei dissidenti, e la messa ai margini delle voci critiche, rispetto allo sviluppo politico intrapreso.

Non sarà sufficiente un Conte utilizzato come collante per ricucire strappi e malumori. Senza un'analisi delle responsabilità, delle incapacità, delle illusioni, in cui ha sguazzato il "Dimaioleggio" in questi anni, egli sarà solamente l'ennesima foglia di fico per evitare, alla meno peggio, l'emorragia di consensi. L'ex Primo ministro è persona che certo possiede qualità umane e competenze, bisogna ammetterlo con onestà intellettuale, anche nel caso in cui non si concordi con le sue scelte politiche. Ma l'uomo primeggia in statura in mezzo a una popolazione politica di nani da giardino e di comparse miserevoli. Se Conte riuscirà a costruire un soggetto politico più maturo e con un progetto politico che sia qualcosa di più, e di diverso, dalle ultime dichiarazioni di Giggino Di Maio, che confonde la "maturità" con il fare da zerbino al sistema neoliberista-europeista, non potremo che rallegrarci. Un Movimento trasformato nell'ennesimo partitino "moderato", sul modello democristiano alla Mattarella, Formigoni, Casini (tanto disprezzati un tempo), servirà solo per illudere, per un po', una fetta di elettori fideistici. Quelli, per intenderci, che hanno gioiosamente votato a favore di un referendum scellerato per modificare la Costituzione illudendosi di "licenziare" certi politici. Il danno sociologico-politico creato dal Dimaioleggio, con la delusione generata in buona parte di quell'elettorato che aveva riposto nel Movimento grandi speranze, costituirà un'ulteriore difficoltà politica, avendo nuovamente ricondotto milioni di elettori dentro le praterie della sfiducia e della rassegnazione, da cui erano state, per un certo periodo, affrancate.

(01.03.21)

Economia: la realtà vista dal portafoglio

Da anni ci vendono l'idea dell'economista "esperto": personaggio misterioso, dall'aspetto professorale, che illustra concetti oscuri e dispensa profezie. Una battuta recita: "l'economista è colui che ci spiegherà, domani, perché, oggi, non si sono verificate le previsioni formulate da lui, ieri". L'economista tiene un piede nella materia e una nella filosofia. La prima la maneggia secondo la visione del mondo che predilige con la seconda.

Europa: disastro degli economisti o della politica?

Mancano due settimane alle votazioni europee il mondo politico è in grande fibrillazione e i motivi sono molti e tutti importanti.

Le votazioni per l'assemblea elettiva di Bruxelles rappresentano, per l'Italia, perlopiù un "poltronificio" dove si parcheggiano da anni politici trombati in attesa di nuova collocazione, opuure personaggi "scomodi" la cui libertà di pensiero non è consona alla filosofia del pensiero unico stabilito all'interno dei partiti o stona con le attività collaterali degli stessi, come la corruzione, i finanziamenti occulti, il riciclaggio, il fiancheggiamento alle organizzazioni criminali e altre amenità delle quali è solita occuparsi la magistratura.

Negli ultimi giorni ne abbiamo avuto ulteriore ampio riscontro: un panorama desolante che copre le aree del centro, della destra e della sinistra dimostrando, ancora ce ne fosse bisogno, come queste definizioni abbiano perso da tempo il loro significato storico e politico. In politica, questo modello di politica, comanda il denaro, e le decisioni sulle nostre vite, e sul nostro futuro, sono in mano a personaggi ingordi, egocentrici, e arraffoni insaziabili: individui avulsi dalla quotidianità dei cittadini. Per costoro, prima ancora delle patrie galere, sarebbe necessario applicare un trattamento sanitario obbligatorio. La loro ingordigia di soldi e potere è una malattia: sono più simili a dei drogati in perenne astinenza. Il concetto di responsabilità personale e politica gli è totalmente sconosciuto da tempo immemore.

L'appuntamento elettorale è questa volta meno sereno, tenuto più sotto osservazione del solito: la crisi che attanaglia le economie dal 2007, e le politiche di austerity diventate il mantra con il quale si opprimono le popolazioni europee, hanno costretto i cittadini a guardare queste votazioni con un'altra prospettiva.

C'è il timore che il voto diventi un "referendum" sull'euro. Poi c'è il solito Grillo con il suo M5S che ha rotte le uova nel paniere della ritualità politica: la coerenza di queste pattuglie di onorevoli portavoce dei cittadini ha l'effetto dell'aglio per le streghe, o il paletto nel cuore dei vampiri, per le varie caste nazionali ed europee. Il tema portante è indubbiamente l'economia: fino ad oggi l'Italia è stata soggiogata completamente alla volontà dell'UE e, da almeno cinque anni a questa parte, ci vengono proposte, attraverso i media, chiavi di lettura a senso unico.

La figura dell'economista presentato come l'"esperto" è lo strumento con la quale si pone il cittadino in condizione di inferiorità nei confronti della politica e delle scelte imposte. Questo giochetto è stato ripetuto più e più volte: governo dei tecnici, commissioni di saggi, comitato degli specialisti, consiglio degli esperti, etc etc.

Per carità, la competenza è un elemento serio e importante, ma la conoscenza e l'informazione necessarie per deliberare sono ancora un'altra cosa.

L'economia ne rappresenta un esempio preciso: quando hai di fronte un economista egli non è solamente con un "tecnico", bensì uno studioso e, in parte, un filosofo. Le sue idee e le sue teorie non sono astratte e asettiche, ma sono calate in un contesto di idee, visioni e valori che gli appartengono.

Più propriamente dovremmo parlare di economisti liberisti o neoliberisti, marxisti, keynesiani o neokeynesiani, monetaristi, malthusiani, etc etc. Così come dovremmo fare riferimento esplicito alle diverse teorie – o percorsi filosofici- cui essi si ispirano. Negli ultimi anni, per esempio, si sono aggiunte nuove teorie come "la decrescita felice" di Latouche, l'economia partecipativa, la MMT (nuova teoria monetaria) e la "Quantitative Easing" americana (quest'ultima applicata -e felicemente- dal governo di Obama per fare uscire gli States dalla crisi del 2007). Il Q.E. rappresenta l'esatto contrario delle iniziative di austerity adottate in Europa.

Ogni pensiero, o per meglio dire, ciascuna chiave di

lettura della realtà, è legittima - come speculazione intellettuale - quanto opinabile - nelle sue conclusioni e previsioni per il futuro.

Presentare questo o quell'altro economista come il "verbo" da seguire è un'attribuzione arbitraria e scorretta. La scelta di una teoria rappresenta una scelta politica che indirizza l'attività economica (macro e micro) in una direzione ben precisa con obiettivi che si fondano su elementi valoriali propri del pensiero ideologico sottostante.

Se è pur vero che in questo momento alcune forze cavalcano il malcontento nei confronti dell'euro e dell'Europa per riappropriarsi del favore degli elettori, la questione del funzionamento dell'euro come moneta unica e delle regole imposte dall'UE – e da organismi internazionali come il Fondo Monetario- è piuttosto seria. Sono altre sì seri i molti economisti che contestano le ricette imposte e propongo, in vari modi, delle urgenti correzioni; così come altri si spingono oltre giungendo a ipotizzare la fuoriuscita dalla moneta unica per alcuni paesi.

Ci sono accordi sottoscritti dai governi italiani dei quali i cittadini ignorano il vero contenuto e le reali conseguenze: MES, Fiscal Compat ne sono un esempio. Negli anni in cui in Europa si decideva la struttura dell'unione e le sue regole la Francia e la Germania avevano gli stessi capi di governo: l'Italia ne conta 17 nello stesso periodo con maggioranze politiche diverse! Qual'è stata la continuità e la logica con la quale si è analizzata la struttura dell'Unione e le sue conseguenze da parte dell'Italia?

Quali sono i fondamenti che hanno determinato i parametri del 3% sul rapporto deficit/Pil e del 60% sul rapporto debito/Pil? Perché il cambio con la Lira è avvenuto a 1936,27? Non è forse vero che per l'Italia si è considerato solamente il valore del debito pubblico e non è stato preso in considerazione il volume del risparmio privato presente nel paese che avrebbe garantito tranquillamente il debito?

Il dibattito è aperto… o meglio no! Questa è la vera questione "politica": l'assenza di un dibattito pubblico che continua ad essere impedito riconducendo il problema alla solita tifoseria da stadio: a favore della moneta Vs contro la moneta; stare dentro l'UE Vs uscire dall'UE; austerità Vs inflazione. A far contorno al non-dibattito le cassandre di sciagure apocalittiche qualora venissero abbandonati i sacri canoni imposti dall'Europa ai paesi PIIGS! In questa babele di opinioni non è facile orientarsi, è quindi bene armarsi di pazienza e di buona dose di spirito critico (e un po' di tolleranza) per cercare di diventare cittadini consapevoli.

Mohammed Yunus, ideatore del microcredito, premio Nobel per la Pace, si pose, da professore di economia, una domanda precisa e molto importante: *'come posso continuare ad insegnare delle teorie economiche quando nessuna di queste serve ad affrancare il paese in cui vivo* (Bangladesh ndr) *dalla povertà assoluta?'*
Fu questa domanda che lo condusse ad analizzare le ragioni strutturali della povertà e a immaginare le possibili soluzioni.

Ecco questo credo debba fare un economista: trovare delle soluzioni per migliorare la vita delle persone non accontentandosi mai di quanto è stato stabilito, studiato e analizzato sino a quel momento.

(12.05.14)

Euro: usciamo o no? Controversie e segreti verso il 25 Maggio

La questione euro diventa oggetto di scontro con sapore calcistico -un copione già visto. Per alcuni esso rappresenta l'unica àncora di salvezza per l'Italia: non si può immaginare di farne a meno o di derogare agli accordi sottoscritti con l'UE pena l'apocalisse.

Altri dopo aver partecipato a governi firmatari degli impegni assunti, oggi si presentano come anti-euro duri e puri, propongono uscite immediate e imbarcano economisti di pregio com'è il caso della Lega con Claudio Borghi.

La lista degli economisti "dissidenti" sulla validità dell'Euro, e che considerano l'attuale struttura dell'Unione Europea e la moneta unica un vero cappio al collo (con tanto di nodo a strozzo) per le economie dei paesi più deboli, è molto ricca e si avvale di nomi qualificati; per citarne alcuni italiani, oltre al già menzionato Borghi: Antonio Maria Rinaldi, Alberto Bagnai e Paolo Savona.

La materia economica è certamente complessa ma questi studiosi, nonché docenti di economia, hanno intrapreso l'impegno della divulgazione per informare i cittadini italiani su ciò che è realmente accaduto (ovviamente dal loro punto di vista) con l'entrata in vigore dell'Euro e cosa ci attende perseguendo la strada della moneta unica e le politiche di austerity nel rispetto dei trattati attuali e futuri.

Argomento vasto nel quale cerchiamo di introdurci anche noi con la guida di questo "pensiero eretico" per cercare di comprendere i meccanismi che governano la nostra vita, spesso a nostra insaputa, con esiti tutt'altro che gradevoli, e alimentando preoccupazioni per il futuro. Per capire l'economia attuale occorre fare riferimento alla storia degli eventi, e delle idee, che hanno condotto a compiere scelte di politica economica in determinati momenti.

Il muro di Berlino.

La preoccupazione dei Francesi per il ritorno di una "grande" Germania a seguito della caduta del muro di Berlino nel 1989, condusse a considerare la necessità di una moneta unica per contrastare i tedeschi su un piano di parità in ambito industriale. La Germania si diede disponibile ad una moneta unica in cambio di aiuti per supportare la gravosa integrazione della Germania dell'Est.

La dichiarazione dell'ex capo della Bundesbank (Banca Centrale tedesca) Karl Otto Pohl è inequivocabile: *«Forse l'Unione monetaria Europea non sarebbe stata mai realizzata senza la riunificazione tedesca »*[1].

Il processo di costruzione dell'unione, durato dieci anni, viene giocato su un tavolo al quale siedono, da una parte, François Mitterrand (Francia), Helmut Kohl(Germania), mentre per l'Italia siedono alternativamente 17 (diciasette!) Presidenti del Consiglio (ovviamente alcuni nominati più volte ma in rappresentanza di governi differenti) aventi alle spalle maggioranze diverse e di tutti i colori. Questo dato ci offre la misura di quanto possa essere stata "omogenea" la linea tenuta dall'Italia nel tutelare i propri interessi nazionali nei confronti degli altri due paesi.

La mancanza di una linea politica coerente, soprattutto con i nostri interessi nazionali, ha caratterizzato il contributo dell'Italia nella definizione dei parametri, e questa assenza ha infine pesantemente influito nella definizione del tasso di conversione della Lira all'Euro. La valutazione dei parametri macroeconomici ha avuto come tema centrale il debito delle singole nazioni partecipanti. Se, per esempio, fosse stata considerata la natura del debito italiano, si sarebbe dovuto tenere conto di altri fattori molto importanti[1]:

1) Il 90% di quel debito era detenuto dall'Italia

2) Questo debito interno aumentava il reddito disponibile per famiglie e imprese (cedole e interessi)

3) Il risparmio complessivo delle famiglie era molto alto, e l'80% di esse era proprietario di immobili.

Come sottolinea Rinaldi in questo passaggio:

«A fine 2010 il debito pubblico gravava per 31.100 euro su ogni cittadino (dal neonato al centenario) a fronte però, secondo stime ufficiali della Banca d'Italia del 2009, di una ricchezza molto più cospicua. Esattamente la ricchezza netta delle famiglie italiane, cioè derivata dalla somma delle attività reali (case, terreni, ecc.) ed attività finanziarie (depositi c/c, titoli, azioni, ecc.), al netto delle passività finanziarie (mutui, prestiti, indebitamenti vari) era pari a più di 143.300 euro pro-capite (sempre dal neonato al centenario), addirittura 4,3 volte il debito!!!
Praticamente il debito pubblico di 1.875 miliardi di euro della Nazione Italia (ultimo dato disponibile febbraio 2011) è strabilanciato dagli oltre 8.700 miliardi, sempre di euro, di patrimonio netto detenuto dai suoi cittadini.

Pertanto ne deriva che l'indebitamento medio di ogni famiglia italiana è pari a 21.250 euro, contro i 36.150 euro di quelle francesi, i 37.800 euro di quelle tedesche e i 55.900 euro di quelle spagnole ».

Perché i governi, i rappresentanti, i delegati italiani non hanno saputo far valere questi numeri e hanno lasciato spazio alle volontà -e agli interessi- della Francia e della Germania?

Forse perché hanno affrontato questa "unione" con lo stesso spirito con cui la politica nazionale approccia da sempre le elezioni del Parlamento Europeo: la creazione di un poltronificio dove collocare i trombati a livello nazionale o i rompiscatole.

Parlando dei requisiti da rispettare, secondo gli accordi di Maastricht, si scoprono cose molto "curiose". Ciascuno di noi tende a ritenere che questi parametri siano frutto di ampi studi economici, dal momento che come cittadini siamo portati a considerare autorevoli e credibili le istituzioni cui abbiamo demandato il governo dell'economia. Invece no.

I parametri di Maastricht.

Sembra una barzelletta… ma purtroppo non lo è.
Sapete come è stato determinato il famoso 3% come vincolo del rapporto tra deficit pubblico e PIL? Rinaldi ce lo racconta citando un articolo apparso sul giornale "Le Parisien" in data 28 settembre 2012 nel quale l'ex funzionario della Direzione del Bilancio francese, Guy Abeille, illustra come si è giunti alla definizione dei famosi -famigerati- parametri europei:

«Mitterand ha inventato in fretta e furia questa cifra emblematica e abbiamo stabilito la cifra del 3% in meno di un'ora. E nata su un tavolo senza nessuna riflessione teorica. Il presidente aveva bisogno di una regola facile da opporre ai ministri che si presentavano nel suo ufficio a chiedere denaro. Avevamo bisogno di qualcosa di semplice. Tre per cento? E un buon numero, un numero storico che fa pensare alla trinità»[2].

Carmen Reinhart e Kenneth Rogoff sono due autorevoli studiosi presso la prestigiosa università di Harvard. Rogoff è stato economista del FMI (Fondo Monetario Internazionale) e della Federal Reserve americana (FED). Nel periodo in cui stava scoppiando la crisi della Grecia, Reinhart e Rogoff pubblicarono uno studio intitolato "Growth in a Time of Debt" (crescita nel tempo del debito).

Questo studio, racconta Federico Rampini[3], doveva essere la prova scientifica che se il debito pubblico di una nazione raggiunge la soglia del 90% del Pil, questo debito diventa un ostacolo insuperabile alla crescita del paese. Questa cifra fu immediatamente adottata come un dogma e ripresa da organizzazioni internazionali e governi come quello di Angela Merkel e dalla Commissione Europea.

Peccato che questo fondamento sia stato smontato da un giovane dottorando – Thomas Herndon – mentre preparava la sua tesi di PhD allaUniversity of Massachussetts di Amherts. Cercando di replicare lo studio, lo studente si imbattè in alcuni clamorosi errori commessi dai due studiosi redattori (premiati con il "Nobel" per l'economia).

Due categorie di errori che si potrebbero definire quasi banali: errori nelle sommatorie dei calcoli effettuati con il software Excel e omissione di classificazione – tra le nazioni esaminate – di ben tre casi (Canada, Australia, Nuova Zelanda) nei quali la crescita economica non era stata per niente penalizzata da un elevato debito pubblico.

Conclude Rampini[3]:

«I grandi nomi del pensiero neokeynesiano, da Krugman a Stiglitz, non avevano mai accettato il dogma di Reinhart-Rogoff. Ma le loro contestazioni volavano alto, troppo alto. Nessuno si era imbarcato nella fatica di fare il lavoro "operaio" del 28enne Herndon: prendersi tutti i numeri, uno per uno, e rifare le addizioni».

Siete sobbalzati dalla sedia? Avete imprecato almeno un pochino? Bene…ricordatevelo il 25 maggio quando vi recherete alle urne e se pensate di non votare questo dovrebbe essere una sollecitazione invece a farlo per evitare di continuare a lasciare che "altri" decidano irresponsabilmente delle nostre vite, e per contrastare quel gregge di politici che continuamente bela "lo vuole l'Europa" anziché battere i pugni sul tavolo dicendo "è necessario per l'Italia"…

(20.05.14)

[1] Antonio Maria Rinaldi – Il fallimento dell'Euro – 2011
[2] Antonio Maria Rinaldi – Europa Kaputt – 2013 ediz. Piscopo
[3] Federico Rampini – La trappola dell'austerity – Edizioni Laterza – La Repubblica 2014

PIL le attività criminali diventano un valore

Del PIL (Prodotto Interno Lordo) chiamato in inglese GDP (Gross Domestic Product) più o meno ne hanno sentito parlare tutti, specialmente in questi ultimi anni da quando la presenza dell'Unione Europea è entrata così pesantemente nelle nostre vite.

Primo dei meccanismi studiati nelle scuole di economia, come misuratore della ricchezza di una nazione, oggi è il tormento quotidiano con cui si misurano i famigerati parametri europei: il rapporto deficit/Pil (il noto 3% da non superare) e il rapporto debito/ Pil (l'altrettanto noto 60% quale limite oltre il quale un paese è considerto a rischio default).

Nell'economia classica il Pil ha significato sempre "benessere": più Pil indicava più ricchezza, e maggiore ricchezza porta a più benessere. Questa equazione prescindeva da come la ricchezza venisse effettivamente distribuita o i modi in cui fosse creata (impatto ambientale, sociale, etc. etc.). Motivo per cui molti studiosi, governi, e politici, hanno deciso di studiare possibili alternative al Pil cercando di definire un misuratore che risponda meglio al concetto di benessere dell'individuo.

Ne sono un esempio indicatori come il Pil verde, lo HDI (indice di sviluppo umano), il BLI (indice di una vita migliore), il BES (benessere equo e sostenibile), PIQ (Pil di qualità), la FIL (felicità interna lorda).

Nulla di tutto questo preoccupa Eurostat (l'Istituto di Statistica Europeo) e nemmeno l'Istat che dal prossimo 3 ottobre applicherà le nuove norme (Esa 2010) per calcolare il Pil. Le nuove disposizioni contemplano alcuni aspetti interessanti e altri quantomeno inquietanti.   Alla prima categoria appartiene lo spostamento degli impieghi in Ricerca e Sviluppo dalla casella delle spese (quindi calcolate come passività) a quella degli investimenti. Stessa sorte toccherà anche alle spese militari, per acquisto di nuove armi, alle merci lavorate all'estero e alle polizze assicurative.

Alla seconda invece attiene l'inserimento di stime che riguardano quasi tutta l'economia criminale: prostituzione, contrabbando (escluso quello delle armi), usura e spaccio di droga.

Si andrà quindi a creare una situazione a dir poco paradossale. In primo luogo queste nuove modalità di calcolo produrranno un valore di Pil più alto rispetto a quello attuale e sarà gioco facile dei governi (in particolare il nostro) vantarsi di una crescita senza aver fatto nulla di meritevole ma godendo di un "trucco" contabile. Quale sia il beneficio in termini numerici di questo "aiutino" è oggetto di dibattito controverso.

A detta degli eurocrati questo aggiustamento consentirà di riallineare il valore del Pil dei diversi paesi europei e un più facile calcolo dei parametri. Altri suggeriscono un raffronto più reale con l'America che considera i suoi cospicui investimenti in termini di R&S come voce attiva e darà impulso a tutti quei paesi che dedicano risorse economiche alla tecnologia e alla innovazione.

Certamente l'aumento del Pil produrrà un automatico miglioramento dei parametri di valutazione dello stato di salute economico dei paesi membri. Anzi, alcuni ipotizzano che questi miglioramenti produrranno sul mercato benefici nella percezione del rischio paese con conseguenti vantaggi dei livelli di indebitamento. Considerazione alquanto opinabile: i "mercati" dovrebbero essere abbastanza preparati da conoscere la reale situazione che, di fatto, non cambia, a parte i numeri che vengono modificati con un "barbatrucco"; ma la storia delle valutazioni delle agenzie di Rating ci lascia sovente perplessi e non ci stupiremmo se stessero al gioco.

Mi domando se invece non si cerchi subdolamente di modificare la percezione dei cittadini (l'indice di fiducia) facendo apparire dei miglioramenti che dovrebbero stimolare i consumi, di conseguenza la domanda di beni e quindi la ripresa tanto agognata e soffocata nella morsa dell'austerity. Ciò mi pare discutibile in assenza di una politica di stimolo della liquidità di denaro circolante che la BCE si guarda bene dall'attuare.

L'inserimento poi delle attività criminali in modo così palese e sfrontato pone seri interrogativi "morali" su come debba essere considerata la ricchezza. Il Pil ha per sua natura una connotazione positiva: presuppone un legame con la produzione di ricchezza lecita ad appannaggio di tutti. E' vero che da anni discutiamo se tornare ad aprire le case chiuse e la legalizzazione di alcune sostanze stupefacenti, e questo comporterebbe certo un beneficio per lo Stato, ma altra questione è considerare queste attività di "scambio" utili e desiderabili. Questa modalità attribuisce un valore positivo (o non negativo) ad attività che, teoricamente, dovrebbero essere perseguite dalla Stato: usura, spaccio, prostituzione. Senza dimenticare che essendo per natura perseguibili dalla giustizia sono fonte di guadagni oscurati e conseguente evasione fiscale.

In un paese come il nostro dove l'indice morale (se ne esiste uno) rasenta da tempo quota zero, quali conseguenze può avere il considerare atti criminali come una "ricchezza" del Pil? Qual'è sarà la volontà di azione dei governi contro queste attività se esse potranno essere utili nel vantare un miglior saggio del prodotto interno? Consentire di guadagnare prestigio nel mostrare un Pil in crescita ma frutto di attività che agiscono contro il benessere e la serenità dei cittadini ha davvero senso? Non sarà questo uno stimolo a chiudere gli occhi verso crimini e criminali che, in fondo in fondo, si potrà ben dire agiscono nell'interesse nazionale?

Forse siamo all'alba di una nuova frontiera scientifica creata da questa Europa dei burocrati: la statistica paradossale!

(07.06.14)

Fonti :

http://temi.repubblica.it/micromega-online/piu-pil-per-tutti/

http://www.ilfattoquotidiano.it/2014/04/18/crescita-per-renzi-arriva-la-carta-dei-nuovi-parametri-di-bilancio-vale-ll-2-di-pil/957042/

http://www.unita.it/italia/e-ora-nel-calcolo-del-pil-entrano-br-droga-prostituzione-e-contrabbando-1.570651

http://www.ilgiornale.it/news/interni/ue-rivede-calcolo-pil-litalia-pi-ricca-decreto-983347.html

Fiscal Compact e Fondo di Redenzione

Rumore. Ancora Rumore. Non so voi ma quando tento di scorrere le notizie di politica italiana provo sempre questa sensazione di fastidio dentro la testa: parole, chiacchere, dichiarazioni la cui sostanza è prossima allo zero assoluto. Ogni tanto spunta un Giovanardi qui e un Razzi di là, tanto per creare note di colore sopra un dibattito che è nella sostanza rumore di fondo e basta. Se vuoi capire le 'informazioni' più che le 'notizie' le devi cercare, e sul web sono molte, talvolta anche qui solo come inutile riflesso di quelle dei media, ma poi ci sono i libri.

Nel chiacchericcio sulle innumerevoli riforme fatte, da fare, che vedranno la luce, e che 'Dio ce la mandi buona', viste le premesse, ci sono quelle del Fiscal Compact e, prossimamente, quelle del ERF (il Fondo di Redenzione Europeo).

Cerchiamo di capire con l'ausilio del Prof. Antonio Maria Rinaldi[1] che, nel suo recente libro "Europa Kaputt"[2], dedica un capitolo illuminante sul funzionamento del Fiscal Compact.

Già i nomi meritano qualche considerazione. Nota Rinaldi che il F.C. è il nome con cui è stato ribattezzato il Trattato sulla Stabilità o Patto di Bilancio Europeo; appellativi che evocherebbero immediatamente l'associazione con l'odiato termine 'austerity' molto più inviso al pubblico rispetto a un rassicurante 'Compact' che "ricorda all'opinione pubblica i più simpatici, gradevoli e rassicuranti Compact Disk o Compact Stereo".

Che dire poi del termine 'Redenzione' usato per definire il Fondo Salva Stati? Qui si giunge addirittura a scomodare una visione bibicla nella quale è implicita la presenza di un 'peccatore' che viola le regole e deve 'espiare' al fine di poter essere 'redento' per tornare nel 'consesso dei giusti'!

Roba da matti? No, roba da Europa: questa incosciente Unione Europea in mano a burocrati degni di un Politburgo sovietico d'altri tempi.

Il Fiscal Compat è un accordo approvato con un Trattato Internazionale il 2 marzo 2012 da 25 dei 27 paesi membri dell'Unione Europea ed è entrato in vigore il 1° gennaio 2013. Il contenuto di questo trattato prevede norme più severe di quelle già scritte nel famoso Trattato di Maastrich.

Le "regole d'oro", così come state definite dai promulgatori, tanto per non eccedere nelle note di colore, prevedono vincoli di bilancio per gli stati membri al fine di realizzare il pareggio di bilancio e ridurre l'eccedenza del rapporto del 60% del rapporto debito/Pil[2]:

«[...] inserimento in Costituzione dell'obbligo del perseguimento del pareggio di bilancio, di non superare la soglia del deficit strutturale superiore allo 0,5% (all'1% per coloro i quali hanno rapporto debito pubblico Pil inferiore al 60%) e di ridurre nell'arco di venti anni la porzione del debito eccedente il rapporto del 60% al ritmo di un ventesimo (5%) all'anno, impegnando inoltre tutti gli Stati firmatari a coordinare i piani di emissione del debito con il Consiglio dell'Unione e con la Commissione Europea».

In queste sintetiche righe di Rinaldi si può individuare il riflesso di tutta la ciarlataneria dei politicanti che continuano a raccontarci di quanto l'Euro e l'Europa siano un bene per noi e del dibattito per ottenere maggior flessibilità.

La nostra Costituzione, ricorda il professore, recita che l'Italia è un paese fondato sul lavoro e non sul 'pareggio di bilancio' e lo sforzo governativo dovrebbe consistere nel promuovere lavoro e benessere per i cittadini e non rincorrere parametri e numeri che concorrono a distruggere il paese.

Tradotto in soldoni (per i dettagli consiglio la lettura intera del libro) per rientrare nell'eccedenza del 60%, l'Italia dovrebbe ridurre del 70% il proprio debito (attualmente al 133% del Pil) nei prossimi 20 anni al ritmo del 5% annuo con tagli che richiederebbero un reperimento aggiuntivo di risorse di almeno 50 miliardi di euro all'anno oltre quelli che già sono stati racimolati a fatica. Riuscite ad immaginare l'impatto sul sistema paese attualmente in forte declino? (Ah l'Europa! Ah le Riforme!).

Da sottolineare il fatto che il nostro paese attualmente gode di un saldo primario (differenza tra entrate e uscite pubbliche) in positivo, ma che viene letteralmente divorato dalla quota per gli interessi sul debito pubblico e ci consente (a fatica) di stare all'interno del famoso parametro del 3% sul rapporto deficit/Pil.

Un risultato, quello del saldo primario, tra i più virtuosi in Europa ottenuto a prezzo di grandi sacrifici sulle spalle delle famiglie e delle imprese italiane. Cosa accadrebbe con l'aggravamento del peso di ulteriore 'austerity' per rientrare di un altro 5% del debito? Riuscite a farvene una idea? Ecco ora spiegatela a quei politici che vi raccontano che 'noi rispetteremo gli accordi!'.

In America, ci ricorda Rinaldi, cinque premi Nobel per l'economia (K. Arrow, P. Diamond, W. Sharpe, E. Maskin, R. Solow) hanno scritto un appello al Presidente Obama contro una analoga forma d'inserimento del pareggio di bilancio in Costituzione definendola "*una scelta politica azzardata*".

Il palese rischio che predicono molti economisti è che i vincoli inducano ulteriormente altra recessione anziché curarla. Non è una novità, nella storia dell'economia, il riscontro di scelte sbagliate di politica economica che producono peggiori condizioni del male da curare. Vale la pena citare che, nel libro, si illustra il parere del Prof. Giuseppe Guarino (giurista) il quale ha da tempo individuato aspetti del trattato che sono non coerenti con i precedenti su cui si fonda l'UE. Particolare non secondario, secondo questa tesi, il F.C. sarebbe di fatto illeggittimo.

E veniamo alla ciliegina sulla torta. Vi siete convinti che il Fiscal Compact è brutto e cattivo? Ma non avete ancora visto il meglio, come suol dirsi al peggio non c'è mai fine! Ecco che dal cilindro delle idee luminose dei burocrati esce l'ERF ovvero Fondo di Redenzione Europeo. Redenzione, appunto! Per i paesi "cattivi", come il nostro, c'è la possibilità di essere aiutati per tornare sulla retta via (redenti).

In cosa consiste l'ERF? Si tratta di un fondo al quale corrispondere quella parte di debito che eccede il sopra citato limite del 60%. Spiega Rinaldi[3]:

«Il micidiale ERF funziona essenzialmente in questo modo: tutti gli Stati aderenti conferiscono a un Fondo specifico le eccedenze delle porzioni di debito superiori al 60% del PIL e lo stesso Fondo, per finanziarsi e tramutare i titoli nazionali con quelli con garanzia comune, emetterà sul mercato dei capitali una sorta di super eurobond al cubo e avvalendosi della tripla A, concessa dalle Agenzie di rating alle emissioni della UE, potranno godere di tassi presumibilmente più bassi rispetto a quelli di molti paesi periferici. »

Ma la sorpresa migliore è nascosta qui:

«Ma siccome nessuno ti regala nulla per nulla, tanto meno i ragionieri esattori europei, in cambio viene pretesa a garanzia l'asservimento dei rispettivi asset patrimoniali nazionali, riserve valutarie e auree e parte del gettito fiscale (es. IVA). In questo modo si firmano cambiali in bianco e la riduzione del debito avverrà automaticamente con la vendita dei beni patrimoniali seguendo la logica del curatore fallimentare più orientata a soddisfare i diritti del creditore che del debitore se non si sarà in grado di versare gli importi previsti ogni anno e per vent'anni! Praticamente per noi una specie di euro Equitalia esattrice-liquidatrice o come avviene con la cessione del quinto stipendio, rimanendo però con il residuo del debito (il 60%) da onorare senza più contare sul "collaterale" patrimoniale!

Le partecipazioni di ENI, Finmeccanica, Poste, ENEL ecc., beni immobiliari pubblici, riserve auree e valutarie, saranno liquidate automaticamente con il pericolo che saranno letteralmente svendute a favore dei soliti noti, per soddisfare il criterio della riduzione ventennale del debito, visto che attualmente la nostra eccedenza di debito ammonta a circa 1170 Mld., pari al 73% del

PIL essendo ora al 133%. ».

Svendita degli asset strategici, cessione della politica fiscale, cessione della sovranità. Questo il vero scopo che si cela dietro le "Riforme" che "vuole l'Europa" e sopratutto "Ce lo chiede l'Europa". Mentre perdiamo tempo ad ascoltare le marionette politicanti che ci si parano di fronte a colpi di secchi d'acqua, battute, privilegi e ruberie la nostra 'sorte' continua ad essere decisa altrove in segrete stanze, davvero 'a nostra insaputa'.

La nostra arma? La conoscenza, l'informazione, la consapevolezza.

(27.08.14)

[1] Antonio Maria Rinaldi – laureato alla Luiss ha ricoperto importanti incarichi nel campo finanziario mobiliare tra i quali Istituti Bancari al servizio della Borsa e CONSOB. Già Direttore Generale della Capogruppo finanziaria dell'ENI. Docente presso l'Università Gabriele D'Annunzio di Chieti-Pescara

[2] "Europa Kaputt" – (S)venduti all'Euro – di Antonio Maria Rinaldi – Piscopo Editore

[3] articolo di Antonio Maria Rinaldi su Formiche.net "Ecco cosa ci aspetta dopo le elezioni europee: il micidiale ERF"

Disastro Italia, Euro, Europa

In un paese 'normale' un Presidente del Consiglio che trascorre la maggior parte del tempo a raccontare storielle sull'economia, sulle riforme, inondando ogni canale e additando chi lo critica come un gufo o un rosicone, avrebbe già trovato la giusta collocazione fuori dalle sale delle istituzioni.

Come recita un proverbio *"non si può mentire a tutti per sempre"*; eh già, perché alla fine, in questa vita, una delle poche certezze è che le verità vengono a galla e, quando si parla di economia, le cifre hanno una loro intrinseca ragione nel dimostrare le conseguenze delle scelte intraprese.

Da diversi mesi indici ed economisti non allineati premonivano quanto si è verificato: recessione per l'Italia, problemi seri e stagnazioni per le altre economie del sud Europa, conseguenze sulle economie 'forti' sino a provocarne il rallentamento.

Colpa delle politiche di austerità, dirà qualcuno. Vero, ma non solo. Altri giustificano i dati negativi come conseguenza delle mancate "riforme" e altri ancora con la insufficiente cessione di sovranità dei singoli paesi all'Europa.

La materia è vasta e negli ultimi anni sono state scritte migliaia di pagine. Per noi che non siamo gufi, non siamo 'esperti', ma nemmeno sprovveduti ci piace ragionare sulle cose, cercando di capire.

L'eccesso di debito pubblico è la motivazione fondamentale usata per giustificare le politiche di "austerity" e gli impegni sottoscritti dai paesi membri europei per ridurlo. Nel caso dell'Italia questo ha comportato l'inserimento dell'obbligo di "pareggio di bilancio" nella Carta Costituzionale e l'impegno a retrocedere il volume del debito al ritmo di 50 miliardi di euro all'anno (ma il nostro è l'unico paese che ha inserito il pareggio nella Costituzione, gli altri se ne sono guardati bene).

La teoria economica assunta come riferimento per limitare

il volume del debito, in quanto questo oltre la soglia del 60% condurrebbe al default, è inesatta ed è stata smentita da studi successivi.

Per ridurre un debito è necessario ridurre le spese e questo è avvenuto in modo drastico sulle spalle dei cittadini e dei servizi (sappiamo bene che i privilegi delle varie "caste" non hanno subito lo stesso trattamento). Da alcuni anni il saldo primario dell'Italia è positivo (ovvero lo Stato incassa più di quanto spende) ma ciò che impedisce la riduzione complessiva del debito sono gli interessi che si devono pagare su quello già emesso. Come sostengono alcuni, se non si interviene su questo meccanismo il circolo è vizioso, e non se ne esce.

Per pagare un debito occorre avere del denaro e per avere questo è necessario che l'economia sia florida. Se si protraggono politiche di austerità da una parte, dall'altra si aumenta la tassazione sulle persone e sulle imprese, e ci si appiattisce su una politica di riduzione dei redditi da lavoro, da dove può uscire la ricchezza per diminuire i debiti?

Da qualche anno si persevera sulla strada della riduzione dei "diritti" acquisiti dai lavoratori; la motivazione sarebbe la necessità di competere con i paesi emergenti. Più possibilità di licenziare per creare più posti di lavoro (sic!). Soglia di pensionamento sempre più alta, mentre sul mercato del lavoro i giovani precarizzati non riescono ad avere contributi adeguati, né crescita professionale, né possibilità di programmare un futuro. Gli "anziani" che non sono protetti dal pre-pensionamento si ritrovano a far vita da precari o da disoccupati (rifiutati dalle aziende che non assumono i "vecchi"; in attesa di una pensione che non vedranno più e per la quale non sono più in grado di versare i contributi necessari per riceverla. Tutto questo all'interno di una cornice nazionale nella quale le aziende muoiono come mosche o fuggono all'estero aumentando ogni giorno il livello della disoccupazione.

Ho dimenticato qualche cosa? Evito, per non infierire, questioni come la corruzione e l'evasione fiscale che distolgono risorse economiche importanti verso le tasche di pochi.

Un'altro dibattito riguarda proprio la moneta euro in sè. Qui si intravedono almeno due scuole di pensiero. La prima tiene saldo come riferimento l'euro e ritiene sia necessaria più integrazione (più Europa!) per ridare slancio all'economia con un ruolo centrale nella BCE diminuendo i poteri locali e aumentando quelli sovranazionali europei.

Un'altra definisce l'Euro, per come è stato pensato e costruito, come la causa primaria dei problemi.

La moneta unica è stata imposta come presupposto dell'unità europea mentre avrebbe dovuto essere la conseguenza del processo di unificazione. A oggi, all'interno dell'unione, non esiste nemmeno l'omogeneità delle aliquote Iva tra i diversi paesi, per fare un esempio. Solo 17 paesi, tra gli appartenenti all'Unione Europea, hanno adottato la moneta unica. Gli altri sono rimasti con le loro valute locali: beneficiano però dei contributi europei e fanno concorrenza sleale (monetaria) agli altri.

L'idea di unificare la moneta ha origine in una teoria economica chiamata AVO (Aree Valutarie Ottimali) nella quale si definivano i benefici di cui avrebbero goduto un insieme di paesi qualora si fossero aggregati in un'area economica comune, e avessero adottato un'unica moneta.

Ma la teoria, come tutte le teorie economiche, hanno dei presupposti da rispettare. Uno di questi è l'omogeneità delle economie dei paesi partecipanti all'area AVO. Se esistono differenze strutturali marcate si possono creare dei disequilibri (asimmetrie) che annullano i benefici e comportano l'alto rischio di peggiorare le economie più deboli a vantaggio di quelle già solide e più forti.

Vi ricorda qualche cosa?

La flessibilità monetaria si può avere solamente con la sovranità della propria moneta. Il discorso è complesso ma i sostenitori della rinuncia all'euro sono convinti che non è possibile tenere insieme economie differenti legate a una moneta senza possibilità di compensare i pesi delle singole valute. Così come accadeva nello SME (Serpente Monetario Europeo), dove ogni paese poteva utilizzare la svalutazione per aumentare la propria competitività, e tutto il mercato ne giovava in quanto i rapporti erano bilanciati e più aderenti alla realtà economica.

Viceversa la situazione attuale consente la supremazia dell'economia più forte sino a quando anche lei non subirà le conseguenza della eccessiva debolezza di tutti gli altri. Non puoi fare affari in un mercato dove i tuoi potenziali acquirenti sono strozzati dalle politiche di credito che tu stai imponendo.

Questa è la situazione che si sta verificando con la contrazione dell'economia tedesca. Insomma, mentre il vecchio boyscout Renzi fa il simpaticone in Tv rassicurando che ci pensa Fonzi… pardon il governo Renzi, anche a fronteggiare le mire egemoniche dell'Europa, la situazione è ben più complessa e allarmante.

In questo quadro la violenza delle riforme imposte in questi mesi alla Costituzione Italiana, hanno un senso logico e pratico ai fini del rilancio dell'economia dell'occupazione e della situazione del debito pubblico?

Lascio a voi l'ardua risposta!

(14.08.14)

Europa da rifare: la Lectio Magistralis
di Joseph Stiglitz

"La crisi dell'euro: cause e rimedi" è il titolo della lezione che J. Stiglitz ha tenuto alla Camera dei Deputati il 23 settembre scorso. L'iniziativa è stata promossa dal deputato di Sel Giulio Marcon che ha introdotto l'incontro dopo il saluto della presidente della Camera Laura Boldrin. Al dibattito hanno partecipato: Giorgio Airaudo, Francesco Boccia, Laura Castelli, Stefano Fassina, Giulio Tremonti, Giovanni Dosi, Mauro Gallegati e Mario Pianta.   Di seguito forniamo un riassunto delle argomentazioni fornite dal premio Nobel (2001), già capo economista della Banca Mondiale fino al 2000 e autore di saggi e studi innovativi nell'ambito dell'economia.

<u>Errori Concettuali sull'Europa.</u>

Oggi è possibile valutare concretamente l'esito dell'impatto delle politiche di austerità in Europa. Le previsioni più cupe si sono avverate. I paesi che sono stati più 'fedeli' alla linea dell'austerità e hanno introdotto i maggiori tagli al proprio bilancio pubblico sono quelli che hanno le performance peggiori:

se il Pil decresce anche le entrate fiscali si riducono e questo non può far altro che peggiorare la posizione debitoria degli stati. Tutto ciò avviene non perchè questi paesi non abbiano realizzate politiche di austerità, ma proprio perché le hanno eseguite.

La condizione attuale di molti paesi, come la Spagna, che hanno raggiunto un tasso di disoccupazione media del 25% sono di fronte non più a una recessione ma a una vera e propria condizione di depressione.

Stiglitz individua nella scelta della moneta unica la causa prima di questa situazione e ne illustra i motivi. L'Euro è stata un progetto politico, non economico, scelto e voluto dalla politica nella convinzione che la moneta unica avrebbe reso più coesa l'Europa favorendo l'emergere delle caratteristiche tipiche delle Aree Valutarie Ottimali (abbreviate come A.V.O.). Robert Mundell, anch'egli premio Nobel per l'economia, sosteneva invece che le caratteristiche dell'Europa erano inadatte per la costruzione di un'area valutaria ottimale. In una A.V.O. la politica monetaria viene privata di due meccanismi classici di aggiustamento che possiedono i paesi a sovranità monetaria (che possono quindi stampare moneta e decidere la politica dei tassi di interesse): i tassi di cambio e i tassi di interesse. In caso di shock è reale il rischio di lunghi periodi di disoccupazione.

Gli Stati Uniti costituiscono a loro modo una area valutaria dove 50 stati confederati usano la stessa moneta, hanno un bilancio a livello federale e la spesa pubblica per i due terzi è calcolata a livello federale. Se uno stato ha un problema è possibile intervenire con dei fondi federali per sostenere l'economia. Lo stesso dicasi per le banche. Inoltre l'eventuale migrazione di lavoratori da un paese all'altro non comporta il depauperimento sociale così come avviene in Europa, dove si creano tensioni e frantumazione delle famiglie.

Un altro grave errore secondo Stiglitz è stata la fiducia riposta in meccanismi come il Fiscal Compact illudendosi che il mantenere un rapporto basso tra deficit o debito pubblico e Pil fosse condizione sufficiente a migliorare lo stato delle cose.

[...] non c'è nulla nella teoria economica che offra un sostegno ai criteri di convergenza adottati in Europa. Anzi, la realtà ci dimostra come quei criteri fossero sbagliati: Spagna e Irlanda avevano un bilancio pubblico in avanzo prima del 2009, non avevano sprecato risorse. Eppure hanno avuto crisi gravissime. Il debito e il disavanzo di questi paesi si sono creati successivamente, per effetto della crisi e non viceversa. Il fatto di aver introdotto un Fiscl Compact che impone vincoli ferrei al disavanzo e al debito non risolverà i problemi, né aiuterà a prevenire la prossima crisi.

Il fatto che i debiti siano stati convertiti in euro e non siano rimasti nella moneta di origine del paese ha creato automaticamente le condizioni per una crisi del debito sovrano. Il rapporto debito/Pil negli Stati Uniti è analogo a quello europeo ma oltreoceano non può accadere una crisi del debito sovrano perché il debito è in dollari e l'America può sempre rimborsali essendo sua facoltà lo stampare moneta qualora fosse necessario.

L'Europa potrebbe risolvere il problema attraverso gli Eurobond. Ma sono noti i problemi 'politici' che contrastano questa scelta. Eppure sarebbe la soluzione più idonea. L'Euro è stato pensato negli anni in cui molti economisti erano convinti del perfetto funzionamento dei mercati, ma oggi gli studi dimostrano che non è così: sono presenti 'imperfezioni' dal lato della concorrenza, sul versante del rischio e dell'informazione. Quindi una moneta come l'Euro concepita su modelli economici semplificati crea instabilità.

<u>Le riforme strutturali</u>

Di riforme si parla molto ma, sottolinea il premio Nobel, troppo spesso il termine genera fiducia in qualche cambiamento positivo mentre la realtà potrebbe essere ben diversa. Le riforme di cui si parla in Europa sono quasi tutte indirizzate dal lato dell'offerta mentre il problema reale è la domanda.

Le riforme strutturali sbagliate aggraveranno, attraverso la riduzione dei salari o l'indebolimento degli armotizzatori sociali, la debolezza della domanda aggregata, con ovvie conseguenze su disoccupazione e dinamica macroeconomica.

La flessibilità del lavoro non offre alcuna garanzia per evitare le conseguenze della crisi.

Gli Stati Uniti erano apparentemente il paese con il mercato del lavoro più flessibile, ma hanno avuto una disoccupazione al 10%.

Pag. 265

Ci sono ben altre urgenze in Europa che richiedono una rivisitazione della sua struttura nel complesso. Per esempio una vera unione bancaria, composta da vigilanza e assicurazione comune ai depositi. Questa sarebbe si una misura urgente visti i numerosi fallimenti di banche e imprese. L'unione necessita di strumenti a livello federale come il bilancio e gli Eurobond.

Se l'Europa potesse indebitarsi a tassi di interesse negativi come stanno facendo gli Stati Uniti potrebbe stimolare molti investimenti utili, rafforzare l'economia e creare occupazione. E i soldi che oggi vengono spesi per il servizio del debito dei singoli paesi potrebbero essere utilizzati per politiche di stimolo alla crescita.

La via dell'austerità è profondamente sbagliata e va assolutamente abbandonata, su questo l'economista è perentorio. La diversità delle strutture produttive tra i diversi paesi europei indica che sono necessarie politiche industriali che favoriscano la crescita dei paesi più deboli.

Stglitz si sofferma anche sulla politica monetaria e fa un raffronto tra la Federal Reserve americana e la BCE europea. Il mandato della FED è articolato su quattro obiettivi: occupazione, inflazione, crescita e stabilità finanziaria.

In questo momento il principale obiettivo è l'occupazione.

La BCE invece ha come unico mandato l'inflazione e si concentra esclusivamente su di esso. Questo perché l'idea era molto di moda quando fu redatto lo statuto della banca europea ma non c'è nessuna teoria economica a sostegno della teoria secondo la quale una bassa inflazione serva da traino per la crescita economica.

Difatti oggi nemmeno il Fondo Monetario Internazionale la condivide mentre l'Europa sembra incapace di abbandonare questa strada.

Questa politica monetaria sbagliata, può produrre e sta producendo conseguenze economiche gravi. Se gli Stati Uniti mantengono bassi i loro tassi di interesse per stimolare la creazione di nuovi posti di lavoro, mentre in Europa i tassi continuano a mantenersi più elevati, in una logica antiinflazionistica, questo favorisce l'afflusso di capitali e l'apprezzamento dell'euro. E questo, ovviamente, rende ancora più difficile esportare le merci europee con un evidente impatto negativo sulla crescita. Quando gli Stati uniti hanno cominciato ad adottare un politica monetaria fortemente espansiva ricorrendo al «Quantitative easing», l'esito positivo di questa politica è stato facilitato dal fatto che l'Europa non ha fatto lo stesso. [...] Il paradosso, dunque, è che gli Stati Uniti dovrebbero ringraziare l'Europa per aver aiutato la ripresa dell'economia americana tramite le sue politiche monetarie sbagliate.

<u>Patologie Usa e Ue</u>

Stiglitz smentisce, sulla base dell'esperienza americana, che il 'privato' sia la panacea per risolvere tutti i mali. L'economia innovativa degli USA, come per esempio Internet, è stata sviluppata con il sostegno di una forte azione finanziaria dei governi.

Quando ero a capo del Gruppo dei consiglieri economici della Casa Bianca, verificammo che i benefici degli investimenti pubblici in innovazione erano superiori a quelli prodotti dagli investimenti privati. Si tratta di esempi di politiche attive per la crescita che avrebbero effetti molto positivi e che vanno in una direzione opposta a quella del rigore che sta strangolando l'Europa.

Ma le patologie dell'economia americana ed europea risalgono a prima dell'esplosione della crisi. Si dimentica che queste economie sino al 2008 sono state sostenute da bolle speculative che interessavano principalmente il settore immobiliare. Per non tornare in quella situazione è necessario rivedere i meccanismi di fondo che governano l'economia e ciò non è ancora stato fatto e i problemi sono peggiorati con la recessione.

Un problema molto importante è quello delle diseguaglianze sociali. I benefici della ripresa negli Usa sono andati quasi completamente a beneficio dell'1% più ricco della popolazione.

Negli Usa il valore del reddito mediano (quello che vede metà degli americani con redditi più alti e l'altra metà con redditi inferiori) al netto dell'inflazione è oggi più basso di 25 anni fa. Questo fa si che la famiglia americana media non abbia soldi da spendere e, di conseguenza, la domanda aggregata rimane debole.

La trasformazione dell'economia deve indirizzarsi verso la conoscenza: questa è una trasformazione che non possono attuare i mercati ma solamente i governi che al momento non stanno svolgendo questo compito.

La politica industriale sarà senz'altro uno degli strumenti fondamentali per uscire da questa situazione. È necessario un Fondo europeo per la disoccupazione e un Fondo europeo per le piccole imprese, investimenti che vadano molto oltre quello che fa oggi la Banca europea degli investimenti. Oltre alle cose che andrebbero fatte vi sono, però, anche cose che non vanno fatte. Per quanto riguarda il mercato del lavoro, ho già detto che maggiore flessibilità non aiuterà a risolvere i problemi attuali, anzi li aggraverà aumentando le disuguaglianze e deprimendo ulteriormente la domanda. La situazione italiana, ad esempio, vede già presente un elevato grado di flessibilità; aumentarla ancora indebolirebbe l'economia senza portare vantaggi. Bisogna essere molto cauti.

<u>Cosa non bisogna fare</u>

Un'altra cosa che l'Europa non deve fare è sottoscrivere il Trattato transatlantico sul commercio e gli investimenti (TTIP).

Un accordo di questo tipo potrebbe rivelarsi molto negativo per l'Europa. Gli Stati Uniti, in realtà, non vogliono un accordo di libero scambio, vogliono un accordo di gestione del commercio che favorisca alcuni specifici interessi economici. Il Dipartimento del Commercio sta negoziando in assoluta segretezza senza informare nemmeno i membri del Congresso americano. La posta in gioco non sono le tariffe sulle importazioni tra Europa e Stati uniti, che sono già molto basse. La vera posta in gioco sono le norme per la sicurezza alimentare, per la tutela dell'ambiente e dei consumatori in genere. Ciò che si vuole ottenere con questo accordo non è un miglioramento del sistema di regole e di scambi positivo per i cittadini americani ed europei, ma si vuole garantire campo libero a imprese protagoniste di attività economiche nocive per l'ambiente e per la salute umana. La Philip Morris ha fatto causa contro l'Uruguay perché l'Uruguay vuol difendere i propri cittadini dalle sigarette tossiche. La Philip Morris nel tentativo di contrastare le misure adottate in Uruguay per tutelare i minori o i malati dai rischi del fumo si è appellata proprio ai quei principi di libero scambio che si vorrebbero introdurre con il Ttip. Sottoscrivendo un accordo simile l'Europa perderebbe la possibilità di proteggere i propri cittadini. Questo tipo di accordi, inoltre aggravano le disuguaglianze e, in una situazione come quella europea, rischierebbero di approfondire la recessione.

<u>Si può ancora aspettare ?</u>

L'Europa può ancora permettersi di aspettare? Se non si cambia la struttura dell'eurozona, se l'Europa continua sulla strada attuale, si candida a perdere un quarto di secolo, dovete esserne consapevoli. Quando eravamo nel mezzo della Grande Depressione degli anni trenta, non si sapeva quanto sarebbe durata, ed è finita solo con la seconda guerra mondiale e la massiccia spesa pubblica che l'ha accompagnata. Non dobbiamo augurarci che l'attuale crisi venga risolta allo stesso modo, ma oggi l'Europa ha le mani legate.

Infine, la questione della democrazia. C'è un deficit di democrazia creato dall'introduzione dell'euro. Gli elettori votano a favore di un cambiamento delle politiche, poi arriva un nuovo governo che dice «ho le mani legate, devo seguire le stesse politiche europee». Questo compromette la fiducia nella democrazia. Oltre alle argomentazioni economiche che rendono necessario un cambiamento c'è questa disaffezione nei confronti della politica, che porta al rafforzamento delle forze estremiste. Non è soltanto l'economia che è in gioco, la posta in gioco è la natura delle società europee.

(traduzione del Servizio interpreti della Camera dei Deputati, trascrizione e revisione di Dario Guarascio 08.10.14)

Contrordine compagni! Il liberismo non è così buono – parola di FMI

La notizia secondo cui all'interno del FMI si è aperto un dibattito (o una confessione) sul sistema neoliberistico che domina, e opprime, da molti anni la scena economica mondiale, è un sollievo ma con qualche fonte di preoccupazione.

Se viene riconosciuto che questo sistema economico è la causa dell'aumento continuo delle diseguaglianze sociali e che le politiche di austerity non hanno prodotto quel recupero del benessere e dello sviluppo come promesso, ci si può rallegrare. Ciò non di meno abbiamo la conferma, e qui è il dato preoccupante, di come l'economia sia sempre più uno strumento politico che una scienza esatta indipendente. Dico questo perché negli ultimi 30 anni, soprattutto con la diffusione della Tv come fenomeno di massa progressivamente occupato da fazioni politiche, la figura dell'economista è sempre stata presentata come quelle dell' "esperto" che ha in mano tutte le soluzioni prescindendo dalle sue convinzioni "filosofiche" sugli argomenti trattati.

In un paese dove mediamente i "risparmiatori" si recano in banca per giocare al monopoli del guadagno con i propri risparmi senza conoscere la differenza tra un'azione e un'obbligazione, è facile spacciare una ricetta economica come la panacea di tutti i problemi. Così è avvenuto e i costi in termini economici e sociali li conosciamo bene. Ogni teoria economica sposa una visione del mondo e dei rapporti economici tra i soggetti. Bisognerebbe avere l'onestà intellettuale per far capire che non esistono ricette "magiche" e la complessa società di cui facciamo parte necessita l'immaginazione, e lo studio, di soluzioni che devono sempre essere messe in atto con spirito critico.

La storia ci insegna invece che l'economia è stata strumentalmente utilizzata per fini meramente politici di gruppi di interesse ben definiti. Essendo le attuali classi politiche e "manageriali" protagoniste di questa ipocrisia c'è ben poco da attendersi a meno di una "liberazione" da questo stato di occupazione da parte di incompetenti e/o nemici dell'interesse collettivo.

Tutti parlano di crescita e di lavoro. Ma di quale crescita e di quale lavoro stiamo parlando? Tempo addietro mi è capitato di ascoltare alcuni politici e intellettuali in una trasmissione televisiva nella quale si parlava del "lavoro". Tutto il dibattito si articolava in posizioni da comari di paese: i giovani non hanno voglia di fare certi mestieri, non ci sono più i giovani di una volta, non si può più pretendere di avere diritti come un tempo, etc. etc.

Una corrente di pensiero molto in auge vede il lavoro come un'astrazione, una variabile a se stante su cui agire nei modi più disparati e articolati; per esempio con pioggia di denaro a fondo perduto per "mantenere" i "posti". Con questa filosofia la sinistra ha sperperato ingenti capitali a beneficio di aziende cotte e stracotte che alla fine sono andate ugualmente in malora ma con il sorriso sulle labbra di quegli imprenditori beneficiari di tanta generosità.

Il lavoro è una conseguenza del sistema economico in essere; della sua capacità non di creare "posti" ma "opportunità" di lavoro. Se il sistema non genera opportunità, i posti li posso solamente avere se "pago". Ma sulla crescita, necessaria a produrre opportunità, ci sono alcune precisazioni che dovrebbero essere fatte: di quale "crescita" stiamo parlando? Produciamo e cosa produciamo? Come lo produciamo? Quale visione strategica abbiamo della nostra capacità produttiva (merci, servizi, innovazione)?

Non siamo più negli anni '50, mentre sembra che non pochi in campo politico siano fermi a quel periodo, per cui è sufficiente parlare di crescita e produrre qualunque cosa e tutto va bene. Siamo oggi invece soggetti a molti più vincoli e consapevolezze. Saturazione dei mercati interni, inquinamento, ciclo dei rifiuti, approvvigionamento energetico, trasporti, etc etc.

In ambito tecnologico e scientifico ci sono progressi esponenziali che possono aprire nuove visioni del mondo, del modo di produrre e del livello di benessere distribuito.

Nell'ambito della AI (Artificial Intelligence) i progressi sono tali da far scorgere una società nella quale la maggior parte del lavoro è svolto dalle macchine in grado di apprendere autonomamente il necessario per compiere determinate funzioni (Machine learning).

In questo scenario, raccontano gli scienziati, l'uomo è destinato a "subire" la stessa sorte del cavallo. Il nobile animale è stato per secoli il "motore" dello sviluppo economico. Oggi non è più così e i cavalli sono "a riposo" con destinazione d'uso ludica piuttosto che lavorativa. Bene, stessa sorte toccherà all'uomo. Alcuni si spingono a considerare che con la messa in opera dell'AI, la quantità dei lavori oggi conosciuti che scomparirebbero (o sarebbero esercitati con l'uso di macchine) sarebbe tale da generare una disoccupazione del 45% nella popolazione. Gli scienziati specificano che la domanda non è "se" questa rivoluzione ci sarà, ma semplicemente "quando". Tradotto con una battuta: potremo avere l'automobile che guiderà da sola da casa sino al posto di lavoro ma il nostro lavoro rischiamo di non averlo più perché lo farà una macchina.

Di fronte a uno scenario del genere è possibile pensare di applicare le regole e le teorie dell'economia così come le conosciamo? Possiamo pensare che le attuali classi "dirigenti" siano all'altezza del compito? Se questo è il futuro, non così lontano come pensiamo, occorre costruire nuovi modelli e paradigmi. Soprattutto in ambito educativo e informativo. Il modello creato dai sistemi MOOC (Massive Open On Line Course) che vede oggi la partecipazione di milioni di utenti (studenti) di ogni paese in compagnia delle maggiori università del pianeta (finalmente con l'arrivo anche di alcune italiane), è un primo passo verso quella diffusione del sapere necessaria nel ridisegnare i nostri sistemi economici e sociali.

Fuori dalla retorica politica il futuro comporterà sempre più una diffusione della conoscenza – gratuita e accessibile – per avere cittadini informati, preparati e versatili. Si lavorerà di meno – altro che job acts – e le lingue straniere conteranno come quella madre. Saranno necessari strumenti per gestire le fasi di transizione personale (come per esempio un reddito di cittadinanza) e di democrazia diretta e partecipativa per condividere le decisioni.   Di fronte a tutto questo l'ortodossia dei modelli economici e sociali che qualcuno vorrebbe ancora imporre (come l'Europa o il FMI) sono pura preistoria.

(05.05.16)

Ballottaggi Brexit e Referendum i poteri "forti" scivolano nel ridicolo

Che cosa hanno in comune la Brexit e le elezioni italiane nei ballottaggi? Un elemento politico e sociologico molto interessante: l'aver rivelato il terrore dei poteri, così detti "forti" nei confronti della democrazia e del popolo.

Dapprima i ballottaggi che hanno proclamato le nuove sindachesse di Torino e Roma (Chiara Appendino e Virginia Raggi) hanno mandato in crisi Enrico Salza e Luca Cordero di Montezemolo, rispettivamente Banca Intesa e comitato Olimpiadi 2024. Accompagnate dalle "minacce" della ministra Maria Elena Boschi sul blocco dei finanziamenti per Torino (e parlando di Boschi parliamo di Banca Etruria), si sono paventati scenari apocalittici per il futuro delle due città. Ci mancava l'appello "mamma li Turchi.." nei confronti dei cinquestelle e il quadretto era completo.

Francesco Gaetano Caltagirone noto imprenditore edile e arcinoto per una serie di procedimenti giudiziari ha "minacciato" di non fare più investimenti in Italia (è una promessa?). Ma poi ci ha ripensato dichiarando che si occuperà di operazioni finanziarie, sempre in Italia (ahi noi).

Giunge in rinforzo, in un delirio di preveggenza, Vincenzo Boccia neopresidente di Confindustria che si porta avanti con il lavoro e tratteggia un altro scenario da tregenda qualora il prossimo ottobre vincesse il NO alle riforme costituzionali targate dal trio Boschi-Renzi-Verdini. Con sommo sprezzo del ridicolo il presidente prevede la caduta dei posti di lavoro, la fuga di investimenti, recessione e caos politico. Per l'invasione delle cavallette, il sangue che sgorgherà dal Po e dal Tevere e quanti neonati primogeniti maschi periranno nelle culle… Confindustria sta ancora facendo i calcoli.

Ovviamente non mancano mai all'appello i "mercati" finanziari con gli indici che salgono e scendono e bruciano capitali. La storiella del mercato che "punisce", "si allarma", "premia". Ma da chi è composto questo mercato? Non si sono mai viste code di "piccoli risparmiatori" davanti agli sportelli bancari che chiedono improvvisamente di "vendere" o "comprare". A decidere, a compiere speculazioni vendendo ingenti quantità di capitali al mattino, per far crollare certi titoli, e ricomprarli il giorno dopo, non sono i piccoli risparmiatori di sicuro.

Falliti i modelli allarmistici, che però continuano a essere sostenuti dall'informazione di regime, dopo il risultato del referendum inglese, si è passati sul piano psicologico. Adesso si colpevolizzano i cittadini di essere incapaci di scegliere e di votare.

Per inciso, questo sistema neo liberista ha già dato prova di grande ipocrisia a riguardo. Nel "libero mercato" se i consumatori si comportano come gradiscono i poteri finanziari, economici e politici – nostrani ed europei -, allora va tutto bene. Se invece il cittadino consumatore protesta perché è stufo della banca che gli brucia i risparmi in operazioni finanziarie spregiudicate; se reclama perché la globalizzazione lo obbliga a comprare prodotti cinesi di scarsa qualità a causa della perdita del potere di acquisto o del lavoro; se pretende che lo Stato non finanzi "grandi opere" inutili sottraendo soldi al benessere pubblico; se esige che un amministratore istituzionale abbia cura dei fondi – a lui assegnati con i soldi delle tasse- come "un buon padre di famiglia"; etc. etc… in questo caso il cittadino "non capisce" la complessità dei problemi ed è chiaramente un populista.

La democrazia è "eccessiva" secondo questo filone di pensiero che raccoglie anche voci "autorevoli".   Se l'esito dei referendum non è gradito… bisogna ripetere la consultazione perché i cittadini non hanno compreso l'argomento in questione.

L'ultima frontiera messa in campo è il conflitto generazionale: i "vecchi" non dovrebbero più votare perché non fanno gli interessi dei giovani ma desiderano mantenere i loro privilegi.

Quali sono questi privilegi? Indoviniamo? Tic tac tic tac… bravi! La pensione! Di questi vecchi che pretendono di vivere e votare con la pensione a carico della collettività non se ne può più. Peccato che oggi, dopo la crisi, dopo la perdita di migliaia di posti di lavoro, dopo che i giovani non ne trovano, ci sia un numero impressionante di famiglie che campano grazie alla pensione dei nonni. I quali, secondo questi illustri "illuminati" dovrebbero adesso rinunciare al voto perché non saprebbero valutare gli interessi dei nipoti.

Cosa ne rimane delle famiglie nelle quali genitori di ogni generazione hanno sputato sangue per creare un futuro per i propri figli? Nulla. Ora, i non più giovani, sono solo dei rincoglioniti.

Ma lo siamo un po' tutti, a sentire costoro. Siamo in preda a spinte populistiche che giungono da ogni dove. Il fatto che le persone, alla fine della giornata, giudichino l'economia, la politica, l'imprenditorialità, sulla base di quello che realmente capita nelle loro vite, ogni giorno, non conta nulla; non è argomento da prendere in considerazione.

Ora ci vogliono convincere che la democrazia è fastidiosa. I problemi non sono generati da un sistema economico e politico che ha promesso benessere per un intero continente e ha, invece, fallito miseramente. Il problema non sono i politici in combutta e commistione con un sistema finanziario slegato dall'economia reale che ha generato cumuli di "debiti" a livello mondiale che non hanno, e non avranno mai, copertura finanziaria. No! il problema siamo noi… che non capiamo!

(28.06.16)

I leaks su Soros svelano quella voglia di sottomettere
il mondo intero

Ricordo un cartone animato di qualche anno fa nel quale due topi cercavano di diventare i "padroni del mondo". Il più piccolo era quello "intelligente" che voleva raggiungere il dominio, l'altro era alto e scemo e ubbidiva ciecamente agli ordini del piccoletto. Insieme combinavano disastri in continuazione e l'obiettivo del dominio del mondo era sempre irraggiungibile, per quanto loro non desistessero dal proposito.

Mauro Biglino, lo studioso che da decenni dedica la vita alla traduzione letterale della Bibbia (Antico Testamento), afferma che la Bibbia non parla di "Dio", bensì di altri esseri chiamati Elohim. Questi erano in realtà dei dominatori, ben poco pacifici, che si erano spartiti il pianeta e usavano gli uomini (prodotti attraverso una mutazione genetica creata con la loro tecnologia) come schiavi. In una sua conferenza, alla domanda «*Ma quando se ne sono andati gli Elohim dalla terra e dove sono andati?*», rispondeva di non saperlo, in quanto non è scritto nulla a riguardo nella Bibbia, però sollevava un piccolo dubbio: ma se ne sono davvero andati via?

A leggere in questi giorni le notizie dei leaks sul magnate Soros e sulla sua attiva opera per influenzare la politica di interi paesi, se non del mondo intero, mi vengono alla mente questi due ricordi, oltre a quelli dei noti gruppi di potere occulti come il Bilderberg e la Trilaterale o le varie Massonerie.

Ma che cos'è questo desiderio, che pare irrefrenabile per alcuni, di voler "dominare" il mondo? Chi sono questi multimiliardari non paghi del denaro abbondante che posseggono ma sentono il bisogno di dominare e di soggiogare il pianeta, i paesi, le genti? Si dirà che di "dominatori" sono pieni i libri di storia, ed è vero; ma possibile che passata la linea dei duemila anni non riusciamo a immaginare altro che una società composta da dominatori e da dominati? Altri direbbero che è l'animo umano a possedere intimamente il desiderio di dominio: sulla terra, sulle cose, sugli altri. Forse oggi questo desiderio viene mascherato, o tenuto a freno, da ciò che definiamo "competizione".

Il problema è piuttosto serio. Jeremy Bentham esplorò i sentimenti dell'essere umano, alla ricerca di una spiegazione per i fenomeni economici che si instaurano tra le persone. Individuò la risposta nella ricerca naturale del piacere e la fuga dal dolore; l'utilità come misura valoriale di ogni fenomeno, cercando di massimizzare il piacere (l'utile) per il numero più grande di persone. La teoria dell'utilitarismo ebbe così inizio, subendo poi modifiche e approfondimenti ma rimanendo sempre alla base di molte teorie economiche sul libero mercato.

Gli studi di neuro-economia, attraverso le recenti conoscenze della neurologia sul funzionamento del cervello umano, esplorano i meccanismi mediante i quali le persone prendono le decisioni – di carattere economico ed etico -, e ci forniscono parziale conferma delle teorie utilitaristiche. Il nostro cervello è suddiviso in zone precise, ciascuna delle quali è predisposta a svolgere specifiche funzioni e tra queste ci sono quelle che valutano il vantaggio o lo svantaggio delle situazioni/scelte cui ci troviamo di fronte.

Il tema è indubbiamente complesso ma si può affermare, con ragionevole certezza, che le nostre scelte sono pilotate da valutazioni analoghe a quelle preconizzate dalla teoria utilitaristica; anche se le nostre scelte sono influenzate dai valori etici che maturiamo nella vita.

Nella logica delle teorie sul libero mercato, l'egoismo viene considerato come il propulsore che alimenta l'economia; l'interesse di ciascuno opera, nel complesso della società, per il bene collettivo. La teoria ci insegna anche che il "capitalista", nel suo desiderio di realizzare profitto, se soggetto a eccessiva tassazione o a troppo basso rendimento del capitale, può decidere di non investire il proprio denaro, o cambiarne destinazione d'uso (come accaduto in questi ultimi anni con lo spostamento degli investimenti dal mercato dell'economia reale a quella squisitamente finanziario con i disastri che ben conosciamo).

Proprio lo sviluppo delle attività finanziarie ha spostato il baricentro dell'economia: dal fare soldi facendo qualche cosa di concreto, al produrre quantità di denaro di carta senza creare realmente beni ma solo scatole cinesi di prodotti finanziari, unitamente a debiti che transitano da una banca all'altra. Ne sono esempi le bolle speculative, un mercato mobiliare che non ha più alcuna corrispondenza con l'economia reale, la generazione di debiti indotti con le grandi opere spesso inutili o troppo costose. Oggi sappiamo, e ne abbiamo continua dimostrazione, dell'influenza e dell'ingerenza di grandi organizzazioni (e istituzioni) nella politica dei singoli paesi per piegare le scelte sociali ed economiche a interessi altri rispetto a quelli del popolo.

Qual'è allora il confine tra un "utile" egoismo e un avidità maniacale che si spinge sino al controllo del potere per il potere e che non ha più nessun legame con una logica del profitto di una economia di libero mercato? Alcuni affermerebbero che è la stessa "logica" del profitto a condurre inesorabilmente a questa situazione.

Non ne sarei così sicuro. Abbiamo gli esempi delle piccole e medie imprese che ancora accettano, e vivono sulla loro pelle, il rischio di impresa, e generano profitto, lavoro e benessere collettivo. Con tutte le dovute eccezioni, perché alla fine sono le persone reali quelle che danno corpo alle situazioni; ma il "padrone" della baracca fa ancora la differenza, se ne è capace.

Nel decennio degli anni '80 e '90 sentivamo ripetere, dagli "esperti", che "piccolo" (o medio) era una brutta cosa. Le aziende minori erano destinate a chiudere, se non fossero diventate "grandi" per fronteggiare la concorrenza internazionale. Ma ben poco è stato fatto per le nostre imprese "minori" che, è risaputo, sono sempre state la colonna vertebrale dell'economia italiana producendo circa il 90% del PIL. Poi qualcuno inventò il WTO e la globalizzazione, ponendo, in modo scellerato, in competizione economie troppo differenti. Il risultato è quello che abbiamo sotto gli occhi. Chiusura di migliaia di imprese, trasferimento di stabilimenti all'estero. Solo e sempre una parte minoritaria si è arricchita a discapito di tutti gli altri in questo contesto.

Poi il colpo di grazia, con la bella pensata dell'Euro e la perdita della sovranità monetaria. Chi sono allora questi personaggi che volano sopra il mondo e lo vogliono dominare? Sono "sorci" usciti da un cartone animato (e a volte a guardarli in faccia sembra proprio così) o sono discendenti degli Elohim rimasti tra noi? Non lo so. Di sicuro è palese l'urgenza di difendere le nostre comunità da simili soggetti. Con costoro non conta più la "logica" del libero mercato e tutte le belle parole sul profitto e sul benessere generale.

La collettività, la società intera, si deve attrezzare e difendere da simili personaggi considerandoli pericolosi come un qualsiasi delinquente capace di uccidere (e la morte è ciò che spessissimo provocano con le loro influenze). Noi italiani abbiamo una grande Costituzione democratica che contiene principi e limiti contro queste influenze. Proprio quella Carta che alcuni vorrebbero modificare su indicazione di forze esterne per appagare interessi economici che non ci appartengono.

Benedetti siano quindi gli hacker e i loro leaks, perché ci svelano i segreti che costoro vogliono nascondere al mondo, che rivelano la loro banale, e spesso volgare, avidità priva di alcuna utilità per la società e per la vita stessa del pianeta.

(25.08.16)

Capitalismo e libero mercato: chi paga le contraddizioni?

Nel libero mercato tanto decantato da economisti liberal, giunge dalla Germania la notizia di una nuova, pesante, grana per l'industria automobilistica tedesca[1]. Dopo lo scandalo del *Dieselgate* negli Stati Uniti, costato circa 20 miliardi di euro alla Wolkswagen, il settimanale tedesco Der Spiegel denuncia il "cartello" messo in atto dalle case automobilistiche tedesche (Volkswagen, Daimer, BMV, Audi e Porche) alle spalle dei clienti e alla faccia della concorrenza. La rilevazione nasce da una autodenuncia della Volkswagen che ha ammesso, il 4 luglio 2016, davanti alle autorità europee e tedesche, l'esistenza di questo cartello tra le aziende tedesche per ottenere vantaggi illegali alle spalle dei clienti.

Il settimanale Economist in una sezione speciale intitolata "The World If"[2], nella quale studiosi ipotizzano scenari economici e sociali domandandosi "cosa succederebbe se...", e formulando idee sulle possibili conseguenze, si è domandato cosa potrebbe accadere se i confini politici del mondo venissero aboliti completamente. Ovvero se l'attuale piaga della emigrazione non troverebbe una sua "naturale" soluzione nell'abbattimento di qualsiasi barriera. L'ipotesi si fonda su due principi: il primo riporta alle legge di Okun, ovvero sulla valutazione del mancato PIL avendo a disposizione forza lavoro non impiegata; il secondo considera che un lavoratore impiegato in paesi avanzati è più produttivo che impiegarlo in paesi sotto sviluppati, al punto che gli "esperti" affermano "*Fare i Nigeriani in Nigeria è economicamente insensato come fare i coltivatori in Antartide*".

Il ragionamento ipotizza che lo scenario proposto favorirebbe lo sviluppo del PIL mondiale nell'ordine dei 68mila miliardi di dollari. Per una mia modesta confutazione rimando al link in allegato. Qui, in casa di conoscitori dei fenomeni economici, non sfuggono certo le conseguenze di una proposta del genere.

Negli ultimi giorni la sentenza della Corte di Cassazione nei confronti di quella che era considerata "Mafia Capitale"[3], apre un'altra dolorosa pagina sulle carenze legislative del nostro paese. La derubricazione del reato di Mafia, pur confermando i numerosi reati commessi, e certificando il danno economico e amministrativo subito dalla città di Roma, dimostra come gli interessi criminali e le commistioni tra politica, criminali, faccendieri e imprenditori, siano sempre in evoluzione e come palesemente manchi la volontà politica di individuare specificamente le fattispecie di alcuni reati per agevolare il lavoro della magistratura e impedire il dilagare di queste pratiche.

Nelle ultime ore abbiamo appreso che un altro rampollo delle élite finanziarie nostrane, esce da una importante azienda come la Telecom Italia con una buonuscita di 25 milioni di euro. Sui dettagli dell'operazione rimando al preciso articolo di Fabio Lugano[4].

Questa breve carrellata di notizie, che potrebbe essere ben più ampia, induce a qualche considerazione sul fenomeno del "Libero Mercato" elevato troppo spesso a totem di verità assoluta e incontrovertibile, quale unico modello di sviluppo accettabile e credibile. Su questo argomento ha scritto eloquenti riflessioni il filosofo Diego Fusaro nel suo ultimo lavoro *Pensare altrimenti*.

La visione del libero mercato capitalistico come produttore di ricchezza e unico possibile modello economico post caduta del muro di Berlino del '89, continua a cozzare pesantemente contro la realtà dei fatti.

In genere, a riguardo, i "liberal" fanno spallucce, indicando nella mancanza di regole certe la generazione di queste "devianze". Ma le storie - come quella della Wolskwagen, - ci mostrano come la tendenza "naturale" delle imprese di una certa grandezza verta alla costruzione dei monopoli o di cartelli per aggirare le regole di quel "libero mercato" del quale essi si fanno, a parole, paladini e difensori.

Le complicità tra politica, la criminalità organizzata e certi imprenditori, inficia le fondamenta stesse del libero mercato e, a farne le spese, sono sempre, direttamente o indirettamente attraverso maggiore aggravio dei costi per lo stato, i cittadini che subiscono le vessazioni e tasse con palese calo della qualità dei servizi o, addirittura, la loro riduzione e soppressione.

Dall'Economist giunge un messaggio "pericoloso": più che un abbaglio di sole sulla capa di qualche economista, la teoria delle libere frontiere sembra corrispondere a quella esigenza di "narrazione" culturale con la quale predisporre le masse a digerire gli interessi delle classi ricche che dominano i circuiti finanziari. Davvero ci dovremmo bere la storiella che con la transumanza di esseri umani tra le centinaia di milioni e il miliardo nei prossimi dieci anni (questo il calcolo effettuato dagli studiosi) sul pianeta si otterrebbe più benessere per tutti? I continui esempi di amministratori di aziende (o banche) che godono di liquidazioni milionarie in barba ai risultati e in proporzioni esagerate e assolutamente non giustificate, sono uno schiaffo in faccia alle migliaia di lavoratori che creano materialmente la ricchezza di quelle aziende (non di rado finite a gamba all'aria proprio grazie all'incapacità di quegli stessi amministratori. Nonché degli utenti che pagano i servizi.

Anatole Kaletsky(*), scrive su Project Syndacate[5] un interessante intervento nel quale ricorda che il prossimo mese cadrà la ricorrenza del decimo anniversario della crisi globale che ha avuto inizio il 9 agosto del 2007, quando Banque National de Paris ha annunciato che il valore di alcuni dei suoi fondi erano "evaporati". Il cuore del suo ragionamento verte a considerare come, non ostante la crisi che ha messo chiaramente in dubbio il dogma dell'infallibilità del libero mercato, sembra non esserci ancora una ipotesi di "nuova economia macroeconomica" che superi l'ideologia del fondamentalismo del mercato.

La contro rivoluzione monetarista ha costruito questo dogma in antitesia all'economia Keynesiana che risultava inefficace nelle cure da mettere in atto verso le crisi inflazionistiche degli anni '70. Questa controffensiva ci ha condotto via via ad uno spostamento nella distribuzione della ricchezza verso le classi più ricche a discapito delle altre classi lavoratrici, nonché alla riduzione dello stato sociale e alle privatizzazioni dei beni comuni. Teoricamente la giustificazione di queste politiche si basa sul principio delle compensazioni che si riverserebbero sulla società con beneficio per tutti. Ma, si domanda Kaletsky, cosa avviene se questo processo non si avvera?

> *".. se il fondamentalismo del mercato blocca le politiche macroeconomiche espansive e impedisce la tassazione distributiva o la spesa pubblica, la resistenza populista al commercio, la deregolamentazione del mercato del lavoro e la riforma delle pensioni dovranno intensificarsi. Viceversa, se l'opposizione populista rende impossibili le riforme strutturali, questo incoraggia la resistenza conservatrice alla macroeconomia espansionistica".*

La questione diventa quindi quel "pensare altrimenti" suggerito da Fusaro. Immaginare un nuovo modello di società nel quale possano coesistere il libero mercato con una adeguata redistribuzione della ricchezza e una reale giustizia sociale. Su questo aspetto il pensiero intellettuale borghese, per usare una espressione pasoliniana, è assai carente; molto più propenso ad indirizzare i propri sforzi nel creare quel pensiero unico, necessario per pilotare le masse, che preconizza e stabilisce l'impossibilità di pensare altro che non sia l'esistente.

P.P Pasolini scriveva che il difetto maggiore del "borghese" è che non riesce a immaginare altro al di fuori di sé. Non esiste per lui altra aspirazione nella vita - e questo secondo il suo punto di vista deve valere per tutti, - che il diventare borghese.

Difficile quindi cambiare paradigmi e modelli, se continuiamo ad affidare il "Potere" di formulare leggi e regolamenti a quelle "caste" che promuovo incessantemente se stesse e la propria, limitata, visione del mondo.

(27.07.17)

[1] https://www.lesechos.fr/industrie-services/automobile/030460619467-lindustrie-automobile-allemande-ebranlee-par-un-nouveau-scandale-2103788.php

[2] http://it.blastingnews.com/economia/2017/07/migranti-facciamoli-entrare-tutti-parola-di-economist-001860041.html

[3]http://www.beppegrillo.it/2017/07/non_e_mafia_e_una_montagna_di_merda.html

[4] https://scenarieconomici.it/perche-mi-sembrano-esagerati-25-milioni-per-cattaneo-e-non-centra-il-moralismo/

[5] https://www.project-syndicate.org/commentary/replacement-market-fundamentalism-by-anatole-kaletsky-2017-07?utm_source=Project+Syndicate+Newsletter&utm_campaign=1e93941972-sunday_newsletter_23_7_2017&utm_medium=email&utm_term=0_73bad5b7d8-1e93941972-104752637

(*) Anatole Kaletsky is Chief Economist and Co-Chairman of Gavekal Dragonomics. A former columnist at the Times of London, the International New York Times and the Financial Times, he is the author of Capitalism 4.0, The Birth of a New Economy, which anticipated many of the post-crisis transformations of the global economy. His 1985 book, Costs of Default, became an influential primer for Latin American and Asian governments negotiating debt defaults and restructurings with banks and the IMF.

Meglio la gestione pubblica o quella privata dei beni strategici?

Da chi devono essere gestiti i beni dello Stato? Dal potere pubblico o devono essere affidati ai privati? Con la triste vicenda di Genova, e le implicazioni politiche, e giuridiche, che riguardano il gestore Autostrade, torna in auge la diatriba tra le due posizioni.

Una questione che viene da lontano, sino dalla formazione della nostra Costituzione, la quale mescola elementi liberali e socialisti, laddove i padri costituenti hanno si riconosciuto l'importanza e il ruolo del privato, ma non hanno mai perso la bussola verso i fondamentali interessi dello Stato e quindi dei cittadini.

La posizione favorevole alla gestione in mano privata (come concessione, gestione, o cessione parziale o totale), è figlia di un principio liberista e di una "verità" storica italiana. Il principio ci dice che un privato, in quanto interessato a produrre profitto, ha maggior cura e interessi nel far in modo che la gestione del bene sia efficiente e produca vantaggi economici. La "verità" storica, è l'amara constatazione - di cui hanno potuto avvantaggiarsi i liberal nel sostenere la loro tesi,- del pessimo modo in cui sono stati gestiti alcuni beni pubblici italiani affidati con procedure squisitamente politiche.

Alla luce non solo dei recenti fatti drammatici, ma della storia delle "privatizzazioni" italiane, possiamo davvero dire che la gestione privata degli assets pubblici (Energia, Comunicazioni, Trasporti) è stata davvero utile per il paese? L'ingresso nel mercato delle aziende statali in questi settori ha davvero portato benefici ai cittadini?

Di sicuro ha portato cospicui benefici agli amministratori delegati delle aziende in questione. Quanto al resto è materia tutta opinabile. Il giochino della concorrenza spesso si tramuta, per l'utente/cittadino, in un slalom tra una marea di offerte e di proposte commerciali quasi simili, ma sopratutto che, alla fine, non si traducono in benefici effettivi per il portafoglio.

La domanda su chi sia migliore nella gestione degli assets, parrebbe rimanere insoluta, e questione destinata ad alimentare un dibattito eterno. Sono convinto, da molti anni, che ciò accada perché non si pone attenzione a un'altra domanda, molto scomoda, cui il paese ha evitato di rispondere.

Ammettiamo l'ipotesi in cui il "potere pubblico" sia dichiaratamente incapace di gestire al meglio un'azienda pubblica. Per quale motivo ciò accade? Ragionevolmente per incompetenza, per curare interessi altri rispetto a quelli dei cittadini, per fragilità corruttiva, per pratiche di poltronificio politico, etc etc.

Domanda: com'è possibile ragionevolmente pensare che un potere siffatto (quindi manifestamente inadeguato per la gestione un asset), possa essere in grado di stabilire leggi, regolamenti, contratti, attribuzioni, al fine di ottenere che sia il miglior privato a gestire quel bene? Ovvero: potrà mai essere un potere politico incapace e inaffidabile a essere garante del miglior vantaggio per i cittadini?

La risposta è nelle cronache giudiziarie, nelle bollette, nei disastri di questi giorni (nonché anni).   C'è una evidente contraddizione logica nel presumere che una politica incapace di per sé a gestire per il meglio un bene pubblico, possa essere affidabile nelle decisioni di assegnazione di quel bene nelle mani private. Questo è l'errore in cui è incappato il paese, all'interno delle morse ideologiche e partitocratiche.

Se non pretendiamo, molto seriamente, che la politica risponda delle proprie scelte, e non di meno, che sia libera da vincoli e sudditanze affaristiche con i privati, e complicità con organismi criminali, a pagare -in termini finanziari, ma anche con la salute o la vita,- sarà sempre e solo il cittadino.

In questo paese abbiamo assunto la corruzione come un male endemico che non può essere debellato, e allora tanto vale conviverci. È un grave errore. La corruzione non potrà mai essere debellata completamente, ma deve essere combattuta inesorabilmente, e chi viene "beccato" deve essere cacciato dallo Stato. Negli ultimi 30 anni è accaduto esattamente il contrario, nel paese dove la prescrizione ha sostituito la non colpevolezza, e chi ha soldi per un buon avvocato ha ottime probabilità di farla franca. Questo è il vero spread che ci differenzia da altri paesi europei.

Non ci si può lamentare degli interventi della magistratura se non si segue il principio che illustrò Paolo Borsellino: *non è sufficiente che un politico non abbia commesso esplicitamente un reato, il suo comportamento deve essere esaminato alla luce delle ragioni di opportunità politica, per valutare effettivamente la sua taratura morale.*

(23.08.18)

L'importanza di avere un reddito di sostegno per l'economia

Sul RdC ne vengono dette, come suol dirsi, di cotte e di crude. L'argomentazione migliore (o peggiore) che viene messa in gioco per rinnegarne l'utilità, è basata su una considerazione meramente moralistica e discriminatoria. Quasi una leggenda metropolitana tradotta nei termini: se offri a qualcuno del denaro per stare in casa a "poltronire" sul divano, questa persona non avrà nessun incentivo a lavorare.

Confutare questa tesi, in modo diretto, è per lo più una perdita di tempo, essendo essa basata su singole esperienze personali, sulle quali chiunque può dire tutto e il contrario di tutto. Se nella cerchia delle mie conoscenze compaiono, in maggioranza, persone sfaticate, sarò propenso a pensare che a costoro, offerto un reddito, certamente non avranno alcuno stimolo per lavorare. Viceversa, se conosco più persone che vorrebbero lavorare, ma non ci riescono per diversi motivi (economici e sociali), sarò ben più propenso a considerare l'utilità di un reddito di sostegno per costoro. Le visioni personali, però, non ci forniscono alcun dato statistico utile su cui ragionare, ma semplicemente della banale propaganda politica. Tralasciando la questione dei meccanismi propri che potrebbe avere il RdC, quali quantità del reddito, periodo di assegnazione, modalità di mantenimento, operatività degli organi di controllo preposti per gestire e assegnare posti di lavoro ai percettori, è il punto di vista strettamente economico che dovrebbe consigliare il suo utilizzo, facendo venire meno le pregiudiziali moralistiche.

Ciascun individuo, all'interno dell'economia di mercato, ricopre, sotto il profilo economico, fondamentalmente tre ruoli:

1. Produttore/Percettore di reddito
2. Consumatore
3. Risparmiatore

Se il sistema economico funziona correttamente, ciascuna persone ricopre alternativamente, nella sua vita, questi tre ruoli che reggono, di fatto, il sistema nel suo complesso. Quasi banale, ma di questi tempi non si direbbe, ricordare che i ruoli di Consumatore e Risparmiatore, dipendono da quanto è cospicuo il reddito a disposizione nel primo ruolo.

Sappiamo che il Risparmio è uno dei meccanismi attraverso il quale il sistema (finanziario) alimenta quello economico, in un ciclo virtuoso che dovrebbe (oramai il condizionale è d'obbligo, stante le esperienze degli ultimi 15 anni) alimentare la crescita del reddito complessivo.

Il presupposto del funzionamento del meccanismo è che ci sia lavoro a sufficienza per avere un tasso di disoccupazione che sia di tipo Frizionale (che riguarda persone che lasciano un lavoro in cerca di un altro impiego), oppure ciclico (a seguito di un'economia caduta in un ciclo di recessione, ma con la forza di ripresa).

Quando interviene la disoccupazione strutturale, ovvero quella provocata da cambiamenti tecnologici che rendono obsoleti certi impieghi, la situazione muta e diventa più grave.

Chi, negli ultimi anni, ha promosso il RdC, ponendolo al centro del dibattito politico, ha in chiaro questo problema, tutt'altro che marginale. Oltre la stretta sui redditi e sul benessere complessivo del sistema, provocato dalla crisi del 2007/2008, e le assurde regole dell'Europa burocratica, fondate sull'austerity per paura di spinte inflazionistiche - che hanno peggiorata la situazione,- la questione della mancanza di lavoro concreto, in termini di posti, di qualifiche, e di prospettive di nuovi impieghi di alta professionalità, è una questione centrale.

La massa, sempre più critica, di persone che non sono più in condizioni di percepire un reddito, di avere un lavoro che garantisca una stabilità (e una visione serena del proprio futuro), è una questione di funzionalità economica, prima ancora che sociale e morale.

Le persone non sono povere perché sono pigre - come ha

ben spiegato *M. Yunus* (premio Nobel per la pace e creatore del microcredito) ma sono povere perché manca loro il denaro per affrancarsi dal ciclo depressivo della povertà. Concetto anche ben ribadito da *Rutger Bregman,* giovane storico olandese (considerato una delle menti contemporanee più brillanti), in uno speech di *TED* del 2017 dal titolo eloquente: "*la povertà non è mancanza di carattere: è una mancanza di denaro*".

La tecnologia propone prodotti, servizi, e nuovi mercati, a una velocità ben superiore al tempo necessario al mondo del lavoro di riformarsi. Ricordo la dichiarazione del prof. *Andrew Ng* della *Stanford University* nella quale spiegava che la facoltà non riesce a laureare giovani, nel campo *Machine Learning,* in numero sufficiente rispetto alle richieste del mercato.

Il ricondizionamento, l'aggiornamento professionale, sono le chiavi per rivitalizzare un mondo del lavoro piuttosto stagnante. Certo con la collaborazione delle imprese, ma assolutamente con una politica economica che abbia la visione dei mutamenti in corso.

Non meno importante è il sostegno al reddito, quale presupposto per consentire alle persone di formarsi per rispondere alle necessità del mercato, e per non perdere il proprio "ruolo" di agente economico (come inizialmente illustrato) nell'ambito dell'intero sistema. Non si tratta quindi di una caritatevole iniziativa, ma di una condizione necessaria per sostenere l'intero sistema economico che, viceversa, potrebbe implodere in conflitti generazionali, e sociali, piuttosto cruenti (per non parlare dell'esasperazione dei fenomeni di razzismo verso l'integrazione di migranti). Sicuramente ci saranno persone non facilmente ricollocabili: per costoro la soluzione migliore sarebbe il loro impiego in lavori di pubblica utilità predisposti da organismi locali (e i lavori di pubblica utilità in questo paese non mancherebbero). Ve ne saranno altre che non sapranno cogliere l'opportunità loro offerta; ma questo attiene più ad aspetti sociali che economici: saranno le procedure di controllo e di limite a determinare il venir meno delle condizioni per le quali somministrare il RdC.

Il RdC richiederà sicuramente un certo tempo per entrare a "regime": dalla riforma necessaria dei centri per l'impiego, al sostegno delle attività produttive, agli incentivi per la creazione di nuove aziende (tecnologicamente avanzate), alla riforma del costo del lavoro, e molto altro. Ma esso si presenta come un passo assolutamente necessario per far ripartire concretamente l'economia del paese.

(30.10.18)

Reddito di Cittadinanza & Universale quesiti e polemiche

Reddito di Cittadinanza e Reddito Universale; recentemente ho guardato una parte della trasmissione Report, che ha trattato l'argomento, e in questi giorni ho avuto modo di leggere, e ascoltare, critiche sul RdC, da poco diventato Legge dello Stato. Ci sono certamente dei problemi, ma ho come l'impressione che il criticismo – e la strumentalizzazione politica, – prevalgano sul capire il senso di una iniziativa come questa.

Iniziamo dal RdC. Alcuni lo definiscono un flop, perché, a quanto dicono i numeri, le richieste presentate non corrispondono a quella fiumana di code agli sportelli che era stata annunciata; non già dai proponenti, bensì dalla stampa e dai detrattori. Ma per giudicare sui numeri, è anche necessario valutare come essi vengono computati.

Le differenze, tra le richieste attese e quelle in corso, potrebbero avere diverse spiegazioni: un errore nel calcolo del numero dei beneficiari; un senso di diffidenza (o vergogna) nel chiederlo; un senso di sfiducia (alimentato da una campagna mediatica che, strumentalmente, ha denigrato l'iniziativa, additando i richiedenti come "poltronisti"). Quale ne sia la ragione, non abbiamo strumenti per dare una risposta certa, solo possibili illazioni.   Ciò non toglie che, se anche il numero dei richiedenti fosse diverso da quello atteso, la misura non risulti utile per un numero significativo di persone che si trovano in difficoltà. Le norme per usufruire del beneficio sono oggi piuttosto stringenti, e certamente non coprono ancora tutta la fascia delle persone che ne avrebbero bisogno.

Il RdC non è certo criticabile per questo aspetto; ricordando che i governi precedenti hanno riversato "a pioggia" denaro con mera finalità elettoralistica, come gli 80 euro di Renzi, e i bonus da 500 euro agli insegnanti e ai diciottenni. Su queste misure nessun controllo di adeguatezza sul loro utilizzo è stato previsto.

I centri per l'impiego. Qui l'argomento è spinoso, ma chiaro. Proprio la trasmissione di Report ha ricordato i passaggi di competenza (a ping pong) tra Regioni e Provincie, negli ultimi anni, con il risultato che questi centri versano in difficoltà estrema, e sono poco efficienti nello svolgere la loro mansione. Non dimentichiamo l'origine, sempre politica, di questa criticità, compreso il fallimento delle de-evoluzione costituzionale voluta da Renzi, e per fortuna fallita. Certamente, in questi anni, si sono privilegiati i centri privati (in capo a multinazionali) che, in concorrenza tra di loro, privilegiano l'obiettivo del profitto piuttosto alla cura del lavoratore.

L'obiettivo di rafforzare i CpI ha già trovato molti ostacoli. La figura del "tutor" o "navigator" non è stata così ben accolta dagli operatori dei centri, ed è stata ridimensionata. La diatriba si è spostata sul discorso della precarietà delle assunzioni che coinvolge: i futuri "navigator" (assunti con contratto biennale, in quanto il sistema è un esperimento), gli impiegati attuali dei centri per l'impiego (che attendono da anni una stabilizzazione), e i futuri collocati. Ma la precarietà è una criticità non certamente attribuibile a questo governo, e riguarda un contesto del "mondo del lavoro" di cui parlerò poco oltre.

Possiamo però inficiare la bontà del principio del Reddito, indirizzato nel dare un sostegno economico, una riqualificazione professionale, e una collocazione lavorativa, solo perché il sistema che abbiamo di fronte, grazie all'imperizia della politica degli ultimi 30 anni, è complesso e inefficiente? Non potrebbe essere questa l'occasione per invertire la rotta e riportare i CpI al ruolo che meritano?

La parlamentare Jessica Costanzo (M5S), in un recente intervento, ha segnalato il tentativo, da parte dei centri di collocamento privati, di utilizzare i Tutor per discriminare il livello di "collocabilità" dei candidati richiedenti un impiego. Quelli migliori (più facilmente impiegabili) li avrebbe presi in carico il privato, gli altri sarebbero rimasti in carico ai centri per l'impiego. Non credo ci sia da aggiungere altro in merito!

Dietro tutti questi aspetti tecnici e organizzativi, resta l'incognita più inquietante: esistono posti a sufficienza per tutti? Ovvero: il sistema produttivo è in grado di assorbire la disoccupazione? Possiamo davvero ancora pensare di perseguire la "piena occupazione"? Come passare dalla logica del "posto di lavoro" a quella di "opportunità di lavoro"?

Queste domande aprono un altro scenario, e mettono in gioco l'altra idea, che si sta diffondendo anche in America, del Reddito di Base Universale. Dirigenti di grandi aziende americane (tra cui Google, Facebook, Tesla), sollecitano la necessità di questo tipo di reddito, in quanto, secondo anche il parere di numerosi studiosi di intelligenza artificiale, l'evoluzione rapida e continua dei sistemi tecnologici condurrà a una repentina, e inesorabile, sostituzione delle persone in molte attività, che verranno svolte da macchine.

Il tasso di disoccupazione è, in quest'ottica, destinato a crescere in una misura mai vista prima nella storia del sistema economico; e questo mutamento è possibile avvenga nell'arco dei prossimi 30 anni. Da tempo gli studiosi di A.I. segnalano questa questione; lo sviluppo degli algoritmi, del Machine Learning, e del Data Mining, conduce verso l'automazione sempre più avanzata al punto in cui l'attività umana manuale (e non solo) diventa superflua, così come è avvenuto per i cavalli, dopo la scoperta del motore (prima a vapore e poi a scoppio).

Il Reddito Universale dovrebbe, secondo alcuni, controbilanciare questa inevitabile onda di sviluppo tecnologico, destinato a sconvolgere le nostre vite. Altri criticano questa impostazione, indicando come questa soluzione sia chiesta dai big dell'industria solamente per far in modo che la gente abbia soldi a disposizione per continuare a comprare i loro prodotti. Si tratterebbe quindi di una pura ottica consumistica.

La questione non è però secondaria. Come conciliare il "libero mercato" (incontro tra domanda e offerta), se gli acquirenti si riducono a seguito dell'assenza di totale o insufficiente remunerazione? Un problema che abbiamo già oggi in atto, e sappiamo bene i problemi generati dalla carenza di domanda interna.

Ma se la remunerazione consegue dal lavoro, e questo sparisce, o si riduce sensibilmente, o diventa talmente specializzato tale per cui non è possibile a tutti accedervi, che si fa? Ciò pone un'altra questione da dirimere: il lavoro, che siamo stati abituati a considerare come fondamento della dignità umana, dai tempi delle civiltà agricole sino a quella industriale, può ancora essere considerato tale? Ovvero, può la vita di un umano continuare a essere qualificata solamente da un lavoro che ne assorbe completamente l'esistenza (in termini di ore impiegate e di sforzo profuso)?

Il Prof. Nino Galloni, nel suo ultimo libro (L'inganno e la Sfida), illustra la differenza tra la società capitalistica (che nel corso del secolo scorso ha generato benessere diffuso), e quella post-capitalistica. Nella società capitalistica tradizionale il capitalista agisce in favore della produzione materiale, e accetta le regole del mercato; in questa situazione egli sa che il profitto può essere positivo, ma anche pari a zero.

Nella società post capitalistica, il profitto viene definito a priori, perché è possibile impiegare i capitali in attività alternative – finanziarie,- avulse dal sistema produttivo: la scelta dell'impiego è quindi determinata dal saggio di profitto minimo che si vuole ottenere. Se il capitalista decide di optare per un investimento materiale (aziendale), piuttosto che mobiliare (finanziario), non intende certo rinunciare al saggio di profitto atteso. Di conseguenza la pressione (per ridurre i costi) ricade sul lavoro e sulle retribuzioni, producendo precarietà, diminuzione di stipendi e salari, e disoccupazione.

Ne consegue che un simile sistema post-capitalistico, che trova la sua massima espressione nell'ordo-liberalismo e nel neo-liberismo, distrugge qualsiasi principio di equità e di benessere sociale, creando terreno fertile per pericolosi conflitti sociali.

Aumenta la forbice tra i ricchi e tutti gli altri; distrugge le classi medie, e la possibilità di crescita sociale degli individui: se nasci ricco, avrai opportunità per rimanere tale, se nasci povero, rimarrai tale. Venti anni or sono, nel dibattito politico, si parlava della diminuzione degli orari di lavoro, affinché le persone avessero a disposizione maggior tempo da dedicare alla propria vita, alla famiglia, a migliorare la qualità della propria esistenza. Oggi la globalizzazione ci ha reso tutti (e sottolineo tutti), precari, incerti e insicuri (anche quelli che credono di essere esclusi da questo processo perché lavorano e godono di un certo benessere).

Impossibilitati a progettare il futuro, specialmente in Italia, ne consegue la fuga dei giovani, dei "cervelli" e di quanti cercano almeno un posto che offra opportunità, stabilità, e prospettive per il futuro. Queste "fughe" hanno un costo per la collettività enorme, e regalano agli altri paesi vantaggi competitivi.

E' quindi necessaria una rivoluzione culturale, in ogni senso, che reimposti i nostri sistemi economici, le nostre prospettive, le priorità dei nostri valori. Nuove idee per tornare a immaginare una società più equa e a misura delle persone, dove l'esistenza abbia un valore oltre il lavoro. Ecco, se il Reddito di Cittadinanza ha un pregio, pur con tutti i suoi limiti e le contraddizioni, è quello di indirizzarci verso questa direzione.

(22.04.19)

Coronavirus l'economia balla sul ponte del Titanic

Economia globalizzata e coronavirus: ora si teme il peggio. Dopo decenni a raccontarci che vivevamo nel migliore dei mondi possibili, torna la tempesta: uno tzunami che, come nel 2007, rischia di travolgere tutto.

Ma, come sul dirsi, al peggio non c'è mai limite, sopratutto quando i sistemi politici, economici, finanziari, sono sordi ai richiami e agli avvisi sui rischi endemici. Basti pensare che nel 2007, se non ricordo male, l'insieme dei titoli mobiliari a livello mondiale, rappresentava un valore di circa 12 volte quello del PIL (mondiale). Se, nei tempi "normali", gli economisti valutavano questo rapporto nei termini di 6, oggi (anche qui vado a memoria) la stima è di circa 54 volte.

Praticamente, anche se nessuno lo dice, le montagne di titoli, fondi, prodotti finanziari in genere, non sono agganciati all'economia reale, bensì a quella che viaggia tra le scommesse bancarie via internet. Tutto sta in piedi perché tutti credono che il sistema si regge da solo, e la fiducia non è più un atto liberamente esercitato, ma una imprescindibile necessità per non far crollare il sistema stesso.

I "mercati" non hanno recepito il messaggio. Dopo la crisi mondiale, i cui strascichi sono ancora tra noi, tutto è tornato come prima. La finanza globale continua a giocare sulle nostre teste. I divari tra "ricchi" e "poveri" aumentano; le classi medie scivolano verso il basso; l'ascensore sociale è pressoché fermo (sopratutto in Italia).

D'altro canto è facile non imparare nulla quando, alla fine, c'è lo Stato, il grande Leviatano, tanto disprezzato dai Liberisti, che alla fine mette mano al portafogli per salvare capra e cavoli. Così è accaduto, dall'America all'Europa. Pioggia di denaro pubblico per salvare banche e speculatori, nonché le società di rating che guardavano dall'altra parte, filosofeggiando su quanto è bello il libero mercato senza regole, mentre si preparava la tempesta perfetta.

Il punto è la debolezza di un sistema che appare molto forte, traboccante di denaro virtuale, ma sostanzialmente fragile. L'interconnessione mondiale si basa più sulle agevolazioni al commercio, e alla circolazione dei capitali, che ai controlli delle infezioni finanziarie: siano esse direttamente causate da spregiudicatezza, oppure conseguenza di crisi economiche cicliche o inaspettate.

Ne consegue che non viviamo nel migliore dei mondi possibili, desunto con la "fine della Storia" dopo la caduta del Muro nell'89, bensì nell'era della precarizzazione diffusa, non solo nell'ambito strettamente lavorativo, ma anche del sistema stesso. Basta un inciampo, un granello di sabbia, una buccia di banana, un virus, e il mondo traballa.

La nostra vita è agganciata ai debiti, siano essi privati o pubblici. Il sistema neoliberista non ha bisogno di cittadini felici, bensì di individui indebitati, resi fragili dalla precarietà lavorativa, insicuri, bramosi di carriera e status sociale. Con lo Status si possono avere i soldi, con questi si possono soddisfare tutti i bisogni indotti dalla pubblicità, o imposti dal ruolo che lo Status richiede.

Circoli viziosi dentro i quali non siamo più liberi cittadini, ma soggetti ai capricci del Capitale, e dei giochi in cui i ricchi diventano ancora più ricchi. Siamo dentro un'Europa che possiede almeno sei paradisi fiscali, ma impone il rigore a centinai di milioni di cittadini, impedendo, con la moneta unica, che gli Stati possano governare la politica economica nazionale. Tutta questa storia, che caratterizza l'inizio del nuovo millennio, non può finire bene. I sistemi fragili sono destinati a crollare, prima o poi. Ma sulla testa di chi? E saremo pronti quando accadrà? Oppure rischiamo di tornare in balia di qualche soluzione autocratica, di cui abbiamo già troppi segnali in giro per l'Europa, e a casa nostra?

Evitando di dar fiato alle trombe del complottismo, è

giunto il tempo di guardare alle cose con occhi disincantati e critici. Senza nutrire false speranze è necessario riprogettare il sistema, domandandoci (come fece Muhammad Younus) che senso hanno tante teorie economiche se la povertà dilaga, se si marginalizzano le persone, se diventiamo sempre più disumanizzati.

Lo scontro è titanico. Riprendendo l'immagine platonica della caverna, propongo una moderna chiave di lettura. Se dentro la caverna ci abita la maggioranza delle persone, che credono i riflessi sulle pareti essere la realtà, fuori dalla grotta ci sono due tipi di individui. Da una parte quelli che si adoperano per far uscire gli abitanti della caverna e portarli verso la "luce", per creare una comunità di individui liberi, felici, empatici, che adottano i principi indicati dall'economista Elinor Ostrom: la cooperazione (e la gestione dei beni comuni) come forza più potente della competizione, e realmente creatrice di ben-essere.

Dall'altra coloro che spingono le persone a restare nella grotta, per meglio controllarli. Sono quelli che vedono la vita come una lotta, una eterna competizione per sopraffare gli altri, che sono da considerare sempre dei nemici, al massimo utili servitori per i propri scopi. L'accumulo compulsivo e la predazione sono l'unica legge che conoscono. Producono "ricchezza", ma evitano di distribuirla, se non nella misura strettamente necessaria al sostentamento di chi governano.

Come tutte le metafore è anche questa una semplificazione. Ma è tempo di decidere da che parte stare.

(03.03.20)

Merkel Euro Coronavirus: l'Europa immaginata è fallimentare

Come spesso accade nella vita sono le piccole cose a rivelare le grandi illusioni, o le grandi menzogne. Il microscopico virus che sta facendo tremare il mondo, o perlomeno buona parte di esso, con il precipitare del sistema economico in una recessione molto pericolosa, e con altre conseguenze drammatiche, ci rivela alcune cose su cui riflettere.

Primo. L'euro e l'Europa sono una comunità immaginata, artificiale, costruita in laboratorio da "scienziati" ottusi, e gestita da politici tutt'altro che comunitari. Dopo anni di sacrifici, di austerità, di vincoli (compreso quello di bilancio) di fronte a un grave problema comune ecco svelarsi il vero volto della mitizzata Europa dei popoli.

La Merkel, la Germania quindi, scopre le sue carte, dimostrando definitivamente la propria condizione super partes, nel senso che lei è proprio 'altro' rispetto a questa unione europea,da lei dominata in ogni senso. Mentre l'Italia chiede, con il cappello in mano, un po' di flessibilità per fronteggiare la crisi, destinando un 25 miliardi allo scopo, la Germania ne prevede 550!

Ma "loro possono!" dirà qualcuno. Certo che possono: lo fanno attraverso una banca (la KFW) di sviluppo tedesca posseduta all'80% dallo Stato e dal 20% dal Lander. Una proprietà pubblica quindi che immette capitali (tanti) e che è esclusa dal bilancio federale, quindi dal radar della BCE. Praticamente, in barba a tutti i discorsi di austerità, di impedimento di aiuti di stato, etc etc, la Merkel ci confessa spudoratamente quello che gli economisti "anti main stream" ci sussurrano da anni: la Germania si avvale di aiuti di Stato[1] per le sue imprese in barba a tutti i dettami imposti dalle regole europee.

Secondo. Chi comanda organismi importanti,a livello mondiale, non è detto che ne sia all'altezza. La Langarde ne ha data una ulteriore prova nei giorni precedenti, con una improvvida (ma davvero era così?) dichiarazione, per la quale la BCE non avrebbe agito per aiutare i paesi (come l'Italia) in difficoltà. La Cristina Lagarde, già presidente del FMI (Fondo Monetario Internazionale) non è nuova a queste palesi dimostrazioni di incompetenza. Un promemoria del prof. A.M. Rinaldi a riguardo[2], senza contare le numerosi "previsioni" fallite dello stesso FMI.

Terzo. Sanità in affanno! E non poteva essere diversamente dopo 15 anni nei quali, grazie alle imposizioni dell'austerity, i tagli al sistema sociale hanno colpito in primo luogo luogo proprio il sistema sanitario nazionale. Sarà bene ricordarcelo alla fine di questa buriana, così come chi ha voluto gettare soldi nel cesso comprando gli F-35, e realizzando progetti sballati come il MOSE, o come il TAV (quindi quasi tutto l'arco costituzionale tra Cdx e Csx), nonché giocare con la prescrizione per evitare il carcere a corrotti e corruttori (questione che incide sullo sperpero di denaro pubblico).

Quarto. La risposta sociale e politica dell'Italia mostra il grande divario di coscienza civile, politica, e civica, che esiste tra gli Italiani. Milioni e milioni sono i connazionali che hanno capito la gravità della situazione e si sono attenuti alle regole necessarie per impedire l'ulteriore contagio. Di contro, un numero non indifferente di "altri" (che non considero connazionali) ha scelto di violare tali norme credendosi, come sempre accade, più "furbo" e "intelligente". In politica discorsi fumosi, contraddittori, alcuni palesemente opportunisti (si pensi alla "spallata" tentata dalla destra e miseramente fallita), hanno certificata l'incapacità di avere visioni d'insieme, e di aver coscienza politica necessaria oltre il proprio particulare.

Quinto. La Scienza non è perfetta, e gli scienziati non sono infallibili. Nonostante la loro preparazione possono essere in disaccordo sui fenomeni osservati e sulle soluzioni da adottare. Fare il "tifo" per una parte, a seconda delle proprie convinzioni (o convenienze), non è una pratica utile per la soluzione dei problemi. Compito della politica è destreggiarsi mettendo a confronto le diverse ipotesi, e cercare quella che ha più probabilità di risolvere i problemi, assumendosi la gravosa responsabilità delle scelte compiute.

Sesto. "I mercati prima agiscono, poi pensano" ha dichiarato qualcuno in questi giorni di confusione, di spread e borse altalenanti. Il punto rimane la fragilità intrinseca di questo sistema finanziario che viaggia tra i cavi della rete in tutto il mondo e condiziona le nostre vite. Il terrore viaggia non per paura della recessione in sé, ma per timore che quella improvvida massa di debiti (milioni di miliardi), che rappresenta la finanza globalista, cada improvvisamente, e sveli al mondo l'artificiosa bugia del neocapitalismo. Come hanno ben spiegato gli amici del Vaso di Pandora parlando del MES[3] e dei pericoli che rappresenta.

Concludendo. Nel momento di crisi l'Italia si dimostra, nel complesso, un paese solidale, con potenzialità (economiche, sociali, politiche) di gran lunga superiori a quelle che normalmente vengono espresse e considerate. La prova, in queste settimane, cui è sottoposto il sistema sanitario tutto (medici, infermieri, volontari, addetti diversi) è durissima, e a loro va il ringraziamento per la dedizione.

Continuo a essere convinto che se trovassimo, come sistema paese, un briciolo di sicurezza in noi stessi, come identità nazionale e come cittadini, avremmo maggior benessere e felicità; e potremmo insegnare qualcosa al mondo intero.

Leaders all'altezza del compito cercarsi disperatamente.

(15.03.20)

[1]   https://www.ilfattoquotidiano.it/2020/03/14/coronavirus-merkel-usa-la-carta-kfw-la-germania-mette-a-disposizione-delle-imprese-crediti-per-almeno-550-miliardi-di-euro/5736699/

[2]   https://scenarieconomici.it/rinaldi-disse-mesi-fa-che-la-lagarde-era-inadatta-invece-il-pd/

[3]   https://www.tgvallesusa.it/coronavirus-europa-mes-ovvero-italia-come-la-grecia/

La fragilità delle Teorie Economiche al tempo del Coronavirus e del MES

Un amico, qualche giorno fa, mi poneva alcune domande: sento economisti affermare tesi completamente opposte, su ciò che va fatto. A chi bisogna dare credito? Come faccio a capire chi ha ragione? Il tema è quanto mai attuale, in queste difficili settimane di epidemia, di confusione, di annunci e contraddizioni palesi nelle azioni di molti politici. Proviamo a gettare un po' di luce partendo da qui:

"Nel nostro tempo la sventura consiste nell'analfabetismo economico, così come l'incapacità di leggere la semplice stampa era la sventura dei secoli precedenti"

(Ezra Pound)

La nostra epoca (XXI sec) è iniziata con l'auspicio di essere l'era delle idee, dopo la caduta delle ideologie. Una nuova stagione fertile di riflessioni da condividere attraverso gli strumenti tecnologi, per riuscire a risolvere, almeno in parte, i problemi che attanagliano il mondo, e rendono la vita di molti difficile, al punto da chiedersi se valga la pena di essere vissuta.

Ci troviamo invece, troppo sovente, a parlare di analfabetismo, funzionale o meno, rilevando che alla capacità massiva della comunicazione non corrisponde un livello qualitativo adeguato: lo scambio d'opinioni è sconfitto dallo scontro tra fazioni. Il sistema dell'informazione, sempre troppo schierato, non contribuisce a migliorare la situazione: si evita di fornire al pubblico criteri per formulare giudizi critici. Nella scuola le questioni economiche vengono toccate a livello universitario, negli altri livelli di economia politica non si parla mai, se non in termini generici. Proviamo a farci qualche riflessione.

In primo luogo occorre sfatare, magari definitivamente, un

mito: che l'economista sia un deus ex machina, sia il profeta, sia l'interprete assoluto, sia il "verbo", sia il predicatore errante che dispensa la verità 'divina'. Non è per cattiveria, nemmeno per disprezzo, nei confronti degli economisti, ma questo "mito" è stato coltivato dai media per decenni, sino a diventare un luogo comune, un pre-giudizio: ciò che dice l'economista è sempre qualcosa di sensato... perché lui sa! Ci è stato sempre "nascosto", nel dibattito pubblico, che la scienza economica, come tutte le scienze contemporanee, implica una certa visione del mondo e della società.

I fisici, con la ricerca quantistica, hanno scoperto da tempo che l'osservazione implica una influenza su ciò che viene osservato. Anche le contemporanee scienze sociali pongono l'attenzione sull'influenza dell'osservatore nella ricerca e nella conseguente formulazione delle teorie. Presentare quindi l'economista come un soggetto asettico che esamina il mondo dentro un laboratorio sterile, incontaminato, e osservato solamente con modelli matematici precisi, è una idea sballata non corrispondente al vero. L'economista è un interprete del mondo, oltre a esserne studioso; la sua concezione dello stesso influenza la ricerca, e le sue conclusioni.

Un liberista ha una fede assoluta nel mercato che si auto regola, e vede nello Stato un soggetto terzo incomodo, che deve svolgere pochissime mansioni, e sopratutto non deve intervenire nelle vicende dell'economia di scambio. L'egoismo dei singoli è inteso come propellente per l'economia; la ricerca individuale della ricchezza materiale rappresenta un bene per l'intera collettività che ne beneficia in conseguenza. La libertà dell'individuo prevale su qualsiasi altra considerazione etica o morale. Le scelte individuali sono sempre concepite come "razionali". Il neo-liberista ripone nella globalizzazione gestita con un sistema finanziario globale, privo di controlli, la massima fiducia, ritenendola la migliore soluzione possibile per la diffusione della ricchezza.

Un Keynesiano ritiene, all'opposto, lo Stato svolga una

funzione essenziale nel regolare il sistema economico; esso deve intervenire (con la Spesa Pubblica, la gestione della moneta, e la Tassazione) per gestire i fallimenti del mercato, che producono cicli di "alti e bassi". Durante i cicli bassi, lo Stato deve stimolare il sistema economico; durante i cicli alti, deve intervenire per evitare che si creino scompensi troppo forti che possano provocare danni, come l'inflazione.

Un Monetarista vede nella gestione della quantità di moneta in circolazione lo strumento migliore per amministrare l'economia. Nei momenti di recessione è necessario immettere moneta (stampandola e diffondendola); all'inverso, nei momenti di troppa crescita economica, è necessario dragare liquidità dal sistema con la leva fiscale.

Questa è, ovviamente, una semplificazione. Me ne perdonino gli specialisti.

La storia dell'economia presenta molti studi, grandi intuizioni, e altrettanti grandi fallimenti. Il crollo del 1929 ebbe tra le cause errori di analisi e l'assenza di una branca della scienza economica che sarebbe nata con Keynes: la macroeconomia.

La grande sfida che si trovarono ad affrontare gli economisti di allora era capire come la somma dei comportamenti individuali conducesse a un risultato completamente diverso dalle aspettative. L'esempio classico è quello del risparmio. A livello del singolo individuo è un fattore positivo ma, se tutti risparmiano contemporaneamente e nessuno si decide a spendere il proprio reddito, il sistema, a livello macroeconomico, entra in crisi: non si acquistano più i beni prodotti, non circola moneta, le aziende non vendono, quindi licenziano, quindi cresce la disoccupazione, quindi meno redditi disponibili con cui alimentare il sistema, quindi... spirale recessiva.

L'assegnazione del premio "Nobel" per l'economia (che viene chiamato così impropriamente, perché non esiste la categoria per la fondazione Nobel, ma è un premio equivalente emesso dalla banca di Svezia), è stata talvolta oggetto di forti critiche: non è stato assegnato ad alcuni economisti di valore, mentre altri lo hanno ricevuto per teorie piuttosto discutibili.

Per esempio: lo sapete che i due economisti che hanno inventato i "derivati" (causa dei principali guai finanziari contemporanei) sono stati insigniti di questo premio? E che quando l'hanno ricevuto erano a capo di una società finanziaria che operava con questi prodotti ed era già in passivo di 2 milioni di dollari? Le premesse non erano granché.

La guerra moderna, fortemente tecnologica, mira ad eliminare il contatto umano: sganciare bombe da un'altezza di 15.000 metri permette di non sentire quello che si fa. La gestione economica moderna è simile: dalla lussuosa suite di un albergo si possono imporre con assoluta imperturbabilità politiche che distruggeranno la vita di molte persone, ma la cosa lascia tutti piuttosto indifferenti, perché nessuno le conosce" (*)

Il punto centrale della domanda iniziale del mio amico è domandarsi, di fronte ad un economista, a quale "filosofia" appartenga. Qual'è il suo reale pensiero sulla società, come pensa debba essere prodotta la ricchezza, quale deve essere il ruolo dello Stato, e, non meno importante, come dovrebbe essere distribuita la ricchezza prodotta.

L'Unione Europea è l'emblema delle contraddizioni causate dall'avere assunto una filosofia economica di stampo neo-liberista, avendo escluso dal dibattito sia i cittadini, sia gli economisti "critici" che avevano individuato i problemi che si sarebbero generati.

[...]Sebbene l'euro fosse un progetto politico, la coesione politica -specie attorno al concetto di delega dei poteri dai paesi sovrani all'UE – non è stata sufficiente a creare istituzioni economiche che avrebbero dato alla moneta unica una possibilità di successo.

Inoltre i fondatori dell'euro si sono ispirati a un sistema di idee e concetti sul funzionamento dell'economia che, sebbene in voga all'epoca, erano semplicemente sbagliati.

Credevano nei mercati, senza però conoscerne i limiti e ciò che occorre per farli funzionare. La fiducia incrollabile nei mercati viene talvolta definita fondamentalismo o neoliberismo.

[...] Sebbene quasi ovunque nel mondo il fondamentalismo di mercato sia caduto in discredito, specie all'indomani della crisi finanziaria del 2008, queste idee sopravvivono e continuano a trovare propugnatori in Germania, potenza dominante dell'eurozona. Immuni a qualsiasi prova contraria [...] hanno assunto i contorni di un'ideologia. [...] (*)

Oggi il dibattito tra MES, Eurobond, Elicopter Money, è il sintomo di questa illusione. C'è chi vorrebbe proseguire sulla linea della rigidità dei parametri (austerità) per costringere i paesi su binari predefiniti che favoriscono la finanza internazionale e le speculazioni, piuttosto che i cittadini. Invece c'è chi sostiene che, in tempi di recessione, l'austerità aggrava la situazione, se non si permette allo Stato di spendere per stimolare l'economia.

Il caso dell'Italia è emblematico: da 25 anni il paese è in 'avanzo primario', ovvero spende meno (per i servizi, il welfare, gli stipendi, le pensioni, i contribuiti) di quanto incassa. E sappiamo quanta diminuzione nei servizi questo ha comportato: abbiamo sotto gli occhi gli effetti devastanti che l'austerity (e le privatizzazioni) hanno prodotto sul Sistema Sanitario Nazionale. L'avanzo primario (Spese - Tasse) viene completamente assorbito dagli interessi passivi sul Debito Pubblico. Quindi tutti i "nostri" sacrifici vengono ingoiati dal sistema finanziario, anche se parte di questi interessi tornano nelle tasche di cittadini italiani che detengono titoli di stato.

Il punto è che lo Stato non può finanziare la spesa pubblica (perché le risorse sono assorbite dagli interessi, e non può stampare moneta perché privato della sovranità) per stimolare l'economia. Senza questo stimolo (bloccato dai principi dell'austerity) il PIL stenta, e i parametri Deficit/Pil, e Debito/Pil sono insoddisfacenti perché il denominatore non aumenta.

Insomma un circolo vizioso creato dalle burocrazie europee che hanno sposato in toto la filosofia neoliberista che ripone fiducia cieca nel mercato e pretende libertà assoluta per i mercati finanziari. Gli accordi di Maastricht si preoccupano della stabilità dei prezzi, e dell'inflazione, come sufficienti per garantire il benessere.

Attenzione: quando parliamo di spesa dello Stato dobbiamo sicuramente fare altre riflessioni su quale tipo di spesa sia opportuno fare. In Italia siamo abituati a parlare di Debito Pubblico in termini quantitativi assoluti, mai in termini relativi alla "qualità" del debito, cioè a come impieghiamo realmente i soldi. Le iniziative utili sono quelle che consentono l'effetto moltiplicatore della spesa: ogni euro che investo viene messo in circolazione e produce ricchezza passando per diverse mani. Di certo questo non accade se la spesa diventa eccessiva e a beneficio di pochi (corruzione), o la moneta viene trattenuta da alcuni (con l'evasione fiscale), oppure buttando soldi in opere inutili o mal progettate (TAV, MOSE).

Come uscirne? Ci sono difficoltà in merito. Primo perché occorre cambiare paradigmi di politica economica. Secondo perché l'informazione che arriva al pubblico è imbevuta delle teorie pro-euro. Terzo perché queste teorie, corrispondono a un progetto politico elitario di gruppi sociali che possiedono anche i mezzi di informazione. Altro che gli spot sull'informazione seria, degli editori "seri" di cui infarciscono la Tv in questo periodo!

Nelle ultime 48 ore abbiamo avuto l'esempio di un dibattito economico più dedicato ad alimentare fazioni, e soddisfare le necessità elettorali, che a promuovere soluzioni concrete. Il documento dell'Eurogruppo è piuttosto indicativo di un linguaggio politichese che rimanda le decisioni e cerca di accontentare tutti i membri.

E' vero che l'Italia non ha firmato il MES, com'è stato inopportunamente dichiarato da alcuni esponenti politici. Però l'Italia non è riuscita a far escludere il MES come strumento di finanziarizzazione degli stati (perché lo vogliono Germania e Olanda). Quindi non c'è nulla di deciso, ma non c'è nemmeno da festeggiare. Ciò che vorrebbe il nostro governo è previsto, così come lo è il MES, e sono strumenti insufficienti a cui si oppongono gli stessi che sono favoreli al MES.

Ciò di cui non si è ancora discusso, sarebbe l'ipotesi di immettere liquidità nel sistema in modo da non aggravare i debiti delle aziende, e dell'intero paese; dal momento che la crisi, e la conseguente recessione, avvengono in una condizione di eccezionalità. Il MES è uno strumento molto pericoloso, che consegnerebbe il paese in mano a un organismo che esautorerebbe le istituzioni italiane provocando ciò che è già accaduto in Grecia. Le soluzioni alternative ci sono. Ma i tempi sono stretti e l'impegno dei leader europei sembra essere molto più rivolto a regolare la propria situazione politica interna che essere consapevoli della drammaticità della situazione, e delle conseguenze.

Speriamo di cavarcela.

(12.04.20)

(*) Joseph E. Stiglitz – economista e saggista premio Nobel per l'economia

Il Reddito di Cittadinanza è una cosa seria diciamolo con chiarezza

Il Reddito di Cittadinanza è stato troppo a lungo oggetto di una battaglia politica strumentale da parte di zone della sinistra e della destra, quelle più retoriche per intenderci, e di parte di quel mondo "produttivo" (o forse meglio dire predatorio), che non vede di buon occhio il tentativo di difendere i soggetti più deboli della società.

Il RdC, voluto e difeso dal M5S, non è certamente né perfetto, né ha generato tutte le migliorie promesse dei suoi proponenti. Questo non perché lo strumento sia sbagliato, piuttosto a causa della insana retorica con la quale è stato proposto, unitamente all'incapacità della sua attuazione, avendo generato aspettative impossibili da attuare.

Il tema di un Reddito, sia esso di sostegno, universale, o conseguente a politiche attive, è dibattuto da anni a livello internazionale, e molti sono i paesi che hanno tentato soluzioni per realizzarlo. La sua necessità nasce dalla consapevolezza che lo sviluppo della modernità viaggia ad un ritmo sempre meno sostenibile per più persone. La finestra di tempo in cui la preparazione tecnico professionale acquisita da un individuo (per esempio con lo studio scolastico) è utile per far parte del così detto "mercato del lavoro", si riduce sempre di più. Lo sviluppo tecnologico richiede sempre nuove competenze, e l'esigenza di una formazione continua è ineludibile.

Questo implica, nel mondo reale (spesso lontano dalle visioni della politica), che questa velocità lasci indietro una fetta non proprio marginale della popolazione, la quale non riesce, o non può, per numerosi motivi, tenere il passo di questo ritmo. Ciò acuisce ulteriormente quel livello di disuguaglianza sociale generato dai processi economici in voga dagli anni '80, con la progressiva riduzione della classe media, e il blocco significativo dell'ascensore sociale.

Se la teoria neoclassica ammette i "fallimenti del mercato", e quindi, in una certa misura, si rende conto delle ingiustizie che il Dio Mercato semina sulla sua strada, mancando la sua promessa fondante del "benessere per tutti", il neoliberismo (e i suoi sacerdoti) compiono una piroetta acrobatica argomentativa per ribaltare la causa delle disuguaglianze.

Sono i "poveri" e gli "esclusi" i colpevoli della loro stessa situazione. Non il Dio Mercato, non le regole volute dai ricchi per mantenere le loro ricchezze sempre più alte, non le teorie economiche che producono disuguaglianze. Se sei povero, o lo diventi, la colpa è tua che non sai cogliere le meravigliose opportunità del Dio Mercato.

Manco a dirlo, il sostegno si rende ancora più necessario di fronte alle crisi, siano esse determinate dal ciclo economico, o dalla scelleratezza finanziaria, oppure da catastrofi naturali e/o sanitarie. Sostenere le fasce più deboli è un umano dovere, civile e morale, nonché una necessità sotto il profilo di contenimento della caduta di Domanda interna. Laddove la retorica neoliberista si affida agli aggiustamenti di "lungo periodo" del mercato, vale l'efficacia Keynesiana: 'sul lungo periodo siamo tutti morti'.

Un altro aspetto trascurato è l'evoluzione stessa del lavoro, come concetto, e come strumento. Intelligenza Artificiale, robotica, data mining, machine learning, rappresentano una evoluzione che, oltre all'alto livello di specializzazione richiesto, possono ridurre più propriamente la quantità di lavoro umano necessario. Realizzano cioè, come dichiarano alcuni studiosi, la prospettiva dell'uomo messo a riposo, come lo fu un tempo il cavallo. Urge quindi una pianificazione della fase di transizione per i modelli del Lavoro. Nel qual caso trovare un impiego per tutti implica necessariamente un ruolo determinante dello Stato, e la creazione di lavoro in ambiti che non sono necessariamente generatori di profitto, ma sono altrettanto utili per il benessere e lo sviluppo della società nel suo complesso. Parallelamente i processi formazione continuativa e di aggiornamento devono diventare uno strumento accessibile ed efficace per trovare un impiego, mantenere quello in corso, sviluppando le proprie predisposizioni e talenti. Questo non può essere realizzato senza uno Stato serio e competente che organizzi corsi professionali permanenti, e investa sulla scuola di ogni livello e grado. La supremazia dell'economia, la globalizzazione, l'arroganza del sistema finanziario, viaggiano esattamente nella direzione opposta, grazie alle teorizzazioni neo liberiste, incuranti delle macerie sociali e politiche seminate su tutto il pianeta. Non si può quindi non accogliere con favore la nomina, da parte del ministro Orlando, della Sociologa Chiara Saraceno, esperta di Welfare, nel Comitato di valutazione del RdC. La sua intervista al Fatto Quotidiano lascia supporre sarà presente almeno una voce consapevole dell'importanza di questo strumento, cui certo è necessario apporre correttivi, ma non quelli che vorrebbero i suoi detrattori.

Vi lascio con alcuni filmati della Boston Dynamics specializzata nella produzione di robot. Guardando queste immagini, senza nulla togliere alle aziende italiane, ci si dovrebbe rendere conto di quanto siano inutili certi politici in questo paese, con i loro discorsetti moralistici sul RdC.

(marzo 2021)

(PS: non state guardando un filmato di realtà virtuale…)

https://youtu.be/fn3KWM1kuAw

https://youtu.be/uhND7Mvp3f4

Le Interviste: un occhio sull'attualità

Guardare al mondo attraverso gli occhi di chi dedica passione ed energia per decifrarlo. Le mie interviste non ricercano il gossip, la dichiarazione maliziosa, la battuta facile, la provocazione; sono un dialogo con l'interlocutore per apprendere l'essenza delle sue ricerche e delle sue riflessioni.

Califfato una nuova guerra al terrorismo è iniziata
Intervista a Loretta Napoleoni

La televisione ci bombarda nuovamente con un campagna a favore della guerra; questa volta contro l'Isis (il nuovo Stato Islamico voluto da Al Baghdadi proclamatosi califfo) e tutto sembra racchiuso in una cornice di fanatismo religioso. I social media traboccano di immagini di fucilazioni sommarie, teste mozzate e ogni sorta di atrocità. Si inneggia al razzismo e si proclama la pericolosità dei Musulmani senza alcune distinzione. Ma le cose stanno davvero così?

Abbiamo raggiunto oltreoceano l'economista Loretta Napoleoni[1] una delle maggiori esperte a livello mondiale di economia criminale e finanziamento al terrorismo, consulente di governi e istituzioni internazionali, e le abbiamo posto una serie di domande per capire meglio la situazione mediorientale ma anche un parere sull'Europa e l'Italia. Ne è nato un dialogo a tutto campo sulla realtà politica ed economica che ci circonda.

Nel suo articolo pubblicato sul Fatto Quotidiano il 24 agosto lei fa un riferimento implicito agli interventi del parlamentare Di Battista (M5S) a proposito del Califfato facendo notare che l'analisi del deputato non è corretta e nemmeno più attuale. Riconoscendo a Di Battista il merito di aver aperto uno squarcio sulla semplificazione della informazione main stream che riduce tutta la questione Isis a un semplice conflitto religioso con la replica dello scontro di 'civiltà' già usato per giustificare gli altri interventi militari in Afganistan e Iraq, a chi conviene ridurre tutto il dibattito in questi termini? Qual'è la chiave di lettura corretta per questa ennesima guerra in Medio Oriente?

In Italia la presentazione di questo conflitto religioso conviene un po' a tutti: ci sono molte similitudini tra l'Italia di oggi e certi paesi del Medio Oriente. La cosa più importante dal punto di vista della classe politica è che presentando la vicenda sotto il profilo religioso questo non ha nulla a che vedere con l'11 settembre e con la guerra contro il terrorismo di Bush e Blair alla quale abbiamo partecipato. Questo aiuta a giustificare la grande coalizione in cui noi siamo dentro. In realtà non ci capisce bene che cosa faranno, non hanno deciso nulla ma è una legittimazione affinché gli Americani possano iniziare a bombardare le postazioni dello Stato Islamico anche in Siria; probabilmente da basi militari in Arabia Saudita senza il beneplacito delle Nazioni Unite. Stiamo facendo la stessa cosa di prima, ma presentandola sotto l'aspetto religioso e umanitario la gente è più favorevole. In realtà non è così, dalle informazioni che ho raccolto, dentro lo Stato Islamico il Califfato si adopera molto dal punto di vista sociale e per la popolazione. Alla fine agisce come uno stato migliore di quello che c'era prima. Parliamo della Siria di Assad e del governo corrotto di Maliki per l'Iraq. Noi tutto questo non lo sappiamo i media non ce lo raccontano.

Quindi non sappiamo cosa realmente accade? I social network sono quotidianamente invasi da fucilazioni sommarie, teste mozzate e quant'altro che offrono una chiave di lettura unidirezionale. Le fonti non paiono verificate e si scatenano forme di razzismo generalizzate contro i Musulmani.

I Social media sono pericolosissimi perché alla fine non c'è nessuna verifica. Non è vero che You Tube ti dice la verità. Nel mio libro (di prossima pubblicazione n.d.r.) c'è tutta una sezione dedicata a come lo Stato Islamico è riuscito a manipolare la comunicazione e l'informazione attraverso i social media proiettando l'immagine di se stesso – già prima quando si trovava in Siria – molto più forte di quello che in realtà è. Non c'è una verifica sul campo e, in questo caso, nessuno riesce ad averla. Quei giornalisti che erano in Siria nella zona nord dove ci sono stati gli scontri tra i ribelli e le truppe di Assad e dove lo Stato Islamico è riuscito ha crearsi alcune enclave, sono stati tutti rapiti (in 17). Ho avuto modo di intervistare Francesca Borri[2] che era lì facendosi passare per una profuga siriana e mi raccontava che tutto il materiale raccolto dai giornalisti, e anche dall'Intelligence, e questa è la cosa più sconvolgente, veniva dai social media. Questo è preoccupante.

Da quello che Lei dice staremmo diffondendo informazioni che non sono dirette, ma di seconda, terza mano

Esatto. Stiamo rigirando informazioni di terza mano che sono create appositamente dai vari gruppi. I ribelli dicevano di avere il controllo di Aleppo. Quando la giornalista Francesca Borri è entrata nella città ha visto che i ribelli non c'erano più e invece c'era l'esercito di Assad. E pare non lo sapesse nemmeno l'intelligence israeliana: quando ha fatto il briefing prima di entrare nella città, l'intelligence (americana, israeliana, etc etc) le hanno spiegato cosa doveva fare e come muoversi. Ma le informazioni fornite era completamente diverse dalla realtà.

Siamo quindi nella condizione 'assurda' dove questi gruppi islamici utilizzano i social media e l'informazione a loro uso e consumo?

Assolutamente. Anche i ribelli fanno la stessa cosa. Anche l'esercito di Assad. Ognuno manipola come gli pare per cui sui social media trovi tre versioni diverse dei fatti nessuna dei quali alla fine è vera. Il fatto grave è che alla fine oggi c'è molta meno informazione 'vera' di quello che c'era venti o trent'anni fa anche durante la guerra fredda: c'erano pochi corrispondenti ed erano tutti dentro in situazioni difficili. Quello che i giornalisti hanno fatto 'embedded' nella guerra del Vietnam con i reportage è stata una cosa incredibile: ci hanno raccontato la verità. Ora questo non può succedere perché ci sono i social media che sono la 'fine' dell'informazione perché ognuno si può creare la realtà che vuole. Purtroppo anche l'intelligence cade nella trappola dando ai social media un credito eccessivo.

Oltre a questo aspetto 'localistico' del fenomeno, c'è una responsabilità   dell'occidente   come   con-causa

dell'allargamento dei fenomeni di violenza, di guerra e di adesione alla causa dei terroristi? Considerando, per esempio, che l'Isis pare essere finanziata dal Qatar che contemporaneamente intrattiene rapporti stretti con l'America?

Certamente. Quello che sta succedendo in Siria e in Iraq è una guerra per 'procura' con tantissimi 'sponsor'. Ciascuno prende un gruppetto, lo finanzia, gli manda le armi, lo addestra e tutto questo avviene sotto il naso della comunità internazionale. Gli americani certo sapevano dei finanziamenti ma non gli interessava e hanno considerato il problema come locale. La Siria, per esempio, non è un paese per il quale ci siano interessi commerciali e un discorso analogo vale per l'Iraq perché a questo punto l'America non dipende dal petrolio del medio oriente essendo diventata un produttore. Anche loro hanno avuto ruoli nella guerra per procura, i soldi ai ribelli sono stati forniti anche dagli Stati Uniti.

Vuol dire che queste guerre non sono più finalizzate al petrolio?

No, è una questione geopolitica. Abbiamo la Russia che ha basi militari nel mediterraneo e in Siria, l'Iran che usa quelle basi militari per mandare aiuti e armi alla Ezbollah; è una posizione strategica per queste nazioni che altrimenti non avrebbero uno sbocco sul mediterraneo. Invece da parte dei Sauditi, Kuwait, Qatar il discorso è più a carattere etnico: c'è un odio reciproco tra costoro, gli Iraniani sono Sciiti e gli altri sono Sunniti. Non è un odio a carattere religioso, non gli importa della religione; è un odio a carattere di egemonia nella regione. E' chiaro che l'Arabia Saudita con il crollo del regime dello Scià è diventata il numero uno nella regione anche nei rapporti con gli Stati Uniti. Prima era l'Iran all'interno della zona. Khomeyni ha 'rotto le uova nel paniere'; non dimentichiamo che l'Iran è una democrazia, o meglio, una teocrazia, però la gente vota. In Siria non è così, è una dittatura assoluta. Sono gli occidentali che dopo la guerra hanno tracciato dei confini in questi territori e hanno preso delle famiglie e le hanno messe a fare i re mentre prima erano tutti dei semplici beduini.

Quindi abbiamo una responsabilità di ingerenza dell'occidente che si combina con gli odi etnici. Un miscela esplosiva.

Assolutamente si. Chiunque può formare un gruppo e trovare qualcuno che gli dia dei soldi e c'è di tutto: dal jihadista di Londra al piccolo criminale locale. Tutti hanno le armi. Alla fine un gruppo come lo Stato Islamico che ha in chiaro quanto sia importante occuparsi della popolazione civile diventa immediatamente il leader.

Questo fatto che Lei ci espone è molto interessante: capovolge tutta l'immagine che in occidente ci viene proposta dai media. Ci viene raccontato solamente che l'Isis commette stragi tra la popolazione, tra i Cristiani e che sono assolutamente da fermare.

Certamente loro perseguono una 'purificazione' della zona. Quindi se tu sei cristiano non è che ti tagliano la testa; prima paghi una tassa, perché c'è una tassa per chi ha una religione diversa, dopodiché o te ne vai o ti converti. Quindi non fanno 'stragi' a caso, le fanno sulla base di una risposta che ricevono, ma non è che partono di notte a caso a tagliare la testa alla gente mentre dorme. Loro applicano la legge della Sharia. Se rubi ti tagliano la mano. E' la cultura di una società premoderna. Queste società sono tornate indietro nel tempo. Quando si distrugge tutto e non resta più niente le società regrediscono allo stato di natura. Per riportarla alla condizione di società moderna queste situazioni diventano passaggi 'naturali'. Ti possono ammazzare per una bicicletta ma se tu ammazzi qualcuno ti crocifiggono o ti tagliano la testa. Tra l'altro in Arabia Saudita fanno la stessa cosa. Quindi l'Arabia Saudita può tagliare la testa ai condannati a morte mentre lo stato Islamico no. Questo perché lo Stato Islamico non è riconosciuto dalla comunità internazionale ma noi (occidentali) dovremmo essere contro il taglio delle teste ovunque venga praticato.

Quindi ci troviamo di fronte al tentativo, arcaico, di ricostruire una società che è tornata indietro nel tempo a livello del diritto naturale. C'è quindi da chiedersi chi siano oggi davvero i 'terroristi', alla luce anche delle notizie secondo le quali la Siria di Assad e pezzi dei gruppi terroristici che a suo tempo uccisero il nostro giornalista Badaloni parteciperebbero alla guerra contro Isis. Praticamente l'occidente ha creato la figura del 'terrorista a tempo determinato': ieri eri un nemico giurato, oggi un alleato, domani valuteremo.

Certamente. Cambia tutto in continuazione. Si veda il caso del PKK, ieri terroristi oggi combattono dalla stessa parte degli Americani.

A questo punto non sarebbe meglio, o meno dannoso, riconoscere questo stato (il Califfato) e arrivare in qualche modo ad una trattativa?

Non credo succederà. Perché questo è uno stato che minaccia l'Arabia Saudita e gli altri stati del golfo. L'unico motivo per il quale noi stiamo andando in guerra, perché questa è una guerra (oggi un generale americano ha detto che stanno valutando la possibilità di mandare truppe in Iraq, si apprestano a un nuovo Vietnam con truppe che rientrano e che vengono rimandate al fronte sotto un'altra denominazione) è che stiamo andando per difendere l'avanzata dello Stato Islamico; non tanto in Iraq, per esempio all'Isis il sud non interessa, il fatto è che se il Califfato si consolida diventa più importante dell'Arabia Saudita. Quindi minacciano le altre istituzioni e la legittimità degli altri stati. Che succede se i Sunniti Sauditi, o da qualche altra parte tipo Qatar, decidono di ribellarsi?

L'Onu in questo contesto... esiste ancora?

L'Onu non serve più a niente. Nel Consiglio ci sono i Russi e i

Cinesi e le decisioni devono essere assunte all'unanimità che non
ci sarà mai su queste questioni.

**Cambiamo argomento. L'Europa: ossessione dell'austerity e
dei parametri. Le nuove regole dell'Esa 2010 tenteranno di
abbellire la situazione. A Livello economico abbiamo sempre il
PIL come misura del 'benessere' e, da tempo, si parla di
alternative per misurare la condizione reale di una
popolazione. E' possibile cambiare questi paradigmi di
valutazione dal Suo punto di vista?**

Certo avrebbe senso. Però non esiste un numero. Il grande
vantaggio del Pil è che è un numero. Ed è comparabile.
Confrontando i numeri del Pil tra due paesi puoi avere una misura
velocissima della differenza tra i paesi. Il Pil non è
necessariamente un'istantanea vera di quello che succede anche
se, come nel caso dell'Italia, il fatto che un Pil sia negativo ti
assicura sull'idea che il paese non gode di buona salute. Se invece
di usare questo numero, che è certamente riduttivo (puoi avere
una paese come l'Arabia Saudita dove c'è un grandissima
discriminazione per cui hai la famiglia reale che è ricchissima e
poi ci sono i poveri) si usano altri per sostituirlo, ci vorrebbero
una serie di numeri; sicuramente il Pil non fotografa la reale
situazione. Qui in America puoi avere un buon Pil ma non hai
l'assistenza sanitaria. Se ti ammali e non hai la copertura
assicurativa sono problemi. Problemi ci sarebbero anche nel
comparare i paesi in via di sviluppo con i paesi sviluppati. Se non
usi il Pil ma una serie di altri indicatori diventa più difficile fare
delle comparazioni.

**Quali sono le difficoltà del mondo economico nel considerare
la felicità e il benessere individuale come parametri
imprescindibili per pianificare strategie economiche?**

Questi sono dei parametri 'occidentali'. La felicità e il benessere
sono termini che appartengo al momento storico del passato, della
fine della II guerra mondiale. Anche se gli Americani la felicità
l'hanno messa nella Costituzione, se si guarda il mondo c'è più

povertà e sofferenza che benessere. Questo è un pensiero dell'occidente ma questo è una piccola parte del mondo e, tra l'altro, sempre meno importante. Non ce ne rendiamo conto ma abbiamo una visione del mondo che è ancorata ai film del neorealismo italiano. Quel momento storico è passato. Ora siamo in una situazione di crisi post capitalistica, di un sistema che non funziona più. Si parla di recessione e stagnazione ma il Giappone sono quasi trent'anni che è in questa situazione nella quale siamo noi ora. Allora vuol dire che il sistema non funziona. Noi (Italia) siamo in questa condizione dal 2007

Una situazione post capitalistica che si affida a presupposti economici che si rivelano inefficaci o fallaci come nel caso europeo. Chi o cosa può condurci fuori da questa situazione?

Non vedo nessuno. Sono molto pessimista in questo. Stiamo vivendo in un sistema che non funziona più e come tutti i sistemi che non funzionano devono auto distruggersi. Non c'è una soluzione o un nuovo modello. C'è il modello cinese che è sempre un modello capitalista e funziona lì da loro perché è un paese in via di sviluppo. La Cina è dove eravamo noi negli anni '60. Il Giappone invece si trova dove ci troveremo noi nel 2030. L'esempio della Siria è illuminante. Era un paese che funzionava. Il periodo d'oro post bellico non può tornare. A meno di nuove guerre.

Rischiamo di avere un sistema che implode o che si autodistrugge attraverso delle guerre?

Abbiamo avuto molte guerre: Jugoslavia, Bosnia, Kosovo e sono state commesse le stesse atrocità che accadono ora. L'Iraq è in caduta libera, la Siria completamente distrutta. L'Ucraina stessa cosa. Tutta quanta la Cecenia non esiste più. Idem Afganistan. E da tutte queste macerie non è emerso nulla. Non è come dopo la II guerra mondiale: gli Americani hanno vinto, Hitler è stato eliminato e si è ricominciato. Niente di tutto questo. Non c'è il bene e il male ci sono solo devastazione e macerie e tutto rimane lì.

E dopo le macerie a nessuno più importa del dopo.

Si. Dopo, la risposta sono gli Islamici. E impongono la loro legge. Le donne sono cittadine di seconda classe, il velo, etc etc e impongono la Sharia. E' una vera e propria regressione premoderna.

Il gruppo Bildelberg e la Trilaterale sono gruppi cui viene attribuita l'influenza sulle sorti del mondo. Cosa ne pensa lei di queste organizzazioni? Hanno davvero un ruolo nell'economia mondiale? Sono più un mito o una realtà occulta?

Secondo me è più mito. Forse erano più forti prima, in un altro contesto ma non adesso, Dal punto di vista finanziario sicuramente, fanno i soldi a palate, hanno i loro agganci. Ci sono situazioni analoghe però. Vedi l'Italia, la potresti considerare come un piccolo Bildelberg: in fondo governano sempre gli stessi e i risultati sono assolutamente pessimi. Non sono riusciti a risolvere il problema del debito pubblico; alla fine pensano solo ai loro interessi personali. Il Bildelberg in realtà funziona come trampolino di lancio per fare ancora più soldi. Non importa come: se fanno i soldi sulle macerie di qualche paese a loro non importa nulla. Sono organizzazioni che non hanno come scopo la solidità del mondo.

La prospettiva italiana vista dall'America: siamo al terzo governo senza elezioni e con indicatori economici sempre più negativi.

Secondo me Renzi sarà una delusione. Non ha fatto nulla. Renzi fa spettacolo e non ha fatto nulla di concreto. Non si è nemmeno capito questi 80 euro se continua a darli o meno e da dove prende i soldi. L'Italia appare sempre di più come un paese medio orientale gestito da oligarchie. Mi ricorda molto la Siria. Laggiù la violenza è esternalizzata con le armi, qui con il linguaggio. Rischi di passare da una vita vivibile alla povertà assoluta ma piano piano, senza accorgetene.

Il suo prossimo libro?

Tratta dello Stato Islamico. L'ho terminato in questi giorni. Uscirà in formato e-book a ottobre e in formato cartaceo in dicembre ma qui in America. Purtroppo non Italia, al momento, mi hanno detto che è un argomento che non interessa…(*)

(20.09.14)

[1] Loretta Napoleoni – Economista, Saggista, vive da trent'anni tra Londra e gli Stati Uniti.Nel 2010 l'Associazione per il Progresso Economico le ha conferito il Premio per divulgazione. Molti i saggi da lei pubblicati in Italia, tra questi: Terrorismo S.p.A. (2005), Economia Canaglia (2008), I Numeri del terrore (2008), Maonomics (2010), il Contagio (2011) e Democrazia Vendesi (2013). I suoi libri sono tradotti in 18 lingue (tra cui cinese e arabo) e diffusi in tutto il mondo. Per una biografia dettagliata lorettanapoleoni.net

[2] Francesca Borri – Giornalista Freelance ha scritto un libro dal titolo "La guerra dentro" uscito nel 2014 per i tipi di Bompiani. Ha raccontato la guerra in Siria vista dall'interno del paese dopo aver vissuto in prima linea spacciandosi per una profuga. L'11 ottobre prossimo, per un articolo pubblicato su 'Le monde' e poi inserito nel suo libro, sarà a Bayeux-Calvados (Francia) per il prestigioso premio omonimo riservato ai corrispondenti di guerra, prima italiana della carta stampata a entrare nella rosa dei finalisti.

(*) Il libro qui menzionato è uscito in Italia con il titolo "ISIS – Lo stato del terrore" nel novembre 2014 per i tipi di Feltrinelli – Serie Bianca

Mafia e Sud: intervista a Gaetano Alessi in visita in Val Susa

Incontro la barba scura di Gaetano che è già notte. È appena rientrato da Torino dove ha presentato il suo libro "L'eredità di Vittoria Giunti" e l'indomani deve partire per Firenze dove lo attendono. Accetta comunque di fare l'intervista.

Gaetano ha vinto nel 2011 il premio nazionale di Giornalismo Giuseppe Fava. È Curatore 2011/12/13 dei Dossier sulle mafie in Emilia Romagna per l'Università di Bologna. Rispondendo alle mie domande è un fiume in piena di dati, avvenimenti, personaggi. La sua storia è anche la 'nostra': il racconto di un paese imbevuto di mafia e che, si direbbe, non ha ancora deciso da che parte stare.

Sei venuto in Val Susa (e a Torino) per la presentazione di questo tuo libro sulla partigiana Vittoria Giunti. Come nasce questo binomio nella tua attività di giornalista tra la lotta partigiana e la mafia?

Nascono dal posto in cui sono nato. Un piccolo comune della provincia di Agrigento che si chiama Raffadali. Comune sfuggito al controllo delle mafie, come ammettono gli stessi pentiti di mafia (sei comuni della provincia su quarantatré). È curioso pensare che era considerato anormale che fossero i comuni ad essere sfuggiti alle mafie e non il contrario. A Raffadali era nato uno dei fondatori del PCI, Cesare Sessa e, dopo la guerra di Resistenza, sono arrivati in paese cinque partigiani. Parliamo di figure importanti, tra queste Vittoria Giunti che era toscana. Il mio comune ha conosciuto le lotte contadine che furono poi lotte per la Resistenza con una forte partecipazione femminile. Cresco quindi in un ambiente dove non sono solo a contatto con i 'miei' partigiani di Salvatore Di Benedetto (uno dei personaggi maggiori delle formazioni della Resistenza) ma a Raffadali c'era un viavai di personaggi come Guttuso, Vittorini, Ingrao. Strano per un comune che viene considerato appartenente a una terra di mafia; difatti il comune era chiamato 'la mosca bianca'.

Albe Steiner, molto legato al Piemonte come commissario politico della Valdossola, viene a morire a Raffadali. Sua moglie Lisa era la miglior amica di Vittoria Giunti. C'è quindi un legame profondo con la storia partigiana e Vittoria è l'asse di tutto. Quel piccolo comune era così particolare, non ne farei una questione di colore, lì diventarono tutti comunisti perché fu il partito comunista quello che guidò le lotte contadine. Quindi mio nonno che morì nel 2000 con la falce e martello sulla bara non conosceva nè Max nè Engels ma a quel colore attribuiva quel suo essere passato dall'essere stato venduto come 'schiavo' – a sei anni- come contadino a uomo libero.

Alla fine degli anni '90 succede una cosa particolare: il primo governo di centro sinistra dell'isola. Due personaggi del centrodestra transitano nel centrosinistra e danno vita a quel governo il cui Presidente era Angelo Capodicasa, attualmente ancora senatore del PD. Gli elementi in questione erano Vincenzo Logiudice e Salvatore Cuffaro che oggi sommano condanne per mafia a una ventina di anni. Accade una cosa che nessuno di noi si aspettava: tutta la classe dirigente costruita a pane e PCI transita tutta, nell'arco di due anni, nelle fila 'cufferiane'. Ci troviamo a resistere un piccolo gruppo di ragazzini e Vittoria Giunti. Qui nasce questo 'binomio' fra la 'ragazzina' di 85 anni partigiana e un gruppo di ragazzi che si ritrovano come unico punto di riferimento la combattente mentre i padri e i fratelli più grandi non si preoccupavano di fare opposizione.

Poi nacque la storia in quel comune del contrasto tra le mafie e Vittoria e tutti i partigiani che avevano combattuto al nord ed erano venuti al sud. C'era chi tornava a casa (come Di Benedetto) ma c'era chi rimase a combattere la mafia e fu l'unica vittoria della lotta contadina contro le mafie in Sicilia. Quei quattro anni dal 1951 al 1955 dove quattrocentomila contadini in marcia, un numero impressionante per l'epoca, diedero un colpo pesantissimo alle mafie rurali smantellandole. Quello fu l'unico momento storico in cui le mafie furono assolutamente soppresse.

La differenza fu poi storica: i contadini non seppero poi organizzarsi fondando le cooperative come successe al nord e diedero vita al più grande esodo della emigrazione siciliana. Dal '55 in poi le mafie si spostarono nelle città e si riorganizzarono formando le mafie che conosciamo, la mafia industriale. All'epoca "l'esercito degli straccioni", – come lo chiamavano i mafiosi, – smantellò un controllo di cento anni di mafia agraria.

La mafia quindi non sarebbe così invincibile come siamo portati a credere?

Quella è storia passata, ci fu proprio un cambiamento di mentalità perché furono estirpati i 'feudi' e parlare di feudi negli anni '50 come se si fosse nell'ottocento può sembrare strano ma in Sicilia dopo il '45 c'erano ancora i feudi con i gabellotti della mafia che difendevano i feudi e i carabinieri che difendevano i gabellotti che difendevano i feudi… Quindi lo schiaffo che presero fu furibondo. Il punto debole fu che non seppero organizzarsi.

Tu hai citato Totò Cuffaro, personaggio quanto mai attuale, ma oggi in Sicilia c'è Crocetta. Come la giudichi la situazione della Sicilia oggi?

Cuffaro fu una parentesi che però ebbe come complice tutto l'arco istituzionale perché che Cuffaro fosse legato ai clan di mafia non era una gran novità: venne trovato negli anni '90 a chiedere voti a Angelo Siino che era il 'ministro' dei lavori pubblici dei Corleonesi e nel '93 andava in televisione da Costanzo a insultare Giovanni Falcone. Non è che per noi Raffadalesi fosse una novità. Tant'è che lui era stato cacciato via da Raffadali negli anni '80 e non riusciva nemmeno a farsi eleggere nel consiglio comunale. Lui però rientra perché quando Angelo Capodicasa (DS) e i DS decidono di fare il governo presero chiunque pur di formare la legislatura e imbarcarono anche Cuffaro sapendo benissimo quale fosse la sua genia. In quel governo c'era anche Rifondazione

Comunista; lì si aprono le porte per Totò. Per la prima volta in Sicilia viene inserito un uomo indicato dalle mafie. L'UDC era il quarto partito del centrodestra, avrebbe potuto essere ben qualcun altro quello scelto. Fu una indicazione precisa di Provenzano. Prima emanazione diretta della mafie alla presidenza della Regione siciliana. Prima erano politici che facevano accordi ma mai un'emanazione diretta. Situazione che per otto anni è stata accettata da tutti. Difatti le uniche opposizioni a quel clan di potere erano le associazioni locali. Le uniche che si opposero al Piano Regionale dei Rifiuti: occupammo per 80 giorni un comune (e fummo poi tutti condannati) ma evitammo che la Sicilia fosse violentata da cinque mega inceneritori e ventidue maxi discariche. Venne anche Umberto Veronesi sponsor di quella operazione a dire che "gli inceneritori inquinavano come un motorino a due tempi", che se lo dicesse mio nipote che ha sei anni la maestra lo rimprovererebbe. L'operazione era gestita da Impregilo, da Falck, nomi ben noti anche qui in Val di Susa.

Abbiamo quindi le mafie che giungono a controllare direttamente tutti gli affari giù in Sicilia. Ma noi (associazioni) gli facciamo saltare quel piano. Lo dice anche Lombardo, il Presidente successivo alla Regione Sicilia anch'egli però poi dimesso per condanna di mafia. Cuffaro è stato abbandonato perché non riuscì a mantenere le promesse fatte con il piano dei rifiuti: ventimila miliardi di euro all'anno per trent'anni. Un piano fatto saltare da un'altro "esercito di straccioni": un gruppo di ragazzi e pochi comuni che gli si opposero.

Dopo Lombardo arriva Crocetta. Di lui ho una sicurezza (e spero di non essere smentito): non si dimetterà mai per un'accusa di mafia. Però Crocetta ha il difetto che hanno molti in questo paese, quello di essere 'un uomo solo al comando'. Viene eletto con meno voti con i quali la Rita Borsellino aveva perso cinque anni prima. Addirittura meno voti di quelli presi dalla Angela Finocchiaro che era stata 'stirata' da Lombardo qualche anno prima. Vince senza una maggioranza, senza un partito di riferimento; era passato dai Comunisti Italiani al PD per essere eletto all'Europarlamento; inviso al suo stesso partito, circondato da segretari personali che non conoscono la Sicilia. Un uomo solo al comando: con i pregi e i difetti del caso.

Come giudichi la mancata candidatura di Rita Borsellino come Presidente della Regione siciliana?

Quella fu un'occasione davvero persa. Ne fui uno dei primi promotori; il primo comitato per Rita Borsellino presidente nasce nella Raffadali di Cuffaro. Un grande significato fare in quel momento quella scelta così aperta. Rita nasce nelle associazioni e viene sposata tardissimo dalla politica. La sua elezione avrebbe significato lo smantellamento di quella politica burocratica siciliana che, al di là degli stessi rappresentanti politici, è il cancro vero. Se pensi che il presidente della Asl 6 di Palermo gestisce i soldi che gestisce il Presidente Regionale del Molise e viene nominato dalla politica e molto spesso di sanità non ne capisce nulla. Il problema quindi non è tanto il Presidente quanto la burocrazia che lo fa girare. E non sai da chi è composta. Spesso contestiamo i costi della politica ma troppo poco quelli della burocrazia.

In questo momento uno degli uomini che prende la pensione più alta in Italia si chiama Felice Crosta e prende decine di migliaia di euro al mese e di professione fa il ragioniere (con tutto il rispetto dovuto ai ragionieri). Ha avuto l'unico merito di prestare la 'faccia' al piano dei rifiuti di Cuffaro.

Da un po' di anni c'è un'aguerrita schiera di storici che vuole rivisitare il mito del Piemonte salvatore nei confronti del sud 'liberato' dai Borboni in epoca risorgimentale. Tu cosa ne pensi da siciliano che conosce bene la sua terra?

La prima commissione antimafia in Sicilia arriva nel 1870. La prima legge che contrasta le mafie a livello di organizzazione mafiosa è del 1986! Il maxi processo. Ci sono 110 anni di differenza. La cosa curiosa è un provvedimento che scrissero due giovani Piemontesi (Sidney Sonnino e Leopoldo Franchetti n.d.r) che vennero mandati in Sicilia dal nuovo Regno d'Italia perché c'era il problema delle mafie. Loro si immaginavano di trovare coppole storte e quant'altro fosse simile a quella mafia 'rurale' che tutt'ora viene raccontata. Invece si ritrovano l'alta borghesia palermitana, medici, notai, che gli fanno notare che se i politici del nord vogliono fare 'affari' in Sicilia con "loro devono parlare". Poi chiedono una cortesia: di raccontare la Sicilia così come loro vogliono e questi due 'ragazzini' raccontano seguendo questa richiesta e giungono in un passaggio della loro relazione a scrivere che "la mafia in Sicilia non può esistere perché il Siciliano di per sè, essendo portato a delinquere, non ha neanche l'intelligenza di mettersi assieme per fare l'associazione mafiosa".

Questo concetto che oggi fa 'ridere', terrà banco nei tribunali di tutta Italia, nel Regno e nella Repubblica sino al 1986!

Una sentenza di sei anni fa a Sarzana (in Liguria) dice che la 'ndrangheta è si una associazione mafiosa, però è 'puro folklore'. Quindi non può essere condannata. Il concetto per cui noi Siciliani eravamo talmente bestie per non poter stare assieme a delinquere è stato un favore fatto a livello 'culturale' dal nuovo governo del Regno d'Italia alle mafie che poi hanno costruito tutta la loro ricchezza basandosi su una malcelata ricerca di verità. Abbiamo sempre attaccato le mafie dal punto di vista militare ma l'alta economia mafiosa non l'ha mai attaccata nessuno.

Negli ultimi 20 anni abbiamo arrestato in giro per l'Italia, dall'Emilia, alla Lombardia, alla Puglia, alla Calabria il più alto numero di mafiosi e mai come negli ultimi 20 anni le mafie si sono arricchite! In contemporanea. Non è mai stata fatta una legge di contrasto all'economia mafiosa.

Quindi abbiamo da una parte uno Stato che ci ha sempre convissuto bene, dall'altra le mafie che preferiscono farsi raccontare come qualcosa di folkloristico. Cuffaro era proprio quello: la rappresentazione culturale che le mafie volevano che noi avessimo. La coppola storta, il cannolo offerto, il bacio … alla fine sembra poco pericoloso.

E' quello che Dell'Utri ci ha raccontato con la televisione di Berlusconi. Abbiamo visto delle fiction in cui ti appariva quasi simpatico il mafioso che uccide nell'acido i bambini. Era lo stesso tipo di racconto. E ha funzionato benissimo; quando arrivai in Emilia-Romagna sette anni fa e parlai di mafia mi guardarono come stessi parlando di alieni. Nella regione c'erano da almeno quarant'anni sentenze passate in giudicato su aziende che avevano costruito Pza Maggiore a Bologna, lo scalo dell'aereoporto, tutte le case popolari a Forlì, Modena, Reggio Emilia, aziende cui avevano ritirato il certificato antimafia in Calabria e che gestivano le discariche a Poiatica (Reggio Emilia). Però per loro la mafia erano quattro Siciliani straccioni o quattro Calabresi che parlano un dialetto incomprensibile che però se ne stavano a casa loro. Il massimo della lotta alla mafia era comprare un paio di bottiglie di 'Libera' (Associazione contro le mafie n.d.r.). Quindi un'idea culturale diffusa da loro (i mafiosi) che ha funzionato.

Ora la mafia è in 'tilt', perché? Me lo ha raccontato un capo che ho intervistato tempo fa: perchè hanno difficoltà a riciclare 'solo' i soldi della cocaina. Hanno talmente tanti soldi che, solo in Italia, hanno problemi a riciclare anche solo il denaro che 'guadagnano' con la cocaina.

Quindi mi stai dicendo che hanno un problema nel riciclare il denaro sporco per la parte 'solo' della cocaina?

Si, poi c'è il resto: traffico droga, armi, le grandi opere… vanno in difficoltà da sette anni a questa parte perché in un momento di crisi come questo gli unici soldi che si vedono sono i loro. Voi qui in Valle avete avuto il caso di Bardonecchia con Rocco Lo Presti che per una mentalità 'vecchia' si faceva anche vedere per stabilire il potere. In gran parte d'Italia i 'sorvegliati speciali' si sono nascosti sino a qualche anno fa.

Sorvegliati speciali vuol dire che erano mafiosi condannati.

Aprivano qualche azienda a loro nome e hanno lavorato indisturbati nel nord d'Italia per quarant' anni. Lavorando con grandi aziende. Per l'Emilia, avendo curato dei lavori per l'università per i dossier sulle mafia ne so qualcosa: hanno lavorato con la cooperativa costruttori, che è uno dei cardini della cooperazione rossa di Bologna, hanno lavorato con l'aeroporto, con i comuni, pur essendo mafiosi dichiarati. Non è la 'mafia dei colletti bianchi', che è un'altra caricatura deviante; questi erano già mafiosi prima e già condannati.

Quando giri per l'Italia ti accorgi che le stesse aziende che dovevano costruire gli inceneritori in Sicilia, progetto appoggiato dalle mafie e dalla politica, sono le stesse che ritrovi in Val di Susa, al Molin a Venezia, alla Maddalena in Sardegna. Poi quando parli di queste cose ti accorgi che le stesse aziende sono sponsor delle Università, delle feste dell'Unità, delle cooperative e quindi tu vieni tagliato fuori da ogni circuito.

Le associazioni come 'Libera' e le 'Agende Rosse' hanno un'efficacia sul territorio nella lotta contro la mafia?

Uno dei miei maestri era Roberto Morrione, fondatore di Rainews24, il quale, malato di un tumore gravissimo, continuò a lavorare fondando 'Libera Informazione' e si mise in viaggio alla ricerca di giornalisti di 'frontiera'. Lui mi diceva che non bisogna essere 'bravi' bisogna essere 'utili'. Se tu mi chiedi quanto siamo 'utili' non te lo so dire. Libera è diversa da quella che ho contribuito a fondare una decina di anni or sono (nel 1996); è diventata istituzionale, fa percorsi istituzionali. La cosa che mi sento di rimproverargli, non tanto nel sud del paese dove con i campi di lavoro fa un'azione straordinaria, ma in Piemonte, Emilia, Lombardia, mi sembra faccia finta che la mafia ancora non ci sia. Si attiva per raccolta fondi per alimentare le cooperative del sud. Torrniamo allo stesso concetto culturale dell'inizio: la mafia come un fenomeno relegato al sud. Le Agende Rosse sono legate alla personalità di Salvatore Borsellino. E lui è una garanzia. Penso che chi fa antimafia non dovrebbe prendere fondi dalle amministrazioni pubbliche. Rischi che in qualsiasi momento cambi il governo delle istituzioni ed entrino persone che sono implicate e che dandoti del denaro ti chiederanno di non fare il loro nome da qualche parte.

Sei venuto in Val Susa e conosci la questione No Tav e la relazione del progetto AV con le mafie. Come hai vissuto questo aspetto a contatto con il movimento e i valsusini?

A suo tempo ho giocato una partita che non ha nulla a vedere con quella dei No Tav e che riguarda il piano dei rifiuti della regione siciliana; durata quattro anni fu, all'inizio, devastante perchè fummo accusati di ogni oscenità. A noi ci dissero che eravamo contro il progresso, che bloccavamo lo sviluppo; subimmo anche la pressione pesante delle forze dell'ordine mandate in casa o a parlare con i genitori. Tutti quei meccanismi che non avevano nulla di diverso dagli atteggiamenti utilizzati dalla criminalità nei confronti delle persone.

Avendo dovuto mettere in campo, in quel momento, delle azioni illegali per ratificare una 'legalità morale' mi sono approcciato al tema della Val di Susa con molta discrezione. Vorrei evitare di farne una questione di 'eroi' oppure di persone che vogliono rimanere nell'800. Perché poi, della valle, il racconto che viene fatto è questo. Si racconta come se ci fosse una banda di pazzi, terroristi – e per quelli che ho conosciuto mi viene da ridere a pensarli come tali, – e dall'altra si raccontano le stesse cose che si raccontavano su di noi. La Tav è una grande opera, con un grande budget e dove c'è budget le mafie ci hanno sempre messo il muso. Anche qui, come altrove, ci sono le aziende che partecipano alle grandi opere e che non si fanno nessun tipo di problema nell'appoggiarsi alle mafie.

Nel mio prossimo libro in uscita(*), dedicato al racconto delle periferie, c'è un capitolo dedicato alla Valle dove si mostra che le situazioni sono uguali da tutte le parti.

Grandi imprese economiche, grandi imprese economiche mafiose , con la particolarità qui di questa lunga resistenza civile della popolazione che è assolutamente molto bella.

Mentre quelle che ho vissuto direttamente, come nella terra dei fuochi, avevano alcuni protagonisti e su costoro verteva tutta la partita, qui ho avuto modo di capire che ogni cittadino della valle è protagonista della partita tanto quanto lo è l'uomo che va in televisone a rappresentare tutti.

Questo senso di comunità è straordinario; è quel senso che, in tutta la mia vita di militante antimafia, vorrei ci fosse in questo paese.

(23.09.14)

(*) Periferie – Terre Forti di Gaetano Alessi e Massimo Manzoli edizioni Adest

TTIP accordi pericolosi e politiche europee
Colloquio con Tiziana Beghin
deputata europea Cinque Stelle

Iniziamo dalle elezioni Europee: ci sono state molte critiche per la scelta del movimento di associarsi all'UKIP di Farange, com'è la situazione dei rapporti con loro e come funziona il gruppo?

Il vantaggio di lavorare con un gruppo come quello di Farange è di non essere obbligati ad avere posizioni comuni, non ci sono imposizioni come abbiamo visto accadere in altri gruppi. Su certe tematiche gli altri sono dipendenti da volontà imposte a priori e sulle quali non si può assolutamente discutere. Noi abbiamo invece la possibilità di essere liberi. Con Farange non abbiamo particolari punti in comune; sulla politica economica non siamo sempre in linea ma lo siamo su alcuni concetti di base, come per esempio il cambio dell'attuale sistema e la volontà di indipendenza da regole non scritte che si vogliono imporre nell'interesse di altri. Per esempio quando abbiamo posto le nostre valutazioni sui commissari designati per la commissione europea c'è stato un vero e proprio teatrino: ciascun gruppo sosteneva un commissario piuttosto che un altro e si sono viste ripetere le dinamiche cui assistiamo anche in Italia. Voto compatto dei Socialisti e dei Popolari sui candidati con l'opposizione nostra e dei Verdi. Però quando sono mancati i voti dei Socialisti per un candidato siamo rimasti stupiti nel vedere che i verdi lo hanno sostenuto mentre avevano votato contro sino a quel momento. Sono obbligati a giocare entro schemi predefinti. Allora vale forse la pena essere in un gruppo dove puoi far valere la tua voce in modo sincero e schietto. Non fa parte del nostro modo di essere il sostenere qualcuno e poi trovare delle giustificazioni con l'elettorato. La scelta quindi del gruppo UKIP si è quindi rivelta positiva.

Com'è il vostro rapporto all'interno del PE dove, come tu dici, si riproducono le stesse dinamiche nazionali cui assistiamo qui in Italia?

La valutazione complessiva, pur non avendo potuto conoscere tutti gli oltre 700 parlamentari, è comunque di una maggiore serietà. Una maggiore adesione a quelli che sono i valori di un rappresentante istituzionale che lavora e che si impegna. La storia che sono tutti iper assenteisti e che non ci sono mai è vera a metà. Le statistiche ufficiali che vengono presentate sono poco affidabili per capire chi e come lavora. Uno può essere sempre presente durante le votazioni a Strasburgo (due volte al mese) ma non partecipare mai al lavoro delle commissioni che è ben più impegnativo. Oppure una persona può partecipare ai lavori delle commissione poi magari causa malattia essere assente alle votazioni ed ecco che le statistiche fanno sembrare che non abbia fatto nulla. Essendo noi 5 Stelle sempre presenti posso assicurare che ci sono tante altre persone nel Parlamento Europeo che lavorano seriamente. I Rapporti sono abbastanza buoni in generale, forse i tedeschi hanno qualche diffidenza verso di noi anche perché non lesiniamo critiche nei loro confronti. Ci sono stati anche episodi molto positivi: il Segretariato degli Affari Esteri ha inviato i complimenti scritti ai miei colleghi per il lavoro fatto durante la crisi della Ucraina con il conseguente embargo. Il duro e serio lavoro dei colleghi è stato apprezzato.

Nelle ultime settimane J. Stiglitz ha tenuto una lezione di economia presso il nostro Parlamento. Occasione per ribadire cosa non funziona con l'euro e con l'Europa sulla linea di quanto sostenuto dagli economisti qui ritenuti "dissidenti". Sulla base della vostra esperienza quanta consapevolezza c'è in Europa sul livello di malcontento che vien espresso in ogni occasione elettorale?

Sono tutti molto preoccupati dalla crescita dei movimenti euro scettici, fenomeno che non si aspettavano. All'interno del Parlamento l'euro scetticismo non ha un peso determinante nel senso che le più grosse forze PPE e S&D continuano imperterrite, avendo i numeri, a fare quello che vogliono. Ma c'è una seria preoccupazione; se non cambiano le cose in questa legislatura europea nei prossimi cinque anni, all'interno degli stati membri prenderanno decisamente peso delle forze di rottura verso l'attuale sistema. In Francia e in Inghilterra, purtroppo non in Italia, abbiamo visto le reazioni anti europee. Al momento attuale lo strapotere di chi è ai vertici dei dicktat monetari continua a giocare sulla speculazione e sui movimenti monetari che nulla hanno a che vedere con l'economia reale. Credo siano consapevoli di essere arrivati in un punto in cui devono necessariamente trovare delle soluzioni. Noi abbiamo sentito i commissari continuare però a proclamare slogan astratti senza soluzioni concrete. Nel caso dell'Italia le riforme non possono essere solo di tipo istituzionale perché questo non ha una relazione diretta con l'economia. Sul Job Act sono molto critica, come imprenditrice; certo che il mercato del lavoro va regolamentato ma la priorità in questo momento è creare il lavoro. Se ci concentriamo soltanto sulla regolamentazione di ciò che già esiste ma non crea nuovi posti di lavoro è come se ci mettessimo a spolverare i libri di una libreria mentre sta arrivando un terremoto che ci farà crollare tutto addosso.

Veniamo al tema dell'accordo TTIP che molti denunciano come un cappio al collo degli stati nazionali imposto dalle multinazionali. Il pericolo di questi accordi è stato sottolineato dallo stesso Stiglitz.

E' un accordo di libero scambio che viene presentato come la soluzione di tutti i mali, come se aprire tutte le porte del libero scambio fosse sufficiente per uscire dalla situazione attuale. Un accordo simile è già pronto con il Canada (CETA) e dovremmo votarlo a breve. Il TTIP lo ricalca dal punto di vista metodologico e ideologico anche se cambia il peso delle due economie, ma le regole sono le stesse. Abolizione di tutte le barriere doganali e non doganali ma, ed é l'appunto che noi facciamo da tempo, nessuno conosce i dettagli negoziali dell'accordo che procedono da un anno e mezzo (delegazione Italiana guidata da Ignazio Bersero). La giustificazione è che il segreto fa parte delle strategie di contrattazione. In realtà loro necessariamente dovrebbero informarci, perché una volta che il trattato è concluso è veramente troppo tardi per influenzarlo. Per noi non è accettabile che ai cittadini venga fornito l'accordo finale senza che abbiano potuto esprimere una valutazione su cosa succederà con quegli accordi. Le pressioni non sono sole le nostre e hanno avuto efficacia in quanto hanno inziato a darci alcuni dei documenti riservati e ci consentiranno di accedere a delle stanze di lettura dove sarà possibile leggere (non riprodurre) i documenti negoziali. Faremo dei gruppi di monitoraggio e avremo occasione di sapere qualcosa in più. Certo è probabile ci facciano sapere quello che vogliono loro, temo, ma sicuramente potremo farci un'idea concreta su cosa ci aspetta.

Il problema principale riguarda le barriere non tariffarie ovvero le regolamentazioni. I dazi sono bassi già adesso, è risaputo. Il beneficio per le nostre aziende sarà ridicolo. Le Pmi italiane che sopravvivono oggi nel 90% dei casi sono già proiettate verso i mercati internazionali perché diversamente non esisterebbero. Quelle che sono prevalentemente rivolte al mercato interno non avranno alcun beneficio dall'abbattimento delle tariffe. Anzi moriranno perché saranno inglobate da quelle americane che verranno a casa nostra. Il peso è molto sbilanciato: da una parte Pmi con 15, 50, 70 dipendenti quando dall'altra parte le "piccole" imprese americane ne hanno 500! Le nostre aziende sono già presenti sui mercati statunitensi, per esempio i viticoltori, i grandi produttori di salumi e di altre eccellenze italiane, in generale il food e la moda; certamente potranno avere qualche vantaggio da alcune semplificazioni burocratiche ma in realtà essendo l'Italia quella con le barriere più alte sarà il nostro mercato ad essere invaso.

In effetti la storia industriale ci insegna come il grande che 'assorbe' il piccolo non lo fa per mantenerlo in vita ma per impossessarsi del mercato di riferimento e del marchio, e i

lavoratori finiscono a casa.

Esattamente. Non è questione di protezionismo nazionalistico come ci accusano alcuni 'liberal'; qui è questione di protezionismo degli interessi pubblici rispetto a interessi privati. Noi dobbiamo tutelare chi lavora in casa nostra rispetto agli interessi delle multinazionali. Un altro grosso problema sono le privatizzazioni. L'interesse di queste multinazionali è quello di arrivare a gamba tesa sulla nostra sanità, sulla nostra acqua e su tutto ciò che per noi rappresenta comunque storicamente una grossa conquista sociale ed è un servizio pubblico.

Altro problema di questo trattato è la clausola ISDS sulla composizione delle controversie. Le Corporation si vogliono tutelare e insistono nell'inserire questa clausola che consente, nel momento in cui sarà stato approvato questo trattato di libero scambio, la prevaricazione del privato sul pubblico. Una azienda americana che vendesse i suoi prodotti da noi, o vincesse un appalto pubblico, di fronte a un Ente locale o allo Stato che approvasse una normativa per impedire loro di svolgere l'attività commerciale, è autorizzata a fare causa allo Stato per mancati profitti. Lo Stato non è più a quel punto libero di determinare che una qualsivoglia materia è esclusivamente pubblica. In questo caso il tribunale di riferimento è un arbitrato internazionale composto da tre membri scelti dagli stessi studi legali che assitono le multinazionali. Conoscendo come funziona il sistema giuridico americano noi ci troveremmo veramente nei guai. Quindi saremmo costretti o a indennizzi miliardari alle multinazionali – qualora volessimo tornare a tutelare alcune competenze che noi consideriamo pubbliche, – o alla totale cessione di sovranità ai privati per evitare di pagare milioni di multe.

Come imprenditrice, laureata in economia, e parlamentare, che impressione ti fanno le nuove regole Esa 2010 per l'elaborazione dei dati del Pil con inserimento della droga e

della prostituzione nel computo?

Dare un parere su questa cosa è un po' assurdo. Da un lato queste cose esistono e vale la pena misurarle, dall'altra questa impostazione tende a legittimarle. Personalmente farei fatica a pensare a inserire nel Pil un'attività criminale. Un'attività deleteria per il cittadino preferirei considerarla come tale.

Siamo dentro il semestre europeo presieduto dall'Italia. Siamo vincolati da accordi capestro, come Fiscal Compact e Mes, come la vedi l'Italia da Bruxelles?

Il semestre europeo è una questione in realtà molto di facciata. Non vedo in questi mesi con il presidente Renzi alcun cambio di direzione. L'impressione è che sia una carica molto simbolica. Per il discorso trattati noi come Parlamento Europeo non abbiamo la possibilità di modificarli perché è competenza esclusiva degli stati che li hanno contratti ma sono e rimangono il nostro primo punto del programma come M5S perché dobbiamo uscire fuori da questo problema grave del debito pubblico. Questo non aumenta per un debito prodotto dal saldo governativo (saldo primario), e possiamo fare tutte le spending review di questo mondo ma gli interessi continuano a crescere. Un'azienda che è in difficoltà non può fare altro che fare un concordato (sul debito che ha contratto), non ha alternative, a meno di produrre improvvisamente con una marginalità così alta da poter assorbire ciò che è stato fatto in passato. Ma questo è praticamente impossibile. Sono le cause che hanno prodotto il debito che vanno rimosse, i piccoli correttivi non servono a nulla. La vera questione è politica, bisognerà vedere se in Italia ci sarà qualcuno in grado di assumersi la responsabilità di scelte che vadano in direzione diversa da quelle imposta dall'Europa.

Come sai in Val Susa è sempre aperta la questione Tav che ultimamente si ammanta di dichiarazioni sempre più contraddittorie tra proclami governativi (siamo nei tempi!) e documenti ufficiali che smentiscono tali dichiarazioni. Può il M5S fare qualcosa in Europa?

L'italia non è nei tempi. Abbiamo fatto un incontro con GUE e Verdi, io non sono in commissione trasporti, c'è una mia collega, ma mi ha concesso di occuparmi del Tav in quanto abitante in Piemonte e direttamente interessata alla vicenda. Abbiamo fatto un incontro con il comitato No Tav francese e il prossimo 14 ottobre avremo una tavola rotonda qui in Parlamento Europeo organizzato con Gue, Verdi, insieme a Presidio Europa No Tav e il presidente della commissione turismo. Questo evento si chiamerà "Il progetto del Tunnel Lione-Torino fermiamo un disastro". Sono invitati diversi esponenti tra cui Paolo Prieri, Luca Giunti, Silvio Montesini, Alberto Poggio (per l'Italia). Poi esperti ambientali francesi. Discuteremo la strategia di pressione francese e italiana nei confronti di questa opera.

(13.10.14)

Euro dentro o fuori? Colloquio con il prof. Antonio Maria Rinaldi

La moneta unica dimostra ogni giorno di più la sua pericolosità per il nostro sistema economico. Gli unici a non rendersene conto sembrano essere il governo e le burocrazie che hanno imposto la filosofia dell'austerità. Qualche dubbio assale alcuni osservatori ma la fede nei parametri europei prevale ancora. Ne abbiamo parlato con il prof. Rinaldi europeista convinto ma altrettanto fermo oppositore dell'Euro.

Alcuni articoli di economia e finanza (tra questi uno di Paolo Cardenà) riportano le stime del FMI per l'Italia. Vi si afferma che mentre oggi il Pil italiano è intorno al -0,2% per l'anno prossimo il Fondo stima un valore del +0,8%. Dal momento che tra i due valori c'è una differenza netta di un punto percentuale e stante la condizione attuale del paese quanto è credibile questa stima?

Queste stime fatte da organismi internazionali sono un po' i trabocchetti messi in pratica dalla Troika, si divertono alle nostre spalle a dare i numeri all'otto. Non darei loro molto credito al momento. I dati sono anche appropriati ma le valutazioni no perché come sappiamo con l'Esa 2010 è possibile ritoccare il "peso" di certe voci nella determinazione del Pil nazionale. C'è un valore del 17,5% di "peso" per alcune voci che hanno a che fare con le attività illecite; in particolare abbiamo visto che nell'ambito di quel 17.5% si offre un peso superiore alle attività di contrabbando, a quello degli stupefacenti e a quelli della prostituzione. Otteniamo in questo modo solo ed esclusivamente per questo anno, un incremento del Pil. A meno che questo tipo di attività il prossimo anno non abbiano uno sviluppo così forte da dare un irrinunciabile contributo al Pil italiano.
Le politiche economiche con i vincoli esterni sono state accettate e benedette anche dalla Troika, nonché consigliate da loro e

quindi "devono" dire che queste politiche sono andate bene anche per noi. Sappiamo invece che le cose non stanno in questi termini, anzi, l'ultima manovra annunciata dal governo (l'intervista si è svolta sabato 18 ottobre scorso ndr) che prevede tagli di tasse non indifferenti andando a reperire i fondi incidendo in modo pesante su tagli di spesa significa aumentare sempre di più la situazione di deflazione in cui siamo precipitati.

Nel dicembre 2013 il FMI fece un mea culpa nei confronti della sottovalutazione che il moltiplicatore fiscale aveva dato come impatto nelle economie. A quanto pare invece il governo Renzi realizzerà una manovra nella direzione opposta ignorando anche questa considerazione del Fondo. Avremo un ulteriore impatto negativo sui valori macroeconomici. Il FMI affermava che il moltiplicatore fiscale era 0,7 o 0,8 (cioè per ogni euro di aumento di carico fiscale, ovvero riduzione di spesa, non ci sarebbe stato un impatto superiore a 0,5/0,7 sul Pil) invece si sono resi conto – a posteriori- che questo impatto sarebbe stato intorno a 1,7/1,8 e in alcuni casi, come quello della Grecia, è andato oltre il 2. In una situazione di deflazione conclamata come in Italia ritengo che l'impatto del moltiplicatore si avvicini più al 2 che a valori sotto l'unità. Non penso non abbiano saputo fare i conti, temo non abbiano alternative al poter proporre altro che questo tipo di manovra.

Mentre gli altri governi non avevano forze autonoma e capacità politica per imporre le proprie decisioni, perché sapevano che sarebbero andati incontro ad una deflazione (in Italia) il governo Renzi non ha utilizzato un "assist" che non c'è più stato dai tempo della firma del trattato di Maastricht: i Francesi hanno detto in maniera estremamente palese che avrebbero prima curato gli interessi del loro paese e poi i dettami europei. Essendo la Francia non certo un paese di serie "b" per l'Italia era l'occasione di imporre la stessa scelta per non rispettare i parametri. E' incomprensibile la perdita di questa occasione a meno che non ci siano degli accordi stabiliti sui tavoli europei che noi non conosciamo. Era l'occasione d'oro per far fronte comune e spezzare questa austerity che ci sta uccidendo.

Ma Francia e la Svezia hanno annunciato che rinunceranno ai "vantaggi" offerti dal ricalcolo del Pil secondo i parametri Esa 2010.

La Francia si è rifiutata di usare questo escamotage per drogare il proprio Pil consapevoli che questo può andar bene per il primo anno e che di fatto non vengono considerati i valori reali dei fenomeni, essendo di per sé queste attività illegali definite come in "nero". I proventi non finiscono nel computo per le tasse.

C'è un certo silenzio sulla Grecia, non se ne sente più parlare, qualche voce di default oppure si leggono articoli che parlano di ripresa dopo tanti sacrifici. A lei cosa risulta?

Dobbiamo domandarci perché c'è stato un salvataggio della Grecia a suo tempo. Il salvataggio era rivolto a tutelare i creditori, non certo i debitori: i Greci e il sistema delle imprese del paese. Abbiamo visto gli effetti tragici che il popolo Greco ha dovuto subire a fronte di questo "salvataggio" che era rivolto a tutelare le banche del nord Europa. Ora ci si rende conto che questo tipo di "salvataggio" non ha prodotto quello che avrebbe dovuto produrre nella economia reale (nessuna creazione di posti di lavoro e di sviluppo). La situazione è gravissima in Grecia. La dimostrazione è data dai crescenti movimenti politici di protesta che stanno raccogliendo ampi consensi. Si parla di elezioni nel qual caso sarà difficile arginare la protesta crescente come è stato fatto durante la fase di "salvataggio". Ci sono stati licenziamenti nel settore pubblico, la disoccupazione è al 30%, e quella giovanile non è più nemmeno quantificabile; se qualcuno dice che la Grecia sta meglio ha un bel coraggio. La Grecia è stata trascinata nell'Unione Monetaria senza aver assolutamente le carte in regola né tanto meno le convenienze future per poterci stare. Se è difficoltosa la situazione per noi che siamo la seconda nazione per produzione manifatturiera in Europa figuriamoci per loro che hanno una struttura industriale ben diversa. E' stata fatta una forte pressione, sono stati truccati anche i conti con gli swap sui famosi

110mld sui titoli greci per occultare parte del debito pubblico per farli entrare nell'Unione Monetaria Europea. Purtroppo queste cose continuano ad essere gestite da "politici" e non da "statisti" e i politici sappiamo bene che non sanno guardare oltre la punta del proprio naso.

Un mese fa circa il premio nobel Stiglitz ha tenuto una lectio magistralis al Parlamento italiano. Ha ribadito gli aspetti negativi dell'euro e ha individuato gli Eurobond come soluzione possibile. E' uscito un libro di Marco Cattaneo e Giovanni Zibordi dal titolo "La soluzione per l'Euro" nel quale si individua nella emissione di Certificati di Credito Fiscale una possibile soluzione per produrre liquidità senza uscire dall'Euro. Una moneta parallela costituita da certificati di credito. Sembrano in aumento le voci "dissidenti" in favore di una uscita dall'euro e si profilano soluzioni diverse. Qual'è la sua valutazione su queste "alternative"?

In realtà molti paesi vorrebbero uscire ma nessuno ha la capacità o la forza e la situazione politica per poterlo proporre. Questo non significa che una classe politica dirigente consapevole non predisponga di un serio e credibile piano "B" per una uscita ordinata. Il rischio è che nessuno abbia il coraggio di fare il primo passo e poi una mattina ci svegliamo e ci accorgiamo che l'Euro è imploso comunque non per decisione di qualcuno ma per situazioni finanziarie esterne. Mi riferisco per esempio ad alcune banche molto grandi che sono impegnate con operazioni di derivati e noi ci troveremmo a dover mettere immediatamente mano a un piano "B" per uscire in modo ordinato ed evitare che ci sia davvero il disastro.

Il mio dubbio è se oltre a prevedere un piano "B" sia stato anche previsto che questo piano sia gestito da persone "capaci" perché questa è una questione delicata.
Se dovesse implodere l'area euro a causa di una crisi finanziaria esterna non dipendente dai paesi europei il fallimento che fece la Leuman Brother per 625mld di dollari può essere paragonato alla

"mancia al bar" rispetto a quello che potrebbe arrivarci addosso. Allora chi la gestisce una crisi come questa? Questo governo? Renzi? Monti? Sarebbe molto preoccupante; addirittura sarebbe preferibile in questo caso rimanere nell'euro. Sono personaggi che hanno poca credibilità e preparazione visto che non sono nemmeno in grado di predisporre un serio piano "A" per rimanere nell'Euro, figuriamoci un piano "B"!

L'escamotage dei certificati serve ben a poco perché il debito pubblico rimarrebbe in questo caso comunque espresso in euro che resta una valuta estera e saremmo sempre soggetti ai vincoli esterni. Il problema non è della liquidità che c'è e in abbondanza. Il problema è che le banche non si fidano a dare il credito. La prova è che quando la BCE ha fatto questa operazione finalizzata al finanziamento delle imprese le banche italiane ne hanno usufruito poco segno che non hanno bisogno di liquidità. Semplicemente non si fidano delle imprese e non lo concedono. Siamo al punto in cui gli stimoli monetari non servono più perché gli attori (banche e imprenditori) hanno a disposizione liquidità ma non la mettono in circolazione e preferiscono accumularla. Questo perché manca la fiducia. Purtroppo il governo non agisce per dare questa fiducia e stanno agendo in modo che questa liquidità si riduca ancora di più.

Gli Eurobond non sono la soluzione. In fondo siamo ancora un po' tutti "ubriachi" del disegno europeo. L'abilità di coloro i quali sostengono l'Unione Monetaria è quella di sovrapporre i due concetti: Unione Monetaria e Unione Europea. Sono due cose completamente distinte. Oggi chi sostiene a spada tratta l'Unione Monetaria non comprende che proprio questa mette a rischio l'unione nel suo complesso. Essere uniti in Europa non significa avere la moneta unica, significa perseguire principi di pace, di progresso, di scambi, pur rimanendo nelle proprie autonomie che tengono conto delle caratteristiche peculiari di ogni paese. Mischiando le due cose chi solleva dei dubbi e delle obiezioni sulla moneta viene tacciato di anti europeismo ma ciò è falso! Se vogliamo salvaguardare il concetto di Europa così come inteso dai "padri fondatori" per evitare guerre e tragedie accadute sin dai tempi dell'Impero Romano in poi sul territorio europeo ci dobbiamo liberare assolutamente dell'Euro che ci conduce ad una "guerra economica" di fatto.

Eurobond significa emissione con solidarietà comune, ovvero i singoli paesi possono emettere titoli con la solidarietà di tutti gli altri. Ma questo è possibile se i singoli paesi mettono delle garanzie "reali" a fronte di queste emissioni comuni. Questa è però un arma a doppio taglio. Innanzi tutto se è vero che oggi il nostro debito è espresso in valuta estera lo abbiamo però ancora denominato sotto la nostra giurisdizione, e questo vale per tutti i paesi dell'area euro. Con gli Eurobond questo non sarà più possibile perché saranno emessi sotto la giurisdizione europea. Questo significa che saremmo costretti vita natural durante a rimborsare questo nostro debito in euro.

Quindi se noi volessimo o dovessimo uscire (per i motivi citati prima) non lo potremmo mai più fare. In Italia, e nelle altre legislazioni, esiste quella che si chiama Lex Monetae (1277 e 1278 del codice civile italiano) che dà facoltà di pagare i debiti e incassare i crediti nella moneta che in quel momento è legale. Se ci legassimo agli Eurobond questo non lo potremmo più fare. In questo caso pur uscendo dall'Euro e tornando alla nostra sovranità monetaria noi il debito lo dovremmo comunque pagare in euro e annulleremmo gran parte dei vantaggi di cui potremmo beneficiare con il ritorno alla "nuova" Lira o come la vogliamo chiamare.

Inoltre dovremmo aderire all' ERF (European Redemption Found), questo perverso meccanismo di pressione coercitiva previsto all'art. 4 del Fiscal Compact – quello che prevede la riduzione dell'eccedenza del 60% del proprio debito nell'arco temporale di 20 anni. Siccome non credo nessuno sia ingrado di rispettarlo, nemmeno i Tedeschi, a meno che uno non voglia inciampare nel cadavere dei cittadini e delle imprese del proprio paese, saremmo costretti a mettere a garanzia collaterale anche tutti i beni patrimoniali dello Stato, riserve auree e asservimento in parte della fiscalità. Significa praticamente dover abdicare completamente alla propria sovranità. Quindi personalmente contesto l'ERF e conseguentemente gli Eurobond che sono l'espressione tecnica per poterlo realizzare. Bisogna stare ben attenti a certi passi cercando di capire quali sono i collegamenti tra i diversi aspetti.

L'economista Brancaccio intravede nell'uscita dall'Euro un pericolo per i salari, temendo probabilmente una forte crescita dell'inflazione. E' una preoccupazione fondata? Lei ha già posto nei suoi libri la questione dell'inflazione contestando certi allarmismi. Per i lavoratori è meglio stare dentro o fuori dall'Euro?

Nel famoso piano "B" che tutti hanno, dovrebbe essere previsto un collegamento con dei "padrini", ovvero degli accordi internazionali con altri paesi che ci diano una mano per uscire, in cambio di alcune cose che noi possiamo offrire loro ma su un piano di rapporto paritetico. Per quanto riguarda il discorso dei salari nessuno che abbia un minimo di cognizione economica può sostenere che il giorno dopo del ritorno alla sovranità monetaria le cose sono rose e fiori e tutto ritorna a essere meglio di prima.

Ritornare indietro dopo una condivisione di moneta fatta in questo modo con dei danni fortissimi nei confronti delle varie classi sociali e nei confronti delle aziende ci saranno dei problemi ma sarà il danno minore. Di fronte al disastro possibile per la permanenza nell'euro bisogna fare delle scelte.

Poniamoci una domanda: per poter pagare oggi i lavoratori in euro che prezzo stiamo pagando? Qual'è il vantaggio dello stare nel club dell'euro? L'inflazione è diventata deflazione e per la nota curva della Legge di Phillips ha provocato una disoccupazione che non si vedeva dai tempi della guerra. Ricordo che quando l'inflazione era ben più alta la disoccupazione era dimezzata. E' chiaro che ci vogliono dei meccanismi di tutela nei confronti dei lavoratori ma potrebbe anche essere l'occasione di guardare con più attenzione all'acquisto di prodotti italiani; ci accorgeremmo della maggior convenienza dei nostri prodotti rispetto a quelli esteri. Per i mutui bisogna considerare che questi sono stati sottoscritti con banche italiane quindi nel caso di switch tra euro e la nuova moneta il valore non cambia: se avevi 100mila euro di mutuo avrai ancora 100mila nella nuova moneta corrente.

Per quanto riguarda l'inflazione ci stiamo accorgendo adesso di quanto sia invece utile averne entro un certo livello, sbaglia chi dice che assume gli stessi livelli della "svalutazione". Sono due cose diverse. Un conto è il valore di "concambio" e un conto è il valore di "cambio". Il concambio è il rapporto tra euro e la nuova moneta (e non esiste più il rapporto con le 1936,27 del concambio tra vecchia Lira e euro) ed è un rapporto 1:1. Saranno i mercati finanziari che stabiliranno, sulla base dell'andamento dell'economia, quale sarà il rapporto di cambio tra la nuova moneta e le altre, così come oggi avviene tra euro e dollaro, per esempio.

Saranno gli stessi partners stranieri, a partire dalla Germania, che non consentiranno una forte svalutazione della nostra nuova moneta perché sarà contro i loro stessi interessi. Tutte queste ipotesi catastrofiche vengono sollevate in genere da persone che non hanno dimestichezza con il funzionamento dei mercati finanziari. La moneta non è altro che il mezzo tecnico per riavere la padronanza della propria politica economica e non dettata dai vincoli esterni. Riappropriarsi delle propria moneta significa riappropriarsi della propria politica economica tarata sulle esigenze del paese e non su quello che ci impongono gli altri con i "compitini".

E' quello che sta facendo la Francia oggi dichiarando che sfonderanno i parametri perché hanno deciso di privilegiare la politica economica interna rispetto a quella dei parametri imposti. Resta da capire quando anche il loro debito (che è dato dalla somma dei deficit accumulati nel tempo più gli interessi) giungerà al valore del 100% del Pil quali ulteriori richieste faranno all'Unione Europea non essendo in possesso degli strumenti economici adeguati per gestirlo mancando loro la sovranità monetaria. Avere la sovranità monetaria è il primo fondamento di politica economica per poter gestire il proprio debito da parte di qualsiasi stato che pretenda di essere "sovrano". Che è quello che fa l'Inghilterra pur rimandendo, anche se con molte perplessità, nell'Unione Europea.

Beppe Grillo promuove il referendum popolare sull'Euro. Un gesto politico, simbolico, di valore solo consultivo nell'ambito della nostra Costituzione. Può essere uno stimolo utile alla riflessione politica sulla moneta unica?

l referendum può essere un'arma a doppio taglio. Noi siamo, e non solo in Italia, bombardati da un pensiero unico, un muro di gomma da 25 anni che non fa altro che decantare le "meraviglie" del fatto di avere la moneta unica. La realtà è diversa e la gente è spaventata. Il voto espresso alle ultime elezioni europee va in questa direzione. Anche se qualcuno inizia a dire cose diverse per "pararsi"; siamo pur sempre il paese dell'8 Settembre!

In questo momento proporre un referendum se non si è fatto preventivamente una forte azione informativa può rappresentare un boomerang e se a questo referendum consultivo dovesse vincere il "No" (ovvero rimaniamo nell'Euro) noi non riusciremmo più a porre la questione e moriremmo con l'Euro. Bisogna prima fare un'ampia azione informativa preventiva attraverso i giusti canali e utilizzando le persone competenti.

Il rischio è che molte persone in buona fede rispondano negativamente; per esempio uno che ha il mutuo da molto tempo si ricorda di quando l'aveva in ECU e ha preso delle stangate. Bisogna dimostrare che è peggio rimanere nell'euro piuttosto che l'uscire. Penso che i sei mesi (proposti da Grillo per indire il referendum) siano un po' pochi rispetto ai venti anni di martellamento mediatico che abbiamo subito.
Grillo è in grado di mettere in campo persone che siano in grado di gestire questo passaggio? E' scontata l'onestà delle persone che

lui propone ma oltre a questo occorre una competenza tecnica per spiegare nel miglior modo possibile questo passaggio.

L'ultima idea di Renzi per "stimolare" la crescita è quella di portare il TFR in busta paga. Le sembra una proposta utile per il rilancio dell'economia?

Quello che mi preoccupa è che al governo non è così necessario che ci siano degli economisti, l'importante è che ci sia un supporto degli economisti con la giusta preparazione per mettere in guardia su cosa può succedere facendo determinate scelte. Come insegnante di Finanza Aziendale mi sento di affermare due concetti che forse sfuggono allo stesso Renzi e all'entourage degli economisti che gli stanno intorno.

Primo: il TFR è un istituto di tutela nei confronti del lavoratore. Quando va in pensione o cambia lavoro o viene licenziato ha così una certa somma per aiutarlo nel passaggio. Il fatto di dare la possibilità di consumare prima questa quota non rappresenta più lo spirito con sui è stata creata questa tutela. Oltretutto sono soldi che appartergono già al lavoratore mentre nella operazione di Renzi sembra che vengono loro regalati come un qualcosa in più.

Secondo: il fatto più "grave" è quello di porre le aziende in crisi di liquidità. Pare gli economisti al servizio di Renzi si siano dimenticati ciò che si studia al primo anno di università, cioè che il TFR è una forma classica di finanziamento dell'azienda che lo usa remunerandolo di un interesse di cui beneficeranno i lavoratori. Se i TFR vengono sottratti alle aziende significa che queste devono reperire quelle stesse risose da altre parti. E sappiamo quanto sia difficile in questo momento l'accesso al credito. La stessa Confindustria valuta questa operazione intorno agli 11-12 miliardi di euro.

Tutta l'economia mondiale ruota attorno al debito. Krugman arriva ad affermare che bisognerebbe avere il coraggio di azzerare il debito a livello mondiale per cambiare il modello economico. Cosa ne pensa?

Molto di questo debito che gira il mondo è emesso da soggetti che non hanno la capacità di gestirlo autonomamente. Possiamo rendere sostenibile il debito se abbiamo tutti gli strumenti economici per poterlo gestire. In assenza di questi non è possibile.

Domandiamoci: cosa si intende per debito? Il solo debito pubblico? Secondo me bisogna anche metterci dentro il debito dei privati; ci siamo abituati a parlare di debito pubblico perché i famosi parametri di Maastricht parlano di questo. Ma se fossero stati inseriti anche i debiti privati probabilmente noi saremmo il paese più "virtuoso" in Europa e paesi come l'Olanda sarebbero peggiori di Cipro o della Grecia.

In realtà quando ci sono crisi di debiti privati è chiaro che poi deve intervenire lo Stato e c'è una ricaduta a livello di paese. Alla fine sono importanti i debiti privati così come quelli pubblici e purtroppo questo non lo dice nessuno. Probabilmente perché sul debito pubblico le banche possono sempre bussare alle porte dei governi minacciando e così alla fine aumentano le imposizioni fiscali. In questa configurazione monetaria europea le aziende e i cittadini sono considerati i "prestatori in ultima istanza" dal momento che la sostenibilità del debito è demandata alla sola leva fiscale nei confronti dei cittadini e delle imprese oltre che al taglio delle spese; questo significa aumentare l'impegno da parte dei cittadini nel sopperire a servizi che non vengono più erogati.

(27.10.14)

"La Trattativa" di Sabina Guzzanti
il Film e qualche domanda

"La Trattativa" il film di Sabina Guzzanti presentato ieri sera al cinema Fassino di Avigliana è un film che "spacca". Non solo nel senso di aver riempito anche qui la sala facendo il tutto esaurito, ma per essere una frustata dentro l'anima. Storia di ieri, di oggi e probabilmente ancora di domani sino a quando il paese non si renderà conto di non essere destinato ineluttabilmente alla convivenza con la corruzione e il crimine organizzato.

Storie di collusioni, confessioni, interessi che si intrecciano dietro attentati mortali alla vita di magistrati e cittadini, e questo film documentario compie un'attenta ricostruzione giornalistica legando avvenimenti e notizie in una tela sottile che rivela alla fine la sua pericolosa essenza.

Racconta, Sabina Guzzanti, che ha presenziato alla serata organizzata dal M5S di Avigliana, rispondendo alla fine della proiezione alle domande del pubblico:

Stiamo parlando di un patto che c'era prima, che si incrina, per una serie di ragioni, e si riforma più forte di prima. La mafia è infinamente più forte di prima, non ha più bisogno di Forza Italia, il livello di collusione è tale che ce lo raccontano gli scandali quotidiani (Expo, Mose, L'Aquila, il terremoto Emilia Romagna, Mafia Capitale, Tav). L'accordo è trasversale, è la politica che ha assunto delle modalità quasi mafiose. La storia è andata avanti e la situazione è molto grave.

Le domande del pubblico sono anticipate dai ringraziamenti per aver creato il film, chiaro e lineare, rigoroso nell'esposizione degli accadimenti ma in modo semplice e comprensibile. Ma la produzione del film è stata complessa (ha richiesto quattro di lavoro) e non priva di ostacoli e ostracismo. Da parte del ministero che concede finanziamenti alle opere cinematografiche di interesse culturale non c'è stato alcun aiuto. Neanche un finanziamento per le agevolazioni fiscali. In compenso i finanziamenti sono stati concessi ai film polpettone natalizi. La critica? Stroncature gratuite e senza fondamento da parte delle principali testate giornalistiche. Afferma la Guzzanti:

Soldi delle tasse distribuiti nel solito modo mafioso e clientelare oltreché censorio. Dialogo con i giornalisti.. un muro! Scorrettezze incredibili; pagine intere di stroncature che iniziavano con "premesso che io non ho visto il film..." e di fronte a questa vergogna intellettuali e registi che ti dovrebbero difendere stanno tutti zitti. E' stato difficile e pesante.

'Ma allora cosa spinge a fare un film così difficile?' - domanda una signora del pubblico in sala.

Tutto quello che ho fatto negli ultimi anni è per aver vissuto metà della mia vita prima della trattativa e metà dopo e avendo visto cambiare questo paese in un modo così impressionante e diventare così volgare. I valori sono diventati dis-valori e la cultura dominante è mafiosa. Questo mi ha sempre colpito e ho cercato di andare alla radice di tutto questo e non mi va dopo 20 anni di berlusconismo in cui hanno massacrato la vita nostra e di questo paese non si debba fare una discussione e non si debba dire che ci siamo fatti governare da una banda di criminali. Dobbiamo smettere di dire "ma in fondo era simpatico" perché c'è ancora chi pensa che sia a causa delle donne che è finito Berlusconi ... il mio è desiderio di giustizia e di verità.

In sala è presente Alberto Perino; prende la parola per ricordare i soprusi che il popolo No Tav subisce da molti anni per essersi opposto a questo Stato complice della malavita organizzata. La risposta dello Stato è stata repressiva e violenta. Le condanne inflitte nei processi sono rivolti a intimidire le persone che si oppongono. Quelle più pesanti sono state inflitte a ragazzi che hanno avuto il coraggio di denunciare le violenze subite dalla polizia. La mafia e la corruzione non hanno più bisogno dei partiti: la piovra della mafia è riuscita ad entrare ovunque. Chi dovrebbe controllare non controlla.

E' ancora Sabrina a spiegare, rispondendo alle domande, gli intrecci che il film mette in luce legando avvenimenti relegati troppo sovente alla dimensione di cronaca criminale per non far capire cosa realmente c'è dietro:

Il film non sposa la tesi di Borsellino ucciso perché era a conoscenza della trattativa. Tesi non confermata neanche dai colleghi che lavoravano a stretto contatto con il giudice. Sarebbe stato riduttivo trattare la trattativa in questi termini. E' una specie di movimento che si crea attorno ad un'area fascista e antidemocratica in questo paese - parecchio estesa,- ma che si estende anche a quella sinistra che diventerà Ulivo e poi PD e a quella sinistra dentro la DC che si sta liberando di Andreotti - ed è una politica che ha sempre vissuto con la corruzione. Dall'altra abbiamo nuove leve del PCI che si stanno avviando verso una gestione politica corrotta che nel PCI è diventa abbastanza consistente a partire dal 1984 con la morte di Berlinguer.

Negli anni '90 c'è da una parte un gran fermento democratico (magistratura, stampa, un'ottima televisione), l'informazione è sempre più libera e la politica grazie agi scandali (Tangentopoli) non riesce più a controllarla.

Dall'altra c'è una nuova classe politica che inizia ad assaggiare il potere, e tutti gli imprenditori che c'erano prima, all'idea di dover mollare il potere acquisito si ribellano. Questo fa si che nel suo insieme si crei un forza trasversale (trattativa o meno) che dice basta! E' Falcone che ha sbagliato! In fondo con la mafia ci abbiamo sempre convissuto perché all'improvviso dobbiamo metterci a combatterla? Questo diventa il nuovo patto Stato – Mafia. Questa è la nuova direzione. Tutti quelli che avevano lavorato con Falcone vengono sostituiti e questi nuovi o per incapacità o per complicità danno luogo a quel nuovo corso che oggi conosciamo. Una politica che non alza un dito per fermare la corruzione e la mafia. Non è un film che porta informazioni ma il collegamento tra le informazioni. Quelle dette in modo incomprensibile che non riesci a memorizzarle. I giornali sono ben consapevoli che le informazioni date così senza legami non le noti e non le memorizzi. Certe notizie vengono ripetute negli anni come se fossero nuove. Chi se ne accorge? Solo gli addetti ai lavori.

Non ti viene detta la notizia che dovrebbe mobilitarti e interessarti: per esempio le complicità dello Stato.

Anche noi poniamo un paio di domande che ci stanno a cuore e Sabina Guzzanti risponde in modo arguto ed esauriente offrendo ancora spunti di riflessione sul finire della serata.

Vedendo un film di questo genere e avendo incontrato molte persone in queste serate, qual'è il tuo pensiero sul perché la gente continua votare alla stessa maniera, oppure non vota e così le cose non cambiano mai?

Bisogna rispettare la scelta del voto di chiunque, sicuramente c'è un enorme rassegnazione e questo è un segnale che viviamo in un paese mafioso. Il problema è che purtroppo questa impotenza, questa rassegnazione, gli Italiani se la raccontano come una saggezza raggiunta. Che hanno finalmente capito che non c'è nulla da fare. Non è saggezza raggiunta , E' una nozione indotta da un potere mafioso che vuole che tu ti faccia gli affari tuoi. Questo modo di risolvere la frustrazione come se avessi capito tutta la situazione pensando che non c'è nulla da fare in realtà sei tu che pensi di non poter fare nulla, perché tutto ci fa credere questo, ma non è così; basta farlo; ma alla fine viviamo in una società che divide e ci incolla alla televisione. Bisognerebbe uscire di casa. Già se sei una persona che riesce a stare davanti a questa televisione ... io non ci riesco per più di 5 minuti poi mi offendo.. mi sento male, mi stordisce, mi viene la nausea. Faccio fatica a immedesimarmi in chi riesce a sottoporsi a questa roba.

Ricordo una tua caricatura di Massimo D'Alema al quale, durante l'era berlusconiana, tu facevi dire che la "sinistra deve stare in coma...ma vigile". Oggi ti domando allora se

questa sinistra è ancora in coma oppure ... riposa in pace!

A sinistra è un errore di valutazione che abbiamo fatto. Per tutto il primo periodo del berlusconismo abbiamo pensato che i dirigenti della sinistra fossero degli imbecilli o che non si rendessero conto del pericolo e ci abbiamo impiegato un po' a capire che capivano benissimo ma che faceva troppo comodo. La battuta presumeva che ci fosse in qualche modo una buona fede, un non voler resistere per conformismo; invece la chiave di lettura che oggi è evidente è che la sinistra, quella classe dirigente, imitava un tipo come Tony Blair, che è stato costretto a dimettersi per aver detto una bugia grossa sull'Iraq, grazie anche all'aiuto dei nostri servizi segreti - ricordiamolo in questi giorni in cui ci vogliono far entusiasmare per la guerra. E' una sinistra che semplicemente, caduto il muro di Berlino, ha sposato il neo liberismo, la teoria che quello fosse l'unico mondo possibile. Berlusconi è anche servito a spostare il livello di tolleranza in un paese che era molto avanzato. Questo ce lo dimentichiamo, parliamo del berlusconismo come una nostra evidente incapacità (perchè crediamo che in nessun altro paese B. sarebbe passato e questo non è poi così vero; in America si sono presi Regan, Bush e in Inghilterra la Thatcher), questo tipo di terapia shock, con l'imposizione di B. - nessuno ci credeva avrebbero lasciato uno così diventare presidente del consiglio,- si applicano laddove le popolazioni sono più reattive di altre; non è perché siamo più rimbambiti; c'è toccato B. perché eravamo una società molto più tendente al socialismo di altre. C'era un partito comunista forte, un forte potere sindacale, grande partecipazione, grande passione per la politica, la più alta affluenza alle urne del mondo, ottima scuola, buona televisione, grande vivacità intellettuale; era difficile far passare all'improvviso il fatto che la scuola pubblica dovesse essere distrutta, come la sanità. Ci sono riusciti attraverso uno shock. Come racconta bene Naomi Klain in Shock Economy. Anche in America latina hanno mandato al potere la dittatura ed erano paesi in realtà più avanzati; il Cile di Allende adottava una politica che oggi sappiamo essere all'avanguardia in campo economico ed era il 1973. Ora i popoli latino americani lo stanno rifacendo.

La serata finisce, il pubblico esce dalla sala non prima di aver omaggiato Sabina Guzzanti con un saluto e l'ennesimo ringraziamento per il suo lavoro.

E anche a noi non resta che dire... grazie! Sabina.

(21.02.15)

Torino intervista a Chiara Appendino candidata sindaco M5S

Il M5S ha scelto la candidata Sindaco per le prossime elezioni di primavera. E' l'attuale consigliera comunale Chiara Appendino già presente in Comune dalla passata legislatura e spina del fianco dell'attuale sindaco Piero Fassino. Conosciuta a apprezzata per la sua passione e l'impegno in ogni battaglia condotta in Sala Rossa, riportiamo qui un'intervista che ci ha gentilmente concesso a margine del Movifest 2015 del Movimento Cinque Stelle tenutosi a Torino.

Siamo nell'ultimo anno di legislatura per il comune di Torino. Com'è cambiata Chiara Appendino con questa esperienza?

E' cambiata Chiara ma è cambiato anche il movimento, siamo entrati non sapendo bene cosa avremmo dovuto fare, con chi avremmo avuto a che fare, quali erano gli strumenti a disposizione. In questi quattro anni grazie agli attivisti e al coinvolgimento delle persone siamo cresciuti molto, sia sul territorio che nelle istituzioni, dove abbiamo acquisito una certa credibilità. Siamo pronti per governare a differenza di quattro anni fa.

L'anno prossimo ci saranno le elezioni. Come potrebbe essere una Torino a Cinque Stelle?

Torino a cinque stelle rifletterà – spero, - le "nostre" cinque stelle. Tanti i temi: partecipazione, trasparenza, meritocrazia, il coinvolgimento delle istanze del territorio che oggi sono molto lontane dalla politica e da ciò di cui si discute ogni giorno. Ora stiamo facendo un lavoro propedeutico. Sono già due mesi che abbiamo dei gruppi di lavoro sul programma: cultura, turismo, emergenza casa e povertà, per esempio. Questi gruppi incontreranno associazioni e enti che lavorano sul territorio per definire il programma.

Tu hai una "storia" di battaglie dirette con Fassino... quali sono gli argomenti sui quali la polemica è più vivace?

Forse lo scontro che più si ripete è quello sulla visione della città. Fassino tende a creare e raccontare una città di "cartapesta", praticamente quello che è il "centro" della città. L'ultima volta si è nuovamente irritato quando gli ho fatto presente che la Torino che lui racconta è un "pezzo" della città, non è la città che vivono tutti. La città vera è quella dove un torinese su dieci è in condizione di povertà assoluta, dove le periferie sono lasciate in uno stato di abbandono. Emerge una forte richiesta sociale sempre più forte. E' una città diversa da quella che racconta lui.

Che cos'è il "Sistema Torino?"

Questo è' stato l'argomento oggetto dei primi scontri avuti con Fassino. È un termine che abbiamo in parte coniato noi avendo fatto emergere il caso di questa dirigente fiduciaria, già nominata da Castellani, poi da Chiamparino e poi da Fassino, che amministrava una specie di assessorato a sé stante per la gestione di tutti gli eventi. Era giunta ad affidare appalti all'azienda del figlio senza fare le gare. Da lì sono emerse altre cose sugli appalti e così abbiamo raccontato questo "Sistema Torino" che è un sistema chiuso, dove il PD che ha governato per 20 anni continuativi in questa città, ha creato relazioni, conoscenze e consenso per cui un pezzo di città rimane fuori. Abbiamo fatto molte proposte per scardinare questo sistema: dal cambio del sistema delle nomine, per renderle più trasparenti; ai bandi che devono essere pubblici e non decisi dagli assessori per i loro amici. Ma è molto dura. Per scardinare questo sistema dobbiamo "mandarli a casa".

Città metropolitana, sostituisce le provincie ma risulta nei fatti poco convincente. Cosa ne pensi?

Rappresenta ancora un grande punto interrogativo; a livello dei cittadinila Città Metropolitana non è assolutamente sentita. Non si capisce bene quale sia il suo ruolo e cosa faccia realmente.

Probabilmente ciò è anche dovuto alle procedure che ne eleggono i componenti. Eletti che eleggono altri eletti, una vera follia. Questo ha allontanato l'ente rispetto al cittadino. A oggi la Città Metropolitana sembra davvero una scatola vuota: senza bilancio, con Fassino che ricopre più ruoli (Presidente Anci, Presidente Città Metropolitana, Sindaco), diventa anche difficile incidere su una persona che governa tutto.

Salone del Libro, un fiore all'occhiello della città di Torino finito in mezzo alle polemiche.

Noi abbiamo sovente contestato che utilizzassero molte risorse per sponsorizzare grandi eventi. Per esempio più di un milione di euro per essere presenti all'Expo 2015 quando non abbiamo i soldi per l'emergenza casa. Il Salone del Libro è invece un evento fondamentale per la città di Torino, e abbiamo sempre sostenuto che fosse necessario finanziarlo. Il problema è che il salone arriva da gestioni che lo hanno tenuto in vita per molti anni ma con due incapacità politiche: la mancata gestione del cambiamento di governance nel momento in cui si sapeva che il responsabile sarebbe andato in pensione, e quindi sarebbe stato necessario un affiancamento di una nuova persona che mantenesse le relazioni; la concorrenza di Milano che sta crescendo. Al di là delle questioni giudiziarie queste criticità hanno creato scompiglio. Noi speriamo che il Salone rimanga a Torino. Ma se a Torino si investirà sempre di meno, al contrario di Milano, il rischio è che in modo naturale l'evento si sposti laggiù. Noi ci battiamo a riguardo, anche perché il Salone ha sia un ritorno culturale ma anche un ottimo ritorno economico come pochi altri eventi. Per ogni euro investito ne ritornano quaranta sul territorio.

(09.11.15)

Riforme alla Costituzione intervista all'avv. Giuseppe Palma

Il prossimo mese di ottobre 2016 vedrà, con ogni probabilità, realizzarsi lo scontro "finale" (?) tra i riformisti costituzionali del governo Renzi e tutti coloro che contestano, con ottime argomentazioni, quelle riforme e paventano seri, ma molto seri, rischi per la democrazia e gli equilibri istituzionali. Il referendum sarà preceduto, nei prossimi mesi, dall'approvazione della nuova legge elettorale chiamata "Italicum".

La materia è complessa, oltreché delicata; noi la seguiremo per fornire ai lettori le informazioni che non troveranno nei telegiornali, né nella stampa dei grandi potentati economici, né nei twitter di Matteo Renzi e soci.

Iniziamo a introdurre l'argomento con una intervista all'avv. Giuseppe Palma(*), autore di diversi testi giuridici sulla Costituzione e sulle Riforme, nonché collaboratore dei sito Scenarieconomici.it. Nella nostra sezione "Educazione Civica" abbiamo pubblicato una sua analisi sulla storia dei trattati europei e dell'incompatibilità con la nostra Costituzione.

Il suo ultimo lavoro verte proprio a individuare le criticità della presente riforma governativa della II parte della nostra carta Costituzionale. Gli argomenti sono puntuali e precisi. Il libro è l'unico in questo momento a confutare le tesi dei "riformisti". Non a caso il titolo dell'opera è "Figli destituenti" (**) per sottolineare la sostanziale differenza tra i "padri" della nostra Costituzione e questi "figli" che intendono demolirla.

Avvocato, nel 2014 la Corte Costituzionale ha dichiarato illegittima la legge elettorale denominata "Pocellum" che è stata utilizzata per eleggere diverse legislature, compresa l'ultima, la XVII. Nel suo ultimo libro, si mette in rilievo l'anomalia di una legislatura eletta con una legge anticostituzionale. Però la Corte Costituzionale ha sentito il

bisogno di giustificare il mancato ricorso a nuove elezioni. Era giustificata la richiesta, da parte di alcune forze politiche, di indire nuove elezioni annullando quelle prodotte con il Porcellum?

Quando si dichiara l'illegittimità della legge elettorale, e nello specifico dei meccanismi da essa previsti e con i quali sono eletti i deputati e senatori della Repubblica, buon senso e sensibilità costituzionale richiederebbero che il Presidente della Repubblica sciolga le Camere e indica nuove elezioni politiche, anche perché l'attuale Legislatura (la XVIIesima) è composta da parlamentari nominati (tutti!) e in gran parte risultati eletti in Parlamento grazie ad un premio di maggioranza che la Consulta ha dichiarato incostituzionale. Ora, questi parlamentari eletti illegittimamente, oltre a legiferare, stanno anche riformando la Parte Seconda della Costituzione, e ciò è inaccettabile!

Nel suo libro lei sostiene che le riforme messe in opera dal governo Renzi sulla Costituzione mancano di "pesi e contrappesi" nella gestione dei poteri; verrebbero quindi a mancare quei meccanismi di garanzia previsti dalla Costituzione. Quali sono questi meccanismi e quali le conseguenze?

I pesi e i contrappesi sono quei meccanismi di bilanciamento idonei a garantire un democratico assetto istituzionale. La riforma Boschi-Renzi, unitamente all'Italicum, non garantisce quei pesi e contrappesi che un regime democratico richiede. L'Italicum, infatti, prevede l'assegnazione del premio di maggioranza alla lista vincente (e non alla coalizione), quindi – al cospetto del superamento del bicameralismo perfetto – avremo una sola camera legiferante (la Camera dei deputati) la cui maggioranza parlamentare sarà mono-lista se non addirittura mono-colore. Fin qui, in teoria, ci potrebbe anche stare (si fa per dire!) se non fosse che la riforma prevede l'elezione del Presidente della Repubblica da parte del Parlamento (Camera e Senato in seduta comune), quindi l'unica Istituzione di garanzia rimasta (il Capo dello Stato) sarà – dalla settima votazione in avanti – ad appannaggio di quella medesima mono-lista (mono-colore). Ciò denota, ed è sotto gli occhi di tutti, la totale assenza di adeguati pesi e contrappesi. Nel libro ho dimostrato tecnicamente come tutto ciò potrebbe accadere!

In un libro precedente (***) lei aveva formulato una proposta per la modifica della II parte della Carta costituzionale.

Nel 2013, spinto da una forte passione intellettuale, elaborai e pubblicai un mio progetto di riforma della Parte Seconda della Costituzione che, al cospetto del superamento del bicameralismo paritario, prevedeva – quale contrappeso – l'elezione diretta del Presidente della Repubblica, al quale assegnavo maggiori poteri sia di garanzia che di natura politica. L'elezione del Presidente della Repubblica da parte del popolo – di fronte al superamento del sistema bicamerale – avrebbe certamente rappresentato un idoneo contrappeso, anche se la soluzione semi-presidenzialista avrebbe in ogni caso necessitato l'attribuzione al Capo dello Stato di maggiori poteri di controllo soprattutto nei confronti del potere esecutivo.

Lei individua delle forti criticità con queste modifiche Costituzionali, sopratutto in procedure con nomi altisonanti come "clausola della Supremazia" e la "Decretazione d'urgenza".

La riforma renziana prevede il superamento del sistema di bicameralismo paritario in favore dell'introduzione del cosiddetto bicameralismo differenziato. Si è fatto un pasticcio di tale gravità che ho cercato di semplificarlo e spiegarlo all'interno del libro. In questa sede sarebbe impossibile spiegarlo con semplicità perché il diavolo si nasconde nei dettagli. Nel libro è tutto ben argomentato.

Alcuni rilevano che questo Senato consentirebbe una agevole protezione dei molti amministratori locali che in continuazione cadono tra le maglie della magistratura. Lei

cosa ne pensa? e come verrebbero nominati i nuovi senatori?

I nuovi senatori verranno eletti da ciascun Consiglio regionale in conformità alle scelte espresse dagli elettori in sede di rinnovo dei medesimi organi. Sarà una legge ordinaria a regolarne i meccanismi. Tale legge dovrà essere approvata dal Parlamento entro sei mesi dall'entrata in vigore della riforma, quindi – in ogni caso – dopo l'esito del referendum costituzionale. Il nuovo Senato sarà "a composizione variabile" perché 74 senatori saranno consiglieri regionali e 21 saranno sindaci (la loro durata in carica è connessa alla durata degli organi che li hanno eletti), mentre altri 5 potranno invece essere nominati dal Capo dello Stato e dureranno in carica solo 7 anni senza possibilità di essere rinominati (quelli che oggi conosciamo come senatori a vita). Per questo è un errore tecnico chiamarlo "Senato dei 100". Sarebbe più corretto affermare che la composizione del nuovo Senato è variabile, infatti nel libro spiego esattamente il perché.

Ci sono davvero questi rischi di egemonia da parte di una maggioranza "bulgara" che vince le elezioni grazie a un premio di maggioranza che sfalsa il reale peso politico delle liste?

Si. Assolutamente si. Nel libro lo spiego perfettamente.

Quali influenze negative può avere questa maggioranza, e i poteri attribuiti dalle Riforme, nell'elezione del Presidente della Repubblica e di cariche istituzionali importanti (Corte Costituzionale, Csm, etc etc)?

Come Le dicevo prima, dalla settima votazione in avanti il Parlamento in seduta comune avrà in teoria la possibilità di eleggere il Capo dello Stato con i soli voti della maggioranza bicamerale mono-lista (e forse mono-colore) senza neppure un voto proveniente dalle opposizioni, infatti dalla settima votazione in poi la maggioranza richiesta è quella dei tre quinti dei votanti. E' difficile spiegarlo in un'intervista perché si tratta di meccanismi molto complessi, tuttavia quello che Le ho appena detto è scientificamente provato (calcolatrice alla mano!) all'interno del libro. Ciò detto, è bene che io precisi che tale circostanza si potrà comunque verificare solo in concomitanza di più fattori. Nel caso tale evenienza si verificasse, verrebbe meno – al cospetto di quello che io chiamo "monocameralismo imperfetto" - la funzione di garanzia del Capo dello Stato! Ecco perché, e non è l'unico motivo, la riforma renziana è priva di pesi e contrappesi.

Le modifiche costituzionali offrono maggiori o minori garanzie di democraticità?

La riforma costituzionale Boschi-Renzi serve unicamente all'Unione Europea, la quale sorge su fondamenta anti-democratiche! Bruxelles e Francoforte hanno bisogno di un Governo a Roma che decida velocemente, a prescindere dai meccanismi democratici e dai pesi e contrappesi istituzionali, i quali costituiscono "elementi irritanti" per la tirannia europea. La riforma del PD renziano e l'italicum sono strumenti idonei a garantire le esigenze sovranazionali, non di certo la democrazia! Ciò detto, al referendum costituzionale occorrerà votare NO!

(10.03.15)

(*) Biografia e lavori dell'avv. Giuseppe Palma si trovano in rete

(**) "FIGLI DESTITUENTI. I gravi aspetti di criticità della RIFORMA COSTITUZIONALE", edito da Editrice GDS di Vaprio d'Adda (MI), 21 gennaio 2016 e-book Costo € 2,49

(***) "Progetto di riforma alla Parte Seconda della Costituzione italiana. Semipresidenzialismo e fine del bicameralismo" – Editrice GDS, maggio 2013

Torino intervista a Fabio Versaci
presidente del Consiglio Comunale

Una prima curiosità. A quasi un anno dall'insediamento della Giunta Appendino e della sua nomina come Presidente del Consiglio Comunale, qual'è il bilancio di questa esperienza?

Più o meno l'esperienza è quello che mi aspettavo. Non mi aspettavo un accanimento così forte, nei nostri confronti, da parte dell'informazione. Mi lascia perplesso il funzionamento della macchina comunale e, sopratutto, come agisce la politica. Ho la sensazione di essere coinvolto in una campagna elettorale perenne.

Recentemente la Corte dei Conti è intervenuta sul bilancio della Città, e ne sono nate delle polemiche con l'amministrazione guidata da Fassino. Ci può aiutare a comprendere questa questione?

I nostri predecessori hanno sempre raccontato che i bilanci erano a posto e i conti quadravano. A sentir loro avremmo dovuto essere grati di ricevere una città "perfetta". Purtroppo non è così. Quando siamo subentrati abbiamo dovuto fare subito una variazione di bilancio di 6 milioni di euro. Proprio perché non tornavano i conti. Successivamente abbiamo dovuto fare altre variazioni per oltre 30 milioni di euro. Il bilancio è un dato oggettivo. Non è che si possa dire "voi non siete capaci!". Non è questa la questione, in termini di bilancio. Semplicemente questo non era così perfetto come raccontavano. Ci troviamo quindi di fronte a una serie di difficoltà, come ha spiegato la Sindaca, e stiamo lavorando per presentare questo bilancio previsionale.

Questo ha attinenza alla polemica che c'è stata con la questione SMAT?

Certo. Perché quei soldi erano stati messi a bilancio (2016), dalla amministrazione precedente. La Sindaca è andata in assemblea alla SMAT per poterli avere (6 milioni di euro) e invece ha ricevuto un rifiuto. Fatto politico, se consideriamo che negli anni precedenti analoghe richieste da parte del sindaco di Torino erano sempre state soddisfatte.

Qualcuno vi ha criticati per questa scelta e sostiene non vogliate passare SMAT sotto controllo completamente pubblico, come promesso in campagna elettorale.

Stiamo lavorando su questo punto. La collega Albano (Albano Daniela consigliera M5S n.d.r) sta preparando una delibera per portare la SMAT a essere una società di diritto pubblico. Siamo consapevoli che non possiamo farlo da soli. SMAT è proprietà di altri comuni, oltre Torino. Noi comunque faremo la nostra battaglia politica così come promesso.

Nelle relazioni con i cittadini sono stati compiuti molti passi avanti da parte della giunta, ma alcune associazioni vi contestano (almeno così pare dalla lettura di alcuni quotidiani), come i gruppi dell'Assemblea 21. Qual'è la situazione di queste relazioni?

Ci sono stati due incontri. Diciamo che in politica chi è d'accordo non fa notizia. La fa chi dissente o pone questioni. I Comitati richiedono legittimamente delle cose e pongono dei quesiti. Spesso mancano però le basi per capire la situazione. In un primo incontro, durato quattro ore, i Comitati hanno potuto esprimere le loro riserve e porre domande. Noi abbiamo ascoltato ma abbiamo avuto poco tempo per rispondere a questioni complesse. Dai media, che hanno riportato la notizia, sembrava avessimo subito un processo. Non è stato così. Abbiamo dialogato, tra cittadini e istituzione, in un modo che, credo a memoria, non accadeva dai tempi del compianto Carpanini. Erano presenti all'assemblea 15 consiglieri comunali, 3 assessori, tra i quali il vice sindaco, e il sottoscritto (quale presidente del Consiglio Comunale). L'ultimo incontro lo abbiamo avuto sabato scorso (4 marzo n.d.r) e in quella occasione abbiamo spiegato che cos'è un bilancio. Non si può prescindere dalla conoscenza del bilancio prima di pretendere delle iniziative. Noi siamo amministratori di una città e la sindaca deve (e vuole) essere la sindaca di tutti. A volte, anche in Sala Rossa veniamo accusati con la premessa "voi cinque stelle...", ma non è corretta questa impostazione. Noi apparteniamo a un gruppo politico, ma siamo gli amministratori di questa città e ciò che facciamo, ora, è in funzione del governo di Torino.

Critiche vi sono state mosse nei confronti della questione zoo e dei centri commerciali.

Nel nostro programma elettorale c'è scritto che siamo contro gli zoo. E continuiamo ad esserlo. Il famoso Parco Zoom, ovvero Parco Michelotti, è stato approvato nel 2014 con una delibera in Consiglio Comunale contro la quale gli unici a opporsi furono Chiara Appendino e Vittorio Bertola, consiglieri comunali del M5S nella precedente legislatura. Il 29 giugno 2016, ovvero il giorno prima (30 giugno) nel quale siamo stati nominati ufficialmente i nuovi amministratori della città, è stato firmato l'atto della concessione all'azienda da parte della giunta uscente. Politicamente noi rimaniamo contrari ma, dal punto di vista amministrativo, e legislativo, questa azienda ha tutti i diritti di esercitare la sua attività. Non possiamo fare ora una battaglia politica contro chi ha acquisito, legittimamente, il diritto di fare lo zoo. Abbiamo letto le carte, abbiamo provato a fermare questo progetto. Ci sarebbe una possibilità: revocare quella delibera del 2014, ma a quel punto l'azienda Parco Zoom farebbe causa al Comune e abbiamo altissima probabilità di perdere e di pagare danni per almeno 5 milioni di euro. Ricordo che il comitato contro lo zoo ha già chiesto una sospensiva al Tar, per bloccare il progetto, ma la richiesta è stata respinta..

Il racconto fatto dall'informazione è stato mistificatorio. Non abbiamo mai voluto, promosso, votato o fatto accordi per lo zoo. Abbiamo ereditato un dato di fatto cui non possiamo recedere se non con il rischio di pesanti ricadute economiche sulla città. Come amministrazione non possiamo metterci di traverso contro un'azienda, che ha acquisito diritti in modo legittimo, solo perché politicamente la pensiamo in modo differente.

Per i centri commerciali ci siamo trovati, anche in questo caso, in una situazione difficile. Molti non è stato possibile bloccarli. Per esempio, nel caso dell'area Westinghouse nessuno di noi ha votato la delibera; e ci siamo trovati a prendere atto di decisioni già prese dalla giunta precedente. Indubbiamente questo ci ha consentito di avere dei soldi per chiudere il bilancio. Ma non potevamo comunque fare diversamente. Precisiamo che il racconto dei media è anche qui non proprio corretto. Non sono tutti definibili "centri commerciali", questi hanno delle caratteristiche ben precise. Molti sono invece dei mega-store di determinati brand.

Come definirebbe la situazione dei campi Rom? Ve ne state occupando?

Purtroppo si parla poco di quello che facciamo. In via Germagnano stiamo facendo un lavoro che non era mai stato fatto prima nei campi Rom, che definirei più propriamente delle baraccopoli. Per noi non ha senso che delle persone debbano vivere dentro delle baracche. Non è accettabile in una città che si ritiene all'avanguardia e si dice civile. Stiamo affrontando il problema. Così come per il Moi, del Villaggio Olimpico. Si parla di oltre 1200 persone che vivono lì. Alcuni arrivano dall'emergenza del Nord Africa del 2011. Si è creato un ghetto. Con la Sindaca ho incontrato per tre volte una delegazione di occupanti per cercare di risolvere il problema; l'ultima volta era presente anche il Prefetto. Stiamo cercando di risolvere ma ritengo problemi di questa portata dovrebbero godere di una attenzione a livello nazionale. Non è facile per una città occuparsi della collocazione dignitosa per 1200 persone, ma ci stiamo provando, con l'aiuto della Prefettura e della Diocesi.

Parliamo delle iniziative molto criticate, come il Salone del Libro e il Festival del Jazz, che poi hanno avuto un epilogo felice.

Il Salone del Libro si farà. Sarebbe interessante andare a rileggere tutti gli articoli usciti in quei mesi, perché poi la gente si dimentica, che ci accusavano di non essere capaci e di aver fatto perdere il Salone alla città di Torino. Sono convinto sarà migliore dei precedenti. Sono cambiate le regole per la partecipazione e saranno favoriti i piccoli editori. Il risultato è stato ottenuto anche grazie al sostegno del presidente regionale Sergio Chiamparino il quale, già sindaco della città, sapeva quanto il Salone del Libro fosse importante.

È stata una collaborazione utile per Torino. Lo vedremo tra qualche mese. Stesso discorso per il Festival del Jazz. Non scompare, ma viene trasformato. Abbiamo un'idea diversa del format. Avevamo sempre dichiarato che il modello del Festival non ci piaceva. Non capisco per quale motivo ci si stupisca. Secondo noi quel modello non aveva effettive ricadute sul territorio. E quindi lo modifichiamo. Anche qui siamo di fronte ad attacchi molto politicizzati.

Ci parli del Bilancio Partecipativo. Come state procedendo?

In consiglio la Sindaca ha confermato che saranno dedicati 500mila euro al bilancio partecipativo. Ora stiamo esaminando i progetti. Abbiamo avuto già delle esperienze, come cinque stelle, in alcune circoscrizioni. Non esiste un metodo perfetto per realizzarlo; ci sono diverse opzioni e le preferenze sono soggettive. Ovviamente il bilancio partecipato non comprende tutto il bilancio della città a disposizione dell'amministrazione. Preciso questo perché talvolta sento affermazioni in questo senso. Dal bilancio complessivo (1,3 miliardi di euro) si devono decurtare le spese fisse (circa 800 milioni), rimangono circa 400 milioni di spesa corrente, ma noi, nella situazione attuale, lo ha spiegato la Sindaca in aula, partiamo con un deficit di 100 milioni di euro, a causa dei pregressi.

Come si immagina la città tra cinque anni?

Consideriamo che noi, come forza politica, siamo un

"esperimento". Amministriamo molte città, di cui, sicuramente, le maggiori sono Torino e Roma. La nostra esperienza, vissuta a contatto con le persone, ci dimostra, e ci conferma, che la politica italiana vive fuori dalla realtà. Se guardiamo nelle pagine social della Raggi e dell'Appendino, quando escono dal "palazzo" e vanno tra la gente, si nota una sincera accoglienza. Quello è il mondo reale. Questa consapevolezza è la forza che ci fa lavorare nonostante i problemi e le critiche pretestuose. Tra cinque anni non saremo molto probabilmente riusciti a fare tutto quello che avremmo voluto, ma avremo di sicuro imposto un cambio di marcia alla città. Avremo dimostrato l'importanza di ragionare la politica in modo diverso. A cominciare dal mettere a posto i conti. Sono convinto ci sarà una città più viva e più a misura di giovani. Sarà cambiato molto il rapporto del cittadino con il Municipio.

(11.03.17)

TAV e trasporti intervista al
senatore Marco Scibona (M5S)

La situazione del TAV in Val di Susa si colora sempre più di incognite. La Francia mette in atto una "pausa di riflessione". Nella zona del cantiere di Chiomonte è stato recentemente scoperta la presenza di un lepidottero di specie protetta dall'Unione Europea. I lavoratori del cantiere sono in sciopero, si devono rinnovare gli appalti e vengono al pettine i nodi dei rapporti con i francesi. La logica dietro quest'opera "strategica" mostra sempre più evidenti lacune a cominciare dalla visione trasportistica dell'Italia. Di tutto questo abbiamo parlato con il senatore Marco Scibona, del M5S, esperto di trasporti su ferrovia, No Tav della prima ora e che da anni segue le vicende connesse alla linea Torino-Lione. Buona lettura.

Alla luce delle notizie che giungono dalla Francia, questa pausa dichiarata dalla ministra francese Elisabhet Borne, quali conseguenze potrebbe, o dovrebbe avere, sul progetto del Tav tra Torino e Lione?

Teniamo presente che già per ben tre volte la Corte dei Conti francese[1] ha puntato l'attenzione su questa linea tra Italia e Francia, dimostrando che in Francia c'è una diversa attenzione e sensibilità sulla spesa pubblica, laddove noi spendiamo molto di più su quella che è la parte nazionale della linea rispetto a quella internazionale. Nel momento in cui la spesa economica francese non è delle migliori e devono valutare quai sono le spese più opportune da fare in un momento di crisi, evidentemente il governo ha deciso di fare ulteriori valutazioni. Potrebbe non cambiare nulla, ma intanto ci vogliono pensare su. Non possiamo ancora dire se questo comporterà un blocco della parte internazionale o anche di quella nazionale, dal nostro punto di vista meno danni si fanno, meglio è.

La nostra parte a che punto è il progetto?

Dalla nostra parte devono ancora essere realizzate le valutazioni del VIA [Valutazione dell'Impatto Ambientale n.d.r] ed essere effettuati i bandi per le gare d'appalto. La nostra preoccupazione è riuscire a fermare il progetto prima che siano completate le gare con la messa in atto delle clausole penali. Prima riusciamo a mettere un punto su questo progetto, prima salviamo i conti pubblici. Anche se l'ultimo decreto sul VIA ha annullato qualsiasi garanzia ambientale, resta il fatto che le gare d'appalto devono svolgersi a livello europeo e i tempi sono abbastanza lunghi.

Quindi il "progetto" c'è? E se uno lo volesse esaminare?

Il progetto c'è e... non c'è. In Italia non si capisce bene chi ha i "titoli" giusti per accedere ai dati. Per esempio, un consigliere comunale ha più "potere" di un senatore. Tutte le volte che ho richiesto, ufficialmente, di vedere i documenti, mi è stato risposto che non ho "titoli" per accedervi, perché non sarei "parte in causa". Fatto alquanto strano, come senatore del Piemonte dovrei almeno avere accesso a tutti i "progetti" che riguardano la nostra regione. È più facile per un consigliere comunale, magari di opposizione, accedere a queste informazioni.

Qualche giorno fa, un giornale locale della Val Susa (Valsusaoggi) ha illustrato quello che dovrebbe essere il progetto finale.

Sì, fa parte di una presentazione. Dovrebbe essere la versione "definitiva" che prevede un allargamento ulteriore del cantiere di Chiomonte, e non si comprende bene come potrebbero farlo avendo già occupato tutto lo spazio a loro disposizione. Il sito però è per loro meglio difendibile – militarmente,- rispetto alla piana di Susa e la zona è meno urbanizzata. L'uscita verso la città di Susa avverrebbe quando, di fatto, i lavori di scavo saranno finiti.

Il tunnel geo gnostico è terminato?

Il tunnel geo gnostico è finito, con 500 metri in meno (7020 metri finali), i finanziamenti sono stati recepiti tutti, in quanto i costi, hanno dichiarato i costruttori, sono stati maggiori del preventivato. Ora sono in corso i lavori di strutturazione interna della galleria per renderla funzionale all'uso.

Quindi lo scavo della famosa galleria di 57 chilometri per far transitare il Tav come si collega con l'attuale galleria?

Verrà realizzata un'altra discenderia parallela a quella già esistente, ovvero una galleria che scende fino al livello del tragitto effettivo del tunnel di base. Lì verrà realizzato il camerone dove verrà montata la talpa, o le talpe.

Ma non c'è il rischio che, occupandosi molto del tunnel, senza chiarezza del progetto finale e con queste perplessità della Francia, si finisca per fare un gigantesco "buco" (che richiede anni di lavoro e una montagna di soldi) per poi non utilizzarlo?

Questa purtroppo è quasi una certezza. L'interesse di quest'opera non è far passare il treno ma fare la galleria[2]. Ricorda un po' la situazione delle "Grandi Stazioni" dove quel tipo di progettualità prevede una cura molto affinata per gli aspetti commerciali (negozi, promozioni) e poi, incidentalmente, ci passano anche i treni.

Parliamo della famosa stazione "internazionale" di Susa, quella per la quale è previsto un preventivo di 48 milioni di euro e ne sono stati già spesi 3 per la progettazione

Questa stazione in realtà, non è neanche ubicata in Susa. In linea di massima potrebbe anche starci, considerando Susa una città di confine, un fronte turistico pre alpino, l'assurdità è progettare una stazione internazionale a 3 chilometri dal centro. La prerogativa della ferrovia è quella di portare i viaggiatori nel centro delle città. Non ha senso avere delle navette per portare le persone dalla stazione al centro della città o nelle località turistiche come Bardonecchia. E' quasi esilarante la programmazione turistica del progetto: l'idea che con questa linea arriveranno i turisti dalla Russia e dall'Inghilterra per andare a sciare a Bardonecchia. Costoro arriverebbero a Susa (alla stazione internazionale), poi dovrebbero prendere un trenino per tornare a Bussoleno per prendere un altro treno per andare a Bardonecchia! Oppure fare il tragitto in autobus. Mentre oggi arrivi direttamente con il treno a Bardonecchia senza effettuare cambi.

Questo non fa forse parte del tentativo dei favorevoli al Tav (oggi anche con un sito web) di delegittimare la linea storica che invece funziona e svolge egregiamente il suo ruolo?

Esattamente. Questo è un fatto molto grave. Ho fatto molti interventi a riguardo. Noi siamo pro ferrovia. La strada ferrata è il mezzo migliore dal punto di vista della sostenibilità ambientale. Oggi assistiamo invece a un commissario di governo (Foietta) che sminuisce la sicurezza di un tunnel internazionale come quello del Frejus. Questo è inammissibile. L'operazione, fatta anche con il web, avviene per contrastare la diffusione mediatica dell'informazione No Tav.

Ma un commissario di governo che fa certe affermazioni, dovrebbe essere denunciato come minimo per "procurato allarme", e poi mandato a casa; non può un commissario fare affermazioni contro il governo stesso.

Sembrano esserci delle contraddizioni in atto: da una parte si dice che il tunnel del Frejus non è sicuro, dall'altra, sulla via stradale, si apre la seconda canna per aumentare il transito, mentre nel contempo di vorrebbe portare su rotaia il traffico merci

C'è una discrasia totale. Si parla da decenni della nuova linea ferroviaria, poi con la scusa delle sicurezze si costruisce una seconda canna del Frejus (solo per le emergenze) e dopo che sono stati firmati gli appalti si decide di trasformarla in una galleria di transito. Manca completamente una visione trasportistica globale. L'interesse è far lavorare determinate ditte e determinate persone[4].

La questione del Frejus è molto importante: è emersa la presenza di dolo, ne abbiamo parlato in commissione al Senato. Sono stati fatti dei lavori di abbassamento della linea ferrata per adeguare la sagoma della galleria al modello delle sagome PC80 per consentire ai treni Modalor (quelli che partono dall'interporto di Orbassano) di passare senza problemi. Questi treni sono in grado di caricare un Tir con la motrice attraverso un doppio pianale che scivola esternamente per far salire il mezzo. Il vantaggio è che si possono caricare/scaricare i Tir senza scomporre il treno. Un sistema simile è già utilizzato per il Gottardo.

Il problema è che questo non è il modo migliore per trasportare le merci. Il tipo di carro ha un peso di tara maggiore, a causa della sua struttura, il fatto di trasportare anche la motrice - che ha un valore di tara nullo,- e considerando che viene aggiunto un vagone per il trasporto dei conducenti, rende il sistema non sostenibile e addirittura peggiorativo rispetto al transito su gomma. Dal punto di vista dei costi sostenuti per il trasposto merci è troppo oneroso.

Se valutiamo il tempo di transito per arrivare in Francia al corrispondente centro di smistamento delle merci, il viaggio è talmente breve che gli autisti non hanno il tempo di riposo previsto per legge. Quindi all'arrivo, sono costretti a stare ancora fermi delle ore prima di ripartire.

Questo sistema di trasporto denominato A.F.A. (Autostrada Ferroviaria Alpina) è stato promosso e sponsorizzato (lato Francia e lato Italia), negli ultimi 15 anni, con 5 milioni di euro da parte di ogni governo, all'anno. Adesso è stato siglato un nuovo protocollo e la sponsorizzazione annuale passa a 10 milioni di euro. Questi soldi vanno finire ai trasportatori sotto forma di agevolazioni. Ovviamente è una cosa che non ha alcun senso! Daremo battaglia e voteremo contro questo spreco di denaro.

Questo tipo di trasporto è utilizzato altrove?

Sì, in Svizzera; ma lì l'iniziativa ha più senso in quanto nel paese è di fatto vietato il transito dei Tir. Quindi anche se il sistema non è così conveniente, lo diviene perché tolgo completamente i tir dalla strada. I camion salgono sul treno al confine e vengono scaricati al confine successivo.

A questo punto noi proporremo di incentivare un trasporto merci su rotaia di tipo "tradizionale", ovvero con pianale basso. Oppure pianale fisso, non Modalor, con una gru per i prelievi/depositi dei camion, oppure dei container. A questo punto a viaggiare sarebbero solo le componenti merci e non le motrici, né gli autisti.

Da cosa scaturisce l'allarme del commissario di governo*?*

Dal fatto che con i lavori di ristrutturazione del tunnel, dal lato Italia (quindi metà della galleria) è stato abbassato il piano del ferro di 60 cm e la linea elettrica di conseguenza: un lavoro ben fatto che consente il passaggio delle sagome (PC80) in modo corretto. Dal lato francese, che è costato molto di più, è stata adottata un'altra tecnica: non hanno abbassato il piano ferroviario ma avvicinato l'interbinario (ovvero hanno messo più vicini i binari nei due sensi), per far in modo che le sagome dei treni si allontanassero dalla volta della galleria. In questo caso, transitando dei pianali di tipo Modalor, durante il movimento del treno si sommano il molleggiamento del pianale e quello del camion; quando due treni così si incrociano, il basculamento in curva di questi molleggi combinati potrebbe generare una collisione sino a due centimetri. Di conseguenza il Prefetto francese ha vietato il transito dei convogli Modalor in doppio senso in galleria. Sono stati così inficiati 400 milioni di euro di ristrutturazione.

Invece di sparare considerazioni campate per aria, il commissario, insieme al ministro (Delrio), sempre molto attento quando le questioni riguardano i No Tav, avrebbero dovuto fare pressioni sul governo francese per pretendere che i lavori fossero fatti correttamente, o esigere il rimborso dei soldi spesi dall'Italia che ha eseguito i lavori a regola d'arte. Invece il commissario usa questo questo pretesto per promuovere la nuova linea dichiarando che quella storica non è sicura. Altre questioni di norme di sicurezze sollevate da Foietta, non centrano con il Frejus, perché quelle norme sono stabilite per le nuove costruzioni. Se così non fosse, fuori norma ci sarebbe il 90% dei tunnel europei. Da notare che il tunnel del Frejus è uno dei pochi dotato di un corpo speciale, privato, di vigili del fuoco in servizio permanente. Questa normativa europea non è rispettata da nessuna parte.

Recentemente al cantiere di Chiomonte sono stati messi in atto degli scioperi da parte dei lavoratori; sono terminati gli appalti e gli operai hanno il timore di perdere il posto. Qual'è la situazione?

Quando è stato approvato l'accordo tra Italia e Francia nel 2012, noi abbiamo sempre messo in atto rimostranze perché in quell'accordo è specificato che la legislazione competente è quella francese e questo avrebbe provocato dei grossi problemi, tra questi il fatto che la Francia non ha una legge antimafia.

Tutto ciò che riguarda la sicurezza dei lavoratori e la prevenzione è a carico delle norme del governo francese. Di conseguenza anche le gare d'appalto. Se si vuole essere "globalisti" allora bisogna prendere sia i pro che i contro. Per esempio l'uso della legge regionale del Piemonte denominata "Démarche Grand Chantier" con la quale la regione voleva agevolare le ditte locali all'interno dei cantieri strategici del Tav, non è accettabile in sede europea. Non si può essere favorevoli alla globalizzazione e poi fare leggi per favorire le ditte locali amiche. Quindi ora le gare saranno realizzate a livello europeo e, ammettono anche i fautori dell'opera, ci saranno molti rischi per le nostre imprese. Per come si organizzano i francesi, prenderanno loro tutto le gare. Noi avevamo sottolineato questi rischi e siamo stati tacciati come quelli che non capivano nulla, ed erano contro il progresso. Non si può essere globalisti a proprio piacimento. Spiace per i lavoratori, ma avevamo avvisato anche loro di questi rischi.

Ci sono state polemiche sulla costruzione della linea della linea FSM5 verso Orbassano (Torino), che hanno coinvolto

anche la giunta comunale, dal momento che Foietta ha dichiarato che l'opera fa parte del progetto delle compensazioni sul Tav.

Ovviamente noi siamo sempre stati a favore del trasporto pubblico, che comprende metropolitana e ferrovia), abbiamo sempre dichiarato che è inammissibile ogni opera pubblica in Piemonte, e in particolare in Val Susa, sia da legittimare all'interno di una compensazione per accettare il passaggio del Tav. La linea FSM5 non ha nulla a che fare con le compensazioni. E' una implementazione del trasporto pubblico locale a favore dei cittadini, che hanno pagato le tasse; e lo Stato, se vuol essere tale, deve offrire dei servizi a fronte del gettito fiscale. In realtà l'anomalia è che i lavori della FSM5 erano già stati proposti come "compensazione" per i lavori dell'inceneritore (del Gerbido), quindi siamo di fronte a una autentica presa in giro: prima ti vendono un'opera pubblica come compensazione, mentre come cittadino quell'opera ti aspetta come diritto, poi, nel momento in cui non la fanno, trascorsi un po' di anni, te la rivendono come compensazione di qualche cosa d'altro.

Anche qui il commissario di governo ha lasciato intendere che i lavori per la nuova fermata all'Ospedale San Luigi fanno parte delle compensazioni e rientrano nel progetto Tav. La realtà è differente[5], al momento i lavori sono partiti grazie al fatto che RFI ha deciso di anticiparli temporalmente, in quanto non si sa quando verrà realizzata la linea del TAV. Curiosità grottesca è che la fermata per l'Ospedale verrà costruita 700 metri dall'ospedale: totale assurdità, i cittadini saranno costretti comunque a prendere un altro mezzo pubblico per recarsi all'Ospedale San Luigi dalla fermata del treno metropolitano. Viene quindi meno l'utilità di quest'opera.

(01.08.17)

[1] http://www.tgvallesusa.it/2017/07/francia-doccia-ghiacciata-sul-tav/

[2]http://www.tgvallesusa.it/2016/09/lettera-ai-deputati-europei-sostengono-lopposizione-no-tav-alla-nuova-ferrovia-torino-lione/

[3]http://www.tgvallesusa.it/2014/12/imposimato-la-val-di-susa-sara-la-prossima-terra-dei-fuochi/

[4]http://www.tgvallesusa.it/2015/06/ferrovie-grandi-affari-per-i-concessionari/

[5]http://www.tgvallesusa.it/2017/02/inceneritore-del-gerbido-beffata-la-popolazione-soldi-vanno-al-tav/

La guerra silenziosa in europa intervista a Tiziana Alterio

Europa e guerra: un'associazione di parole che rimanda la mente alla storia bellica. Distruzione, morti, sofferenze, debiti, sterminio, olocausto. L'idea dell'Europa unita nasce proprio per evitare il ripetersi di quella drammatica esperienza. La moneta unica ci ha proposto il sogno di un'unità economica, oltre le frontiere; di una fratellanza che, se non riusciva a esprimersi in termini linguistici, almeno ci semplificasse la vita materialmente. Il risultato non è stato quello sperato. Perlomeno quello che è stato propagandato come obiettivo facilmente raggiungibile.

L'Europa impone e dispone le vite di oltre mezzo miliardo di persone attraverso organismi non eletti democraticamente dai cittadini e che si trincerano dietro "regole" prive di fondamento scientifico, o rivelatesi errate. Al coro dei convinti liberisti del "più Europa", si contrappone, con ragioni di parte sempre più fondate, chi contesta, sin dalla prima ora, un sistema monetario iniquo e improprio.

Tra queste voci, quella di Tiziana Alterio[1], ci propone un viaggio tra dati e le informazioni da lei raccolte, nell'Europa reale. Uno spaccato impietoso sulle conseguenze delle scelte euro centriche; sull'austerity; sulla perdita dei diritti e della sovranità dei paesi. Nel 2016 ha pubblicato, per i tipi della Fuoco Edizioni, il libro "La guerra silenziosa". Parla di Europa, di noi comuni mortali, dei PIIGS, delle sofferenze impartite a intere nazioni; e ci racconta un possibile futuro diverso, fatto di concretezza, soluzioni, e speranze. Quella che segue è l'intervista che ci ha gentilmente concesso, e che con piacere proponiamo ai lettori. Buona lettura.

"Guerra silenziosa" è un titolo forte, dirompente, considerando che parla dell'Europa, quella che dovrebbe essere la "culla" della pace dopo la II guerra mondiale. Come

ti è venuto in mente questo titolo?

Perché un giornalista ha il dovere di raccontare la verità, anche se molto spesso quella verità è cruda e la si vorrebbe nascondere. Noi siamo in guerra, una guerra molto più subdola ma non meno catastrofica rispetto alle guerre combattute con le armi. Non si sentono spari, bombe, mitragliatrici, non si vedono le macerie dei palazzi distrutti. Eppure siamo in guerra. Una guerra invisibile tra l'èlite finanziaria, collusa con il potere politico, e tutti noi. Né è derivato un disastro economico epocale con un aumento della povertà, della malnutrizione tra i bambini, dei suicidi e della fuga di talenti dal Sud-Europa verso i paesi più ricchi del Nord. Nell'89 è caduto il comunismo. Oggi stiamo assistendo al fallimento del sistema capitalista, neoliberista che ha creato molte disuguaglianze concentrando la ricchezza nelle mani di pochi.

Parlando di guerra ho voluto inviare un messaggio chiaro poiché se non vedi l'ostacolo non riesci a superarlo e la maggior parte delle persone, prese da una quotidianità sempre più difficile, non comprende cosa realmente stia accadendo alle loro vite. Se ci pensi, in pochissimi anni la nostra vita è cambiata radicalmente in peggio ma non si percepisce chiaramente chi sono i responsabili di un disastro epocale senza precedenti. In fondo, i dittatori del passato firmavano i loro crimini, ci mettevano la faccia. Oggi, invece, grandi gruppi finanziari, grandi multinazionali si arricchiscono con azioni criminali senza però essere visti nelle loro azioni.

Quale relazione c'è tra questo libro e la tua carriera di giornalista? Ovvero quale impulso ti ha spinto a scrivere un libro come questo?

Osservare la realtà, cercare di approfondire le dinamiche politiche ed economiche in corso per poi raccontarle è il mio lavoro, la mia passione. Ma questo libro nasce anche perché ho sentito sulla mia pelle la sofferenza di tante persone intorno a me che hanno visto cambiare rapidamente la loro esistenza in peggio ma che, per dignità e pudore, avevano difficoltà a raccontare. Ho voluto dare voce alle loro sofferenze cercando di inquadrare le problematiche italiane da una prospettiva più ampia. Ecco perché la mia ricerca riguarda tutti i Paesi del Sud- Europa poiché ho voluto raccontare quanto una parte dei Paesi Europei stiano vivendo un unico destino.

In merito ai dati che hai riportato, sulla realtà dei paesi PIIGS (o mediterranei), dalla chiusura del libro a oggi, come è variata la situazione? Di paesi come Grecia e Portogallo non sentiamo più parlare

Nulla è variato, anzi è peggiorata e non potrebbe essere altrimenti poiché è l'intero sistema che va ripensato totalmente. In Italia si parla di crescita dell'occupazione grazie al Job Act ma se poi analizzi bene i dati e la realtà ti rendi conto che sono notizie di facciata per tranquillizzare l'opinione pubblica, soprattutto in prossimità delle elezioni. E' vero che la disoccupazione è calata ma sono aumentati notevolmente i lavori precari, quelli che durano anche solo 4 giorni. Nel 2015 avevamo il 54% di lavoratori assunti a tempo indeterminato, nel 2017 siamo al 32%. La flessibilità è diventato un must del mercato del lavoro: a farci le spese sono i lavoratori mentre ad arricchirsi sono le grandi aziende.

L'unione Europea continua a sottoporre i Paesi del Sud-Europa a pesantissime misure di austerità e stiamo facendo sacrifici enormi con la finalità di abbassare il debito pubblico. Tuttavia, dopo 7 anni di austerità il debito pubblico continua a salire. E' evidente che la ricetta non funziona ma non deve funzionare perché, diversamente, come si farebbe a giustificare la nuova ondata di privatizzazioni del patrimonio pubblico? In Italia, in Grecia, in Portogallo, in Spagna stiamo assistendo ad una colonizzazione silenziosa, una nuova forma di conquista di interi Stati attraverso la cessione del patrimonio pubblico svenduto a multinazionali e lobby finanziarie. Non parlo di teorie complottiste ma di fatti, di realtà.

Nel 2016 un importante istituto di ricerca inglese, il Transational

Istitute ha passato sotto la lente di ingrandimento la potente industria delle privatizzazioni nei Paesi del Sud- Europa e c'è da restare sgomenti. Stanno entrando a gamba tesa cinesi, giapponesi, olandesi, tedeschi, americani, arabi. Stiamo svendendo anche i servizi essenziali per i cittadini come l'energia elettrica, la sanità, i trasporti. Il Portogallo ha svenduto il servizio postale, i trasporti, la società elettrica nazionale e gli aeroporti così come la Grecia ha svenduto ben 14 aeroporti, intere isole, beni storici, la Spagna sta liquidando la sanità pubblica e non è da meno il nostro Paese dove sono in corso le privatizzazioni delle Poste e delle Ferrovie dello Stato. Tutto deve diventare privato ed essere venduto a multinazionali che sono poi le prime ad evadere miliardi di euro di tasse sotto gli occhi complici della classe politica.

Ma ciò che stiamo svendendo non è soltanto il patrimonio pubblico ma la stessa democrazia poiché non siamo più sovrani in nessun campo, quello politico, economico, alimentare, energetico. Paesi come il nostro che soltanto 15 anni fa erano la 4° potenza economico mondiale oggi sono il fanalino di coda tra i Paesi Europei. Di tutto questo c'è una responsabilità precisa di amministratori che non hanno saputo governare i processi della globalizzazione e hanno lasciato le briglia sciolte alla finanza e alle multinazionali. Bisognerà prima o poi che qualcuno paghi per questi crimini.

Se oggi scrivessi un aggiornamento del libro: quali capitoli aggiungeresti? Cosa modificheresti?

Approfondirei ancora di più gli effetti sulla vita delle persone che sta avendo il sistema neoliberista. Questa guerra silenziosa, condotta attraverso misure economiche e la finanza, è più lenta ma produce gli stessi effetti di una guerra combattuta con le armi. Effetti visibili in una duplice direzione: da un lato li ritroviamo nei licenziamenti, nell'annullamento dei diritti sociali, nello smantellamento del welfare, nei tagli ai salari, nell'impossibilità di curarsi, nella perdita delle case, nell'aumento dei suicidi e della depressione, nell'aumento della malnutrizione tra i bambini, nella fuga all'estero. Ma, dall'altra parte, li percepiamo anche quando ci sentiamo schiavi di un sistema che ci ha resi parte di un meccanismo infernale votato alla sola produzione di merce da consumare.

L'Essere umano è stato svilito poiché è facilmente interscambiabile, è un semplice ingranaggio della catena produttiva dove, non soltanto il bene è privo di anima ed è sottoposto alla dura legge su cui si regge il capitalismo, e cioè quella dell'usa e getta, ma la stessa persona è svilita nella sua unicità, nella sua ricchezza umana e nei suoi talenti per diventare un anello anonimo della produzione globalizzata, pronto ad essere espulso quando si presentano condizioni diverse e più favorevoli per le leggi del mercato. Ecco, io approfondirei ancora di più questi aspetti e di come è possibile liberarsi da questa schiavitù, dalla perenne corsa senza senso a cui questo sistema ti sottopone per non pensare troppo.

E il primo passo da fare è rallentare, riprendersi il proprio tempo, fare silenzio, quanto più possibile, dentro di noi e intorno a noi. Personalmente, ho fatto questa scelta diversi anni fa, ho rallentato, ho scelto di vivere in campagna nella natura e sono uscita da un sistema mediatico che poco mi apparteneva e da lì mi si è aperto un altro mondo, fatto di semplicità, di essenzialità e di rapporti umani più intensi.

L'ipotesi che formuli nel libro, quello di una "comunità" dei paesi del sud del Mediterraneo ha qualche possibilità di essere realizzata? Quanti e quali governi di questi paesi sono consapevoli di questa opportunità?

Sarebbe, a mio avviso, l'unica strada percorribile per far cambiare direzione all'Unione Europea. Il referendum in Grecia nel 2015, quando il 64% dei greci disse no ad altre misure di austerità e l'Unione Europea ne fece carta straccia dopo pochi giorni, è stato un evento storico che ha chiarito definitivamente quanto i singoli paesi, soprattutto quelli del Sud-Europa, abbiano poco peso politico presi singolarmente. Diversamente, un'Alleanza tra Portogallo, Italia, Grecia, Spagna e Cipro le cui economie se si unissero rappresenterebbero il 4° Pil a livello mondiale, sarebbero una forza tale da riuscire ad imporre un cambio di rotta all'attuale politica europea. E che tipo di cambiamento dovremo imporre? Bè, dovremo, a mio avviso, far pesare il fatto di essere un'Europa Mediterranea diversa dall'Europa del Nord. Ma per fare questo dovremo, innanzitutto comprendere cosa significa avere una vocazione mediterranea, cosa significa essere cittadini mediterranei.

La coscienza collettiva si rivoluziona solo partendo da se stessi. Come un corpo unico formato da tante cellule così il corpo collettivo potrà operare un vero cambiamento partendo da ogni singola cellula che siamo tutti noi.

E allora immaginiamo che quando fu creata l'Unione Europea fu celebrato un matrimonio tra due diverse vocazioni di questo Continente, una Nordica, portatore di valori tipicamente maschili con la sua razionalità tecnico scientifica, la sua propensione alla leadership e alla competizione spinta e con la sua necessità di potere e di controllo (pensiamo alla Germania) e una invece Mediterranea, portatore di valori tipicamente femminili con la sua capacità di accoglienza, di condivisione, di empatia con l'altro, pensiamo al Sud-Europa.

Ebbene, ad un certo punto questo matrimonio è entrato in crisi perché la parte dominante, quella maschile, ha iniziato ad esercitare un potere di controllo ritenendosi superiore all'altro mentre la parte femminile, non avendo maturato dentro di sé, la piena consapevolezza della sua unicità e della sua forza si è lasciata totalmente soccombere da questa energia predominante.

In un matrimonio, in genere, le responsabilità non sono di un'unica parte. Cosa non funziona in questa "unione"?

Ambedue le parti hanno la propria quota di responsabilità. L'una, il Nord-Europa, guidata dalla Germania, per non aver compreso e rispettato la ricchezza della diversità imponendo il proprio unico modello dominante, il modello capitalistico, dove tutto è ridotto ad omologazione e profitto.

L'altra, il Sud-Europa, per non aver compreso dove risiedeva la propria ricchezza, il proprio valore e si è iniziata a rapportare al sistema dominante in termini di mancanza, di subalternità perdendo di fatto la propria identità culturale e diventando una copia mal riuscita di quello stesso modello imposto con aggressività.

Un gioco perverso e auto-distruttivo per ambedue le parti.

Cosa sta vivendo l'Europa in questo momento storico se non una fase di dominio e di imposizione della propria visione del mondo attraverso le politiche di austerità e di colonizzazione imposta dal Nord-Europa con l'acquisto di interi patrimoni del Sud-Europa?

E cosa sta vivendo il Sud-Europa se non una fase di subalternità economica, politica, culturale e sociale smarrendo se stessa, e la propria grandezza storica?

Un Sud che per rincorrere un modello di società capitalistica si è prostituito al punto di arrivare ad una corruzione dilagante sia dentro che fuori le istituzioni pubbliche.

C'è qualche possibilità per recupera questo rapporto nord-sud europa, per ricostruire una nuova, unica, identità comune?

Ci troviamo in un momento di crisi ma anche di grande opportunità. E la grande opportunità che abbiamo noi popoli del Sud passa necessariamente attraverso la presa di coscienza delle nostre peculiarità, della nostra vocazione mediterranea. Dobbiamo prendere forza dalla nostra identità senza soffocarla e dall'altro lato dobbiamo cercare però di integrare anche i valori positivi di cui è portatore il Nord-Europa, come l'efficienza, la capacità organizzativa, il rigore.

Così come il Nord-Europa dovrebbe integrare la sua capacità di leadership con i valori di solidarietà, di cooperazione, di condivisione di cui è portatore il Sud-Europa. Dunque, se non faremo questo passaggio continueremo ad essere arrendevoli nei confronti dei diktat di Bruxelles, continueremo a lasciarci colonizzare perdendo la nostra identità e il nostro potere.

E il Nord-Europa se non integrerà i valori della solidarietà, della cooperazione, dell'accoglienza, diventerà sempre più fredda e cieca rispetto ai bisogni dei cittadini.

E' necessario recuperare una posizione paritaria tra le due diverse anime dell'Europa, quella Nordica e quella Mediterranea. Solo riconoscendo e accettando reciprocamente le diversità e le vocazioni che le rappresentano, si può ricominciare a camminare insieme.

Che ipotesi potrebbero essere valide per correggere le disparità e gli squilibri generati dall'Euro e dai parametri imposti, notoriamente privi di fondamenti scientifici? Occorre uscire dall'euro completamente o intravedi possibilità per una Europa che corregga i propri errori?

Non abbiamo più alcun tipo di sovranità. Siamo sempre più dipendenti dal cibo prodotto in altri Paesi, non abbiamo indipendenza energetica, la nostra legge di bilancio deve essere approvata da Bruxelles e non abbiamo più la proprietà della nostra moneta. Con l'Euro abbiamo definitivamente consegnato ad Istituzioni, non elette democraticamente dal popolo, la nostra sovranità monetaria.

Il punto è come iniziare a recuperare la nostra sovranità e la nostra libertà, non soltanto monetaria, ma in tutti i campi che coinvolgono direttamente la nostra vita quotidiana.

Francamente non vedo soluzioni che partono dall'alto. Piuttosto credo in una rivoluzione silenziosa dal basso che può indicare una nuova rotta. Penso alle monete complementari, penso alla valorizzazione delle economie locali, penso alla ricostruzione delle comunità e ai molti ragazzi che stanno ritornando alla terra consapevoli che una comunità è libera quando è innanzitutto autosufficiente a partire dal cibo e dall'acqua. Lo scorso anno sono stata referente per l'Italia di NESI, il primo Forum mondiale sulle Nuove Economie tenutosi a Malaga. Ebbene sono venuti da tutto il mondo visionari, pensatori, economisti che stanno immaginando e mettendo in pratica nuovi modelli di società economica più giuste, più rispettose della natura e dell'uomo, direi più umane. Ecco, noi abbiamo bisogno di Umanità e di anteporre l'uomo, e non più il profitto, a qualunque scelta politica, economica, sociale, culturale che sia.

Nel tuo libro parli di Nuovo Rinascimento Mediterraneo. Cosa intendi?

Sono fortemente convinta che, proprio in questo momento buio della storia, ci siano i semi di una Nuova Rinascita che io chiamo Nuovo Rinascimento Mediterraneo e il luogo di questa rinascita è proprio il Sud, non inteso geograficamente ma come ventre di quella umanità che inizia a capire che le deviazioni della modernità e del progresso sono armi letali per la propria felicità. In questo senso il richiamo del Sud è la metafora del richiamo alla vita e alla felicità che si oppone al richiamo alla carriera e al denaro che ha reso l'uomo individualista e incapace di sentirsi parte di una comunità più grande. E' per questo che solo dal Sud è possibile avviare un Nuovo Umanesimo capace di ispirare un Nuovo Rinascimento Mediterraneo e l'Italia può essere il motore di questa rivoluzione culturale.

In questa società complessa, dove, sopra tutto in quella italiana, prevale un buona dose di analfabetismo funzionale (grazie alle politiche scolastiche e culturali, figlie di quei principi della nota Loggia P2 di Licio Gelli e sviluppati poi da Berlusconi) pensi sia possibile esserci una coscienza politica di cambiamento? Cosa ti suggerisce l'esperienza politica che stai vivendo come attivista del M5S che ti vede impegnata, da più di 5 anni, nel Tavolo Politiche Europee e in un Tavolo di Lavoro che hai recentemente fondato sulle Nuove Economie,

oltre ad essere stata candidata alla Regione Lazio?

Siamo in un tempo in cui bisogna avere coraggio.

Per troppi anni abbiamo abdicato alla volontà di capire e di reagire lasciando campo libero agli sciacalli della politica e del mondo dell'economia ma, davanti a sfide così difficili non possiamo rimanere le stesse persone: o si diventa persone disperate o si diventa migliori e ci si impegna per il Bene Comune.

Io non ho risposte precise e soluzioni immediate ad una realtà così complessa, ma ho capito che non posso più tirarmi indietro di fronte alla responsabilità di agire e di impegnarmi anche politicamente. E' per questo che ho deciso di impegnarmi nel M5S, unica forza politica davvero in grado di portare quel cambiamento di cui l'Italia e l'Europa ha disperato bisogno.

Il programma del M5S è un programma che ha in sé molte idee in grado di cambiare radicalmente il modello di società, è un programma in cui al centro c'è il cittadino con i suoi bisogni e con la sua necessità di poter realizzare la sua unicità, la sua vocazione in uno Stato che è in grado di accompagnarlo e sostenerlo nel suo percorso.

Infine, da quando sono diventata mamma adottiva, la mia forza e la mia determinazione a cambiare ciò che va rivoluzionato è aumentata notevolmente.

(07.04.18)

[1] Tiziana Alterio è una giornalista indipendente con un passato sia alla Rai che a Mediaset. Appassionata dell'area Mediterranea e ferma oppositrice del pensiero unico dominante, quello capitalista occidentale che riduce tutto ad omologazione. Ha viaggiato come reporter in Africa, Asia, Sud-America e mondo arabo. Esperta di tematiche sui Paesi Mediterranei, ha fondato e diretto la testata giornalistica ilmediterraneo.it. Ha svolto docente in alcuni in master universitari.

In guerra con la macchina fotografica
Intervista a Andreja Restek

Di Andreja Restek(*) non si può che parlare bene. Donna coraggiosa, determinata, gentile e ricca di umanità. Con la sua macchina fotografica viaggia nelle zone di guerra, documentando le tragedie non raccontate, ma, sopratutto, le persone con le loro storie. Ci ha concesso una intervista, nella quale ci racconta un po' di Medio Oriente, visto con l'occhio di chi ci è stato per comprendere cosa accade in quei luoghi. Buona lettura.

Iniziamo parlando dei campi profughi che tu hai visitato più volte, raccontaci la tua esperienza

Sono Stata in Iraq in uno di questi campi erano arrivati, nell'ultima settimana, undicimila persone (ora sono quindicimila). La maggior parte erano già fuggite più volte, sempre nella zona del Kurdistan siriano, alcune giungevano da Raqqa.

Oggi, per raggiungere quelle zone, devi passare attraverso un sistema che chiede soldi, per trovare un autista che ti accompagni. Quando sei lì, nei campi, trovi persone con una grande dignità, che non ti chiedono niente, ma hanno voglia di raccontarti la loro storia; ci sono anziani, e bambini. C'era una famiglia, con cui ho parlato; lui è cieco, ha 75 anni, la moglie ne ha 65, ma sembra averne 100. Lei è sordomuta, e sono stati portati sulle spalle dai figli e dai nipoti; pagando sempre per poter superare la frontiera (tra Siria e Iraq), 5 o 600 dollari a testa. I soldi non li hanno, se li fanno prestare da famigliari, e conoscenti. Se ci pensi un momento, tutte quelle persone hanno pagato queste cifre per poter essere lì.

Quindi su queste "migrazioni", forzate o meno, c'è chi ci guadagna.

Esatto. È così per ogni guerra che ho visto. Ci sono quelli pronti a sfruttare questa miseria. Le persone si fanno prestare soldi, vendono tutto quello che hanno, si fanno dei debiti. Ho trovato una giovane mamma, di 25 anni, il marito ne aveva 26, la loro bambina 9 mesi; erano del Kurdistan siriano; da piccoli si sono trasferiti a Raqqa, poi, quando è arrivato lo Stato Islamico, li hanno bloccati per un anno: lei non è uscita di casa per un anno intero, 24 ore al giorno relegata in casa. Poi sono fuggiti e tornati nel Kurdistan siriano. Ora sono arrivati i Turchi e Free Syrian Army (che noi giornalisti lodavamo), che all'inizio avevano delle "buone" intenzioni, poi sono subentrati gruppi terroristici anche stranieri, da diverse parti del mondo.

Come è stato vissuto l'atteggiamento di Trump, che ha spostato le truppe americane, al confine con la Siria?

Come un grande tradimento. Loro sono soliti dire (e l'ho sentito tante volte): "maledetto petrolio! Se non l'avessimo, non avremmo tutte queste guerre". Che siano siriani o iracheni, tutti maledicono il petrolio. Per loro non è una ricchezza, ma la fonte di tutti i loro guai. Oggi loro ricevono cibo (dalle Nazioni Unite) ma sono abbandonati a se stessi. Un giorno questa mamma mi ha mandato un messaggio (da loro erano le due di notte), era disperata, probabilmente ero l'ultima persona a cui chiedevano aiuto (io ero in Italia); mi disse che stavano subendo un attacco da parte dei lupi.

Ero scioccata. I gestori del campo e la sicurezza non intervenivano. Lei temeva per la bambina. Nessuno li aiutava. Mi mandò anche le foto dei lupi, era un branco di sette. Ho girato la notizia a persone che conosco di alcune organizzazioni importanti, ma nessuno mi ha considerata. Dalla disperazione ho messo la notizia sulla mia pagina Facebook per diffonderla. Dopo due giorni ho ricevuto i ringraziamenti, perché li avevo aiutati. Incredibile ma quella pubblicazione ha smosso qualcosa, e qualcuno è intervenuto. Questo è anche un messaggio positivo: quando riceviamo certi messaggi, non li dobbiamo ignorare, abbiamo la forza di creare una attenzione importante, una comunicazione Social che trasforma la realtà. Li abbiamo salvati. Raggiungere queste persone è comunque difficile, anche per le testate giornalistiche importanti. Vengono chieste grosse cifre per raggiungere queste zone. Passare le frontiere ha un costo.

Si parla molto della condizione della donne, nelle realtà islamiche. Della tua esperienza cosa ci puoi raccontare.

Non ho trovato molte donne. Essere donne a questo mondo è difficile. In certi paesi è molto più difficile. Vedi, a volte, piccole libertà, magari per andare a prendere il caffè. Una donna che si muove da sola si sente osservata. Il Medio Oriente non è un posto facile per le donne. Iran, per esempio, è un posto che non conosciamo. Sono andata da sola; bisogna organizzare molto bene il viaggio. Non ti puoi muovere da solo/a; ci vuole un agente di viaggio e devi organizzare le tappe. La persona che ti accompagna è responsabile di te, e rischia a sua volta, se tu violi delle regole. Sono stata a Teheran, e nella zona di Khorosan nel nord che, ufficialmente, era collegata a gruppi terroristici. Sono stata rispettosa delle regole (sempre con il velo). Con noi c'era una donna avvocato, di 36 anni, divorziata. Mi sono stupita e le ho chiesto come ha fatto ad ottenere il divorzio. Mi ha spiegato che era stato possibile perché sia, il marito, che la famiglia, erano d'accordo. In quel caso la separazione è possibile. Mi disse di essere fortunata, perché la sua famiglia è composta da persone di stampo intellettuale. La mia guida era una donna, che aveva deciso di lavorare e di essere indipendente. Fa questo lavoro da 16 anni, ma è stata ripudiata dalla famiglia. Devi essere molto forte se vuoi fare determinate scelte. Alla fine del viaggio scoprii che il nostro "autista", in realtà apparteneva ad apparati di sicurezza.

Non ostante tutto, sono stata davvero bene. Sapevano chi ero e dove mi muovevo, ma l'accoglienza umana era sempre straordinaria. Se tu li rispetti, ti accolgono a braccia aperte, e ogni chilometro scopri posti interessanti. Purtroppo la situazione geopolitica è difficile. Potrebbero nascere conflitti esterni (con la pressione americana), oppure interni, con l'obiettivo di far cadere il governo.

Nel paese ci sono cambiamenti? La popolazione come vive la situazione politica del regime?

Le persone con cui ho parlato mi hanno detto che ci sono dei cambiamenti, anche se molto lenti. Per esempio, un ragazzo mi raccontava che otto anni fa, sua nonna aveva potuto finalmente uscire di casa da sola. La gente vuole più libertà, ma bisogna convincersi che non si può esportare la democrazia, così come è stato fatto.

La questione religiosa, che rilevanza ha nelle loro vite?

In Medio Oriente la questione è importante, ma, mi raccontava una persona, laggiù le persone sono "false", nel senso che hanno, in genere, una doppia vita. Mi sono stupita, e ho chiesto chiarimenti. Mi ha spiegato che "tu non puoi dire di non essere credente". Devi dirlo, pubblicamente, ma, molti, intimamente, non lo sono, o perlomeno non nella misura in cui lo vuole il governo. Non puoi dire che "non credi". Mi è capitato un episodio curioso in proposito. Facendo una intervista ad un reclutatore dell'Isis, un comandante, ad un certo punto mi hanno chiesto qual'era il mio Dio. Era una intervista molto difficile, nella quale loro mi raccontavano come uccidevano le persone. Avevano chiaramente un disprezzo per le donne; mi ero stupita che avessero accettato di farsi intervistare da me. Ho risposto, in modo molto sereno e serio, che il mio Dio era il Dio della Scienza. Quando sono andata via, dopo un po' mi è arrivato un loro messaggio: mi dicevano che il Dio della Scienza non esiste! Si erano informati, e non l'avevano trovato.

Ovviamente c'è chi è di fede, e praticante. C'è comunque, in generale, un arretramento, sulle questioni religiose. In Turchia, per esempio, vedi sempre più donne che sono "ombre nere"; se vai in giro per le parti centrali di Istanbul sembra tutto normale, ma appena ti allontani, dal centro, nell'ordine di due o tre ore di viaggio (la città è grandissima con decine di milioni di abitanti), ti accorgi che le donne sono coperte. Un giorno, al confine con la Siria, i miei accompagnatori mi chiesero cosa avrei fatto se mi avessero rapita. Allora capii e decisi di non entrare più, e tornai indietro. Ho compreso che non sarei più tornata. Un'altra volta mi è capitato che, prendendo un caffè in un bar, qualche ragazzotto mi mise un foglietto sul tavolo, dove c'era scritto come mi sarei dovuta vestire. Pensavo fosse per i capelli corti (ero l'unica donna ad averli), che per loro è un taglio dedicato a chi ha problemi psichici. Invece era per come ero vestita. Era il periodo in cui lo Stato Islamico era molto potente. Il barista però tolse subito il foglietto, e non feci a tempo per prenderlo.

L'autoproclamato Stato Islamico, contro cui è stata mossa guerra, ha, nelle parole dell'economista Loretta Napoleoni, svolto un ruolo "sociale" in quelle zone, ovvero ha sopperito a delle carenze tipiche di questi paesi. Come vivono, secondo te, questa situazione nei luoghi che hai visitato?

In diverse occasioni, parlando con la gente, facendo domande sul come si viveva sotto lo Stato Islamico, ho ricevuto come risposta: "almeno c'erano delle regole". Non si riesce subito a capire questa risposta. Noi abbiamo visto i taglia gole, crocifissioni, bambini soldato, tutte queste cose terribili. Ora la popolazione doveva rispettare le loro rigide regole "religiose", e però, in cambio, ottenevano strade pulite, la loro manutenzione, la raccolta dei rifiuti, etc etc. C'era tutta una struttura diversa da come li vedevamo noi, che guardavamo questi uomini barbuti, selvaggi scesi dall'albero; c'era uno Stato funzionante, e la gente che aveva un problema si rivolgeva a loro, e ricevevano soddisfazione, anche mediante tribunali. Questo li faceva sentire protetti. Certo per le donne i problemi restavano gli stessi. Andando a Moussul, le strade in Iran sono terribili, ma ad un certo punto trovi una strada bellissima, costruita dallo Stato Islamico. Ora la situazione è totalmente cambiata. Non c'è più lo S.I., ma trovi rifiuti da tutte le parti; la plastica viene bruciata in mezzo alla strada.

Ecco, se è vero che rischiavi la vita, se non pagavi le tasse, o non ti convertivi, però la gente aveva la percezione di vivere dentro delle regole e in una Stato che dava delle garanzie.

Quindi un baratto: la libertà in cambio di uno "stato" funzionante ed efficiente.

Si, esattamente: per le persone il ricordo è: "si mangiava, e c'erano delle regole". Ho visitato molte Chiese, all'interno trovi ancora le corde appese delle impiccagioni. Intorno numerosi giubbotti antiproiettile. I monasteri erano utilizzati come luoghi di rifugio per le famiglie, perché non venivano bombardati. Lì trovi ancora i loro oggetti, vestiti, sopratutto quelli dei bambini, che sono le più grandi vittime di queste guerre; e non oso pensare cosa sarà di loro crescendo (quelli che sopravvivono). L'occidente non prende seriamente in considerazione i pericoli che ci sono. Il rischio di radicalizzazione è alto, sopratutto in questi campi profughi, dove molti di essi provengono dallo Stato Islamico. Proprio da campi del genere sono usciti i più feroci leader dello S.I.

Togliendo la cittadinanza ai foreign fighter si è legittimata in loro la convinzione che lo Stato Islamico sia davvero il loro paese. Ma sono i governi occidentali a spingerli in questa situazione, il sistema giuridico internazionale non è pronto per gestire queste situazioni. Il problema è stato "scaricato" sui tribunali iracheni, ma è un atteggiamento che può provocare conseguenze peggiori. Pensiamo che, nelle prigioni turche, ci sono circa 3000 di questi fighter e la Turchia ha già minacciato di cacciarli. Purtroppo non esiste una definizione univoca del "terrorismo", anche perché, in questo modo, gli stati possono utilizzare il termine a loro convenienza.

Questo influisce anche sul problema delle migrazioni, e di situazioni complicate come quella libica?

La Libia non esiste. Non esiste un governo vero. Solo quello imposto da altri. Esistono centinaia di gruppi che si combattono tra di loro. Una parte consistente dell'Africa è in mano a bande di terroristi veri e propri. Lo Stato Islamico si è solamente spostato, è quieto, in attesa di riprendere le sue attività. Non c'è da cantar vittoria. In Afganistan, per esempio, è molto attivo. Più pericoloso ancora è Al Quaeda, realtà da sui l'I.S. (già Isis) proviene. Tutte le metodologie di comunicazione, e di reclutamento, sono le stesse utilizzate da Al Quaeda in passato. Ora le cose viaggiano più veloci, con i nuovi strumenti informatici, ma il "manuale" del terrorista fu già scritto negli anni '30, e costituisce, ancora oggi, la base ideologica di riferimento.

In Italia si fa un gran parlare, a livello politico delle immigrazioni come possibile canale di inserimento di terroristi, qual'è la tua impressione in merito?

Molti di questi immigrati sono persone che, credo, non volessero nemmeno partire, ma sono state costrette. Alcuni che partono lo fanno per le guerre, molti altri per problemi climatici, e questo ce lo stiamo dimenticando; tra di loro certo che possono esserci quelli poco onesti o inclini al fanatismo. Ma questi ultimi viaggiano tranquillamente anche in aereo. Parlando con persone che si occupano del business dell'immigrazione in Turchia (mafia Siriana), ho scoperto che loro ti offrono un "pacchetto" (viaggio) a diversi livelli. Se sei ricco, ti procurano anche il passaporto, e ti insegnano come ti devi comportare, ti fanno un corso di comportamento per imparare a come mimetizzarti tra altre persone.

Quindi la teoria che con i barconi arrivano i terroristi è attendibile?

Credo ci possano anche essere terroristi che giungono per questa via, ci vuole certamente un controllo su tutte queste persone che arrivano. Ma, di base, è necessario un controllo nei paesi di origine. Questo è fondamentale, anche per non alimentare la corruzione, ed evitare accordi con persone poco raccomandabili. I mercenari ci sono in tutti i mestieri. Lo Stato deve gestire in modo serio queste cose.

Le diverse forme di razzismo potrebbero quindi essere giustificate?

A me fa molto arrabbiare il discorso del razzismo: è ignoranza allo stato puro. Non si possono mettere i muri a questo mondo. E' impossibile: anche perché tu, non sai mai da quale parte finirai e per quale motivo. Dove tuo figlio potrebbe finire un giorno. Ai figli bisogna insegnare ad analizzare i fatti e le situazioni; quando leggiamo un titolo sui giornali, dovremmo sempre chiederci: perché? Niente di più, ne di meno. I giovani possono risalire, verificando, cercando, se una notizia è fondata o meno. Prima di condividere: le parole sono forti. In Inghilterra ci sono molti Italiani: nessuno riflette su come ci sentiremmo se i nostri figli fossero trattati dagli Inglesi allo stesso modo, considerandoli "minori" perché nati in Italia. Il Mondo è bianco, nero, rosso, giallo; sono le persone a fare il mondo. Questo non vuol dire che, magari, uno di colore ti può stare antipatico; non bisogna essere "buonisti": bisogna essere critici, e razionali.

Non è nemmeno accettabile che se uno è immigrato, e arriva, qui, tutto gli sia dovuto. I vantaggi vanno anche guadagnati. Io sono arrivata dalla Iugoslavia e mi hanno sputato in faccia. In quel momento ho dovuto decidere: potevo iniziare a odiare tutti gli Italiani, oppure potevo darmi da fare e dimostrare chi ero. Certo, però, che mi è stata data la possibilità di farlo. Mi sono tirata su le maniche, è un duro lavoro. Ad alcuni piaccio, ad altri molto meno. Ma ho la mia identità, come persona. Ho imparato la lingua, partendo dal principio che nulla mi era dovuto. Così come in una famiglia, esistono nella comunità diritti e doveri. Questo è però difficile quando lo Stato è prevalentemente governato da dei ladri. Non può un padre, che va a prostitute, pretendere poi che il figlio si comporti bene. Tocca a noi sforzarci, e comportarci senza prevaricare sugli altri. Siamo tutti collegati, ognuno merita rispetto. Anche nell'ambito del lavoro, quando lo svolgiamo con cura e passione. Te la puoi prendere, se qualcuno manca ai suoi doveri, con la persona, non con il colore della pelle, o per la sua provenienza.

Come valuti il lavoro dei tuoi colleghi nel documentare tutte questi situazioni di cui abbiamo parlato?

E' una domanda difficile. Per esempio, nell'ambito della fotografia, ciascuno fa il lavoro sulla base della propria sensibilità, ed esperienza. Sono la sensibilità e il vissuto che ti porta a lavorare in un certo modo, indipendentemente dal fatto di essere uomo o donna. Sono convinta che noi abbiamo non l'ordine, ma il "disordine" dei giornalisti. Non si può, per fare un esempio, scrivere normalmente di moda e poi, visto che c'è la notizia, e il relativo interesse, mettersi a scrivere di terrorismo. E' un argomento troppo serio. Nella vita delle persone le figure educatrici sono genitori, insegnanti, e, purtroppo, i giornalisti. Questo lavoro deve essere preso molto sul serio, con grande rispetto. A volte sono gli stessi editori a spingere nel fare giornalismo in un certo modo. Se tutti noi tornassimo a lavorare con serietà ed etica, potremmo riuscire ad influenzare, nel complesso, il modo di porre le notizie. Anche i lettori sarebbero più felici, e apprezzerebbero. Chi legge vuole essere informato con la verità.

Mi è capitato recentemente di proporre un articolo a un editore importante, in seguito all'uccisione di un sacerdote. Ho spiegato che erano tutti vivi, e che stavano facendo cose importanti, in quel posto. Ma niente, non si parlava più dello sgozzamento, del sangue, e allora il pezzo non interessava. Il prete è vivo, ma non importa a nessuno dell'informazione.

L'esperienza più bella, e quella più difficile, di questo tuo percorso lavorativo e umano?

Belle tante. Non ostante il contesto difficile, ho incontrato tanta di quella umanità che non ti puoi immaginare. Quando la persona che non ha niente, ma proprio niente di niente, ti accoglie nella sua tenda; stai con loro, vivi con loro, e quando parti, ti da il barattolo di melanzane da portare alla tua famiglia; oppure quando ti rivedono, e pensavano di non rivederti mai più, e solo perché ti hanno visto (e non sanno nemmeno ancora che sei lì per un progetto che porterà loro un po' di denaro), corrono nel prato a raccogliere fiori per donarteli, e ti corrono incontro, ti baciano e ti abbracciano e… [*qui Andreja si emoziona veramente parlandone, e dobbiamo fermarci un momento con l'intervista n.d.r*]

E' davvero una emozione incredibile. Perché sai che non hanno niente. Certo anche tra di loro ci sono le persone odiose. Ma la maggioranza sono persone che ti porti nel cuore per sempre. L'esperienza più brutta è stata un'intervista con dei trafficanti di esseri umani, e di organi. E' stata una delle esperienze più difficili che ho fatto. Vendevano anche organi di bambini. Questo tipo mi raccontava nel dettaglio come uccidevano le persone, come le tritavano. Non riesco più a mangiare la carne tritata. Camminare in luoghi dove il terreno è tappezzato di resti umani. Sono esperienze, e ce ne sono, difficili da dimenticare. Chi fa questo mestiere, o lo vuol fare, dovrebbe capire che per farlo è necessario molto studio, prima. Bisogna capire i fatti e gli sviluppi della geopolitica. Ci vuole qualche anno, e poi si può fare questo lavoro; se si vuole farlo bene. Si può anche fare in modo superficiale, mettendo a rischio la propria vita e, sopratutto, quella degli altri. Informare è un dovere: se si pensa solamente ai premi , è meglio non iniziare. Devi farlo se vuoi davvero raccontare ciò che succede.

Grazie Andreja.

(*) Andreja Restek, giornalista fotoreporter di origine croata, vive a Torino. È fondatrice e direttrice di APR news, quotidiano on line che monitora il fenomeno del terrorismo e i gruppi terroristici nel mondo. Collabora con diversi giornali, enti e aziende italiane ed estere ed è membro dell'International Federation of Journalists(IFJ). Ha un'esperienza di oltre 20 anni in diversi campi sociali, ma più recentemente si è dedicata a documentare gli eventi nei Paesi del Terzo mondo e nelle zone di guerra come Siria, Ucraina, Crimea, Russia, Balcani, Africa. Tra il 2012 e il 2015 ha seguito il conflitto siriano nelle regioni di Aleppo e Azaz e nella zona di confine con la Turchia. Ha ricevuto premi nazionali ed internazionali ed ha esposto i propri lavori in numerose mostre fotografiche in Italia e all'estero. Ha partecipato come relatrice e ospite ad importanti eventi organizzati da Unicef, Università degli Studi di Torino, Salone Internazionale del Libro di Torino, Associazione vittime del terrorismo, Radicalisation Awareness Network (RAN), Rai. Collabora con l'agenzia International Photo Media – Images Live per l'Italia. È presidente dell'Onlus "L'ambulanza dal cuore forte – ADCF", che ha fondato nel 2013 per portare aiuti umanitari e soccorso in zone colpite da calamità o da guerre. Ha pubblicato nel 2016 Siria dove Dio ha finito le lacrime.

Intervista con Luca Giunti analisi della Relazione della Corte Conti Europea sul Tav

Esaminiamo la vicenda della linea Av Torino-Lione a seguito della Relazione della Corte dei Conti Europea: a quanto sembra i progetti menzionati nel documento, sono tutti in ritardo. Qual è la situazione complessiva del progetto Transfrontaliero e della Torino-Lione in particolare?

E' molto interessante. Quelle 80 pagine della Corte, andrebbero lette con attenzione, perché sono molto chiare, a partire dal titolo. La Corte per analizzare il risultato e l'efficacia, dopo un certo numero di anni, del progetto Connecti Europe, ha preso in esame otto progetti di rilevanza, e li ha sottoposti al vaglio di tipo economico, rispetto agli obiettivi, impatto ambientale, etc etc

Da ricordare che lo schema generale del progetto Ten-T, quando è stato fondato venti anni fa abbondanti, aveva come termine ultimo, per essere concluso, 2030. Il titolo del documento menziona la necessità di velocizzare il raggiungimento degli obiettivi. Questo rapporto è stato compilato, è il caso di sottolinearlo, non solo da un soggetto che non è per niente contrario, ma anzi è favorevole, non solo alla Torio-Lione, ma a tutto quel modello di sviluppo. E' molto significativo il valore del rapporto. Per capirci: quando il governo precedente aveva commissionato un nuovo studio (costi/benefici) sulla Torino-Lione, che è risultata negativa, la sostanza degli "attacchi" a quello studio non è stata fatta sul contenuto, ma sulla considerazione che l'analisi non fosse stata fatta in modo indipendente. Alcuni evidenziavano che allo studio avevano partecipato soggetti che erano in passato stati critici verso la Torino-Lione.

Ora abbiamo un documento, scritto da persone favorevoli, che contiene una enorme quantità di critiche. Allora, dal punto di vista logico, bisognerebbe dargli più retta, sopratutto da parte di chi aveva criticato l'analisi Costi/Benefici di Marco Ponti.

La CCE (Corte dei Conti Europea), analizzando gli otto progetti, ha rilevato che sono tutti gravati da alcune pecche gravi. La prima: sono tutti in ritardo; e dettaglia i ritardi di ogni singola opera. Ma non è un ritardo di 2/3 anni causato da qualche impedimento, è che tutto il progetto TEN-T, che doveva arrivare al 2030 con una serie di connessioni di rete, avrebbe anche dovuto avere una azione di mitigazione dell'impatto ambientale climatico, per ridurre le emissioni. Il ritardo dei progetti è dell'ordine, oggi, dei 15 anni. Quindi per la Corte risulta evidente che i risultati, e gli obiettivi attesi, per il 2030, che sono stati finanziati, non verranno raggiunti. E non verranno raggiunti per poco, bensì per tanto! Se di questa analisi, prendiamo in considerazione il tratto che riguarda la "nostra" opera, la CCE ci fa sapere che:

a. che siamo in ritardo di circa 15 anni

b. che i costi sono moltiplicati per 3/5 volte

Su questi due aspetti, i proponenti giustificano i ritardi a causa delle variazioni progettuali, e sostengono che i costi non sarebbero variati così tanto perché la Corte fa riferimento alle prime ipotesi progettuali degli anni '90. Ma il punto è proprio questo! La Corte ha valutato la progressione e l'espansione dei progetti complessivi dentro questa rete. E questi progetti sono stati proposti, dai singoli paesi, 20 anni fa. E su questa considerazione che la Corte evidenzia che i costi sono lievitati dell'80%, proprio rispetto al primo preventivo che fu redatto. Nel caso della Torino-Lione, la Corte va ancora oltre. Come sappiamo, nel frattempo, alcune priorità nel mondo sono cambiate, e il problema delle emissioni dannose per l'ambiente è diventato centrale. A riguardo il documento specifica che: la previsione dell'incremento dei traffici, presentati a suo tempo dai proponenti, sulla cui base dei quali si prevedeva un certo risparmio della CO2, sono state sovrastimate!

Poiché sono state sovrastimate, l'ipotetico pareggio del bilancio del Carbonio, che era ipoteticamente individuato nel 2050 (20 anni dopo l'ipotetica fine della rete), non sarà realizzato in quell'anno ma, forse, nel 2060, 2070, 2080.Quindi la bandiera dei proponenti, che hanno sostenuto la necessità dell'opera per avere un beneficio per l'ambiente, crolla miseramente!

Come tecnici, come Movimento (No Tav), come amministratori pubblici, abbiamo la tristissima soddisfazione di vedere riflessi, nel rapporto della Corte dei Conti, le critiche principali che, questo territorio (Val Susa) continua a fare da quasi 30 anni. Il flusso dei traffici è sovrastimato; i costi sono sottostimati; l'impatto ambientale, sia della costruzione, sia dal punto di vista degli scavi, della perdita dell'acqua, sia delle emissioni di cantiere, non sarà recuperabile. La prima analisi Costi/Benefici, realizzata dai proponenti l'opera (quaderno numero 8 disponibile su Internet, pubblicato nel 2012) quindi LTF, calcolava un VAN (Valore Attualizzato Netto) dell'ordine del 3/3,5, che è un valore minimo. Quasi la soglia più bassa ammessa dalla UE per progetti di questo tipo (che dovrebbero portare dei vantaggi). Era dunque positiva, anche se per poco. Ma era positiva, se si realizzavano tre condizioni:

a. l'intera linea Torino-Lione costruita,e in esercizio, entro il 2030

b. l'incremento dei traffici complessivi, globali, su tutte le modalità di trasporto, che rispettasse quello ipotizzato dai proponenti; quindi dell'ordine delle 5/7 volte superiore a quello attuale

c. questo traffico aumentato, per il 50/55% era necessario trasferirlo dall'autostrada alla ferrovia

Dopo 8 anni dalla pubblicazione di quella analisi, la CCE scrive, nero su bianco, e documentando con i numeri, che nel 2030 la linea (l'intera linea, non solo il buco transfrontaliero, su cui lavora oggi il cantiere di Chiomonte, e per il quale, a oggi, esiste l'unico progetto) non sarà costruita, e non sarà in esercizio. Aggiungendo che i traffici sono stati sovrastimati, e che l'idea di trasferire il trasporto da strada a ferrovia, così come ipotizzato, non sarà realizzabile. Dal momento che è diventato urgentissimo abbattere le emissioni ambientali, e migliorare l'efficienza, e considerando che i proponenti stimano (secondo noi per difetto), che la costruzione dell'opera comporterà l'emissione di 10 milioni di tonnellate di Co2, ed è evidente che non le recupereremo mai, sopratutto non certo nel 2040, limite imposto dalla UE come dead line per raggiungere le emissioni zero, è evidente che il rapporto della CCE è esplosivo, che dovrebbe implicare un dibattito principale (dopo quello del virus). Perché solamente sul tunnel di base, ci sono circa 10 miliardi di soldi pubblici, su tutta la linea (come disse la Corte dei Conti Francese) 26 miliardi. Se anche una parte è Italiana, una Francese, e una Europea, sempre soldi pubblici sono.

La domanda che viene spontanea, nel racconto che fai, riguarda proprio i tempi, e lo sviluppo della tecnologia. Ovvero: un'opera che è stata pensata e progettata quasi trent'anni fa, e non è ancora stata realizzata, non è forse "vecchia" come concezione?

Si, assolutamente. L'accusa principale che si può muovere alla Torino-Lione, ma anche a tutta la rete, è di essere un progetto vecchio. Concepito verso la fine degli anni '80 del '900, in un periodo in cui non c'era Internet, i voli low cost, le stampanti 3d, i telefoni cellulari… tanto per capire il periodo e il contesto. Se l'avessero concepita negli anni '80, e l'avessero realizzata entro il 1995, poteva ancora essere un progetto credibile con un senso: il modello di sviluppo concepibile in quel periodo era quello. Ma 30 anni dopo nel quale il mondo è diverso, le merci viaggiano in altri modi, le esigenze del pianeta sono diverse, pensiamo alla crisi energetica e a quella ambientale, e questo progetto è ancora tutto da fare, è evidente che siamo fuori tempo massimo.

Alcuni economisti ricordano che queste grandi opere hanno alcune caratteristiche che possono essere considerate come un pregio, da chi le propone, ma come un difetto da chi si oppone. Una di queste si chiama 'capitale intensive': sono cioè opere che raccolgono una enorme quantità di denaro, e lo bloccano in un'unica direzione. Il difetto è quindi quello di concentrare molti denari in un'unica linea di spesa, che questi soldi investiti sono molto lenti nell'arrivare nell'economia reale, ovvero perché l'effetto del moltiplicatore sia riscontrabile, passano almeno 5/6 anni. Inoltre producono pochissimi posti di lavoro, a parità di capitale impiegato, e sono molto rigide dal punto di vista dell'innovazione tecnologica. Essendo mastodontiche non sono in grado di essere agili e veloci nel cogliere le innovazioni, magari cambiando direzione rispetto alle soluzioni intraprese in un primo momento. Quindi, al contrario di quello che moltissimi soggetti chiedono di fare, queste grandi opere concentrano in poche mani, e in una direzione sola, tutte le energie economiche, e progettuali. Mentre in un mondo complesso, molte delle stesse associazioni degli imprenditori, e tante altre realtà produttive, o di volontariato, affermano che bisogna andare verso modelli diversi: ovvero tante opere minori, nelle quali distribuire il denaro, che avrebbero un moltiplicatore molto più veloce ed efficace.

Considera, per esempio, un piano per riqualificare, dal punto di vista energetico, gli edifici pubblici in tutta Italia: una volta attivato, nel giro di pochi mesi lavorerebbero centinaia di piccole imprese, tutte diffuse sul territorio, da nord a sud, che potrebbero mettere in moto energie positive e innovative. Mentre invece un progetto come la Torino-Lione, concentrata in un solo scavo, non solo ha bisogno di pochi lavoratori, a parità di denaro impiegato, ma a parte alcune figure professionalmente alte (tipo quelle che manovrano la talpa), che sono quindi già qualificate, il resto del personale (con tutto il rispetto nei loro confronti), non è personale altamente qualificato. Non siamo quindi di fronte a un'industria che si è installata su un territorio e ha creato un indotto positivo, innovazione, investimenti produttivi.

Queste sono le considerazioni che andrebbero fatte, estrapolando i dati dalla Relazione della Corte dei Conti Europea. Sono le considerazioni che sono alla base, per l'ennesima volta, della più recente richiesta che gli amministratori locali, dell'Unione Montana Alta Val di Susa, hanno fatto al governo. Avete visto cosa ha scritto la Corte europea? Sarà il caso che ci incontriamo per analizzare in dettaglio quest'opera, e verificare se le promesse che sono state fatte sino a oggi sono state mantenute? Una delle cose che, per esempio, non si conosce di quest'opera, è il crono-programma: quale sarà il prossimo cantiere che verrà aperto? Per quanto tempo? Sarà o no diritto/dovere degli amministratori di un territorio chiedere conto di questo? Anche nel caso in cui tu fossi a favore dell'opera.

Parlando di aumento di costi e di capitali investiti. Questi aumenti di costi, a cosa sono dovuti? A che punto è, realmente, il progetto comprensivo della linea? (ricordando che al momento si continua solo a parlare del tunnel transfrontaliero, e in particolar modo della discenderia). E a questo punto del discorso ti chiedo anche: ma come si può valutare l'impatto della rete Alta Velocità italiana nel suo complesso?

Per capire i conti a bilancio bisognerebbe leggere, in questo caso, le relazione della Corte dei Conti Italiana, che già anni fa (anche questo lo si trova su Internet) puntò il dito contro l'intera struttura dell'Alta Velocità italiana. In quel report, redatto in un periodo in cui non si parlava ancora di crisi ambientale, né di Greta Thunderberg, o dei ragazzi di Friday For Future, la Corte scrisse che il debito contratto dallo Stato italiano, per l'Alta Velocità, era un debito che infrange il rapporto intergenerazionale, accollando alle generazioni future un debito prodotto dallo Stato italiano di allora. Anche su questo sarebbe urgente aprire una riflessione, per discutere su quello che si potrebbe ancora fare per il futuro. Per esempio, nelle ultime settimane, si è parlato molto dei piani di ripartenza post-pandemia, con l'utilizzo di strumenti come il Recovery Fund, per far ripartire il Sud del paese con investimenti in infrastrutture tipo l'Alta Velocità. Bisognerebbe essere molto chiari in proposito. Qui nessuno è a favore o contro la Ferrovia a priori, siamo contro il fatto che si identifica una soluzione unica, come l'unica risposta possibile ad ogni tipo di problema.

Come insegnano molti economisti, se è necessario collegare molte zone del sud, tipo per esempio la Napoli-Bari, possiamo fare un'analisi comparativa, raccogliere informazioni da tutti i punti di vista, per decidere qual'è la soluzione migliore? Iniziare subito a dire: facciamo l'AV Napoli-Bari, potrebbe, come qualcuno ha già ipotizzato, non essere la soluzione migliore. Perché l'AV potrebbe non essere la soluzione migliore, mentre una buona linea tradizionale potrebbe esserlo?

Perché l'AV è una struttura, e infrastruttura, che deve essere costruita completamente nuova. Questo comporta costi economici, energetici, ambientali, occupazione del territorio, etc etc. Può essere una buona soluzione se mi posso aspettare, nell'arco di 10/15 anni dalla fine della sua realizzazione, un buon ritorno, non solo in termini di biglietti venduti a chi usa la tratta, ma anche, per esempio, in minor uso, o cessazione, dell'automobile su quella stessa tratta; oppure perché alle due stazioni terminali, o in un altra nel mezzo, si crea un polo produttivo particolare...

Le vogliamo fare o no queste analisi, su cui poi prendere poi le decisioni? Oppure, come purtroppo sembra, oramai l'Alta Velocità è diventata un "Totem", un "vessillo", una soluzione buona per tutte le stagioni a prescindere? Non dimentichiamoci che in Italia la tratta Milano-Roma è moderatamente redditizia per chi gestisce il servizio, nel senso che è la tratta più trafficata dai passeggeri, ma al computo dell'incasso dei biglietti bisognerebbe aggiungere i costi di investimento, sostenuti dallo Stato, per realizzare quell'opera. In questo caso, come sostengono molti esperti dei trasporti, i conti non risulterebbero così redditizi. Ma è difficile ipotizzare che sulla Napoli-Bari, per esempio, si realizzi un traffico passeggeri analogo nel futuro. Bisognerebbe comunque fare una valutazione, altrimenti come si fa a dire che è la scelta migliore? Ma ci sono altri aspetti da considerare, proprio quelli su cui la Corte dei Conti Italiana puntava il dito. Se esaminiamo la tratta Milano-Roma, che è quella più utilizzata, non possiamo dimenticare che, per viaggiare ad "alta velocità", il treno salta le stazioni di: Piacenza, Parma, Reggio-Emilia, Modena, a volte anche Bologna e Firenze. La domanda è: siamo sicuri che questo è il modello che serve all'italia? Siamo sicuri che nella nuova AV che va da Milano a Venezia (ancora tutta da costruire) ci serva davvero un treno che viaggia veloce tra i due estremi, ma non si ferma, per esempio a Desenzano, Verona, Padova, Vicenza?

Il nostro tessuto urbano e sociale è diverso da quello della Francia, che ha impostato questo tipo di modello di AV. Ma la Francia non ha le montagne, le colline, gli Appennini, viaggia in pianura quasi al 100% del suo tracciato, e ha poche, meno di dieci, grandi città, ognuna delle quali dista da Parigi circa 400/550 chilometri: ovvero la condizione ideale per quel tipo di velocità. Noi non siamo come la Francia, il nostro tessuto urbano e geomorfologico è diverso. Si aggiunga che in Italia, con dispiacere, possiamo ricordare che 40 anni fa l'Alta Velocità adatta a noi ce l'avevamo già: si chiamava Pendolino, ed era un fiore all'occhiello degli ingegneri piemontesi. Un treno che permetteva di andare "forte" sulle linee esistenti: poteva mantenere la velocità in curva senza far vomitare i passeggeri, perché aveva la cassa vasculante. Per questo si chiamava Pendolino, e viene ancora utilizzato in giro per il mondo.

Consideriamo che in Germania, e altri stati, che hanno sposato il modello dell'Alta Velocità, hanno continuato ad utilizzarlo, riducendo però la velocità di punta dei propri treni (non ostante possano andare a 300, li fanno viaggiare a 250 km/h). Questo perché si sono resi conto che se guadagno su una tratta 5/15 minuti di tempo (spingendo la velocità), ma, per ottenere questo risultato, il livello di usura dei materiali, il livello di sicurezza, e tutta una serie di corollari, comportano alti costi. Allora ci si chiede: non è che è meglio aumentare la durata del viaggio di un tempo breve, a fronte di un risparmio dei costi, e di un aumento della sicurezza? Per questa serie di ragioni, e considerando che le linee AV italiane sono state costruite tutte nuove anche per far passare i treni merci, ma non c'è mai passato un treno merci (le velocità tra treno passeggeri e merci sono incompatibili, e quello merci usura molto di più le strutture fisiche, che poi devono essere controllate per far passare quello veloce); e che la tratta nuova Torino-Milano, in funzione da 10 anni il tratto da Novara a Milano, da 15 quello da Torino a Novara, ed è una ferrovia che potrebbe portare diverse centinaia di treni al giorno, ne porta invece un 30/40 tutti ad Alta Velocità, e zero treni merci, la domanda è: perché viaggiano così pochi treni?

Perché non c'è domanda! Il numero dei passeggeri tra Torino e Milano non è tale da giustificare 100 treni al giorno! Siccome abbiamo tutta questa "storia" alle spalle, queste osservazioni, e siccome quella Torino-Lione non l'abbiamo ancora cominciata sul serio (con il tunnel a doppia canna da 57 km l'una, per un totale di 108 chilometri di buco nella montagna da costruire), perché in asse con il tunnel sono stati ad oggi scavati solamente 9 km, e ci vorranno altri 10/15 anni solamente per terminare il tunnel (quindi ben oltre il 2030), secondo il nostro parere abbiamo di fronte la dimostrazione dell'inutilità e della insensatezza dell'opera.

Perlomeno dei dubbi bisognerebbe iniziare ad averli! Un padre di famiglia "saggio" (quello sempre citato dal codice civile) davanti a un investimento che impegnerà per i prossimi 20 anni, e di cui posso incominciare a dubitare dei risultati, quello che dovrebbe fare è fermarsi, riunire la "famiglia" e discutere sul da farsi, perché forse è il caso di ripensarci! Questo è quello che chiediamo, quello che i fatti consigliano di fare.

Hai citato la Francia. Sovente ci è stata spacciata la notizia che i Francesi sono d'accordo nel fare questa tratta (Torino-Lione), ma la realtà è un po' diversa, dagli studi che sono stati

commissionati; com'è la situazione reale?

C'è un elemento interessante su cui riflettere. Le critiche dal lato Francese sono arrivate da soggetti istituzionali. Le critiche da parte italiana, arrivano da cittadini, comitati locali, amministratori locali, mentre le istituzioni sono tutte, praticamente, a favore. Negli ultimi tempi, sia a seguito del cambiamento delle forze politiche in Francia, con una affermazione del mondo ambientalista verde, seppure con il principio che il treno è meglio della strada, e siamo tutti d'accordo se entrambe sono già costruite; il nuovo sindaco di Lione, in una delle sue prime dichiarazioni, ha contestato l'opera, e a lui si è aggiunto il sindaco di Grenoble, una cittadina che già in passato si era già espresso in senso critico.

Nell'ultimo anno anche nella Valle della Morienne (Francia) dove sono stati iniziati dei lavori, sta aumentando una certa forza di critica, in particolare ambientale, perché ci si è resi conto dei disastri che un cantiere può generare scavando dentro una montagna. In quella zona ci sono cittadini che non hanno più l'acqua, che l'hanno persa a seguito della chiusura di sorgenti, si è verificato l'inquinamento di un fiume, e quindi cominciano a manifestare la loro rabbia e preoccupazione. La Val di Susa vorrebbe evitare di arrivare sino a quel livello. Queste sono però le obiezioni locali. Ma in Francia, oltre la Corte dei Conti Francese (che già nel 2012 stimò il costo dell'opera oltre i 26 miliardi – oggi sarebbero oltre i 30, come un'intera manovra finanziaria italiana), c'è stato un comitato di esperti trasportistici incaricato dal governo, chiamato Mobilità 21, che mise in fila le priorità delle infrastrutture francesi, e la parte di collegamento tra Lione e il confine di stato fu messa in fondo all'elenco, perché non ritenuta così necessaria.

Il ministero dei trasporti e il governo, in altre occasioni hanno in più occasioni dichiarato che il progetto della loro parte, da Lione a San Jean de Morienne, ovvero la parte nazionale, decideranno se progettarla dopo il 2038 dopo valutazione dell'andamento dei traffici. Quest'ultima scelta di posticipare dopo tale data, dovrebbe avere delle conseguenze significative. Prima conseguenza: chi parla oggi di costruire dei cantieri della Torino-Lione sta ingannando chi ascolta. Oggi l'unica cosa progettabile e realizzabile della linea è il tratto che va da San Jean de Morienne a Bussoleno. La Francia ha rinviato la sua parte, l'Italia ha presentato anni fa un progetto preliminare che non è mai stato approvato; molte parole, molte suggestioni tra RFI e il ministero delle infrastrutture, ma un progetto reale di come gestire il treno che arriverebbe dalla Francia e da Bussoleno, e dovrebbe andare verso Torino e poi Milano, non esiste. Bisogna fare attenzione a come vengono usate le parole: stiamo parlando, da qui ai prossimi dieci anni, esclusivamente del traforo sotto le Alpi. Seconda conseguenza: il traforo sotto le Alpi è lungo 57 chilometri; 45 Km sono in Francia, 12 Km sono in Italia. Di questo tunnel l'Italia ne paga i 2/3! quando la galleria è solo per ¼ sul territorio italiano. La giustificazione addotta è che trattasi di un accordo assunto con la Francia perché loro hanno, sul territorio, un tratto molto più lungo da realizzare (che comprende altre tre gallerie), rispetto a quello del tratto italiano. In realtà è una giustificazione che non sta in piedi. Potremmo accettarla per buona, se la Francia si impegnasse a costruire la sua parte. Poiché la Francia invece non si impegna per almeno i prossimi 20 anni, forse sarebbe il caso di ridiscutere questa parte economica. In questo paese ci si lamenta di continuo che non ci sono i soldi, allora la buona logica del "padre di famiglia" vorrebbe che, in questo caso, la logica della ripartizione dei costi venisse ridiscussa.

Sopratutto direi alla luce di quanto tu affermi: i francesi potrebbero tranquillamente dire, nel 2038, che la linea a loro non interessa, e quindi rimarremmo con un buco costosissimo dopo aver devastato il territorio.

Certo! Loro potrebbero anche dire che sono interessati a realizzare solo un tratto parziale, tipo quello equivalente tra Bussoleno e Torino.

Tra le giustificazioni che consiglierebbero la creazione dell'opera, oltre alla questione della saturazione della linea storica, tesi che sappiamo palesemente falsa, si è ultimamente adottata quella della impossibilità di utilizzare il tunnel del Frejus, che risulterebbe non più adeguato al transito delle tipologie di vagoni merci di nuova generazione. Risulterebbe invece una questione diversa: a seguito di lavori di ammodernamento della galleria, nella parte francese sono state adottate soluzioni che compromettono la sicurezza del transito, diversamente dalla parte italiana dove i lavori sono stati eseguiti con criteri migliori ed efficienti.

È esattamente così; ed è tutto documentato. Circa dodici anni fa è stato evidente che il tunnel del Frejus, inaugurato nel 1871, concepito da Cavour, che passa tra Bardonecchia e Modan ad una quota di 1300 metri slm, aveva delle limitazioni, sopra tutto per quanto riguarda la sagoma. Gli ingegneri han deciso di mettere mano alla forma del tunnel per modificarla. Dal lato italiano, fino al confine, il lavoro è stato fatto egregiamente: si è allargato il tunnel sino al punto di permettere il passaggio incrociato di container con sagome grandi. Dal lato francese si è scelta una soluzione diversa: il rivestimento del traforo dal loro lato è differente, hanno così deciso di abbassare i binari piuttosto che allargare la galleria. Ma facendo questa operazione, essendo la sagoma del tunnel rotonda, hanno dovuto avvicinare i binari dei due sensi di marcia: questo comporta che dal punto di vista dell'altezza il container transita ma, da quello della larghezza, esiste la possibilità (teorica ma occorre tenerne conto sotto il profilo della sicurezza) che due treni in transito in direzione opposta si possano toccare.

Sarebbe necessaria un'inchiesta per determinare chi ha lavorato male, perché in questo modo si è compromessa l'efficienza dell'intero sistema. Sarebbe il caso di andare a chiedere conto a chi ha lavorato in questo modo. Ma ci sono anche altre considerazioni interessanti da fare. Una considerazione generale sulla sicurezza: da genovese posso ricordare che a seguito della tragedia del ponte Morandi, si è costruita una nuova struttura che, ovviamente, corrisponde ai livelli di sicurezza previsti nel 2020. Di conseguenza il ponte precedente non corrispondeva più agli standard di sicurezza che sono cambiati nel corso degli anni. Ma, se si fossero realizzate le corrette e necessarie manutenzioni, il ponte Morandi sarebbe ancora in piedi. Lo ha dichiarato lo stesso Renzo Piano e tutti coloro che se ne sono occupati. Non è quindi corretto invocare, come si fa per la linea storica, gli standard di sicurezza attuali. I nuovi standard si applicano alle strutture di nuova costruzione. Gli standard precedenti valgono ancora a determinate condizioni. Se costruisco sul nuovo, applico gli standard più recenti, ma questo non significa che gli standard precedenti siano fuori dall'ambito della sicurezza. È un ragionamento lapalissiano.

Proviamo, per un momento, a falsificarlo come si usa fare nella ricerca scientifica. Diciamo, in via di ipotesi, che l'attuale tunnel del Frejus non è più sicuro. Chi sostiene questa tesi deve andare, ora, subito, dal Prefetto, e dal direttore delle ferrovie che gestisce la linea, e, dati alla mano, pretendere che immediatamente quel tunnel venga chiuso in quanto 'non sicuro'. Sulla sicurezza non si scherza. La nostra Costituzione pone il diritto alla Salute tra i fondamentali. Nella realtà non è così. In modo magari più lento, con più locomotori, quel traforo viene normalmente utilizzato. È vero che quel traforo si trova a 1300metri slm, ma proprio per questo è lungo 12 chilometri. Quello nuovo ipotizzato è a livello più basso, ma in conseguenza di questo fatto è lungo quasi 60 km. Bisognerebbe inoltre valutare quale tipo di traffico ci sta attualmente viaggiando nel traforo del Frejus. Se, in via di ipotesi, dovessi limitare il transito a un treno alla volta, per questioni di sicurezza, questo avverrebbe per un tratto di transito di soli 12 chilometri. Un treno ci impiega 10 minuti a percorrere questa strada. Se facessi viaggiare un treno alla volta, ogni 15 minuti, sarei in condizione di completa sicurezza, in entrambe le direzioni. Ma c'è ancora una domanda a cui rispondere: quali sono i treni che "potenzialmente" potrebbero toccarsi se si incrociassero? Non accadrebbe per tutti, solamente per alcuni di tipo merci, ma, sopratutto, quelli che caricano anche il camion. Sono quei treni che non trasportano solamente la merce, ma anche tutto il Tir adibito al trasporto. Un sistema criticato da molti, in quanto si spende energia per trasportare della 'tara'. Dovrei invece preoccuparmi di trasportare solamente la merce. Meno tara trasporto, e meglio è. Ma se trasporto il camion alzo l'altezza complessiva del convoglio e, sopratutto, avendo quest'ultimo le sospensioni sonpra le ruote, tutta la struttura risulta più vasculante e più mobile. Il viaggio avviene normalmente in sicurezza, ma aumento comunque l'oscillazione eventuale. In caso di transito contemporaneo, all'interno del tunnel del Frejus, si potrebbe quindi generare una potenziale situazione di pericolo. Dobbiamo allora valutare quanti sono questi treni. Leggendo i dati si rileva rappresentano l'1% del totale dei mezzi attraversanti il Frejus. Quindi questa è la reale limitazione della galleria attuale.

Domanda: è una limitazione significativa? Forse si. Ma devo fare delle valutazioni.
Quanti treni passano? Quanto mi costa costruire un tunnel nuovo?

I proponenti, sino ad oggi, ci hanno raccontato che è indispensabile costruire il nuovo, perché il traffico aumenterà. Questo lo affermano da decenni. I titoloni dei giornali prevedevano la saturazione della linea già per il 1991! Ma la linea non è satura. Transitano 3 milioni di merci all'anno con la linea che ne può portare 20! Quantificazione questa fornita dalle Ferrovie dello Stato.
Infine ho la Corte dei Conti, la quale afferma, perentoriamente, che i dati di traffico sono stati sovra stimati. In considerazione di tutto questo, forse avrei bisogno di un'altra soluzione. Quello che mi colpisce in questa storia è l'improntitudine con la quale si persegue un'unica soluzione. Sono 30 anni che la Torino-Lione è la soluzione a tutto. Viene venduta per i trasporti, per la crisi industriale dell'intero Piemonte, per i problemi ambientali. Insomma: viene propagandata come la soluzione per qualsiasi cosa. I contesti cambiano, i problemi mutano, ma la soluzione

fornita è sempre la stessa!

Questa soluzione assorbe una enorme quantità di energie mentali; non abbiamo più ingegneri e progettisti che pensano a soluzioni alternative, a qualcosa d'altro. Stiamo progettando solo questo da trent'anni a questa parte! Non è forse un po' chiuso come orizzonte? Il progetto ingoia energie sociali, economiche, tutte concentrate intorno a questo progetto. Non avremmo forse bisogno di soluzioni alternative? Davvero questa è la panacea di tutti i nostri mali?

Per non parlare della militarizzazione della Valle e del trattamento giuridico riservato a chi si oppone a questo scempio di denaro pubblico e ambientale da oltre 30 anni. Veniamo quindi a concludere sul nodo più prettamente politico di tutta questa vicenda. Il rapporto con la politica, con il M5S, ovvero tutta quella mole di informazioni scientifiche che sono state fornite da voi "tecnici" e che sono state ignorate o non capite. Qual'è la sensazione che tu ne hai personalmente ricavata?

La mia sensazione è che la Torino-Lione è una "patata bollente" che nessuno vuole affrontare. È una situazione senza alternative: o la fai o non la fai. Il problema è che ci sono solidissime ragioni per 'non farla', e le ragioni opposte sono rimaste quasi solo più come ragioni di "puntiglio". Mi capita, anche per il mio lavoro, di chiacchierare il libertà con persone che la pensano in maniera diversa, anche con sindaci ed esponenti delle Forze dell'Ordine. Ormai una delle argomentazioni principali a favore è: 'non possiamo darla vinta al movimento No Tav!!!'.

Posso capire la posizione politica, ma vorrei vedere un po' più di saggezza e lungimiranza, da parte della classe dirigente. Bisognerebbe davvero rendersi conto della situazione. Noi siamo consapevoli (e ben documentati) di come quest'opera sia devastante per l'ambiente, per le finanze dello Stato, e come ci viene raccontata in modo poco trasparente. Dopo tanti anni questa storia si trascina anche dietro altre gravi problematiche dal punto di vista sociale. Frequento molto i giovani, con le mie attività. Noto che oramai è cresciuta una generazione di 15-enni e 20-enni che non ha più nessuna fiducia nelle Forze dell'Ordine. Ragazzi che se subiscono un furto non vanno dai carabinieri, perché questi rappresentano quello Stato che ha picchiato il loro padre durante una manifestazione. Di chi è la colpa? Dei loro genitori? Può darsi. Ma se sei uno Stato "serio" ti dovresti rendere conto che questo è un problema, e magari è necessario un correttivo. Se prendiamo i dati statistici del Ministero che elenca i reati commessi nei vari territori della Repubblica, e non danno una qualifica dei reati, si scopre che la bassa Val di Susa ha tassi di criminalità pari alle peggiori zone dove alberga la criminalità organizzata, oppure a periferie urbane dove c'è spaccio. Sarà un problema da affrontare o facciamo finta di niente?

Noi sappiamo che le accuse di molti reati, qui in Valle, riguardano non quel tipo di reato criminale o di spaccio, ma sono conseguenti ad azioni compiute per un senso di legalità più alta. Ma dalle statistiche queste differenze non emergono. È come se, durante una partita di pallone, avessimo un ragazzo che dà in escandescenza facilmente. Come allenatore (attività che svolgo consquadre giovanili) è ovvio lo riprenda, e magari lo metta anche in panchina. Ma quello è il 10% del mio lavoro. Se voglio risolvere il problema devo andare a parlare con il ragazzo e per cercare di capire cosa è successo. Il "castigo" è meno di zero come valore. Il lavoro, la responsabilità, di un educatore, e quindi di una Stato, è scoprire perché ci sono certi tipi di reazione. Potrei così scoprire che, se non tutte, qualcuna è giustificata, e il torto potrebbe stare anche da altre parti.

Sulla Torino-Lione la vera mancanza è la "Politica". Quella nobile, quella bella, con la "P" maiuscola. Quella che affronta i problemi; che si fa carico delle mediazioni e del confronto. Ovviamente questo deve essere paritetico non del tipo 'si fa comunque come dico io!'. A mio parere, la politica manca perché tutti i dati tecnici sono disponibili e la classe politica, nel suo complesso, è consapevole che questa opera è assolutamente inutile. Non possono accettare quindi qualsiasi confronto serio e obbiettivo, perché questo li condurrebbe inevitabilmente a dare ragione al Movimento No Tav. Si sono infilati in un "cul de sac", ma non vengano a dire che non sono informati o che ignorano i fatti: questo è inaccettabile, perché tutti sanno quello che c'è da sapere. Se non lo sanno, allora faccio un invito pubblico: telefonateci, siamo a vostra disposizione. Non ne abbiamo mai fatto (come tecnici) una questione di schieramento: discutiamo, anche animatamente, con chiunque, per chiarire come stanno realmente le cose con chi si approccia alla questione in modo intellettualmente onesto.

Grazie di cuore Luca per questa preziosa intervista.

(agosto 2020)

Luca Giunti è Naturalista e guardiaparco, si occupa per lavoro di ricerche scientifiche, di Progetti Life, di educazione ambientale e di valutazione di impatto ambientale. Ha pubblicato alcuni volumi fotografici e divulgativi e articoli scientifici, anche sul caso TAV. È membro della Commissione Tecnica incaricata dalla comunità Montana Val Susa e Val Sangone e dalle Associazioni Ambientaliste di analizzare e criticare nelle forme di legge i vari progetti della Torino Lione.

Uno sguardo disincantato sul Mondo

Il mondo sempre più vicino, sempre più coinvolgente, ma troppo spesso incomprensibile. Assordati da notizie, il più delle volte tragiche, diventa difficile comprendere il senso degli avvenimenti senza un po' di immaginazione sociologica, per guardare oltre le narrazioni proposte. Ci vuole coraggio per capire il ruolo dell'occidente negli orrori che accadono lontani da noi, ma prima o poi raggiungono la soglia della nostra casa.

Siamo tutti Charlie Hebbo...
o siamo tanto ipocriti?

Abbiamo visto e rivisto sbigottiti e impotenti le immagini dell'attentato terroristico in Francia al noto giornale satirico Charlie Hebdo. Manifestazioni, sdegno, solidarietà, condanne. Tutto il classico repertorio propinato dai media e dai politici in queste tristissime circostanze.Il ribrezzo con cui si prende coscienza di vite umane spente in un attimo dal sibilo di una pallottola e dal grugnire di un mitra si accompagna con l'amarezza dell'ipocrisia celata dietro tante dichiarazioni di solidarietà e fraternità.

Di quella della politica nostrana sdegnata dalla censura religiosa che imbraccia un Ak-47, ma mai da quella politicamente mirata e sparata a mezzo di direttori servizievoli che congedano comici, satirici, presentatori, artisti scomodi, ha già detto il necessario l'ottimo Marco Travaglio.

Segue lo sciacallaggio politico ignorante che fa "di tutta l'erba un fascio" (e non caso si chiama fascismo) e accorpa il fanatismo violento con tutta una religione, una cultura, i popoli. Si gioca sulla paura, sul terrore. Miserevoli personaggi che dimenticano come nel nostro paese i peggiori mafiosi autori, mandanti e complici di stragi sono sempre stati "devoti" frequentatori delle Chiese. Quante persone sono state mandate al rogo dalla Chiesa Cattolica in nome dell'integrità dell'interpretazione dei sacri testi? Quante crociate sono state promosse per distruggere gli "infedeli" nelle terre considerate "sacre". E queste cose non accadevano in era paleolitica ma in epoche molto più recenti e vicine a noi.

Queste colpe giustificano o rendono meno colpevoli quelle commesse in nome dell'Islam? Assolutamente no. Ma per capire, se capire si vuole, occorre focalizzare delle premesse per sapere che le "guerre" sante non sono un'esclusiva del mondo Islamico.

A fermare questa barbarie nel mondo occidentale è stato il pensiero illuminista, meglio ancora il pensiero laico che ha separato Dio dal governo dei popoli e per colpire il potere temporale dei papi siamo entrati in guerra, per difendere la libertà di pensiero, sopratutto di quello scientifico oggetto di scomuniche feroci. È la laicità l'unica forza morale e intellettuale che può affrancare i popoli dall'essere servi e diventare invece devoti di un qualsiasi Dio scelto liberamente.

Ciò non è sufficiente però. La nostra "colpa" è sopratutto il guardare altrove dove la povertà e la miseria creano le condizioni affinché manipolatori senza scrupoli trovino adepti da convertire; poco importa si tratti di un Dio o di una setta o di un clan mafioso. Il meccanismo è sempre lo stesso. Togli cultura, conoscenza, opportunità di vita, di amore, di dignità e avrai terreno di coltura per la violenza, la paura e il terrore e il ricatto.

Guardiamo altrove quando la violenza è lontana e ci avviciniamo ad essa solo per frequentare un bel Resort composto di tanti bei comfort per rilassarci, dove il personale è pagato una miseria e sogna di venire qui da noi illudendosi di trovare la terra promessa. Ci infastidiamo e non comprendiamo perché tanti esseri rischino la vita per approdare sulle nostre coste perché non riusciamo ad avere più idea di cosa sia davvero la miseria e il non avere nulla da perdere.

E' il nostro modello di vita che crea il "terrore", la pazzia del terrore, la violenza del sogno delle vergini nell'aldilà per il quale vale la pena morire da martire e che rappresenta una versione moderna del motto"meglio vivere un giorno da leoni che cento da pecora". Di cosa stupirsi allora? Se le migliaia di conflitti nel mondo orchestrati e gestiti per "procura" (come ci ha spiegato bene Loretta Napoleoni in una nostra intervista) creano milioni di esseri fragili, sperduti, affamati cui resta solo l'alternativa tra una fede cieca e la miseria più profonda chi dobbiamo accusare delle conseguenze folli e tragiche che ci cadono addosso? Sempre e solo gli altri? Ne siamo così sicuri?

(12.01.15)

Isis Top secret ciò che non si deve sapere

In un recente articolo apparso sul Fatto Quotidiano si menziona il resoconto del dibattito svoltosi a Perugia in occasione del festival nazionale del giornalismo. Durante il festival si è parlato di Califfato e di Isis ai quali la rivista Limes dedica l'ultimo numero in uscita.

Elemento comune del dibattito, che ha visto la partecipazione di Lucio Caracciolo (direttore di Limes), Sarah Varetto (direttrice di SkyTg24) e Paolo Scotto Castelbianco (responsabile della comunicazione del DIS – organismo che sovraintende ai servizi di intelligenze), è stata la considerazione di come l'Isis sia nella realtà meno forte di quanto non appaia sui mezzi di informazione e sui social. L'utilizzo spregiudicato dei media da parte dell'organizzazione terroristica e il rimbalzare dei filmati sui social ne accresce il prestigio agli occhi di una parte della comunità islamica.

Se questa consapevolezza è un dato positivo, essa giunge un po' in ritardo rispetto al necessario e risulta ancora incompleta rispetto ad altre analisi. La prima studiosa a mettere in guardia sull'uso sagace dei media e delle nuove frontiere della moderna comunicazione attraverso Internet, da parte dei gruppi fondamentalisti, è stata Loretta Napoleoni, economista, analista politica e scrittrice, esperta di finanziamento di gruppi terroristici e riciclaggio del denaro.

Attualmente la Napoleoni sta viaggiano per il mondo per presentare il suo ultimo libro dal titolo eloquente: "ISIS – lo stato del terrore – chi sono e cosa vogliono le milizie islamiche che minacciano il mondo".

L'introduzione del libro illustra in modo chiaro come, a differenza di altre milizie – come Al Quaeda -, l'Isis sia capace di sfruttare le risorse comunicative che la modernità mette a disposizione. Il primo errore commesso dall'occidente nei confronti dell'organizzazione armata è stato proprio quello di considerarlo alla stregua di qualsiasi altro gruppo in circolazione avente per obiettivo la "semplice" diffusione del terrore. Gli argomenti sono stati in parte anticipati in una intervista che realizzai con la cortesia di Loretta Napoleoni alcuni mesi or sono - mentre stava ultimando il libro.

Nell'uso politico propagandistico dell'informazione nella politica italiana e nella continua ricerca dell'aumento degli ascolti, la questione Isis non ha ancora ricevuto il rilievo analitico cui la Napoleoni tenta di sopperire.

Obiettivo dello Stato Islamico, in contrasto alla retorica talebana precedente, è un messaggio politico verso il mondo musulmano: il ritorno del Califfato, l'età dell'oro dell'Islam.

Per la diffusione di questo messaggio l'IS (Islam State):[1]

Ha analizzato la macchina della propaganda che le amministrazioni statunitense e britannica hanno utilizzato per giustificare l'attacco preventivo in Iraq nel 2003. Particolare attenzione l'ha dedicata al discorso tenuto il 5 febbraio 2003 al consiglio di sicurezza dell'Onu dall'allora segretario di Stato americano Colin Powell, che ha creato il mito di Abu Mussad Zarqawi per giustificare l'invasione dell'Iran

La creazione dello Stato Islamico può rappresentare per i musulmani sunniti (etnia cui appartiene l'Isis) ciò che Israele rappresenta per gli Ebrei, ovvero un potente stato confessionale che li protegga ovunque essi si trovano. L'organizzazione non si affida solamente alle pratiche terroristiche dietro alla patina della religione, bensì alla costruzione di un un nuovo stato e si preoccupa del consenso popolare[1]:

Gli abitanti delle zone controllate dal califfato, infatti, sostengono che l'arrivo delle milizie dello Stato Islamico ha coinciso con un miglioramento della gestione quotidiana dei loro villaggi.

[...] è questo il potente messaggio che l'Isis trasmette ai giovani musulmani che vivono il vuoto politico creato da fattori

allarmanti quali la corruzione dilagante, la disuguaglianza e l'ingiustizia presenti nei moderni stati musulmani [...]

Siamo quindi di fronte ad un fenomeno diverso dai precedenti e l'occidente non sembra rendersene conto. L'Isis ha ben compreso come attraverso i social si può infondere il terrore e nello stesso tempo un messaggio a tutti i musulmani "frustrati" in giro per il mondo. A differenza degli Ebrei emigrati in America a causa delle persecuzioni naziste il musulmano che fugge dalla propria terra non ha le stesse opportunità di integrazione.

La seduzione dello Stato Islamico poggia sul concetto di appartenenza e di normalità per chi non ce la fa più a sgomitare e cerca nei suoi simili, i deboli, un gruppo al quale appartenere. La celebrazione dell'individualismo che lo smembramento del socialismo e la vittoria del neo-liberismo ci ha regalato ha prodotto anche questo, la solitudine esistenziale di chi non ha i numeri per emergere dalla massa[2]

La costruzione di una "normalità" per il mondo dei musulmani, di una terra promessa – il Califfato – passa attraverso la distruzione di tutto quanto rappresenta diversità rispetto ad esso; e lo fa con una brutalità che ripercorre quella "banalità del male" del nazismo – descritta magistralmente da Hanna Arendt – in cui l'orrore diventa ordinario per persone deboli che si illudono di essere forti.

Una complessità che male si sposa con le facilonerie dell'informazione e anche dei governi che parlano di interventi militari come se le precedenti "esportazioni di democrazia" non avessero creato abbastanza danni. Si nega continuamente l'evidenza delle ripercussioni che le azioni militari generano nel Medio Oriente.

La guerra al terrore di Bush, l'invasione dell'Iraq, gli appoggi indiscriminati a governi sciiti da parte dell'occidente; poi l'intervento in Libia dove proprio in queste ore sono sotto gli occhi di tutti, ma non tutti le comprendono, le conseguenze nefaste dell'intervento militare per abbattere Gheddafi, di certo un dittatore, ma – come ha sostenuto Alessandro Di Battista (M5S) recentemente in Parlamento – i dittatori si abbattono con il popolo e non contro di esso, generando destabilizzazione nell'intera area[2].

Spiega la Napoleoni[3]:

L'invasione dell'Iraq ha offerto la possibilità di riaccendere la guerra sanguinosa e fratricida tra sunniti e sciiti impedendo la creazione di un fronte secolare in Iraq come era avvenuto in passato. Questo ha creato il movimento jihadista sunnita di cui lo Stato islamico ha preso la guida, una guida che Al Qaeda non ha mai avuto perché ambigua riguardo alla scissione tra il fronte sunnita e sciita

Da molto tempo sono le guerre per "procura" il vero problema del Medio Oriente; si armano e si finanziano gruppi armati per soddisfare gli interessi occidentali in determinate zone e in questo modo si scatenano delle ripercussioni a catena portando il terrorismo direttamente a casa nostra. Senza contare la violenza subita dalle popolazioni; gli esodi "biblici" per fuggire dalla guerra e la conseguente creazione di flussi migratori di disperati che cercano di raggiungere le nostre coste. Storie drammatiche su cui la politica è impegnata a speculare con avidità rivaleggiando in termini di buonismo contro razzismo.

La religione è il collante della lotta scatenata dal Califfato sunnita contro le élite sciite che si sono alleate con l'occidente, ma la vera guerra è condotta nei confronti del fronte imperialista (sciiti più occidente) utilizzando un rinnovato messaggio Jihadista.

Il rischio è che l'occidente continui a provocare danni sempre maggiori che gli si torceranno contro. La Napoleoni sottolinea chiaramente in questo passaggio il pericolo che incombe[4]:

Washington ha scelto una strada pericolosissima ma non vuole dircelo: l'alleanza con l'Iran per usare le truppe di questa nazione contro lo Stato Islamico richiede un'inversione a U riguardo al regime di Damasco ed alle milizie sciite come gli

Hezbollah libanesi. Questa nuova alleanza è esattamente ciò che vuole l'Isis, la creazione di un fronte unitario tra sciiti ed occidentali

(20.04.15)

Fonti:

[1] ISIS – Lo stato del terrore di Loretta Napoleoni – ed. Feltrinelli 2014

[2] Isis la seduzione del male di Loretta Napoleoni per Il Fatto Quotidiano

Intervento di Alessandro Di Battista al La Gabbia – La 7 (estratto)

[3] Isis la tigre del terrorismo si nutre di ossigeno mediatico di Loretta Napoleoni per il Fatto Quotidiano

[4] Isis dopo la Tunisia lo Yemen la versione Jihadista della lotta antimperialista di Loretta Napoleoni per ilFatto Quotidiano

Immigrazione l'ipocrisia dell'occidente "democratico"

A furia di parlarne, e malamente, il tema dell'immigrazione si perde nel marasma delle beghe politiche di basso profilo di casa nostra. Se qualcuno osa mettere in dubbio il sistema di accoglienza e i criteri di ammissione viene subito tacciato di razzismo. I razzisti veri abusano di slogan del tipo "aiutiamoli a casa loro" oppure "non possiamo accogliere tutti".

I buonisti fanno la parte delle anime candide a spese degli altri (o con il culo degli altri per dirla alla Ricucci) e si infervorano in un umanitarismo ipocrita. Quelli senza scrupoli vedono nell'immigrazione buoni affari su cui speculare a spese della collettività (il culo è sempre lo stesso). Altri una buona opportunità di manovalanza a basso costo da sfruttare; criminalità compresa.

Gli economisti ragionano in termini econometrici (quanto costano, quanto rendono, quanta forza lavoro, quanta previdenza). Per i benpensanti è in corso una minaccia terroristica o, alla meno peggio, una occupazione per soverchiare la nostra "civiltà". C'è né per tutti i gusti insomma.

Le ragioni, come sempre quando un tema diventa mercimonio politico e non analisi e studio dei fenomeni, stanno un po' qui e un po' là, senza costruire un filo conduttore ragionevole che porti a qualche soluzione, o perlomeno al principio di una qualche soluzione possibile. Le uniche realtà che sarebbero davvero titolate a dire qualche cosa di sensato - come le organizzazioni non governative, i medici senza frontiere, e tante altre che si prodigano nel volontariato locale delle zone difficili di provenienza dei disperati, - vengono escluse dal dibattito o ignorate. Anzi, se qualche volontario viene catturato da ribelli o terroristi e dobbiamo pagare per liberarlo, ci tocca pure ascoltare gli "intellettuali" de' noialtri asserire che "in fondo se la sono cercata".

Negli anni '80 grazie all'impegno dei Radicali, in Italia si dibatteva, sul piano politico, dei problemi dell'allora terzo e quarto mondo. Si discuteva di interventi ordinari e straordinari, di come evitare l'assistenzialismo, con la consapevolezza che nei successivi 20 anni quelli che non sarebbero morti di fame avrebbero intrapreso la strada dell'emigrazione; tipica scelta adottata da ogni specie animale per un istinto di sopravvivenza ed essendo l'essere umano un animale, anche se troppo sovente lo dimentichiamo, non fa eccezione a questa regola.

Ne consegue una prima domanda: erano prevedibili questi giganteschi flussi migratori di gente disposta a rischiare di morire pur di trovare - o sperare di trovare, - una condizione di vita migliore?

Assolutamente si!

Perché allora l'occidente, e l'Europa in particolare, si trovano oggi impreparati a fronteggiare la situazione se non con l'innalzamento di barriere, per contenere l'incontenibile, e versando lacrimucce sulla fotografia del bambino morto sulla spiaggia?

Non è forse tutto questo dovuto al fatto che "li abbiamo già aiutati abbastanza a casa loro" ma nel modo sbagliato "a modo nostro?".

Non c'è forse lo zampino degli occidentali nella deposizione di monarchie e governi in molte zone del mondo che non erano graditi per la loro indipendenza dall'occidente? Non abbiamo forse interrotto il flusso storico di interi popoli obbligandoli a subire dittatori compiacenti verso l'occidente? Non abbiamo forse intentato guerre a "dittatori" con la scusa delle "armi di distruzione di massa" in loro possesso... armi che nessuno ha trovato?

Non si sono forse create così le condizioni di destabilizzazione di intere aree del mondo alimentando i fondamentalismi e il conseguente terrorismo da parte di gruppi in altri momenti creati proprio dall'occidente?

Cosa serve piangere sull'immagine di una povera creatura

innocente con il viso sprofondato nella sabbia quando ci dimentichiamo le intere generazioni di bambini morti per la fame in paesi poverissimi a cui ci accontentiamo di inviare qualche spicciolo per tenere pulita la nostra coscienza ma non ci preoccupiamo dei politici corrotti che si accaparrano il denaro destinato a chi ne ha realmente bisogno?

Nella teoria del caos gli scienziati utilizzano l'esempio della farfalla: un battito d'ali di una farfalla in una parte del mondo può generare l'eruzione di un vulcano da un'altra parte. Ovviamente è un esempio paradossale utilizzato per ricordare come infinitesime variazioni delle variabili in un sistema (lo sbattito delle ali della farfalla) può provocare variazioni - conseguenze - enormi sull'intero sistema (l'eruzione di un vulcano).

Ciò che l'esempio non dice, ma che dovrebbe essere implicito se si usasse la ragione, è che se sono io a provocare l'eruzione di un vulcano da qualche parte... non è che poi mi tornano indietro delle farfalle! Ovvero, se entro a gamba tesa in sistemi sociali anche distanti dal mio (o consento che ciò accada per indifferenza, opportunità, interesse) non posso continuare a illudermi che ciò sia privo di conseguenze sul mio sistema.

È ovvio che un continente come l'Europa non può e non potrà mai "contenere" la popolazione di un continente come l'Africa; non ci vuole un pozzo di scienza per capirlo. Ci vuole però intelligenza politica per capire che "l'esportazione delle democrazia" è una truffa che copre altri interessi. Sopratutto se fatta con le armi. A tal proposito... chi vende le armi ai paesi poveri del terzo mondo? Chi crea le guerre per "procura" in altri paesi mettendo così a rischio la vita di intere popolazioni che sono costrette a migrare?

Il fanatismo religioso si alimenta di queste ipocrisie occidentali. L'Isis non è un fenomeno relegato alla sola funzione terroristica; ci piaccia o meno è un'azione di riscatto di una parte del popolo musulmano che, in primo luogo, combatte contro un'altra parte di quel mondo. Solo capendo quali disastri sociali e politici l'occidente ha compiuto possiamo comprendere come certi fenomeni nascano e trovino terreno fertile nelle persone che non hanno più nulla da perdere.

Se non cambiamo la politica verso il mondo globalizzato possiamo discutere a lungo e inutilmente sui criteri di selezione per chi deve essere accolto e chi no. Ci metteremo solo delle pezze. Sopratutto qui da noi dove dopo 30 anni di leggi truffa per favorire i politicanti ladri e arruffoni, la nostra giustizia è un colabrodo nei tempi, nei modi e nelle interpretazioni. Più facile dare la colpa agli "stranieri" per la nostra insipienza nel ribellarci a una classe politica corrotta pretendendo regole certe per tutti.

Se un musulmano chiede di rimuovere il "crocefisso" dalle aule di scuola scoppia un putiferio di indignazione. Ma uno Stato realmente laico avrebbe già dovuto rimuovere quei simboli dalle aule per affermare - e completare - la separazione tra lo Stato e la Religione qualunque essa sia. La laicità è ciò che ha salvato l'occidente dal fanatismo religioso - e criminale, - dell'Inquisizione.

È un passaggio obbligato (e lo sarà anche per i Musulmani) per una società che voglia dirsi "moderna", nella quale la religione è libera di essere esercitata e insegnata nelle scuole non come azione di indottrinamento ma come studio dei differenti modi in cui ogni civiltà affronta le domande difficili sull'esistenza.

Antonello Caporale ha scritto in questi giorni un ottimo articolo sul Fatto Quotidiano_documentando come l'occidente si stia comprando pezzi di Africa con dentro gli stessi Africani ridotti in schiavitù; un nuovo *"neocolonialismo che foraggia guerre e governi dittatoriali pur di sviluppare il suo business"*. Domanda finale: questo modo di procedere verso un intero continente quali conseguenze avrà sul fenomeno dell'emigrazione ? Lo migliorerà, lo peggiorerà? o lo lascerà uguale a prima?

Mettetevi le cuffie e cercate di darvi una risposta... avete poco tempo a disposizione...

(28.09.15)

Donald Trump vince il banco
I benpensanti guardano sgomenti

Eccolo qui, il candidato più improbabile della campagna elettorale più squallida che si sia vista negli Stati Uniti negli ultimi decenni.

Vince un uomo che, per quello che mi riguarda, è la copia di un fac-simile di una miscela tra un Matteo Salvini e un Silvio Berlusconi, con una strizzata di Aldo Biscardi e una punta di Ignazio La Russa. Quello che ne esce è un personaggio da situation comedy, non certo uno statista.

L'alternativa non era meno avvincente. La paladina delle guerre, dei diritti, forse; ma anche, e sopra tutto, della finanza globale. Insomma era come scegliere tra prendersi a martellate il pollice destro o quello sinistro (scrivo pollice ma ho in mente altre due appendici). L'elemento che ha determinato la vittoria, credo, è quello che continua a essere trascurato negli States, così come in Europa e non di meno in Italia. L'intellighenzia politica, dell'economia e dell'informazione, è da tempo concentrata nel denigrare l'uomo medio (o dovremmo dire il "cittadino medio") nelle nostre democrazie. Si scrivono fiumi di parole per condannare gli analfabeti di ritorno, o di secondo livello, o funzionali; chiamateli come vi pare. Da quando i social hanno consentito all'uomo medio di esprimersi, tutta la concentrazione, da parte della maggioranza degli intellettuali, è rivolta a denigrare le sue forme rozze di espressione, la frequente sgrammaticatura, l'urticante saccenteria.

Non pochi sporadicamente tendono a condannare la stessa democrazia come causa di questi mali. Abbiamo improvvisamente scoperto che nel mondo complesso in cui viviamo, il cittadino medio, possiede pochi strumenti per capirlo, per interpretarlo, e quindi giudicarlo. Ma di chi è la colpa?

Chi ha voluto, da 30/40 anni a questa parte, costruire un uomo medio che fosse il più possibile mediocre; un ubbidiente consumatore infarcito di pubblicità e Format televisivi per minorati mentali?

Chi ha voluto che gente ignara del funzionamento dei sistemi finanziari gettasse i propri risparmi su tavoli da roulette confezionati da "rispettabili" istituti bancari, perdendo tutto o quasi?

Chi ha creato un sistema che obbliga ad indebitarsi, a rischiare la casa per fare impresa, a perdere dall'oggi al domani il posto di lavoro per salvaguardare il profitto di pochi?

Chi ha massacrato la classe media? Chi ha interrotto il processo per il quale persone di umile estrazione potevano sperare (sognare) di raggiungere il benessere accedendo alla classe media?

Chi ha messo i giovani in condizione di rinunciare alla ricerca di un lavoro dopo aver studiato? Chi ha realizzato finalità geopolitiche con stravolgimento degli assetti e degli equilibri mondiali, generando guerre e profughi con tutto quel che ne consegue?

Chi ha ucciso quello che veniva chiamato "il sogno americano"? Chi? Chi? Chi? Non è necessario avere un master o una laurea alla Bocconi, oppure ad Haward o al MIT di Boston. L'uomo medio deduce la sua condizione politica, sociale ed economica, dalla quotidianità che vive. Quando si reca a far la spesa (e si accorge che con la moneta unica lo stipendio è lo stesso ma i prezzi sono raddoppiati). Quando cerca inutilmente lavoro per sé (con la pensione sempre più lontana) e vede i propri figli, o nipoti, costretti a lavorare per quattro soldi, sfruttati e privati di qualsiasi diritto minimo.

Quando la banca gli comunica che il Fondo in cui hanno fatto confluire tutti i suoi risparmi è andato giù, ma poi è tornato su, ma adesso (che lui ha bisogno di soldi) è proprio giù giù, e i suoi risparmi sono evaporati.

Quando osserva attonito fiumi di denaro scivolare dalle banche centrali verso le banche che producono distruzione di ricchezza (la sua) per tappare le voragini create con l'ultra finanza creativa.

Quando scopre che i "manager" hanno sempre a disposizione buonuscite milionarie dopo aver distrutto un'azienda o un'intera economia. Che i ricchi rimangono sempre ricchi; più il medio cittadino sta peggio, più loro stanno meglio.

Quando ci sono i politici, quelli seri (amici della finanza), belli, che hanno studiato e sono sempre in televisione accompagnati da economisti con tanto di "master" che gli promettono soluzioni che non arrivano mai. Ma poi si rivelano corrotti, ladri di polli, milionari che prosciugano le risorse di un intero paese per cupidigia o le distruggono per manifesta incapacità.

In compenso la televisione lo terrorizza su tutto: il lavoro, la sicurezza, i clandestini, il terrorismo, lo spread, il debito pubblico. Ed ecco che, alla fine, arriva il Donald di turno e sbanca. E qualcuno si stupisce. Già, perché l'uomo medio, "mediocrizzato" dai "colti", anche se ha frequentato solo le scuole elementari, è un essere umano che vive di sentimenti, impressioni e sensazioni.

E dopo tante volte che lo si prende in giro, la sensazione diventa impressione e poi questa diventa certezza. E allora, come suol dirsi, anche le formiche nel loro piccolo si incazzano.

E i Donald Trump banchettano.

(09.11.16)

Il pensiero razzista così debole
ma così radicato

Da quali oscuri luoghi della mente origina il pensiero razzista? La tragica, violenta, immorale, morte di George Floyd ha scatenato nel mondo proteste, sit-in, e persino violenze. La questione del razzismo torna alla ribalta delle cronache, ancora una volta a seguito di avvenimenti drammatici.

Il razzismo è un pensiero, una convinzione, un discorso e una pratica politica. Le scienze sociali, da decenni almeno, così come quelle biologiche, hanno dimostrato l'inconsistenza di questo pensiero. La tesi della 'razza' non sussiste, non ha alcuna validità scientifica; semmai si può parlare di 'etnie', individuando gruppi sociali sulla base delle loro provenienza geografica originaria, ma nessun studioso serio azzarderebbe oggi un discorso di razze, sostenendo esista una separazione 'scientifica' tra razze superiori e inferiori.

Qual'è dunque il fondamento del razzismo? Perché continua ad essere così presente nella nostra società? Si possono dare due risposte: una culturale e storica, l'altra prettamente politica (e strumentale). La prima attiene a quella narrazione creata dal mondo occidentale, quello così detto sviluppato, verso il "terzo mondo", inteso come "non sviluppato", in quanto diverso dal nostro. Con il colonialismo nasce l'esigenza di un pensiero che giustifichi l'invasione di terre, mondi, paesi, altrui. Era necessario costruire una veste 'morale' allo spirito dell'esplorazione dello spazio terrestre, che si sposava con la necessità del capitalismo - in forte ascesa,- di conquistare spazi e risorse per ri-generarsi, e soddisfare la crescente domanda di beni al suo interno.

L'uomo "razionale" ed "evoluto", occidentale, bianco, alla conquista del mondo sconosciuto. Uomo appunto, giammai donna: prima entità sociale discriminata dal pensiero maschile, e patriarcale. È lui, il maschio, che avoca a sé diritti e poteri su tutto ciò che è 'altro': femminile, natura, piante, animali, spazi, territori, paesaggi. Dalle teorie aristoteliche degli uomini nati per "essere naturalmente schiavi", a quelle sulla "arretratezza" di quei popoli definiti "primitivi", diversi, biologicamente inferiori, "esotici": tutto è stato rivolto all'unico obiettivo di definire una razza 'superiore', quella bianca (maschile), in lotta con quelle 'inferiori', arretrate, e selvagge.

Esportare la "civilizzazione" era la motivazione moralista con la quale ogni violenza, sopruso, sterminio, era giustificabile. Opera antesignana della contemporanea "esportazione della democrazia", con analoghi effetti catastrofici di instabilità politica e sociale. La menzogna si sosteneva sul principio che quei popoli, essendo "diversi" da noi, non erano ascrivibili al mondo civile, quello progredito, e ritenuto unico detentore legittimo del diritto di conquista, di qualsiasi spazio terrestre; tema funzionale alla creazione dello stereotipo dell'altro, del diverso, per validare una propria identità, creando il confine tra un "noi" e un "loro".

Dei "primitivi" venivano ignorati gli usi e i costumi, le usanze, la cultura, le identità e le strutture sociali. Non erano uomini o donne; erano assimilati alle piante e agli animali. Erano figli di un Dio minore. Beni per il capitalismo predatorio che espropriava gli esseri umani della propria naturalità per renderli merce da accumulare, scambiare sul mercato, conquistare e possedere; in nome di un ipotetico diritto alla conquista concesso alla razza bianca. Ogni anno si celebra, giustamente, il ricordo dello sterminio del popolo ebreo da parte del nazismo: una ferita nel cuore dell'Europa, da non dimenticare, che ha condannato a morte 6 milioni di persone. Ma gli studi storici contemporanei stimano in 60 milioni gli esseri umani sterminati con le opere di colonizzazione dell'occidente. Intere civiltà spazzate via (come quelle degli Aztechi, dei Maya, degli Incas) dalla violenza dei "progrediti" occidentali, dallo schiavismo, dallo sterminio pianificato, dalle malattie importate dai colonizzatori.

Il razzismo fonda le sue radici su stereotipi che ignorano la storia; quella non scritta dai 'vincitori' ma da chi l'ha subita.

Espungere le discriminazioni come pensiero formale, come normalità, dovrebbe essere l'obiettivo primario di una corretta educazione storica, sociale, e civile. Ciò avviene in modo lento, perché quella storia, la "nostra storia", di colonizzatori, non finisce dopo la II guerra mondiale, ma prosegue sino a lambire i primi anni '60 oltre gli ultimi fenomeni di decolonizzazione, che produssero indipendenza per i paesi occupati. Quella storia è oggi mutata, ma prosegue, ammantata di nuove idee e giustificazioni. Il fenomeno della post-colonizzazione è contemporaneo, vive intorno a noi, nel capitalismo globale. La lotta per le risorse necessarie a mantenere in vita il capitalismo continua a mietere vittime nel silenzio e nell'indifferenza.

La discriminazione, l'ineguaglianza, la povertà, la violenza, sono dentro il nostro mondo, inglobati nei prodotti che utilizziamo (dal carburante, al cibo, ai prodotti tecnologici). Un costo, una esternalità negativa, di valore altissimo, che si riversa sugli altri e che, in parte, anche noi paghiamo indirettamente, senza consapevolezza: si chiama immigrazione, caporalato, criminalità, terrorismo, dittatura, miseria, razzismo, ineguaglianza, ingiustizia. Perché nessun capitalista ti spiegherà mai il tuo ruolo di consumatore-carnefice-complice silenzioso di un meccanismo predatorio globale che favorisce sempre, alla fine, l'archetipo dell'uomo bianco, occidentale, di "razza superiore".

(2020)

La Scienza e la Filosofia

Non si può comprendere il nostro tempo senza essere curiosi in favore della Scienza e della Filosofia. Se la seconda ci svela i modi in cui i grandi pensatori hanno guardato all'esistenza, cercando di darle un significato, la prima ci svela i segreti in cui siamo immersi, e che dovrebbero costituire fonte di meraviglia e di amore per questa esistenza, per l'ambiente che ci circonda, e per l'umanità.

Neuroscienze un aiuto per chi vuole studiare

Chi non ha un ricordo poco piacevole degli anni dedicati allo studio negli anni della scuola dell'obbligo? Quante sono le persone che in età adulta ritengono i libri essere uno strumento confinato all'età scolare? Chi è disposto a dedicare un po' del proprio tempo per apprendere cose nuove – di qualsiasi genere – a meno che non sia costretto da esigenze di lavoro?

Lo studio è, nell'immaginario collettivo, un'attività appartenente ai banchi della scuola; disciplina cui siamo stati, più o meno, tutti soggetti nostro malgrado dall'età della scuola dell'obbligo sino all'università.

Dopo il periodo scolastico è un'esigua minoranza (confermata dalle statistiche) quella che dedica tempo alla lettura, per piacere o per approfondimento, di un qualche argomento.

Ma è davvero così difficile e faticoso studiare?

Per rispondere alla domanda occorre scoprire le carte di una preziosa scienza che negli ultimi decenni ha compiuto passi giganteschi nella conoscenza dell'essere umano: la neurologia.

Gli studi sull'organo più complesso del corpo umano – il cervello – hanno aperto la frontiera delle neuroscienze che, relazionandosi con altre discipline, hanno creato una rete di studi che esaminano da prospettive diverse il comportamento umano basandosi sul funzionamento reale del cervello.

Se non vi è ancora capitato di sentir parlare di neuro-economia e neuro-marketing nei prossimi anni queste discipline avranno un rilievo non indifferente. Nella vastità di questi studi un ramo si è dedicato a riflettere sui meccanismi dell'apprendimento umano individuando alcune "regole" utili che possono essere d'aiuto per chi studia.

Ci sono molti "miti" da sfatare per quanto riguarda il funzionamento del cervello. Per esempio il fatto che invecchia senza riprodurre più neuroni. Falso! Piuttosto è vero che se i "nuovi" neuroni prodotti non vengono utilizzati periscono. La materia grigia, che in realtà si compone di materia grigia nella parte più esterna e di materia bianca nella parte più interna, è l'organo che consuma più energia in assoluto nel corpo umano. Dal che è facile dedurre come in circolazione ci siano molti individui che applicano con tenacia la disciplina del "risparmio energetico"...

Ma veniamo ad esaminare alcuni principi di funzionamento del cervello che possono essere utili per coloro i quali intendono usufruire delle sue potenzialità nell'ambito dello studio. Chiaramente le notizie qui riportata sono volutamente semplificate per consentire a chiunque di capire in modo semplice il discorso; non me ne vogliano quindi gli "esperti" del settore cui chiedo venia in anticipo per eventuali imprecisioni.

Il cervello si compone di neuroni in quantità elevatissima. Si calcolano possano essere circa un bilione. La potenzialità di questi neuroni è di potersi connettere tra di loro creando una "rete neurorale" di capacità pressoché infinita nel contenere informazioni. La parte più esterna del cervello è connessa direttamente con gli apparati di senso del corpo umano e gestisce le informazioni che entrano dal mondo esterno, e le disposizioni che il cervello dà al corpo umano.

Se la capacità di memorizzare informazioni è illimitata, la strada per introdurle è un pochino più complessa. Le memorie a disposizione sono due: una "piccola" che coinvolge quattro zone della parte pre frontale della testa e una "infinita" all'interno. La piccola è una memoria "breve" e "limitata". Nel caso dello studio è il luogo dove si depositano le "cose" che stiamo studiando. Funziona però come una lavagna; dopo un po' le informazioni spariscono se non sono passate nel magazzino più grande.

Questo avviene consentendo alla mente di travasare le informazioni inserite dalla memoria breve a quella permanente collegandole tra di loro e dando tempo al cervello di realizzare questo passaggio.

Studiare tanto all'ultimo minuto in vista di un esame o una interrogazione serve a poco perché le informazioni sono scritte sulla memoria breve e non hanno il tempo di finire nel magazzino.

Lo studio deve articolarsi in modo da ripetere le informazioni in modo distribuito nel tempo; non serve a nulla ripetere per ore le stesse cose o tutti i giorni. La materia va studiata consolidando le informazioni un po' alla volta permettendo loro di "agganciarsi" alle altre già presenti mediante ciò che gli scienziati definiscono "*Chunk*". Questi sono percorsi di informazione consolidata nel magazzino che saranno facilmente recuperabili quando ne avremo bisogno.

Gli esercizi sono un ottimo strumento per consolidare la conoscenza di una materia e creare i Chunk. Non bisogna evitarli ma se un problema diventa ostico allora è meglio fermarsi e dedicare un po' di tempo ad attività diverse dallo studio in modo da lasciare il tempo al cervello di elaborare le informazioni. Vi sarà capitato di trovarvi di fronte a una problema che non riuscivate a risolvere e invece dopo aver "pensato" ad altro vi è "arrivata" la soluzione!   Questo meccanismo è chiaro ora dal punto di vista scientifico. Il cervello funziona in due modalità: una modalità di *focalizzazione* (o concentrazione) e una modalità di *diffusione*. La prima ci serve per apprendere e risolvere i problemi che abbiamo di fronte; la seconda per reperire informazioni più profonde ripescate nell'ampio magazzino a nostra disposizione.   Persone che hanno lasciato traccia del loro sapere e del loro talento nel mondo hanno "scoperto" questo funzionamento da sé. Salvator Dalì quando cercava ispirazione per dipingere e non riusciva a costruire l'immagine dell'idea da cui era partito, si rilassava su una sedia lasciando un braccio penzoloni con un mazzo di chiavi in mano. Abbandonata la concentrazione lasciava la mente vagare in libertà sino a quando si assopiva e in quell'istante le chiavi scivolavano via dalla mano cadendo a terra, vegliandolo. In quel momento la "soluzione" cercata era chiara nella sua mente e procedeva a creare i suoi capolavori.   L'alternanza del funzionamento in modo "concentrato" e in modo "diffuso" ci consente di risolvere i problemi e di apprendere in modo solido. Questa alternanza avviene il più delle volte senza che ce ne rendiamo conto. Con la volontà ci possiamo "concentrare" su un argomento e con la "diffusione" possiamo fare in modo che "affiori alla mente" la soluzione che stavamo cercando.

Ecco quindi dieci suggerimenti per studiare al meglio, tratti dagli studi della dott.sa Barbara Oakley, scienziata multidisciplinare, autrice del libro "A Mind for Numbers: How to Excel in Math and Science (Even if You Flunked Algebra)".

1) *Praticare il ripasso.* Dopo aver letto una pagina, guardarsi intorno e richiamare alla mente le idee principali. Evidenziare poco, e non evidenziare qualcosa che non è ancora stato fissato nella mente con il ripasso. Usare il ripasso delle idee principali quando state camminando per la classe o mentre siete in una stanza differente rispetto a quella dove avete studiato. Usare abilmente il ripasso – allo scopo di generare le idee dentro di voi – è uno dei segreti per un buon apprendimento.

2) *Verificate le vostre conoscenze con un self test.* Ovunque, in qualsiasi momento, riportare alla mente le idee apprese.

3) *Create dei Chunk per i problemi che state studiando.* I Chunk si realizzano con l'apprendimento e con l'esercizio risolvendo problemi, in questo modo le soluzioni vi torneranno in mente in un attimo. Quando risolvete un problema, ripassatelo mentalmente. Siate sicuri di aver risolto correttamente ogni passaggio. Immaginare è molto importante e farlo più e più volte nella mente implica che le informazioni si combinano in un chunk lineare che potrete richiamare alla mente quando volete.

4) *Distribuite nel tempo le ripetizioni.* Scomponete l'apprendimento in diverse piccole parti ogni giorno, come un atleta. La vostra mente è simile a un muscolo, può trattare solamente un numero limitato di esercizi su un argomento alla volta.

5) *Alternate differenti tecniche di risoluzione dei problemi*

durante le esercitazioni. Non esercitatevi troppo a lungo in una sola volta utilizzando la stessa tecnica di risoluzione del problema – dopo un po' state imitando quello che avete fatto nel problema precedente. Mescolate e lavorate su differenti tipi di problemi. Questo vi insegnerà come e quando utilizzare una tecnica (i libri in genere non indicano questa strada, quindi dovrete farlo da soli). Dopo ogni compito e test, verificate gli errori, accertatevi del perché li avete fatti, e poi rielaborate la soluzione. Per studiare più efficacemente scrivete a mano un problema su un lato di un cartoncino e la soluzione sull'altro lato (scrivere a mano costruisce solide strutture neurorali nella memoria mentre scrivete). Potete anche fotografare i cartoncini se volete caricarli su una applicazione di studio sul vostro smartphone. Interrogatevi casualmente su differenti tipi di problemi, e verificate se potete risolverli completamente.

6) *Prendetevi delle pause.* E' normale essere incapaci di risolvere problemi o comprendere concetti in matematica o scienze la prima volta che li affrontate. Per questo è meglio un breve studio ogni giorno piuttosto che tanto studio in una volta sola. Quando vi sentite frustrati con un problema di matematica o scienze, fate una pausa così un'altra parte della vostra mente può sovrapporsi e lavorare in background (senza che ve ne accorgete).

7) *Utilizzate domande esplicative e semplici analogie.* Mentre siete in difficoltà con un concetto, pensate e domandatevi: come posso spiegare questo concetto a un ragazzo di dieci anni in modo che lo possa comprendere? Usare un'analogia può essere molto di aiuto, come sapere che lo schema dell'elettricità è simile allo schema dell'acqua. Non limitatevi a pensare la vostra spiegazione – esprimetela a voce alta o scrivetela. Lo sforzo aggiuntivo di parlare e scrivere vi permette di tradurre più in profondità (cioè convertire nelle strutture neurorali della memoria) quello che state studiando.

8) *Concentrazione.* Spegnete ogni segnale di beep e ogni allarme sul vostro telefono o sul vostro computer e attivate un timer per

25 minuti. Concentratevi intensamente per quei 25 minuti e cercate di lavorare nel modo più diligente possibile. Quando scade il tempo, concedevi un piccolo, divertente premio. Alcune di queste sessioni in una giornata posso farvi progredire realmente nello studio. Attivare il timer e porvi dinanzi allo studio – non di traverso al vostro computer o telefono – sarà qualcosa che farete naturalmente.

9) *Digerite per prima il rospo.* Nella giornata affrontate prima gli argomenti più ardui, quando siete freschi e riposati.

10) *Create un contrasto mentale.* Immaginate da dove avete iniziato e mettete l'immagine in contrasto con il sogno di dove vi porteranno i vostri tudi. Create un'immagine o un testo nel vostro spazio di lavoro che vi ricordi il vostro sogno. Guardatela/o quando sentire la vostra motivazione venir meno. Questo ricompenserà voi e quello che desiderate.

E ora… buon studio a tutti!

(16.02.15)

Università che piace... Università necessaria oppure disoccupazione?

Recentemente sulle pagine del Fatto Quotidiano si è scatenata una accesa polemica allorché il vice direttore, Stefano Feltri, ha riportato e commentato i dati relativi allo studio effettuato dal Ceps (Centre European Policy Studies) in merito al rapporto tra la scelta del percorso universitario e il mercato del lavoro.

La chiave di lettura del direttore è semplice: se volete studiare all'università cosa vi piace senza badare alle richieste del mercato del lavoro, non lamentatevi se rimarrete disoccupati o se lo stipendio che riceverete sarà inferiore a quello di laureati in altre discipline. La replica a questa affermazione è stata piuttosto vivace. Ne sono in qualche modo conseguiti due blocchi contrapposti: quello di Feltri e quello di chi ritiene che la scelta della facoltà debba essere motivata, non solo dal lavoro ma anche dal proprio interesse per le materie e dalle proprie passioni. Sul FQ del 19 agosto è altresì stato pubblicato l'articolo di Iaria Maselli, co-autrice della relazione Ceps.

In questo "dibattito" ci sono delle premesse che non mi convincono. La logica del "mercato" ha permeato ogni ambito della nostra vita e ci siamo adattati a parlare di "mercato del lavoro" come fosse quello dell'acciaio, del petrolio o delle vacche, dimenticando che del primo fanno parte esseri umani. Il taglio del discorso di Feltri – e dell'articolo della Maselli – è prettamente economicistico. Devi studiare ciò che il mercato offre come posti di lavoro e che ti dia un apprezzabile rapporto costo-opportunità calcolato sul reddito non percepito durante il periodo degli studi.

In questo discorso il termine "opportunità" viene limitatamente associato ai costi; non viene considerata invece la "creazione di opportunità di lavoro" anziché quella semplicemente dei "posti". Un esempio. Anni or sono conobbi una brava ragazza che desiderava studiare biologia marina. Scoprì rapidamente che in Italia non esisteva una facoltà adatta e quindi avrebbe dovuto recarsi in America per laurearsi e – con ogni probabilità, – trovare lì un impiego.

Seguendo la logica "economicistica" il ragionamento fila: vuoi studiare una materia all'università che qui non è richiesta? Vai all'estero, altrimenti farai la disoccupata o l'impiegata di basso livello.

Ragionando in termini di opportunità, invece, si ribalta la situazione con una semplice domanda: ma perché un paese che è bagnato 4/5 dal mare non ha una facoltà di biologia marina e non offre opportunità di lavoro in merito?

Possiamo porci la stessa domanda per altre facoltà più umanistiche che, pur essendoci, non offrono, o lo fanno in modo marginale, opportunità di impiego. Qui veniamo a identificare il grande assente di questo dibattito: la programmazione "politica" degli studi, che se deve seguire lo sviluppo delle richieste del mondo del lavoro nel tempo, dovrebbe – non meno, – agire come stimolo per la creazione di nuove opportunità a beneficio dell'economia e della ricchezza dell'intero paese.

Nelle osservazioni di Feltri non si considera che le famiglie italiane, negli ultimi 40 anni, hanno già scelto gli studi dei figli sulla base delle richieste del "mercato". Difatti abbiamo avuto negli anni '70 una pletora di elettronici, poi di informatici negli '80, poi nel '90 (dopo tangentopoli) di avvocati.

Se ci limitiamo a promuovere le facoltà di cui il mercato fa richiesta "oggi", creiamo un'attesa e uno stimolo che certamente potrà soddisfare la richiesta, ma la saturerà abbastanza in fretta creando comunque dei giovani non collocati adeguatamente. Chi si iscrive oggi a una facoltà "richiesta" non è detto che trovi impiego tra 4 o 6 anni quando avrà finito il ciclo degli studi. Se desidero ridurre il tasso di disoccupazione mi devo porre domande non sul presente, ma su come sarà la domanda di specializzazioni tra 5, 10, 15, 20 anni.

Qui entra in gioco la politica. Non certo quella di ministri dell'Istruzione messi lì per soddisfare il manuale Cencelli o che cercano neutrini sotto terra. Se, per esempio, lo Stato strategicamente individuasse degli indirizzi economici per settori su cui investire in modo innovativo a medio e lungo termine (energia rinnovabile, mobilità, salvaguardia dell'ambiente e del territorio, turismo, etc etc), si aprirebbero le porte per futuri impieghi cui il mondo universitario dovrebbe adeguarsi.

Ma questo non accade. Viviamo in un perenne immobile presente senza alcuna programmazione per lo sviluppo futuro del paese. A meno che questo non coincida con interessi di parte o di qualche lobby parassita.

Alla fine lo stesso Feltri è costretto ad ammettere che se ci sono poche aziende puoi studiare la materia più richiesta, ma la possibilità di essere disoccupato rimane alta.

Un approfondimento a riguardo meriterebbe il tema della durata dell'impiego nel ciclo produttivo. Un paese con un parco limitato di aziende tende sempre di più a mettere fuori gioco chi supera i 45 anni (mentre il governo allunga i tempi dell'età pensionabile) e questo non può che creare disastri sociali e umani.

Negli anni '80 si tenne un dibattito ozioso nel comparare la preparazione tecnica a quella umanistica. Ma la persona umana è una e la vita è fatta di abilità tecniche ma anche di conoscenza oltre queste. La preparazione umanistica è quella che rende duttile una persone e apre i suoi orizzonti mentali e lo rende cittadino libero del mondo. La formazione culturale delle persone è oggi una necessità per creare buoni tecnici ma anche buoni cittadini in una democrazia; questo indubbiamente si scontra con gli interessi della politica.

Se, come sostiene Feltri (e anche Umberto Eco) nelle scuole si dovrebbero insegnare il metodo scientifico e l'analisi argomentativa, non solo all'università, ciò contrasta con i politicanti che preferiscono di gran lunga un popolino chiuso nella grotta di Platone a guardare le ombre piuttosto che la realtà. Viceversa la maggioranza di loro non avrebbe un futuro.

Alzando lo sguardo oltre le Alpi e l'Oceano si scopre un

nuovo modo di intendere i processi di formazione attraverso i MOOC (Massive Open On Line Curse). Qui prestigiose facoltà (scientifiche e umanistiche) offrono un panorama ricco di corsi universitari, alcuni dei quali sono considerati validi nei rispettivi piani di studio. L'Italia inizia a vedere partecipi alcune importanti facoltà.

Avevamo in Italia il Consorzio Nettuno che fu precursore in questo ambito. Dapprima i corsi erano liberi, poi diventarono chiusi accessibili solo a pagamento; ora anche loro si sono dedicati a realizzare un po' di MOOC. Ma c'è un abisso con quelli esteri. I corsi del Nettuno sono gli stessi di 20 anni fa. E non è certamente colpa loro, quanto di chi non investe nella cultura e nella formazione.

Conclusione. I numeri oggettivi sono importanti ma abbiamo bisogno di letture più "politiche" dei dati economici per capire in quale direzione stiamo andando e quali sono le gravi carenze complessive del nostro sistema formativo guardando oltre una logica puramente di mercato.

(2018)

Coronavirus nuova arma di distrazione di massa ?!?

Con il rispetto dovuto a chi ha perso una persona cara, a seguito delle complicanze del Coronavirus, ed evitando ipotesi complottistiche, ci sono davvero molte cose che non quadrano; mentre l'informazione, e la politica, offrono il peggio di sé: su questo fronte non ci deludono mai.

Esco da una settimana di raffreddore acuto: con tanto di starnuti e naso colante. Dolore alla base del collo, con crampi muscolari, un po' di febbre, faccia rossa, naso più orribile di quello che normalmente appare. Coperte a profusione per stare al caldo. Essere ammalati in quest'ultima settimana, trascorrendo parecchio tempo davanti alla tv (che altro non avevo la forza di fare), è stato quasi un incubo. Ma vuoi che, sotto sotto, alla fin fine, lo abbia preso pure io, il Coronavirus? Dove sono stato? chi ho frequentato? C'era qualche infetto? Che ansia...

L'ansia trasuda dallo schermo televisivo. L'ipocrita - immorale- irresponsabilità del sistema main stream, finisce per influenzarti. Prima ti spiegano che non bisogna farsi prendere dal panico. Poi infilzano una serie di servizi a raffica sulle zone rosse, sulla conta dei morti, dei feriti... pardon, degli infetti (ma così li ha chiamati, in un sublime lapsus, Mentana al Tg La7).

Ti aspetti da un momento all'altro la comparsa del Papa da piazza S. Pietro con il monito perentorio: "ricordati che devi morire!". Ma non ostante il potente raffreddore, e lo stato di rincoglionimento, le tue sinapsi sono ancora al loro posto (anche grazie al fatto di ignorare normalmente la Tv), e ti sovviene il perché e il percome ti sei "ammalato": classico colpo di freddo, in auto, finestrino aperto, sudore, giornata calda fuori stagione, tu troppo coperto... voilà. Per morire c'è ancora tempo.

Impressionante è invece il livello di pazzia? psicosi? alterazione mentale? stato confusionale? (vedete un po' voi), che si scatena nel paese. E ci sarebbero domande e considerazioni da esporre. Del Coronavirus ci raccontano essere di provenienza animale. Curiosamente ogni volta è la "natura" che viene additata come "colpevole", come entità a noi estranea, da combattere e conquistare. Un cliché molto amato dal capitalismo predatore. La natura non ha avvocati che la possano difendere. Non ci resta notare che non ostante la prolusione di esperimenti degli umani che giocano a fare Dio con cellule e virus in laboratori ultra segreti (per scopi militari), la colpa è sempre del mondo animale (cui veramente apparteniamo come specie, ma ci piace dimenticarlo prendendone le distanze).

Non riporto le numerose statistiche che evidenziano come queste forme virali siano per lo più letali in persone già afflitte da altre patologie gravi. Non di meno quelle che quantificano in centinaia di morti l'anno, i decessi a seguito di influenze stagionali. Dati che suggerirebbero maggior cautela prima di diffondere (come è stato fatto) il panico tra la popolazione (ma l'informazione è oramai una merce da vendere e quindi, ca va sans dire, si vendono le tragedie, la paura, e il sangue).

Questa situazione comporterà un ulteriore aggravio della situazione economica del paese, già incatenato dai principi di austerity delle burocrazie europee. Chi beneficerà di questa situazione? Il panico che è stato generato è frutto solamente di una sovraesposizione mediatica, oppure c'è dell'altro? Giusto oggi il caro Gentiloni ha ricordato che l'Europa prevede elasticità per casi eccezionali, ma l'Italia ne ha già usufruito per il terremoto. E quindi? L'Europa ci scarica e ci abbandona? O qualcuno spera di depredarci meglio?

La politica risponde nel solito modo in cui viene fatto in questo paese: strumentalmente. Le colpe sono quelle degli altri. Zero responsabilità individuali. Tutti avrebbero saputo cosa fare al posto di quelli che governano. Ma tanto, se qualcuno ha sbagliato, in Italia non rischia nulla: parola di prescrittori compulsivi. Come sarà possibile affrontare il contraccolpo? Più crisi, più disoccupati, più povertà?

In tutto questo marasma, di cui è lodevole lo sforzo del sistema sanitario, quello che alcuni liberisti de' noialtri vorrebbero privatizzare, dopo le continue riduzioni di risorse messe a disposizione, si distoglie dalla prossima vera tragedia che incombe su tutti noi: il surriscaldamento del pianeta. Le conseguenze previste e prevedibili, fanno apparire il Coronavirus come la puntura di un moscerino.

Il Capitalismo globalista si rivela in tutta la sua fragilità. Il rischio di una crisi economica globale è appesa oggi al filo del reale contenimento del fenomeno virale. Tutto il sistema è un gigante dai piedi d'argilla. Siano le banche, i debiti sovrani, i virus, i derivati, i crediti inesigibili. Un sussulto, un granello, un virus, condito con un po' di paura, e qualsiasi solidarietà va a farsi fottere. Il meccanismo si inceppa, crolla, perché intimamente gonfiato da un sistema finanziario scellerato, fatto di numeri e debiti. Si salvi chi può, anche perché i governi sembrano non imparare mai dagli errori madornali di teorie economiche astratte.

Stiamo preoccupati. C'è da aver paura di ciò che non sappiamo, piuttosto di quello che ci raccontano.

(26.02.20)

Covid e cambiamenti climatici
il rapporto con la complessità

In una recente puntata di "L'aria che tira" ascolto per caso la Myrta Merlino pronunciare questa frase: ho sentito qui in studio scienziati dire tutto e il contrario di tutto (sul Covid-19)... non ci sto' a capire più nulla. Gordon Pennycook, un opinionista per CBC (Canada), scrive un articolo nel quale espone una tesi semplice: la crisi da Covid-19 mostra l'ipocrisia di quanti negano che il cambiamento climatico sia opera dell'uomo. Se crediamo che su certi argomenti dobbiamo rivolgerci a chi ne sa più di noi - sostiene Pennycook, - come nel caso del Coronavirus, è una ipocrisia sostenere che i cambiamenti climatici non sarebbero determinati dall'azione umana, come invece sostenuto dal 97% degli scienziati a livello planetario.

In questi ultimi mesi, sempre a seguito della crisi sanitaria, si è acuito lo scontro "titanico" tra modelli informativi: quello degli editori tradizionali (che amano definirsi "quelli seri" sic!), e quello proveniente dai social, e dalla rete in generale, spesso accusato (troppo sovente a sproposito) di essere veicolo di fake news. Apparentemente questi fatti possono sembrare disgiunti, ma se alziamo lo sguardo analizzando l'insieme, si delinea un quadro preoccupante. Tralasciando le facili, quanto vere, battute che si potrebbero fare sugli editori "seri", facendo l'elenco delle fake, e delle distorsioni informative, che in questi decenni ci hanno propinato, andiamo alla domanda centrale: quanto siamo davvero informati sulle questioni che influenzano la nostra vita?

Questione che ci conduce a un'altra: stante la complessità dei problemi che attanagliano il mondo, e che influenzano la nostra vita, quanto siamo in grado di comprendere questa complessità per formulare un giudizio razionale? La complessità del mondo, le molteplici interazioni della contemporaneità, agiscono su noi, sulla nostra posizione sociale, su ciò che siamo, vorremmo essere, o diventare. Essendo complesse richiedono sempre più delle specifiche competenze, una per ogni settore dello scibile umano. Alcune in-competenze non ci preoccupano, mentre altre ci pongono in una condizione critica.

Se non so nulla di astrofisica, o di fisica quantistica, la mia vita procede comunque; certo, a livello di "cultura", ovvero di consapevole cognizione del mondo in cui siamo immersi, e per avere una mente "aperta" e flessibile, sarebbe bene conoscere anche un po' di queste materie. Ma se parlo di Covid-19, la mia ignoranza, in medicina, biologia, chimica etc etc, mi pone in difficoltà. Cerco conforto nell'esperto, ho bisogno di risposte "certe", perché è la mia vita, o quella di persone care, a essere in gioco. La specificità di ogni settore richiede parecchio studio per maneggiare un minimo sindacale di conoscenza, e potere formulare un pensiero critico (indipendente) su certi argomenti.

La maggioranza ha coscienza che il sistema economico che si è creato intorno a noi non soddisfa: rafforza le disuguaglianze, e promuove la precarietà. Il contrario di quel modello che ci era stato proposto negli anni '50 e '60: il lavoro non sarebbe mancato, per chi avesse voluto voglia e intraprendenza, ed era possibile progettare un futuro per sé e la propria famiglia. Formulo una ipotesi: ci sono tre livelli di struttura sociale con i quali ci misuriamo, in parte inconsapevolmente, che però agiscono sulla nostra esistenza: quello politico-retorico, quello istituzionale, e quello economico. L'analisi marxista mantiene una sua validità: la base economica è la struttura sulla quale poggia tutto il sistema; che ci piaccia o meno, o che ne siamo o meno consapevoli. Il livello istituzionale è quello formalizzato con Leggi, Regolamenti, Accordi (nazionali ed extra nazionali) cui siamo inevitabilmente soggetti. Il livello politico-retorico è quello che interpreta i modelli di società possibile e, teoricamente, dovrebbe offrirci delle ipotesi di soluzioni percorribili; prendendo in considerazione le affermazioni degli "esperti", e sviluppando una azione politica (economica, sociale, sanitaria, etc etc) conseguente.

Ma qualcosa non funziona più in questo sistema. I buoni

principi ispiratori (benessere, felicità, libertà, protezione sociale, lavoro, progresso...) sono tanto richiamati nella retorica politica, quanto oscurati da procedure istituzionali poco chiare, e che troppo spesso operano in senso contrario. Prendiamo il caso dell'euro e dell'Europa. Da promessa di grande comunità solidale e pacifica, dopo l'esperienza di due guerre mondiali, si è trasformata in un Leviatano di burocrazia e teorie economiche neo-liberiste, che sostiene un processo di globalizzazione nel quale la finanza viaggia a briglie sciolte. Il sogno dei liberal più convinti; dove lo stato viene marginalizzato, tranne poi essere riesumato quanto bisogna metterci le pezze, perché le grandi teorie hanno fallito nel loro intento, e han creato disastri economici di portata mondiale.

Per comprendere però questi passaggi occorre una minima competenza macroeconomica che non appartiene certo ai più. Solo se hai qualcuno (esperto) che ti mostra, trattati alla mano, le differenze sostanziali tra questi e la nostra Costituzione (differenze istituzionali), puoi arrivare a comprendere gli altri due livelli:

- quello retorico-politico, con il quale ti hanno raccontato un'Europa ben diversa da quello che effettivamente è

- quello economico, laddove gli interessi prevalenti non sono quelli italiani, ma di altri paesi che dominano nel consesso europeo.

Questo esercizio può essere svolto su altri argomenti, per esempio per le mutazioni climatiche (leggi surriscaldamento globale del pianeta). I negazionisti, ricorda Pennycook, sono per lo più al soldo di corporation del petrolio, del gas, del carbone, e non sono in grado di produrre studi scientifici adeguati per confortare le loro tesi. Per esempio, la giovane Greta può piacere o meno, ma affermare che non è credibile perché dietro di lei ci sono interessi economici delle lobby green, è piuttosto ridicolo. Ammesso che sia così... per quale motivo le lobby green sarebbero un male e tutte quelle (fortissime e ricchissime che sponsorizzano precise parti politiche, sopratutto negli States) del petrolio, carbone, gas, sarebbero invece un bene? Un'analisi possiamo anche farla per la pandemia, anche se siamo ancora in mezzo alle turbolenze.

Un dato sicuro è che la grande preoccupazione politica è stata la consapevolezza di una sanità ridotta ai minimi termini, grazie alla compiacenza verso le politiche europee dell'austerità. Il protrarsi della situazione di allarmismo, pone una domanda: quanto dipende da un pericolo reale, e quanto piuttosto dal desiderio di compiacere aziende farmaceutiche che produrranno il vaccino? Se non bisogna demonizzare il mondo della produzione dei medicinali, che comunque ha salvato milioni e milioni di vite, non di meno porsi questa domanda è lecito: proprio il livello di corruzione nel nostro paese, nell'ambito sanitario, non è un segnale che ci tranquillizza.

Potremmo proseguire con altri argomenti scottanti, come quello della migrazione, mettendo in evidenza come la retorica politica poggi per lo più sulla non conoscenza dei fatti, della storia, della mancata consapevolezza collettiva di come la fine del colonialismo storico implica la presenza di un neo-colonialismo tutt'ora vigente. Questo produce sofferenza, povertà, e schiavitù, per milioni di persone in continenti dove lo sviluppo economico e sociale è assolutamente disomogeneo. Anche qui potremmo esaminare gli effetti economici che si muovono "underground" rispetto ai proclami e alle istituzioni internazionali.

Quanti sono al corrente che nei telefonini, tablet, computer, televisori, oggetti per noi indispensabili e di uso quotidiano, è presente il Coltan, un metallo raro, raccolto nelle miniere del Congo dove vengono impiegati i bambini per scavare a mani nude? Quanti sanno che esistono paesi come l'Angola, ricchissimo di petrolio, ma la cui popolazione è tenuta nella miseria, perché i benefici economici sono assorbiti dalle élite al potere (con il bene placido degli occidentali, anche della nostra Eni)?

La breve disamina di esempi ci porta alla questione

centrale: cosa realmente conosciamo del mondo? Su quali basi formuliamo i nostri giudizi? Come possiamo conciliare il tempo necessario per conoscere gli argomenti con l'impegno quotidiano di ciascuno di noi? L'informazione, i media, i giornali, i così detti "editori" dovrebbero aiutarci con questo problema. Dovrebbero affiancarci in questi labirinti, per metterci nella condizione di conoscere meglio le questioni, per formulare una opinione coerente e utile. Ma perché questo avvenga occorre una informazione libera e indipendente; lontana dalla commistione politica e padronale. Esattamente l'opposto di quello che normalmente avviene nel nostro paese.

La maggioranza degli editori non sono puri, ma sono al soldo di qualche potere industriale, e/o soggetti a interferenze politiche. Lontano è il ricordo di un grande giornalista, Giorgio Bocca, quando scriveva, negli anni '80, un libro dal titolo eloquente: "Il padrone in redazione", con il quale aveva cercato inutilmente di spiegare ai suoi colleghi (Eugenio Scalfari in primis) che quando metti un "padrone" in redazione... lui è il padrone! e il resto conterà sempre poco. Scorrere i nomi delle proprietà dei giornali italiani, che vanno da gruppi industriali a quelli farmaceutici, passando per costruttori edili, offre un impietoso panorama di interessi di parte che poco hanno a che fare con la libertà di informazione, la conoscenza, le scelte razionali e consapevoli.

Inutile accusare la gente di essere troppo sensibile alle fake news, di credere troppo a quello che legge sui social. La responsabilità di certa irrazionalità, e non di rado aggressività, nasce dentro il sistema della politica e dell'informazione servile, che non offrono più garanzie di oggettività e onestà intellettuale. Facile quindi che si producano delle "bolle" informative, in cui le persone si rinchiudono, cercando conforto nelle tesi che confermano le proprie convinzioni (errate o meno), i propri pregiudizi, piuttosto che mettere tutto in discussione. Facile per i politicanti cavalcare le onde di un malcontento diffuso poco consapevole delle origini della propria condizione economica e sociale, e delle possibili soluzioni eterodosse; della storia vera di altre genti e paesi da cui ci si sente minacciati. Facile per i "prenditori" dell'economia continuare a lavorare per i propri interessi affiancati da politici e informazione compiacenti, nonché dalla criminalità organizzata. Tutto troppo facile... un sistema che non può reggere a lungo il confronto con una realtà complessa senza collassare.

(2020)